COMUNICAÇÃO
E CONSUMO

Everardo Rocha, Marina Frid,
William Corbo e Bruna Aucar
(orgs.)

COMUNICAÇÃO E CONSUMO

estudos fundamentais para uma perspectiva cultural

Editora PUC Rio

Edições Loyola

Editora PUC-Rio
Rua Marquês de S. Vicente, 225 – Casa da Editora PUC-Rio
Gávea – Rio de Janeiro – RJ – CEP 22451-900
T 55 21 3527-1760/1838
edpucrio@puc-rio.br
www.editora.puc-rio.br

Edições Loyola Jesuítas
Rua 1822, 341 – Ipiranga
04216-000 São Paulo, SP
T 55 11 3385 8500/8501 • 2063 4275
editorial@loyola.com.br
vendas@loyola.com.br
www.loyola.com.br

Tradução: Eugenia Koeler, Glauber Neves Rosa, Lucía d'Albuquerque, Marina Frid
Preparação de originais: Beatriz Ostwald Luz Vilardo
Revisão de prova: Cristina da Costa Pereira
Projeto de capa: Escritório Modelo de Design/PUC-Rio
Editoração de miolo: SBNigri Artes e Textos Ltda.

Todos os direitos reservados. Nenhuma parte desta obra pode ser reproduzida ou transmitida por qualquer forma e/ou quaisquer meios (eletrônico ou mecânico, incluindo fotocópia e gravação) ou arquivada em qualquer sistema ou banco de dados sem permissão escrita das Editoras.

ISBN (PUC-Rio): 978-65-88831-97-7
ISBN (Loyola): 978-65-5504-279-5

© EDITORA PUC-RIO, Rio de Janeiro, Brasil, 2023.
© EDIÇÕES LOYOLA, São Paulo, Brasil, 2023.

Dados Internacionais de Catalogação na Publicação (CIP)
(Câmara Brasileira do Livro, SP, Brasil)

Comunicação e consumo: estudos fundamentais para uma perspectiva cultural / (orgs.) Everardo Rocha ... [et al.]. – Rio de Janeiro: Ed. PUC-Rio; São Paulo: Edições Loyola, 2023.
408 p. ; 23 cm

Inclui bibliografia

1. Consumo (Economia) – Aspectos sociais. 2. Cultura. 3. Publicidade. 4. Sociedade de consumo. 5. Identidade cultural. I. Rocha, Everardo.

CDD: 339.47

Elaborado por Lizandra Toscano dos Santos – CRB-7/6915
Divisão de Bibliotecas e Documentação – PUC-Rio

AUTORES

PRIMEIRA PARTE
Denis Diderot
Karl Marx
Thorstein Veblen
Georg Simmel
Werner Sombart
Marcel Mauss

SEGUNDA PARTE
Roland Barthes
Jean Baudrillard
Roy Wagner
Marshall Sahlins
Erving Goffman
Pierre Bourdieu e Monique de Saint-Martin
Mary Douglas e Baron Isherwood

TERCEIRA PARTE
Muniz Sodré
Everardo Rocha
Grant McCracken
Colin Campbell
Daniel Miller
William Mazzarella
Jacqueline Dussaillant Christie
Timothy de Waal Malefyt

Sumário

Apresentação 9

Nota da editora 17

I

Lamentações sobre meu velho robe ou
Aviso a quem tem mais gosto que fortuna 21
    Denis Diderot

A relação geral entre produção, distribuição, troca e consumo 27
    Karl Marx

Consumo conspícuo 39
    Thorstein Veblen

Moda 55
    Georg Simmel

A vitória da mulher 75
    Werner Sombart

Ensaio sobre a dádiva 95
    Marcel Mauss

II

Retórica da imagem 125
    Roland Barthes

A moral dos objetos: função-signo e lógica de classe 143
    Jean Baudrillard

A magia da propaganda 155
    Roy Wagner

La pensée bourgeoise: a sociedade ocidental enquanto cultura............167
    Marshall Sahlins

A ritualização da feminilidade 185
    Erving Goffman

Gostos de classe e estilos de vida..203
    Pierre Bourdieu
    Monique de Saint-Martin

Os usos dos bens...229
    Mary Douglas
    Baron Isherwood

III

Televisão, publicidade e cultura para consumo 245
    Muniz Sodré

Publicidade e razão prática: uma discussão de produção e consumo...255
    Everardo Rocha

Unidades Diderot e efeito Diderot: aspectos culturais
negligenciados do consumo 269
    Grant McCracken

Confusão conspícua? Uma crítica à teoria do consumo conspícuo
de Veblen 291
    Colin Campbell

Marx vai às compras..309
    Daniel Miller

O mana da publicidade de massa 335
    William Mazzarella

É possível fazer história do consumo a partir da publicidade? 367
    Jacqueline Dussaillant Christie

Antropólogos no consumo, marketing e publicidade 385
    Timothy de Waal Malefyt

Sobre os organizadores 407

Apresentação

Comunicação e consumo: estudos fundamentais para uma perspectiva cultural reúne ensaios e extratos mais significativos de obras integrantes de uma trajetória de pesquisas sobre o fenômeno do consumo e seus vínculos com a publicidade na cultura moderno-contemporânea. Nessa trajetória, representações e práticas de consumo são compreendidas como elementos constitutivos da cultura que refletem, consolidam e atualizam crenças, valores, rituais e mitos de grupos sociais. Examinar os significados do consumo, tanto no tempo presente quanto em seu percurso histórico, é um caminho para acessar imaginários culturais e entender como as pessoas se relacionam entre si e com o universo de coisas ao seu redor.

Como objeto de pesquisa, o consumo é abordado em diferentes áreas de conhecimento e através de perspectivas e métodos diversos. Cabe ressaltar que esta coletânea pretende fomentar investigações e debates sobre o consumo orientados pelo viés cultural. A intenção é oferecer um roteiro de referências teóricas que conduza o leitor de obras clássicas das ciências sociais e humanidades até textos recentes de autores que pensam o consumo a partir da antropologia, sociologia, comunicação e história.

Esta seleção de autores e textos não pretende ser exaustiva, mas sim proporcionar algumas leituras imprescindíveis para análises sobre as dimensões simbólicas do consumo na vida moderno-contemporânea. A escolha levou em consideração diversos critérios e limitações. Por exemplo, um objetivo importante foi valorizar a continuidade dos diálogos entre os autores que integram a coletânea. Com relação aos limites operacionais, alguns textos não puderam ser abrangidos por causa de restrições na obtenção dos direitos de publicação. Como também a produção acadêmica brasileira sobre consumo e publicidade, particularmente neste século, é bastante ampla, a inclusão de autores nacionais (em um levantamento preliminar listamos mais de vinte) inviabilizaria, pela quantidade de páginas demasiadamente extensa, a publicação da coletânea. Portanto, priorizamos, com duas únicas exceções, autores internacionais, trazendo, inclusive, algumas traduções de textos inéditos em língua portuguesa. Limitamo-nos a incluir dois autores brasileiros que desenvolveram reflexões sobre publicidade e consumo ainda no início dos anos 1980. Vale ressaltar, mais uma vez, que o Brasil conta hoje, sobretudo na área da comunicação, com uma vigorosa, criativa e cada vez mais ampla produção de estudos sobre o consumo e a publicidade, fruto da dedicação de acadêmicos de instituições de ensino espalhadas pelo país, engajados em diferentes disciplinas, programas de pós-graduação, grupos de pesquisa e eventos dedicados a esses temas. Esta coletânea visa, justamente, a contribuir para a continuidade do debate.

Ao propor este livro, sustentamos que a compreensão do fenômeno do consumo e de suas relações com a cultura deve ser parte indispensável da formação de profissionais, tanto da academia quanto do mercado, das mais diversas áreas, tais como cientistas sociais, economistas, historiadores, publicitários, jornalistas, designers, administradores de empresa e assim por diante. É um conhecimento fundamental tanto em nível de graduação quanto em níveis mais avançados da formação universitária, uma vez que reconhecer a complexidade do fenômeno do consumo capacita para a atuação no mundo do trabalho e abre possibilidades para investigações acadêmicas e aplicadas.

Estruturado em três movimentos, o livro inicia com textos de pensadores clássicos que intuíram questões centrais relativas ao consumo para o entendimento da Modernidade. Assim, a primeira parte inclui ensaios e fragmentos de obras de Denis Diderot, Karl Marx, Thorstein Veblen, Georg Simmel, Werner Sombart e Marcel Mauss. A segunda parte traz textos de autores fundamentais que, em meados do século XX, criaram espaços e indicaram percursos para o aprofundamento das reflexões sobre os significados do consumo e das imagens difundidas pelos meios de comunicação, especificamente Roland Barthes, Jean Baudrillard, Roy Wagner, Marshall Sahlins, Erving Goffman, Pierre Bourdieu, Mary Douglas e Baron Isherwood. Já a terceira parte reúne textos de pesquisadores que, desde os anos 1980, contribuem para a consolidação, expansão e atualização dos estudos do consumo e da publicidade. São esses: Muniz Sodré, Everardo Rocha, Grant McCracken, Colin Campbell, Daniel Miller, William Mazzarella, Jacqueline Dussaillant Christie e Timothy Malefyt.

***

Apresentação

A primeira parte da coletânea traz seis textos de pensadores clássicos das ciências sociais e humanidades. Abrimos com o ensaio "Lamentações sobre meu velho robe", escrito por Denis Diderot em 1768 e publicado em 1772 enquanto atuava como resenhista das exposições organizadas pela Academia Real de Pintura e Escultura da França (*Le Salon*). Duzentos anos após sua divulgação na revista *Correspondance Littéraire, Philosophique et Critique*, o ensaio se tornou conhecido com uma referência pioneira na compreensão do consumo como um sistema simbólico.

No capítulo seguinte, apresentamos um fragmento de os *Grundrisse* de Karl Marx, que revela uma perspectiva deste pensador sobre "A relação geral entre produção, distribuição, troca e consumo". Cabe mencionar que os manuscritos que compõem o livro foram escritos entre 1857-1858, portanto, antes d'*O Capital*, mas só foram publicados postumamente, na primeira metade do século XX. Ao incluirmos esse trecho aqui, apontamos ao leitor uma visão de Marx sobre o consumo, ainda que esta não tenha sido mais aprofundada pelo autor, que priorizou o ângulo da produção em sua obra.

O terceiro texto provém de um livro de Thorstein Veblen, *The Theory of the Leisure Class*, de 1899, no qual propõe que o consumo substitui o ócio como prova de poder pecuniário e signo de prestígio na Modernidade. O fragmento "Consumo conspícuo" foi extraído de um capítulo homônimo da obra original. Já o quarto texto da nossa coletânea, "Moda", de Georg Simmel, é um recorte de um artigo do autor, publicado em inglês na revista *International Quarterly* em 1904. Nele, o pensador relaciona a moda à sua reflexão sobre indivíduos e seus impulsos, coexistentes e contraditórios, de socialização e diferenciação.

Em seguida, trazemos o texto "A vitória da mulher" retirado da obra *Luxus und Kapitalismus*, publicada por Werner Sombart em 1912. Nesse livro, o autor faz um extenso estudo sobre a passagem das sociedades europeias para a Modernidade, colocando a interiorização do luxo e certo protagonismo de figuras femininas nas cortes como fatores centrais na expansão do capitalismo.

O sexto texto, que fecha a primeira parte da coletânea, é um fragmento do "Ensaio sobre a dádiva" de Marcel Mauss. Publicado originalmente em 1925, o ensaio é uma referência fundamental para o campo da antropologia. Ainda que esse estudo de Mauss não tenha a Modernidade como foco, a perspectiva que propõe sobre rituais de troca, a partir de comparações e aproximações entre diferentes organizações sociais, inspirou profundamente a compreensão de antropólogos sobre o consumo em sociedades industriais décadas mais tarde.

A segunda parte da coletânea reúne textos de pensadores que despontaram em meados do século XX e são recorrentes em bibliografias de cursos da sociologia, antropologia e comunicação. Em nossa seleção, destacamos algumas de suas contribuições para o desenvolvimento de estudos sobre publicidade e consumo pelo viés cultural. Nesse sentido, o sétimo e o oitavo capítulos da coletânea são de autoria, respectivamente, de Roland Barthes e Jean Baudrillard, dois representantes das correntes estruturalista e pós-estruturalista francesas. O texto "Retórica da imagem" de Barthes, publicado originalmente na revista *Communications* em 1964, está aqui traduzido na íntegra. Já "A moral dos objetos" é um fragmento do artigo que Baudrillard publicou na mesma revista em 1969.

Na sequência, incluímos textos de dois influentes autores da antropologia norte-americana. "A magia da propaganda" é um fragmento extraído da obra de Roy Wagner, *A invenção da cultura*, publicada em 1975. Vale sublinhar que o fragmento em questão faz parte de uma reflexão mais extensa e complexa do autor sobre o conceito de cultura, tão central ao campo antropológico. Por seu turno, "La pensée bourgeoise" é um recorte do livro *Cultura e razão prática*, de 1976, no qual Marshall Sahlins defende a interpretação simbólica das culturas, contrapondo-se ao utilitarismo. No trecho selecionado, o autor demonstra o caráter simbólico da cultura por meio de uma discussão sobre o consumo de alimentos.

Os dois textos seguintes foram originalmente publicados na revista *Actes de la recherche en sciences sociales*. No capítulo onze, apresentamos um artigo inédito em português de Erving Goffman, autor cujas obras têm impacto transdisciplinar. "A ritualização da feminilidade" foi publicado em 1977 e está aqui reproduzido em sua integralidade. A análise que o autor realiza nesse artigo se baseia em uma parcela dos anúncios usados no livro *Gender Advertisements*, de 1975. Já o capítulo doze, "Gostos de classe e estilos de vida", é um fragmento de um texto mais extenso que Pierre Bourdieu publicou em 1976 com Monique de Saint-Martin. O texto introduz ideias que Bourdieu desenvolve mais densamente em seu livro *A distinção*, de 1979.

Apresentação

O capítulo "Os usos dos bens", que fecha a segunda parte da coletânea, foi extraído do livro *O mundo dos bens*, escrito pela antropóloga Mary Douglas em parceria com o economista Baron Isherwood, em um esforço de aproximação das disciplinas. Publicado em 1979, o livro se tornou uma das principais referências para a expansão dos estudos do consumo a partir de uma perspectiva antropológica.

A terceira parte começa com textos de dois autores, Muniz Sodré e Everardo Rocha, que, desde o início dos anos 1980, contribuem para as reflexões sobre publicidade, consumo e cultura de massa no âmbito da produção acadêmica brasileira. O texto "Televisão, publicidade e cultura para o consumo", de Muniz Sodré, resulta de trechos de capítulos do livro a *Máquina de Narciso*, publicado em 1984 pela Cortez e recentemente reeditado pela Mauad. Por sua vez, o capítulo "Publicidade e razão prática" de Everardo Rocha originalmente integra o seu livro *Magia e capitalismo*, cuja primeira edição foi lançada em 1985 pela Brasiliense. O livro foi uma versão revisada e reduzida de sua dissertação de mestrado, defendida com o mesmo título em maio de 1982 no Programa de Pós-graduação de Antropologia Social do Museu Nacional da UFRJ. Vale mencionar, portanto, que o fragmento aqui reproduzido foi extraído da dissertação.

Em seguida, oferecemos ao leitor textos de três autores internacionais – Grant McCracken, Colin Campbell e Daniel Miller – amplamente reconhecidos no Brasil por suas contribuições para os estudos do consumo e cujos textos selecionados dialogam diretamente com ideias de três pensadores clássicos contemplados na primeira parte. O capítulo "Unidades Diderot e efeito Diderot" de McCracken foi extraído de sua compilação *Cultura e consumo*, publicada originalmente em 1988 e lançada para o público brasileiro nos anos 2000 pela editora Mauad. Esse texto foi fundamental para a recuperação e interpretação do ensaio de Diderot, que abre esta coletânea, como uma reflexão sobre o imperativo da coerência entre objetos que impele ou inibe o consumo. Publicado pela primeira vez em português neste livro, o texto "Confusão conspícua?" de Campbell saiu na revista *Sociological Theory* em 1995 e faz uma análise crítica da teoria do consumo conspícuo de Thorstein Veblen. Já "Marx vai às compras" é um texto de publicação inédita, baseado na aula inaugural que Daniel Miller proferiu em 1995 ao assumir a Cátedra em Antropologia na UCL. Nele, o autor especula sobre os rumos que a perspectiva de Marx acerca do capitalismo poderia ter tomado tivesse o pensador se dedicado mais à tarefa de comprar suprimentos para o lar.

Para completar a coletânea, apresentamos três textos inéditos de autores aqui tomados como exemplos de caminhos de pesquisa trilhados nas últimas duas décadas pelos olhares da antropologia e da história. Em "O mana da publicidade de massa", William Mazzarella discute a aplicação à compreensão de sociedades urbanas de um conceito antropológico inicialmente proposto por estudos sobre sociedades indígenas e cristalizado pela obra de Marcel Mauss, no início do século XX. O texto, publicado pela primeira vez como capítulo nesta coletânea, foi escrito enquanto Mazzarella esboçava seu livro *The Mana of Mass Society* de 2017. Já os textos de Jacqueline Dussaillant Christie e Timothy Malefyt foram escritos especialmente para a nossa coletânea a partir de suas respectivas experiências de pesquisa. Em "É possível fazer história do consumo a partir da publicidade?", Dussaillant Christie reflete sobre o recurso a anúncios como fontes para investigações históricas. Finalmente, Malefyt analisa a atuação de "Antropólogos no consumo, marketing e publicidade" em pesquisas aplicadas ao mercado, além da esfera acadêmica.

Cabe esclarecer que textos gentilmente cedidos por outras editoras brasileiras estão aqui reproduzidos sem alterações, exceto eventuais correções e atualizações ortográficas para normas vigentes. No caso do capítulo de Veblen, optamos por fazer alguns ajustes pontuais à tradução portuguesa, sinalizados entre colchetes como revisões dos organizadores. Também vale observar que fragmentos de textos mais extensos foram aqui intitulados conforme o capítulo, artigo ou livro de onde foram extraídos para uma identificação mais clara.

***

Gostaríamos de agradecer a todos os que generosamente contribuíram para a materialização deste trabalho. Destacamos nossos agradecimentos às instituições às quais somos hoje vinculados, os Programas de Pós-Graduação em Comunicação da PUC-Rio e da UFRJ e o Departamento de Antropologia do IFCS/UFRJ. Reconhecemos também o imprescindível fomento concedido pelo CNPq e pela Faperj às pesquisas dos organizadores. Somos gratos à Editora PUC-Rio e às Edições Loyola pelo apoio e pela dedicação de suas equipes na realização desta obra, além da colaboração dos profissionais que produziram as traduções nela contidas. Em especial, agradecemos aos autores, às revistas e às editoras que ofereceram os textos sem os quais esta coletânea não poderia existir.

Indicamos abaixo as referências originais de capítulos previamente publicados no Brasil ou no exterior, cedidos por entidades que hoje detêm seus direitos:

BARTHES, Roland. Rhétorique de l'image. *Communications*, 4, p. 40-51, 1964.

BAUDRILLARD, Jean. La morale des objets. *Communications*, 13, p. 23-50, 1969.

BOURDIEU, Pierre; DE SAINT-MARTIN, Monique. Anatomie du goût. *Actes de la recherche en sciences sociales*, v. 2, n. 5, p. 2-81, 1976.

CAMPBELL, Colin. Conspicuous Confusion? A Critique of Veblen's Theory of Conspicuous Consumption. *Sociological Theory*, v. 13, n. 1, p. 37-47, 1995.

DOUGLAS, Mary; ISHERWOOD, Baron. *O mundo dos bens: para uma antropologia do consumo*. Trad. Plínio Dentizien. Rio de Janeiro: Editora UFRJ, 2004 [1979].

GOFFMAN, Erving. La ritualisation de la féminité. *Actes de la recherche en sciences sociales*, 14, abril, p. 34-50, 1977.

MARX, Karl. *Grundrisse: Manuscritos econômicos de 1857-1858: esboços da crítica da economia política*. Trad. Mario Duayer e Nélio Schneider. São Paulo: Boitempo, 2011 [1857/1858].

MAUSS, Marcel. Ensaio sobre a dádiva: forma e razão de troca nas sociedades arcaicas. In: _____. *Sociologia & antropologia*. Trad. Paulo Neves. São Paulo: Ubu, 2017 [1925].

MCCRACKEN, Grant. *Cultura e consumo: novas abordagens ao caráter simbólico dos bens e das atividades de consumo*. Trad. Fernanda Eugênio. Rio de Janeiro: Mauad, 2003 [1988].

SAHLINS, Marshall. *Cultura e razão prática*. Trad. Sérgio Tadeu de Niemayer Lamarão. Rio de Janeiro: Zahar, 2003 [1976].

SODRÉ, Muniz. *A máquina de Narciso: televisão, indivíduo e poder no Brasil*. Rio de Janeiro: Mauad, 2021.

WAGNER, Roy. *A invenção da cultura*. Trad. Alexandre Morales e Marcela Coelho de Souza. São Paulo: Ubu, 2017 [1975].

Os organizadores

Nota da editora

Para melhor integridade dos textos, optamos por manter a padronização de referências e a normalização original de cada ensaio que compõe a primeira e a segunda partes deste livro, com eventuais alterações.

Por se tratar de uma seleção de ensaios fundamentais, alguns textos aqui reunidos são parte de livros inteiros ou artigos mais extensos dos autores. As alusões a trechos e capítulos anteriores, referentes à obra original, também foram mantidas.

I

Lamentações sobre meu velho robe
ou Aviso a quem tem mais gosto que fortuna

Denis Diderot

Por que não o guardei?* Foi feito para mim; fui feito para ele. Moldou todas as dobras do meu corpo sem incomodá-lo; deixava-me belo e pitoresco. O outro, rígido, engomado, faz de mim um manequim.

Não havia necessidade de que a sua complacência não se prestasse, pois a indigência é quase sempre oficiosa. Se um livro estivesse coberto de poeira, um de seus lados se ofereceria para limpá-lo. Se a tinta espessa se recusava a fluir da minha pena, ele oferecia o flanco. Podiam-se ver traçados em longas linhas pretas os frequentes serviços que me havia prestado. Essas longas linhas anunciavam o literato, o escritor, o homem que trabalha. Hoje, pareço um rico ocioso; ninguém sabe quem sou.

Sob seu abrigo, não temia nem a inépcia de um criado, nem a minha, nem as faíscas do fogo, nem a queda da água. Eu era o mestre absoluto do meu velho robe; me tornei um escravo das notícias.

O dragão que guardava o velocino de ouro nunca esteve mais inquieto do que estou. A preocupação me envolve.

O ancião apaixonado que se entregou, de pés e mãos atados, aos caprichos, à mercê de uma jovem louca, diz da manhã à noite: Onde está minha boa, minha velha governanta? Não sei qual demônio me possuiu no dia em que a troquei para esta aqui! E logo chora, suspira.

Não choro, não suspiro; mas a cada instante digo: Maldito seja aquele que inventou a arte de dar valor ao tecido comum tingindo-o de escarlate! Maldita seja a vestimenta preciosa que reverencio! Onde está meu velho, meu humilde, meu cômodo farrapo?

Meus amigos, guardai vossos velhos amigos. Meus amigos, temei a conquista da riqueza. Deixai que meu exemplo vos ensine. A pobreza tem suas vantagens; a opulência, seus inconvenientes.

---

* Regrets sur ma vielle robe de chambre ou avis a ceux qui ont plus de goût que de fortune. In: ASSEZAT, J.; TOURNEUX, M. (orgs.). *Oeuvres Complètes de Diderot*, vol. IV. Paris: Garnier Frères, 1875 [1772]. Tradução de Glauber Neves Rosa.

Ó Diógenes! Se visses teu discípulo sob o manto suntuoso de Aristipo, como ririas! Ó Aristipo, este manto suntuoso foi pago com muitas baixezas. Que comparação entre a tua vida suave, rasteira e efeminada e a vida livre e rija do cínico esfarrapado! Deixei o tonel onde reinava para servir sob um tirano.

E isso não é tudo, meu amigo. Escutai as depredações do luxo, as decorrências de um luxo consequente.

Meu velho robe era um entre os farrapos ao meu redor. Uma cadeira de palha, uma mesa de madeira, uma tapeçaria de Bérgamo, uma prateleira de pinho abeto que sustentava alguns livros, algumas gravuras esfumadas, sem molduras, pregadas pelos cantos sobre a tapeçaria; entre essas gravuras, três ou quatro moldes de gesso suspensos formavam com meu velho robe a indigência mais harmoniosa.

Tudo está fora de sintonia. Não há mais conjunto, nem unidade, nem beleza.

Uma nova governanta estéril que sucede outra em um presbitério, a mulher que entra na casa de um viúvo, o ministro que substitui um ministro desonrado, o prelado molinista que se apodera da diocese de um prelado jansenista não causam mais problemas do que o escarlate intruso causou em mim.

Posso suportar, sem desgosto, a visão de uma camponesa. Aquele pedaço de tecido grosseiro que cobre sua cabeça; aquela cabeleira que cai esparsa sobre as bochechas; aqueles trapos esfarrapados que a vestem pela metade; aquela anágua ordinária que só vai até a metade das pernas; aqueles pés descalços cobertos de lama não conseguem me ferir: é a imagem de um estado que respeito; é o conjunto das desgraças de uma condição necessária e infeliz de que tenho pena. Mas meu coração se acelera; e, apesar da atmosfera perfumada que a segue, me afasto, desvio o olhar dessa cortesã cujo penteado em renda de Bruxelas, os punhos rasgados, as meias de seda sujas e os sapatos gastos me mostram a miséria do dia associada à opulência da véspera.

Tal teria sido a minha casa, se o escarlate imperioso não tivesse colocado tudo em seu uníssono.

Vi a tapeçaria de Bérgamo ceder da parede, à qual estava presa por tanto tempo, ao tecido de damasco.

Havia duas gravuras que tinham seu mérito: *A queda do maná no deserto*, de Poussin, e *Esther diante de Assuerus*, do mesmo; uma vergonhosamente afugentada por um velho de Rubens, a triste Esther; *A queda do maná* dissipada por uma *Tempestade* de Vernet.

A cadeira de palha relegada à antecâmara pela poltrona marroquina.

Homero, Virgílio, Horácio, Cícero, aliviar o fraco abeto curvado sob sua massa e se fechar em um armário embutido, um asilo mais digno deles do que de mim.

Um grande espelho tomou conta da minha lareira.

Esses dois belos moldes que herdei da amizade de Falconet, e que ele mesmo havia consertado, deslocados por uma Vênus agachada. Argila moderna quebrada pelo bronze antigo.

A mesa de madeira ainda disputava o chão, abrigada por uma multidão de panfletos e papéis amontoados desordenadamente, e que parecia destinada a protegê-la por muito tempo da injúria que a ameaçava. Um dia seguiu seu destino e, apesar da minha preguiça, os folhetos e papéis caíram nas garras de uma preciosa mesa.

Instinto funesto das conveniências! Toque delicado e ruinoso, gosto sublime que muda, que desloca, que edifica, que derruba; que esvazia os cofres dos pais; que deixa as filhas sem dote, os filhos sem educação; que faz tantas coisas belas e tão grandes males, tu, que substituíste em minha casa a fatal e preciosa escrivaninha pela mesa de madeira; és tu quem destrói as nações; és tu quem, talvez, um dia, leve meus pertences até a ponte Saint-Michel, onde ouviremos a voz rouca de um leiloeiro gritar: Por vinte luíses, uma Vênus agachada.

A lacuna que permaneceu entre a prateleira desta escrivaninha e a *Tempestade* de Vernet acima criou uma lacuna que era desagradável aos olhos. Esse vazio foi preenchido por um relógio de pêndulo. E que relógio! Um relógio Geoffrin, um relógio onde o ouro contrasta com o bronze.

Havia um canto vago ao lado da minha janela. Esse ângulo exigia uma cômoda-papeleira, que conseguiu.

Outro vazio desagradável entre a mesinha da papeleira e a bela cabeça de Rubens foi preenchido por dois La Grenée.

Aqui, uma *Madalena* do mesmo artista; ali, um esboço de Vien ou de Machy; pois era dado também aos esboços. E foi assim que o reduto edificante do filósofo se transformou no escandaloso gabinete do publicano. Insulto também a miséria nacional.

Da minha mediocridade anterior, restava apenas um tapete de ourelas. Este tapete mesquinho não se encaixa no meu luxo, bem o sinto. Mas jurei e juro, porque os pés de Denis, o filósofo, nunca pisarão uma obra-prima de Savonnerie, que guardarei este tapete assim como o camponês transferido de sua cabana para o palácio de seu soberano guardava seus tamancos.

Quando de manhã, coberto com o suntuoso escarlate, entro em meu escritório, se olho para baixo, vejo meu velho tapete de ourelas; isso me lembra meu primeiro estado, e o orgulho se detém na entrada do meu coração.

Não, meu amigo, não: não sou corrupto. Minha porta sempre se abre para a necessidade que se dirige a mim; ela encontra em mim a mesma afabilidade. Eu a escuto, eu a aconselho, eu a ajudo, eu a lamento. Minha alma não está endurecida; minha cabeça não se levantou. Meu dorso é bom e são, como antes. É o mesmo tom franco; é a mesma sensibilidade. Meu luxo é recente e o veneno ainda não agiu. Mas, com o tempo, quem sabe o que pode acontecer? O que se pode esperar de alguém que esqueceu sua esposa e filha, que se endividou, que deixou de ser marido e pai e que, em vez de depositar no fundo de um cofre fiel uma quantia útil...

Ah, santo profeta! Levantai as mãos para o céu, orai por um amigo em perigo, dizei a Deus: Se vês em teus decretos eternos que a riqueza corrompe o coração de Denis, não poupes as obras-primas que ele idolatra; destrói-as e leva-as de volta à sua primeira pobreza; e quanto a mim, direi ao céu de minha parte: Ó Deus! Eu me resigno à prece do santo profeta e à tua vontade! Entrego tudo a ti; leva tudo de volta; sim, tudo, exceto o Vernet. Ah, deixa-me o Vernet!

Não foi o artista, foste tu quem o fez. Respeita a obra da amizade e conserva-o. Vê aquele farol, vê aquela torre adjacente erguida à direita; vê esta velha árvore que os ventos rasgaram. Que linda essa massa! Abaixo dessa massa escura, vê essas rochas cobertas de verde. É assim que tua mão poderosa as formou; é assim que tua mão benfazeja as cobriu. Vê este terraço desnivelado, que desce do sopé das rochas em direção ao mar. É a imagem das degradações que permitiste que o tempo exercitasse nas coisas mais sólidas do mundo. Teria o teu Sol o iluminado de outra forma? Deus! Se aniquilares esta obra de arte, dir-se-á que és um Deus ciumento. Tem piedade dos infelizes espalhados nesta margem. Não te é suficiente ter-lhes mostrado as profundezas do abismo? Salvaste-os apenas para perdê-los? Escuta a oração daquele que te agradece. Ajuda os esforços daquele que recolhe os tristes restos de sua fortuna. Fecha os ouvidos às imprecações deste louco: ai de mim! Ele esperava retornos vantajosos; havia projetado seu descanso e aposentadoria; estava em sua última viagem. Cem vezes ao longo do caminho, calculou com os dedos o montante de sua fortuna; já havia arranjado como empregá-la: e eis que todas as suas esperanças foram enganadas; ele mal tem o suficiente para cobrir seus membros nus. Emociona-te com a ternura desses dois esposos. Vê o terror que inspiraste a esta mulher. Ela lhe agradece pelo mal que lhe fizeste. No entanto, seu filho, muito jovem para saber a que perigo o expuseste, a ele, seu pai e sua mãe, cuida do fiel companheiro de sua jornada; ele volta a apertar a coleira de seu cão. Dá graças aos inocentes. Vê esta mãe recém-escapada das águas com seu marido; não era por ela que ela tremia, era por seu filho. Vê como ela o aperta contra o peito; vê como ela o beija. Ó Deus, reconhece as águas que criaste. Reconhece-as, e quando tua respiração as agita, e quando tua mão as acalma. Reconhece as nuvens escuras que juntaste e que te agradaste dissipar. Já se separam, se afastam, já a luz do astro do dia renasce na face das águas; prevejo calma neste horizonte avermelhado. Quão distante está este horizonte! Não faz fronteira com o mar. O céu desce até embaixo e parece girar em torno do globo. Termina de limpar este céu; completa a tarefa de devolver a tranquilidade ao mar. Permita que esses marujos lancem de volta seu navio encalhado ao mar; apoie seu trabalho; dá-lhes força e deixa-me o meu quadro. Deixa-o comigo, como a vara com a qual castigarás o homem vaidoso. Já não sou eu que visitam, que vêm ouvir: é Vernet que vêm admirar na minha casa. O pintor humilhou o filósofo.

Ó meu amigo, o belo Vernet que possuo! O assunto é o fim de uma tempestade sem catástrofe infeliz. As ondas ainda estão agitadas; o céu, nublado; os marinheiros se ocupam em seu navio encalhado; os habitantes vêm correndo das montanhas vizinhas.

Que espirituoso esse artista! Bastou apenas um pequeno número de figuras principais para ele representar todas as circunstâncias do momento que escolheu. Como toda essa cena é verdadeira! Como tudo é pintado com leveza, facilidade e vigor! Quero guardar este testemunho de sua amizade.

Quero que meu genro passe para os filhos dele, os filhos dele para os deles, e estes aos filhos que hão de gerar.

Se vísseis o belo conjunto dessa obra; como tudo nela é harmonioso; como os efeitos se encadeiam; como tudo se faz valer sem esforço e sem pretensão; como são vaporosas essas montanhas à direita; como são belos estes rochedos e os edifícios sobrepostos; como é pitoresca esta árvore; como é iluminado este terraço; como a luz ali se degrada; como essas figuras são dispostas, verdadeiras, ativas, naturais, vivas; como são interessantes; a força com que são pintadas; a pureza com que são desenhadas; como se destacam do fundo; a enorme extensão deste espaço; a verdade dessas águas; essas nuvens, esse céu, esse horizonte! Aqui o fundo está desprovido de luz e a frente, clara, contrariamente à técnica comum. Vinde ver meu Vernet; mas não o tireis de mim.

Com o tempo, as dívidas serão quitadas; o remorso diminuirá; e terei um deleite puro. Não temais que a fúria de acumular coisas belas se apodere de mim. Os amigos que tinha, ainda os tenho; e o número não aumenta. Possuo Laís, mas Laís não me possui. Feliz em seus braços, estou pronto para entregá-la a quem amo e a quem ela faria mais feliz do que eu. E para vos contar o meu segredo ao ouvido, esta Laís, que vende tão caro aos outros, não me custou nada.

A relação geral entre produção, distribuição, troca e consumo

Karl Marx

Antes de entrar em uma análise ulterior da produção, é necessário considerar as distintas rubricas que os economistas colocam ao seu lado.*

A representação superficial claramente perceptível: na produção, os membros da sociedade apropriam (elaboram, configuram) os produtos da natureza às necessidades humanas; a distribuição determina a proporção em que o indivíduo singular participa desses produtos; a troca o provê dos produtos particulares nos quais deseja converter a cota que lhe coube pela distribuição; no consumo, finalmente, os produtos devêm objetos do desfrute, da apropriação individual. A produção cria os objetos correspondentes às necessidades; a distribuição os reparte segundo leis sociais; a troca reparte outra vez o já repartido, segundo a necessidade singular; finalmente, no consumo, o produto sai desse movimento social, devém diretamente objeto e serviçal da necessidade singular e a satisfaz no desfrute. A produção aparece, assim, como o ponto de partida; o consumo, como o ponto final; a distribuição e a troca, como o meio-termo, o qual, por sua vez, é ele próprio dúplice, uma vez que a distribuição é o momento determinado pela sociedade e a troca, o momento determinado pelos indivíduos. Na produção, a pessoa se objetiva; na pessoa,[1] a coisa se subjetiva; na distribuição, a sociedade assume a mediação entre produção e consumo sob a forma de determinações dominantes; na troca, produção e consumo são mediados pela determinabilidade contingente do indivíduo.

A distribuição determina a proporção (o *quantum*) dos produtos que cabe aos indivíduos; a troca determina os produtos dos quais o indivíduo reclama para si a cota que lhe atribui a distribuição.

---

*   Fragmento de *Grundrisse: manuscritos econômicos de 1857-1858: esboços da crítica da economia política*. Trad. Mario Duayer e Nélio Schneider. São Paulo: Boitempo, 2011 [1857/1858].
    N.O.: Conforme os critérios de edição da Boitempo, palavras ou expressões entre colchetes são complementos das editoras brasileira e alemã ou do tradutor; as letras sobrescritas (i, f, it) informam que a palavra ou frase foi escrita pelo autor em outro idioma (inglês, francês, italiano). Notas numeradas são da edição alemã, enquanto notas do tradutor foram inseridas com caracteres alfabéticos, reproduzindo o padrão da edição da Boitempo.

Produção, distribuição, troca e consumo constituem, assim, um autêntico silogismo; a produção é a universalidade, a distribuição e a troca, a particularidade, e o consumo, a singularidade na qual o todo se unifica. Esta é certamente uma conexão, mas uma conexão superficial. A produção é determinada por leis naturais universais; a distribuição, pela casualidade social, e pode, por isso, ter um efeito mais ou menos estimulante sobre a produção; a troca interpõe-se entre ambas como movimento social formal; e o ato conclusivo do consumo, concebido não apenas como fim, mas também como finalidade propriamente dita, situa-se propriamente fora da economia, exceto quando retroage sobre o ponto de partida e enceta de novo todo o processo.

Os adversários dos economistas políticos – seja do interior, seja do exterior de seu âmbito –, que os censuram pela bárbara cisão daquilo que é relacionado, estão no mesmo terreno deles ou mesmo em nível inferior ao deles. Nada é mais corriqueiro do que a censura aos economistas políticos por conceberem a produção exclusivamente como fim em si. A distribuição seria igualmente importante. Tal crítica está baseada precisamente na ideia econômica de que a distribuição reside ao lado da produção como esfera autônoma e independente. Ou no fato de que os momentos não seriam concebidos em sua unidade. Como se a dissociação não fosse passada da realidade aos livros-texto, mas inversamente dos livros-texto à realidade, e como se aqui se tratasse de um nivelamento dialético de conceitos e não da concepção de relações reais!

***

a_1) A produção é também imediatamente consumo. Duplo consumo, subjetivo e objetivo: o indivíduo que desenvolve suas capacidades ao produzir também as despende, consome-as no ato da produção, exatamente como a procriação natural é um consumo de forças vitais. Em segundo lugar: consumo dos meios de produção que são usados e desgastados e, em parte (como, por exemplo, na combustão), transformados novamente nos elementos gerais. Assim como o consumo da matéria-prima, que não permanece com sua forma [*Gestalt*] e constituição naturais, sendo, ao contrário, consumida. Por isso, o próprio ato de produção é, em todos os seus momentos, também um ato de consumo. Mas isso concedem os economistas. Chamam de *consu-*

mo produtivo a produção enquanto imediatamente idêntica ao consumo, e o consumo enquanto imediatamente coincidente com a produção. Essa identidade de produção e consumo vem a ser a mesma coisa que a proposição de Spinoza: *determinatio est negatio.*[2]

Mas essa determinação do consumo produtivo é formulada justamente para distinguir o consumo idêntico à produção do consumo propriamente dito, que é concebido antes como antítese destruidora da produção. Consideremos, portanto, o consumo propriamente dito.

O consumo também é imediatamente produção, do mesmo modo que na natureza o consumo dos elementos e das substâncias químicas é produção da planta. Por exemplo, na nutrição, que é uma forma de consumo, é claro que o ser humano produz seu próprio corpo. Mas isso vale para todo tipo de consumo que, de um modo ou de outro, produz o ser humano sob qualquer aspecto. Produção consumptiva. Porém, diz a economia, essa produção idêntica ao consumo é uma segunda produção, derivada da destruição do primeiro produto. Na primeira, coisificou-se o produtor; na segunda, personifica-se a coisa por ele criada. Portanto, essa produção consumptiva – muito embora seja uma unidade imediata de produção e consumo – é essencialmente distinta da produção propriamente dita. A unidade imediata em que a produção coincide com o consumo e o consumo com a produção mantém a sua dualidade imediata.

Logo, a produção é imediatamente consumo e o consumo é imediatamente produção. Cada um é imediatamente seu contrário. Mas tem lugar simultaneamente um movimento mediador entre ambos. A produção medeia o consumo, cujo material cria, consumo sem o qual lhe faltaria o objeto. Mas o consumo também medeia a produção ao criar para os produtos o sujeito para o qual são produtos. Somente no consumo o produto recebe o seu último acabamento[i]. Uma estrada de ferro não trafegada, que, portanto, não é usada, consumida, é uma estrada de ferro apenas δυνάμει[a], não efetivamente. Sem produção, nenhum consumo; mas, também, sem consumo, nenhuma produção, pois nesse caso a produção seria inútil. O consumo produz a produção duplamente: 1) na medida em que apenas no consumo o produto devém efetivamente produto. Uma roupa, por exemplo, somente devém roupa efetiva no ato de ser trajada; uma casa que não é habitada não é 'de fato'[j] uma casa efetiva; logo, o produto, à diferença do simples objeto natural, afirma-se como produto, *devém* produto somente no consumo. O consumo dá o 'golpe de misericórdia[i] no produto quando o dissolve; porque o produto é a produção não só como atividade coisificada, mas também como objeto para o sujeito ativo; 2) na medida em que o consumo cria a necessidade de *nova* produção, é assim o fundamento ideal internamente impulsor da produção, que é o seu pressuposto. O consumo cria o estímulo da produção; cria também o objeto que funciona na produção como determinante da finalidade. Se é claro que a produção oferece exteriormente o objeto do consumo, é igualmente claro que o consumo *põe idealmente* o objeto da produção como imagem interior, como necessidade, como impulso e como finalidade. Cria os objetos da produção em uma forma ainda subjetiva. Sem necessidade, nenhuma produção. Mas o consumo reproduz a necessidade.

A isso corresponde, do lado da produção, que ela 1) fornece ao consumo o material, o objeto. Um consumo sem objeto não é consumo; portanto, sob esse aspecto, a produção cria, produz o consumo. 2) Mas não é somente o objeto que a produção cria para o consumo. Ela também dá ao consumo sua determinabilidade, seu caráter, seu fim[i]. Assim como o consumo deu ao produto seu fim[i] como produto, a produção dá o fim[i] do consumo. *Primeiro*, o objeto não é um objeto em geral, mas um objeto determinado que deve ser consumido de um modo determinado, por sua vez mediado pela própria produção. Fome é fome, mas a fome que se sacia com carne cozida, comida com garfo e faca, é uma fome diversa da fome que devora carne crua com mão, unha e dente. Por essa razão, não é somente o objeto do consumo que é produzido pela produção, mas também o modo do consumo, não apenas objetiva, mas também subjetivamente. A produção cria, portanto, os consumidores. 3) A produção não apenas fornece à necessidade um material, mas também uma necessidade ao material. O próprio consumo, quando sai de sua rudeza e imediaticidade originais – e a permanência nessa fase seria ela própria o resultado de uma produção aprisionada na rudeza natural –, é mediado, enquanto impulso, pelo objeto. A necessidade que o consumo sente do objeto é criada pela própria percepção do objeto. O objeto de arte – como qualquer outro produto – cria um público capaz de apreciar a arte e de sentir prazer com a beleza. A produção, por conseguinte, produz não somente um objeto para o sujeito, mas também um sujeito para o objeto. Logo, a produção produz o consumo, na medida em que 1) cria o material para o consumo; 2) determina o modo do consumo; 3) gera como necessidade no consumidor os produtos por ela própria postos primeiramente como objetos. Produz, assim, o objeto do consumo, o modo do consumo e o impulso do consumo. Da mesma forma, o consumo produz a *disposição* do produtor, na medida em que o solicita como necessidade que determina a finalidade.

As identidades entre consumo e produção aparecem, portanto, sob três aspectos:

1) *Identidade imediata*: A produção é consumo; o consumo é produção. Produção consumptiva. Consumo produtivo. Os economistas chamam ambos de consumo produtivo. Mas fazem ainda uma distinção. A primeira figura como reprodução; o segundo, como consumo produtivo. Todas as investigações sobre a primeira são sobre trabalho produtivo ou improdutivo; sobre o segundo, são investigações sobre consumo produtivo ou não produtivo.

2) O fato de que cada qual aparece como meio do outro; é mediado pelo outro; o que é expresso como sua dependência recíproca; um movimento em que são referidos um ao outro e aparecem como mutuamente indispensáveis, mas ainda mantêm-se exteriores entre si. A produção cria o material para o consumo como objeto externo; o consumo cria a necessidade como objeto interno, como finalidade para a produção. Sem produção, nenhum consumo; sem consumo, nenhuma produção. Na economia, figura em muitas formas.

3) Não só a produção é imediatamente consumo e o consumo, imediatamente produção; tampouco a produção é apenas meio para o consumo e o consumo, finalidade para a produção, i.e., cada qual fornece ao outro o seu objeto: a produção, o objeto externo do consumo, o consumo, o objeto representado da produção; cada um deles não apenas é imediatamente o outro, tampouco apenas o medeia, mas cada qual cria o outro à medida que se realiza. O consumo só termina o ato da produção na medida em que realiza o produto como produto, o dissolve, consome a sua forma de coisa autônoma; na medida em que eleva à destreza, pela necessidade da repetição, a disposição desenvolvida no primeiro ato de produção; o consumo, portanto, não é apenas um ato conclusivo pelo qual o produto devém produto, mas também o ato mediante o qual o produtor devém produtor. Por outro lado, a produção produz o consumo na medida em que cria o modo determinado do con-

sumo e, depois, o estímulo ao consumo, a própria capacidade de consumo como necessidade. Esta última identidade, indicada sob o terceiro tópico, é muitas vezes ilustrada na Economia na relação entre oferta e demanda, entre objetos e necessidades, entre necessidades socialmente criadas e naturais.

Com isso, nada mais simples para um hegeliano do que pôr a produção e o consumo como idênticos. E isso aconteceu não só com socialistas beletristas,[3] mas igualmente com economistas prosaicos como Say,[4] por exemplo; na forma segundo a qual, quando se considera um povo, sua produção é seu consumo. Ou também a humanidade *in abstracto*. Storch demonstrou o erro de Say, uma vez que um povo, por exemplo, não simplesmente consome o seu produto, mas cria também meios de produção, capital fixo etc.[5] Considerar a sociedade como um único sujeito é, além disso, considerá-la falsamente, especulativamente. No caso de um sujeito, produção e consumo aparecem como momentos de um ato. O importante aqui é apenas destacar que, se produção e consumo são considerados como atividades de um sujeito ou de muitos indivíduos, ambos aparecem em todo caso como momentos de um processo no qual a produção é o ponto de partida efetivo, e, por isso, também o momento predominante [*übergreifende Moment*]. O próprio consumo, como carência vital, como necessidade, é um momento interno da atividade produtiva. Mas esta última é o ponto de partida da realização e, por essa razão, também seu momento predominante, o ato em que todo o processo transcorre novamente. O indivíduo produz um objeto e retorna a si ao consumi-lo, mas como indivíduo produtivo e que se autorreproduz. O consumo aparece, assim, como momento da produção.

Na sociedade, no entanto, a relação do produtor com o produto, tão logo este esteja acabado, é uma relação exterior, e o retorno do objeto ao sujeito depende de suas relações com os outros indivíduos. Não se apodera dele imediatamente. Tampouco a imediata apropriação do produto é a finalidade do produtor quando produz em sociedade. Entre o produtor e os produtos se interpõe a *distribuição*, que determina, por meio de leis sociais, sua cota no mundo dos produtos, interpondo-se, assim, entre a produção e o consumo.

A distribuição se coloca, então, como esfera autônoma, ao lado da e fora da produção?

***

b_1) Quando se consideram os tratados correntes de economia, deve saltar à vista, em primeiro lugar, que neles tudo é posto duplamente. P. ex., na distribuição figuram renda da terra, salário, juros e lucro, enquanto na produção, terra, trabalho e capital figuram como agentes da produção. No caso do capital, é desde logo evidente que é posto duplamente: 1) como agente da produção; 2) como fonte de renda; como determinadas formas de distribuição que são determinantes. Por essa razão, juros e lucro figuram também enquanto tais na produção, uma vez que são formas nas quais o capital aumenta, cresce, momentos, portanto, de sua própria produção. Juros e lucro, como formas de distribuição, subentendem o capital como agente da produção. São modos de distribuição que têm por pressuposto o capital como agente da produção. São, igualmente, modos de reprodução do capital.

Da mesma maneira, o salário é exatamente igual ao trabalho assalariado considerado sob uma outra rubrica; a determinabilidade que o trabalho possui aqui como agente da produção aparece como determinação da distribuição. Se o trabalho não fosse determinado como trabalho assalariado, o modo pelo qual participa dos produtos não apareceria como salário, como, por exemplo, na escravidão. Finalmente, para tratar logo da forma mais desenvolvida da distribuição na qual a propriedade da terra participa dos produtos, a renda da terra supõe a grande propriedade fundiária (na verdade, a agricultura em larga escala) como agente de produção, e não a terra pura e simples, assim como o salário não supõe o trabalho puro e simples. Por essa razão, as relações e os modos de distribuição aparecem apenas como o reverso dos agentes de produção. Um indivíduo que participa da produção na forma de trabalho assalariado participa na forma do salário nos produtos, nos resultados da produção. A articulação da distribuição está totalmente determinada pela articulação da produção. A própria distribuição é um produto da produção, não só no que concerne ao seu objeto, já que somente os resultados da produção podem ser distribuídos, mas também no que concerne à forma, já que o modo determinado de participação na produção determina as formas particulares da distribuição, a forma de participação na distribuição. É absolutamente uma ilusão pôr a terra na produção, a renda da terra na distribuição etc.

Economistas como Ricardo,[6] em geral censurados porque teriam em mente apenas a produção, em virtude disso definiram exclusivamente a distribuição como objeto da economia, porque instintivamente conceberam as formas de distribuição como a expressão mais determinada na qual se fixam os agentes de produção em uma dada sociedade.

Naturalmente, a distribuição aparece ao indivíduo singular como uma lei social que condiciona sua posição no interior da produção, na qual ele produz e que, portanto, precede a produção. Originalmente, o indivíduo não tem nenhum capital, nenhuma propriedade fundiária. Desde o nascimento, está destinado pela distribuição social ao trabalho assalariado. Mas esse próprio estar destinado é o resultado do fato de que capital e propriedade fundiária existem como agentes de produção autônomos.

Consideradas as sociedades como um todo, a distribuição parece agora, sob outra ótica, preceder e determinar a produção; como se fosse um fato[i] pré-econômico. Um povo conquistador divide a terra entre os conquistadores e impõe, assim, uma determinada distribuição e uma determinada forma da propriedade fundiária; determina, por conseguinte, a produção. Ou faz dos conquistados escravos e, desse modo, faz do trabalho escravo o fundamento da produção. Ou um povo, pela revolução, retalha a grande propriedade territorial em parcelas; mediante essa nova distribuição, portanto, confere à produção um novo caráter. Ou a legislação perpetua a propriedade fundiária em certas famílias, ou distribui o trabalho [como] privilégio hereditário, imobilizando-o assim em castas. Em todos esses casos, e são todos históricos, a distribuição não parece articulada e determinada pela produção, mas, pelo contrário, a produção parece articulada e determinada pela distribuição.

Na concepção mais superficial, a distribuição aparece como distribuição dos produtos, e, assim, como mais afastada [da] produção e quase autônoma em relação a ela. Mas antes de ser distribuição de produtos, a distribuição é: 1) distribuição dos instrumentos de produção, e 2) distribuição dos membros da sociedade nos diferentes tipos de produção, o que constitui uma determinação ulterior da mesma relação. (Subsunção dos indivíduos sob relações de produção determinadas.) A distribuição dos produtos é manifestamente apenas resultado dessa distribuição que está incluída no próprio processo de produção e determina a articulação da produção. Considerar a produção se abstraindo dessa distribuição nela contida é manifestamente uma abstração vazia, enquanto, inversamente, a distribuição dos produtos é dada por si mesma com essa distribuição, que é originalmente um momento constitutivo da produção. Ricardo, para quem era importante compreender a produção moderna em sua articulação social determinada, e que é o economista da produção 'por excelência', justamente por isso declara que *não* é a produção o verdadeiro tema da economia moderna, mas a distribuição. Daí se compreende mais uma vez a insipidez dos economistas, que expõem a produção como verdade eterna enquanto relegam a história à esfera da distribuição.

Saber qual a relação dessa distribuição com a produção por ela própria determinada é uma questão que evidentemente faz parte da própria produção. Caso fosse dito, dado que a produção deve partir de uma certa distribuição dos instrumentos de produção, que ao menos nesse sentido a distribuição precede a produção e constitui seu pressuposto, deve-se responder que a produção tem de fato suas condições e seus pressupostos que constituem momentos dela própria. De início, tais condições e pressupostos podem aparecer como naturais espontâneos [*naturwüchsig*]. Por meio do próprio processo de produção, são transformados de momentos naturais e espontâneos [*naturwüchsigen*] em históricos, e se para um período aparecem como pressuposto natural da produção, para outro são o seu resultado histórico. São continuamente modificados no interior da própria produção. O emprego da maquinaria, por exemplo, modificou tanto a distribuição dos instrumentos de produção quanto a dos produtos. A grande propriedade fundiária moderna é, ela mesma, o resultado tanto do comércio moderno e da indústria moderna quanto da aplicação desta última na agricultura.

Todas as questões levantadas acima se reduzem, em última instância, à questão de como operam as relações históricas gerais no interior da produção e qual a sua relação com o movimento histórico geral. A questão, evidentemente, faz parte da discussão e do desenvolvimento da própria produção.

No entanto, na forma trivial em que foram afloradas acima, tais questões podem ser resolvidas de maneira igualmente rápida. Em toda conquista há três possibilidades. O povo conquistador submete o conquistado ao seu próprio modo de produção (por exemplo, os ingleses neste século na Irlanda e, em parte, na Índia); ou deixa o antigo [modo de produção] subsistir e se satisfaz com tributo (p. ex., turcos e romanos); ou tem lugar uma ação recíproca, da qual emerge algo novo, uma síntese (em parte, nas conquistas germânicas). Em todos os casos, o modo de produção, seja o do povo conquistador, seja o do conquistado, seja o que resulta da fusão de ambos, é determinante para a nova distribuição que surge. Apesar de aparecer como pressuposto para o novo período de produção, essa própria distribuição, por sua vez, é um produto da produção, e não apenas da produção histórica em geral, mas da produção histórica determinada.

Os mongóis, por exemplo, com sua devastação na Rússia, procediam em conformidade com sua produção, o pastoreio, para a qual vastas extensões desabitadas [de terra] eram uma condição fundamental. Os bárbaros germânicos, para os quais a produção tradicional era a agricultura realizada por servos e a vida isolada no campo, puderam tão mais facilmente submeter as províncias romanas a essas condições, porquanto ali a concentração da propriedade fundiária já havia modificado totalmente as antigas relações agrícolas.

É uma ideia tradicional a de que, em certos períodos, viveu-se unicamente de pilhagem. Mas, para poder pilhar, deve existir algo a ser pilhado, logo, produção. E o próprio tipo da pilhagem é, por sua vez, determinado pelo tipo da produção. Uma nação 'de especuladores da Bolsa[i] não pode ser saqueada da mesma maneira que uma nação de vaqueiros.

No [caso do] escravo, o instrumento de trabalho é roubado diretamente. Entretanto, a produção do país para o qual o escravo foi roubado deve ser estruturada de modo a admitir o trabalho escravo, ou (como na América do Sul etc.) deve ser criado um modo de produção correspondente ao escravo.

As leis podem perpetuar um instrumento de produção, a terra, por exemplo, em certas famílias. Essas leis só ganham significado econômico quando a grande propriedade fundiária está em harmonia com a produção social, como na Inglaterra, por exemplo. Na França, a pequena agricultura era praticada apesar da grande propriedade fundiária, daí porque esta última foi destruída pela Revolução. Mas e a perpetuação do parcelamento, por exemplo, pelas leis? A despeito dessas leis, a propriedade se concentra novamente. A influência das leis na manutenção das relações de distribuição e, daí, seu efeito sobre a produção devem ser particularmente determinados.

Notas

1 Provavelmente deveria constar "no consumo", uma vez que nesta frase é tratada a relação recíproca entre produção, consumo, distribuição e troca.
2 Baruch de SPINOZA, "Carta 50 para Jarig Jelles, 02 de junho de 1674", em *Baruch de Espinosa*. São Paulo: Abril Cultural, 1979, coleção Os Pensadores. Para a interpretação dessa proposição hegeliana adotada por Marx ("A determinabilidade é a negação"), cf. Georg Wilhelm Friedrich HEGEL, "Wissenschaft der Logik", em *Gesammelte Werke*. Hamburgo: F. Meiner, 1984, livro 1, seção 1, capítulo 2, nota: "Realität und Negation"; idem, *Enzyklopädie der philosophischen Wissenschaften im Grundrisse* (1830) (Frankfurt: Suhrkamp, 1986, v. 1), § 91, adendo. [N.T.: Determinar é negar.]
3 Por "socialistas beletristas" Marx refere-se a autores como Karl Grün e Proudhon. Ver Karl MARX e Friedrich ENGELS, *A ideologia alemã*. São Paulo: Boitempo, 2007, v. 2, cap. 4; e Karl MARX, *Misère de la philosophie, réponse à la Philosophie de la misère de M. Proudhon*. Paris: A. Franck, 1847, p. 86 [ed. bras.: *Miséria da filosofia: resposta* à Filosofia da miséria *do sr. Proudhon*. São Paulo: Expressão Popular, 2009].
4 Jean-Baptiste SAY, *Traité d'économie politique*, 4.ed., Paris: Deterville, 1819, v. 2, p. 72-74 [ed. bras.: *Tratado de economia política*. São Paulo: Abril Cultural, 1983]. Citado de acordo com Heinrich STORCH, *Considérations sur la nature du revenu national*. Paris: Bossange Père, 1824, p. 131-145.
5 Ibidem, p. 126-159.
6 David RICARDO, *On the Principles of Political Economy and Taxation*, cit., p. V.

Consumo conspícuo

Thorstein Veblen

No que foi dito sobre a evolução da classe do lazer [ou ócio] vicário e a sua diferenciação do corpo geral das classes trabalhadoras, foi feita referência a uma outra divisão do trabalho – entre as várias classes de serviçais.* Uma parte da classe serviçal, principalmente as pessoas cuja ocupação consiste no lazer vicário, assume a certa altura um novo leque, subsidiário, de deveres – o consumo vicário de bens. A forma mais óbvia de que este consumo se reveste é o uso de librés e a ocupação de espaçosos aposentos por parte do pessoal doméstico. Uma outra forma, não menos notória ou menos eficaz de consumo vicário, e muito mais difundida, é o consumo de comida, vestuário, habitação e mobília por parte da senhora e do resto do pessoal doméstico.

Porém, já num ponto da evolução econômica muito anterior à emergência da senhora, o consumo especializado de bens como prova de poder pecuniário começara a ocorrer num sistema mais ou menos elaborado. O começo de uma diferenciação no consumo antecede até o aparecimento de algo que possa verdadeiramente ser chamado de poder pecuniário. Está presente já na fase inicial da cultura predatória, e há indícios de uma diferenciação incipiente neste domínio ainda no início da vida predatória. Esta diferenciação primitiva no consumo de bens assemelha-se à diferenciação mais recente com que estamos todos tão intimamente familiarizados na medida em que tem um caráter largamente cerimonial, mas, ao contrário desta última, não assenta numa riqueza acumulada. A utilidade do consumo como prova de riqueza deve ser classificada como um desenvolvimento secundário. É a adaptação a um novo fim, através de um processo seletivo, de uma distinção previamente existente e bem estabelecida nos hábitos de pensamento dos homens.

---

* Fragmento de *A teoria da classe do lazer*. Trad. Patrícia Xavier. Lisboa: Actual, 2018 [1899].
N.O.: A edição da Actual opta pela tradução de *"leisure"*, do original *The Theory of the Leisure Class*, por "lazer". Mas, outras traduções optam por "ócio". Ambos os termos estão corretos. Porém, "ócio" carrega um sentido um pouco mais próximo ao que Veblen pretende indicar de uma classe de pessoas cuja distinção está no fato de não trabalharem nem realizarem atividades produtivas. Trechos pontuais desta tradução editados pelos organizadores estão entre colchetes.

Nas primeiras fases da cultura predatória, a única diferenciação econômica é uma distinção genérica entre uma classe superior honrosa formada pelos homens fisicamente capazes, de um lado, e uma classe inferior desprezível constituída por mulheres trabalhadoras, do outro. Segundo o esquema ideal da vida em vigor na época, cabe aos homens consumir o que as mulheres produzem. O consumo destinado às mulheres está meramente ligado ao seu trabalho; é o meio que lhes permite trabalhar, e não um consumo dirigido ao seu próprio conforto ou à sua realização. O consumo não produtivo de bens é prestigiante, sobretudo como uma marca de façanha e como um elemento adicional de dignidade humana; num plano secundário, torna-se muito prestigiante em si mesmo, especialmente o consumo dos bens mais desejáveis. O consumo de comida de qualidade, e muitas vezes também de artigos de adorno raros, torna-se interdito às mulheres e crianças; e se existir uma classe desprezível (servil) de homens, a interdição estende-se também a este grupo. Com mais um avanço na cultura, a interdição pode converter-se num simples costume de cariz mais ou menos rigoroso; no entanto, qualquer que seja a base teórica da distinção mantida, quer se trate de uma proibição ou de uma convencionalidade mais abrangente, as características do esquema convencional de consumo não mudam facilmente. Quando o estádio quase pacífico da produção é alcançado, com a sua instituição fundamental da escravatura, o princípio geral, mais ou menos rigorosamente aplicado, é o de que a classe servil trabalhadora deve consumir apenas o que for necessário à sua subsistência. Como seria de esperar, o luxo e o conforto da vida pertencem à classe do lazer. Nesta linha, certos alimentos e, em particular, certas bebidas, estão estritamente reservados ao consumo da classe superior.

A diferenciação cerimonial da dieta é mais evidente no uso de bebidas intoxicantes e narcóticos. Se forem bens de consumo dispendiosos, são considerados nobres e honoríficos. Assim, as classes servis, sobretudo as mulheres, são forçadas à continência no que respeita a estes estimulantes, exceto em países onde sejam obtidos a um custo muito reduzido. Desde tempos arcaicos e ao longo de todo o regime patriarcal, as mulheres estiveram incumbidas de preparar e administrar estes artigos de luxo, sendo privilégio dos homens de nascimento e educação nobres consumi-los. A embriaguez e outras consequências patológicas do uso livre de estimulantes tendem, assim, a tornar-se também honoríficas, uma vez que são uma marca indireta do estatuto superior daqueles que podem dar-se a um tal luxo. As enfermidades causadas pelo consumo excessivo são, entre alguns povos, reconhecidas como atributos viris. Até já se deu o caso de os nomes de certas enfermidades resultantes destes consumos terem entrado na língua corrente como sinônimo de "nobre" ou "gentil". É apenas num estádio relativamente inicial da cultura que os sintomas de vícios caros são convencionalmente aceitos como marcas de um estatuto superior, tendendo desta forma a tornar-se virtudes e a suscitar a deferência da comunidade; no entanto, a respeitabilidade associada a certos vícios dispendiosos conserva durante muito tempo grande parte da sua força, de modo a atenuar consideravelmente a reprovação que recai sobre os homens da classe abastada ou da aristocracia por quaisquer consumos excessivos. A mesma distinção discriminatória acentua a reprovação que merece qualquer consumo deste tipo por parte de mulheres, menores e inferiores. Esta distinção tradicional discriminatória ainda não perdeu a sua força entre os povos mais avançados do nosso tempo. Onde o exemplo estabelecido pela classe do lazer conserva a sua força imperativa na regulação das convenções, verificamos que as mulheres ainda praticam, de um modo geral, esta continência tradicional no que respeita a estimulantes.

Esta caracterização da maior continência no uso de estimulantes praticada pelas mulheres das classes respeitáveis pode parecer um refinamento excessivo da lógica em detrimento do senso comum. Mas os fatos ao alcance de qualquer pessoa que queira conhecê-los revelam-nos que a maior abstinência das mulheres se deve, em parte, a uma convenção imperativa; e esta convenção é, de um modo geral, mais forte onde a tradição patriarcal – a tradição segundo a qual a mulher é propriedade do homem – se mantém mais vigorosa. Num sentido que foi ampla e rigorosamente descrito, mas que de modo algum perdeu o seu significado, esta tradição diz que a mulher, sendo propriedade do homem, deve consumir apenas o que é necessário à sua subsistência – exceto na medida em que o seu consumo supérfluo contribua para o conforto ou a boa reputação do seu senhor. O consumo de artigos de luxo, no seu verdadeiro sentido, é um consumo para conforto do próprio consumidor, logo, é característico do senhor. Qualquer consumo deste tipo por parte de outros só pode ocorrer numa base de concessão. Em comunidades onde os hábitos de pensamento populares foram profundamente moldados pela tradição patriarcal, podemos encontrar resquícios do tabu relativo aos artigos de luxo, pelo menos, na condenação convencional do seu uso pela classe dependente e privada de liberdade. Tal é ainda mais evidente no que se refere a certos luxos, cujo uso pela classe dependente prejudicaria de modo sensível o conforto ou prazer dos seus senhores, ou que são considerados de legitimidade duvidosa por outros motivos. No entender da grande classe média conservadora da civilização ocidental, o consumo de tais estimulantes é repulsivo por uma destas objeções, senão por ambas; e é um fato demasiado significativo para ser ignorado que é precisamente no seio destas classes médias da cultura germânica, com a sua noção persistente das conveniências patriarcais, que as mulheres se encontram mais sujeitas a um tabu no que toca a narcóticos e bebidas alcoólicas. Com muitas especificidades – com mais especificidades à medida que a tradição patriarcal foi enfraquecendo gradualmente –, a regra geral vista como correta e obrigatória é que as mulheres devem consumir apenas para benefício dos seus senhores. As despesas com o vestuário das mulheres e com a parafernália doméstica são, claro, uma exceção óbvia a esta regra; mas veremos adiante que esta exceção é muito mais óbvia do que substancial. Durante os primeiros estádios do desenvolvimento econômico, o consumo de bens sem preocupação de frugalidade, especialmente o consumo de bens de categoria mais elevada – idealmente, todo o consumo para além do mínimo necessário à subsistência –, pertence normalmente à classe do lazer. Esta restrição tende a desaparecer, pelo menos formalmente, no final do estádio pacífico, com a propriedade privada de bens e um sistema de produção baseado no trabalho assalariado ou na pequena economia doméstica. Porém, no início do estádio quase pacífico, quando ganhavam forma e consistência tantas das tradições através das quais a instituição de uma classe do lazer afetou a economia de épocas posteriores, este princípio teve a força de uma lei convencional. Funcionou como a norma à qual o consumo se conformou tendencialmente, e qualquer desvio significativo dessa norma só pode ser considerado aberrante, para ser eliminado mais cedo ou mais tarde.

Assim, o cavalheiro do lazer no período quase pacífico não só consome pão para além do mínimo indispensável à subsistência e à eficiência física, como o seu consumo sofre uma especialização no que se refere à qualidade dos bens consumidos. Ele consome livremente e do melhor que há, no que toca a comida, bebida, narcóticos, habitação, serviços, ornamentos, vestuário, armas e equipamento, divertimentos, amuletos, ídolos ou divindades. No processo de melhoramento gradual dos artigos que consome, o motivo principal e o objetivo imediato da inovação são, sem dúvida, a maior eficiência dos produtos aperfeiçoados e mais elaborados para conforto e bem-estar pessoal. Mas esse não é o único propósito do seu consumo. O cânone de respeitabilidade está presente e apodera-se das inovações que reúnem, de acordo com o seu padrão, condições para sobreviver. Uma vez que o consumo destes bens de excelência é um indício de riqueza, torna-se honorífico; e inversamente, a incapacidade de consumir na devida quantidade e qualidade torna-se uma marca de inferioridade e demérito.

Esta discriminação cada vez mais rígida quanto à excelência qualitativa na comida, na bebida etc. passa a afetar não apenas o modo de vida, mas também a preparação e a atividade do cavalheiro do lazer. Ele já não é apenas o macho bem-sucedido, agressivo – o homem de força, engenho e bravura. Para evitar a estultificação, ele tem também de cultivar os seus gostos, pois tem agora a responsabilidade de discriminar com alguma elegância o nobre do ignóbil nos bens consumíveis. O cavalheiro do lazer torna-se um conhecedor de comida de vários níveis de qualidade, de bebidas e ornamentos masculinos, de equipamento e arquitetura distintos, de armas, jogos, dançarinas e narcóticos. Este cultivar da sensibilidade estética requer tempo e aplicação, e as exigências que recaem sobre o cavalheiro neste domínio tendem, assim, a converter a sua vida de lazer na tarefa mais ou menos árdua de aprender a viver uma existência de lazer ostensivo de modo conveniente. Estreitamente ligada à obrigatoriedade de consumir livremente e de consumir o tipo certo de bens está a obrigatoriedade de saber consumi-los de maneira apropriada. A vida de lazer deve ser conduzida de determinada forma. Assim surgem as boas maneiras na acepção descrita num capítulo anterior.[1] Os comportamentos e modos de vida educados obedecem à norma do lazer e do consumo conspícuos.

O consumo conspícuo de bens valiosos é uma condição para a respeitabilidade do cavalheiro do lazer. À medida que a riqueza se acumula nas suas mãos, só o seu esforço não basta para exibir a opulência através deste método. A ajuda de amigos e rivais é então mobilizada, recorrendo-se à oferta de presentes de valor, banquetes e entretenimento. Os presentes e os banquetes tiveram provavelmente outra origem que não a ostentação simples, mas foram usados com este objetivo desde muito cedo e conservaram este caráter até o presente, de tal modo que a sua utilidade neste domínio é há muito tempo a base sólida onde assentam estas práticas. Distrações dispendiosas, como o potlatch[2] ou o baile, prestam-se especialmente a servir este objetivo. O rival com quem o cavalheiro que promove a iniciativa quer ser comparado é, através deste método, um meio usado para atingir um fim. O rival consome vicariamente pelo seu anfitrião, ao mesmo tempo que testemunha o consumo daquele excesso de bens de qualidade que o anfitrião é incapaz de consumir sozinho, e testemunha ainda o à vontade do seu anfitrião no que respeita à etiqueta.

Naturalmente, na oferta de entretenimento dispendioso estão também presentes outros motivos, de um tipo mais cordial. O costume de reuniões festivas teve, provavelmente, origem na convivialidade e na religião. Estes motivos estão também presentes numa fase mais avançada do desenvolvimento, mas deixam de ser os únicos motivos. As festividades e o entretenimento da classe do lazer na época contemporânea podem, num grau moderado, continuar a servir a necessidade religiosa e, num grau mais elevado, as necessidades recreativas e de convivência, mas servem também um propósito discriminatório, e não o servem com menor eficácia por terem uma plausível base não discriminatória nestes motivos mais confessáveis. No entanto, o efeito econômico destas amenidades sociais não é diminuído por este fato, nem no consumo vicário de bens nem na exibição de feitos difíceis e dispendiosos no que se refere à etiqueta.

À medida que a riqueza se acumula, a classe do lazer desenvolve-se em função e estrutura, e assim ocorre uma diferenciação no seio da classe. Existe um sistema mais ou menos elaborado de estatuto e hierarquia. Esta diferenciação é acentuada pela herança de riqueza e pela consequente herança de nobreza. Com a herança de nobreza vem a herança de lazer obrigatório; e um grau de nobreza suficiente para implicar uma vida de lazer pode ser herdado sem o complemento de riqueza necessário para manter um lazer respeitável. O sangue aristocrático pode ser transmitido sem bens suficientes para garantir um consumo livre dignificante. Daqui resulta uma classe de cavalheiros do lazer empobrecida, a que foi feita alusão anteriormente. Estes cavalheiros de lazer de meia-casta inserem-se num sistema de gradações hierárquicas. Os que se encontram mais próximos dos níveis mais elevados da classe do lazer abastada, no que se refere a nascimento, à riqueza ou a ambos, gozam de uma posição melhor do que os menos bem-nascidos e dos de condição pecuniária inferior. Estes graus mais baixos, especialmente os cavalheiros de lazer pobres ou marginais, associam-se aos de condição superior através de um sistema de dependência ou lealdade; ao fazê-lo, obtêm do seu patrono uma melhoria de reputação, ou os meios necessários para levarem uma vida de lazer. Tornam-se os seus cortesãos ou servidores, criados; e ao serem alimentados e apoiados pelo seu patrono, constituem provas do estatuto deste último e são consumidores vicários da sua riqueza supérflua. Muitos destes cavalheiros de lazer afiliados são, ao mesmo tempo, homens de parcos recursos a título próprio, de tal modo que alguns deles quase não podem, ou podem apenas parcialmente, ser considerados consumidores vicários. Aqueles que forem os servidores ou dependentes do patrono podem, contudo, ser classificados de consumidores vicários sem restrição. Muitos deles, mais uma vez, a que se juntam muitos mais daquela outra aristocracia de grau inferior, têm por sua vez ligados a si um grupo mais ou menos abrangente de consumidores vicários, constituído pelas suas esposas e pelos seus filhos, criados, servidores etc.

Em todo este sistema graduado de lazer vicário e consumo vicário, dita a norma que estas funções sejam desempenhadas de determinada maneira, ou sob determinada circunstância ou insígnia, de forma a apontar claramente para o senhor a quem este lazer ou consumo pertence, e cuja reputação se beneficiará, por direito, deste incremento. O consumo e o lazer praticados por estas pessoas para o seu senhor ou patrono representam um investimento da parte deste último na sua reputação. No que toca a banquetes e donativos, isto é bastante óbvio, e o crédito atribuído ao patrono é imediato, através da comum notoriedade. Onde o lazer e o consumo são praticados vicariamente por escudeiros e servidores, é necessário que estes habitem perto do patrono, para que se saiba qual é a fonte do seu sustento. À medida que o grupo, cuja estima é garantida desta forma, se torna mais numeroso, procuram-se formas mais evidentes de atribuir o mérito pelo lazer manifestado, e para cumprir este objetivo surge a moda de uniformes, emblemas e librés. Usar uniforme ou libré implica um grau considerável de dependência, e pode até ser visto como uma marca de servidão, real ou aparente. Aqueles que usam uniforme ou libré podem ser grosseiramente divididos em duas classes: os livres e os servis, ou os nobres e os ignóbeis. Claro que a distinção não é observada com uma consistência rigorosa na prática; os menos abjetos dos serviços degradantes e as menos honoríficas das funções nobres são frequentemente executados pela mesma pessoa. Mas a distinção geral não deve por isso ser ignorada. O que pode causar perplexidade é o fato de esta distinção fundamental entre nobre e ignóbil, que assenta na natureza do serviço prestado, se cruzar com uma distinção secundária entre honorífico e humilhante, baseada no estatuto da pessoa a quem o serviço é prestado ou cujo libré é vestido. Assim, as funções adequadas à classe do lazer são nobres, como a governação, o combate, a caça, o cuidado das armas e equipamentos, e afins – em suma, aquelas que possam ser classificadas como ocupações ostensivamente predatórias. Por outro lado, as atividades que recaem sobre a classe trabalhadora são ignóbeis, como o trabalho manual ou outro trabalho produtivo, serviços domésticos e afins. No entanto, um serviço degradante desempenhado para uma pessoa de muito alto nível pode tornar-se uma ocupação muito prestigiada, como, por exemplo, a função de dama de honra ou aia da rainha, ou o cargo de estribeiro-mor do rei ou de tratador dos seus cães de caça. Estas duas últimas funções sugerem um princípio com alguma relevância. Sempre que, nestes casos, o serviço degradante em questão está diretamente ligado às principais atividades da classe do lazer, o combate e a caça, a função ganha facilmente um caráter honorífico. Deste modo, pode haver prestígio numa ocupação que, pela sua natureza, seria, de início, humilhante. Na fase mais avançada da produção pacífica, o costume de empregar uma unidade ociosa de soldados de uniforme cai gradualmente em desuso. O consumo vicário por dependentes que ostentam a insígnia do seu patrono ou senhor fica reduzido a um grupo de empregados domésticos de libré. Num grau mais acentuado, o libré torna-se, assim, um símbolo de servidão, ou melhor, de servilidade. O libré do acompanhante armado sempre teve um caráter de algo honroso, mas este traço desaparece quando o libré se torna um símbolo exclusivo dos empregados domésticos. O libré torna-se odioso a quase todos os que são obrigados a usá-lo. A distância que nos separa da escravidão efetiva é ainda tão escassa que continuamos a ser sensíveis a qualquer imputação de servilidade. Esta aversão manifesta-se até no caso dos librés ou uniformes que algumas empresas adotam como marca distintiva dos seus funcionários. Neste país, a aversão vai ao ponto de desacreditar – de uma forma vaga e moderada – os funcionários públicos, militares e civis, que são forçados a usar um libré ou uniforme.

Com o desaparecimento da servidão, o número de consumidores vicários associados a um homem de condição elevada tende, por norma, a decrescer. O mesmo se verifica, e talvez de forma mais acentuada, no número de dependentes que praticam um lazer vicário ao seu serviço. De um modo geral, embora não totalmente nem de forma sistemática, estes dois grupos coincidem. O dependente que primeiro foi incumbido destes deveres foi a esposa, ou a esposa principal; e, como seria de esperar, na fase mais desenvolvida da instituição, quando o número de pessoas que habitualmente se ocupam destes deveres diminui gradualmente, a esposa é quem continua a desempenhá-los. Nos estratos mais altos da sociedade, ambos os tipos de serviço são requeridos em abundância; e neste caso, evidentemente, a esposa é ainda apoiada no trabalho por um conjunto de empregados domésticos mais ou menos numerosos. No entanto, se descermos na escala social, chegaremos a um ponto em que os deveres do lazer e do consumo vicário recairão apenas na esposa. Nas comunidades da cultura ocidental, este ponto coincide atualmente com a classe média baixa.

E aqui ocorre uma curiosa inversão. É um fato conhecido que nesta classe média baixa não existe simulação de lazer por parte do chefe de família. Por força das circunstâncias, caiu em desuso. Mas a esposa da classe média continua a dar prova de lazer vicário, para a boa reputação da família e do seu chefe. Ao descermos a escala social em qualquer comunidade produtiva moderna, o fato principal – o lazer evidente do chefe de família – desaparece num ponto relativamente alto. O chefe da família de classe média viu-se forçado pelas circunstâncias econômicas a ganhar o seu sustento por meio de ocupações que muitas vezes partilham das características do trabalho produtivo, como é o caso do comum homem de negócios dos nossos dias. Mas o fato secundário – o lazer e o consumo vicário praticados pela mulher, e o desempenho vicário adicional levado a cabo por empregados domésticos – continua em voga, como uma convencionalidade que as exigências da boa reputação não permitem ignorar. De modo algum é invulgar ver um homem empenhar-se no trabalho com a maior assiduidade, para que a sua mulher possa, como convém, demonstrar o grau de lazer vicário que o senso comum da época ordena.

Naturalmente, o lazer da esposa, nestes casos, não é uma simples manifestação de ociosidade ou indolência. Ocorre quase invariavelmente sob a capa de uma qualquer forma de trabalho, tarefas domésticas ou compromissos sociais, que, uma vez analisados, revelam não ter outro fim para além de mostrar que ela não desenvolve qualquer atividade remunerada ou substancialmente útil. Como já foi referido a propósito das boas maneiras, a maior parte da rotina de tarefas domésticas a que a esposa da classe média dedica o seu tempo e o seu esforço são desta natureza. Não que os resultados da atenção que ela dá aos assuntos domésticos, de caráter decorativo e higiênico, não sejam agradáveis ao homem acostumado às normas da classe média; simplesmente, o gosto que estes efeitos da decoração e da limpeza satisfazem é um gosto formado sob a orientação seletiva de um cânone de conveniências que exige precisamente estas demonstrações de esforço inútil. Os efeitos são-nos agradáveis sobretudo porque fomos ensinados a achá-los agradáveis. Há nestes deveres domésticos um profundo cuidado na combinação de forma e cor, e com outros objetivos que devem ser classificados como estéticos, na verdadeira acepção do termo; e não se nega que efeitos com um certo valor estético são por vezes alcançados. Essencialmente, o que se pretende aqui salientar é que, em relação a estas comodidades da vida, os esforços da dona de casa são guiados por tradições que foram moldadas pelo desperdício conspícuo de tempo e substância. Se a beleza ou o conforto são alcançados – e trata-se de uma circunstância mais ou menos fortuita, se tal acontecer –, devem sê-los através de meios e métodos que obedeçam à grande lei econômica do esforço inútil. A parte mais respeitável, mais "apresentável", da parafernália doméstica consiste, por um lado, em itens de consumo conspícuo, e por outro lado, no aparato para pôr em evidência o lazer vicário da dona de casa.

O requisito de consumo vicário por parte da esposa é cumprido, na escala pecuniária, até um nível inferior ao do requisito de lazer vicário. Num nível em que já praticamente não se observa a simulação de esforço inútil, na limpeza cerimonial e afins, e em que não existe, por certo, qualquer tentativa consciente de lazer ostensivo, a decência continua a exigir que a dona de casa consuma alguns bens de forma evidente, para a boa reputação da família e do seu chefe. De tal modo que, como resultado moderno desta evolução de uma instituição arcaica, a esposa, que, de início, era serva e propriedade do homem, na prática como na teoria – a produtora de bens que ele consumia –, se torna a consumidora cerimonial de bens que ele produz. Continua, no entanto, a ser propriedade dele em teoria, uma vez que o lazer e o consumo vicário são a marca permanente do servo privado de liberdade.

Este consumo vicário praticado pela família das classes média e baixa não pode ser considerado uma expressão direta do esquema de vida da classe do lazer, pois a família deste grau pecuniário não se insere na classe do lazer. O que se verifica é que a organização da vida da classe do lazer tem aqui uma expressão indireta. A classe do lazer encontra-se no topo da estrutura social no que toca à respeitabilidade, pelo que o seu modo de vida e os seus padrões de valor estabelecem a norma de respeitabilidade para a comunidade. A observância destes padrões, num grau de aproximação variável, torna-se obrigatória para todas as classes mais abaixo na escala. Nas comunidades civilizadas modernas, as linhas que demarcam as classes sociais tornaram-se esbatidas e transitórias, e onde tal se verificou, a norma de respeitabilidade imposta pela classe alta exerce a sua influência coerciva através da estrutura social até aos estratos inferiores, encontrando fraca resistência. O resultado é que os membros de cada estrato tomam como seu ideal de respeitabilidade o esquema de vida do estrato imediatamente superior, e aplicam a sua energia na tentativa de corresponder a esse ideal. Sob pena de perderem o bom nome e a autoestima em caso de fracasso, têm de se conformar ao código aceito, pelo menos aparentemente. A base que sustenta a boa reputação em qualquer comunidade produtiva altamente organizada é o poder pecuniário, e os meios para tornar esse poder evidente, e para assim ganhar ou conservar uma boa reputação, são o lazer e o consumo conspícuo de bens. Por esta razão, ambos os métodos são praticados até tão baixo na escala quanto for possível; e nos estratos mais baixos onde os dois métodos são aplicados, ambas as funções são, em larga medida, delegadas à esposa e aos filhos do agregado familiar. Ainda mais abaixo, onde todo o grau de lazer, mesmo aparente, se tornou impraticável para a esposa, o consumo conspícuo de bens continua a existir e é praticado pela mulher e pelos filhos. O homem pode também fazer algo nesta linha, e é o que habitualmente acontece; mas quando descemos ainda um pouco mais e entramos nos níveis da indigência – no terreno dos bairros degradados –, o homem, e depois também as crianças, deixam praticamente de consumir bens de qualidade para manter as aparências, e a mulher é o único elemento da família a dar prova de decência pecuniária. Nenhuma classe social, nem sequer a que vive na pobreza mais abjeta, abdica de todo o consumo conspícuo. Só se prescinde dos últimos itens desta categoria de consumo sob a pressão de uma terrível necessidade. A família suportará uma situação de profunda miséria e desconforto antes de abrir mão do último ornamento ou da última pretensão de decência pecuniária. Não existe classe nem país que se tenham rendido tão abjetamente sob a pressão da necessidade física ao ponto de se negar toda a satisfação desta necessidade mais elevada ou espiritual.

Com base na análise prévia do crescimento do lazer e do consumo conspícuo, parece que a utilidade de um e de outro para servir o propósito de respeitabilidade reside no elemento de desperdício que é comum a ambos. Num caso, trata-se do desperdício de tempo e esforço, no outro, de um desperdício de bens. Ambos constituem formas de demonstrar a posse de riqueza, e ambos são convencionalmente aceitos como equivalentes. A escolha entre os dois depende apenas da conveniência na forma de os publicitar, exceto na medida em que pode ser afetada por outros padrões de adequação, de uma origem diferente. Por motivos de conveniência, poder-se-á optar por um ou por outro em diferentes estádios do desenvolvimento econômico. O que se impõe saber é qual dos dois métodos será mais eficaz em alcançar as pessoas cujas convicções se pretende que afete. O uso respondeu a esta questão de diferentes formas em diferentes circunstâncias.

Enquanto a comunidade ou o grupo social é pequeno e compacto o bastante para ser eficazmente alcançado apenas através da notoriedade, isto é, enquanto o ambiente humano a cujo padrão de respeitabilidade o indivíduo tem de se adaptar está compreendido na sua esfera de relações pessoais e rumores de vizinhança – enquanto assim for, um método é tão bom como o outro. Cada um deles será, portanto, igualmente eficaz nos primeiros estádios da evolução social. Mas quando a diferenciação atinge uma fase mais avançada e se torna necessário alcançar um ambiente humano mais vasto, o consumo começa a sobrepor-se ao lazer como forma habitual de conseguir respeitabilidade. Isto verifica-se em particular na fase mais avançada do estádio econômico pacífico. Os meios de comunicação e a mobilidade das populações expõem o indivíduo à observação de muitas pessoas que não têm como avaliar a sua respeitabilidade senão através dos bens (e talvez da educação) que ele consegue exibir quando se encontra sob a sua observação direta.

A organização moderna da produção funciona de modo paralelo. As exigências do sistema produtivo moderno colocam frequentemente os indivíduos e as famílias em justaposição, havendo entre eles pouco contato noutro sentido que não o da justaposição. Muitas vezes, os nossos vizinhos não são, tecnicamente, nossos vizinhos do ponto de vista social, nem sequer nossos conhecidos; não obstante, a sua boa opinião temporária tem um elevado grau de utilidade. A única forma exequível de provar a nossa capacidade pecuniária a esses observadores indiferentes da nossa vida cotidiana é uma demonstração persistente da capacidade de pagar. Na comunidade moderna são também mais frequentes as grandes reuniões de pessoas que desconhecem por completo a vida cotidiana umas das outras, em lugares como igrejas, teatros, salões de baile, hotéis, parques, lojas e outros. Para impressionar estes observadores temporários, e para conservarmos a nossa autossatisfação sob o seu olhar, a marca do nosso poder pecuniário [deve ser escrita em caracteres que até aquele que corre possa ler]. Parece, então, claro que a atual tendência do desenvolvimento é a cada vez maior utilidade do consumo conspícuo em comparação com o lazer.

Verificamos também que a utilidade do consumo como meio de ganhar respeitabilidade e como elemento de decência tem o seu expoente máximo nos setores da comunidade onde o contato humano do indivíduo é mais alargado e onde a população goza de maior mobilidade. O consumo conspícuo exige uma parcela mais avultada do rendimento da população urbana comparativamente à população rural, e essa exigência é também mais imperativa. Como resultado, para manter uma aparência conforme as normas, a primeira vive habitualmente numa situação mais difícil do que a última. Assim se verifica, por exemplo, que o agricultor americano, a sua mulher e as suas filhas têm um vestuário muito mais defasado da moda, e são menos polidos nos seus modos do que a família do artesão da cidade com igual rendimento. Não que a população da cidade seja por natureza mais ávida da complacência peculiar que acompanha o consumo conspícuo, nem que a população rural se importe menos com a decência pecuniária. Simplesmente, a provocação para que se adote esta linha de procedimento, bem como a sua eficácia transitória são mais sentidas na cidade. Logo, há uma maior predisposição para usar este método e, em virtude da competição, a população urbana eleva o seu padrão de consumo conspícuo, razão pela qual uma despesa relativamente mais avultada se torna necessária para revelar um determinado grau de respeitabilidade pecuniária na cidade. A exigência de conformidade a este padrão convencional mais elevado torna-se obrigatória. O padrão de respeitabilidade é mais elevado de classe para classe, e este requisito de aparência respeitável tem de ser cumprido, sob pena de se perder estatuto.

O consumo assume um papel mais relevante no padrão de vida da cidade do que no do campo. Para a população rural, o lugar do consumo é, até certo ponto, ocupado por poupanças e comodidades domésticas, que são suficientemente conhecidas através dos rumores para servirem o propósito geral de reputação pecuniária. Estas comodidades domésticas e o lazer de que estas pessoas desfrutam – quando tal é possível – devem, claro, em grande parte, ser classificados como consumo conspícuo, e o mesmo se aplica às poupanças. As economias mais modestas da classe do artesão devem-se, até certo ponto, ao fato de neste caso as poupanças serem uma forma menos eficaz de publicidade, tendo em conta o meio em que ele se insere, do que as economias das pessoas que vivem em quintas e aldeias. Nos meios rurais, os assuntos de todos, especialmente o seu estatuto pecuniário, são do conhecimento geral. Considerada isoladamente – num primeiro grau –, esta provocação adicional a que o artesão e as classes trabalhadoras urbanas estão expostos pode não diminuir muito significativamente o volume de poupanças; mas no seu efeito cumulativo, elevando o padrão de despesa respeitável, tem necessariamente um forte poder dissuasor sobre a tendência para economizar.

Uma ilustração adequada do modo como este cânone de respeitabilidade produz os seus resultados está patente na prática de beber em excesso, [pagar rodadas] e fumar em lugares públicos, habitual entre os trabalhadores e artesãos nas cidades. Dentre a classe média baixa urbana em geral, os tipógrafos assalariados podem ser considerados um grupo em que esta forma de consumo conspícuo é muito popular, originando certas consequências bem visíveis que muitas vezes são desvalorizadas. Os peculiares hábitos da referida classe, a este respeito, são muitas vezes atribuídos a um qualquer defeito moral mal definido que a pudesse caracterizar, ou a uma influência moralmente perniciosa que aquela atividade pudesse exercer, de forma inexplicável, sobre os homens que a ela se dedicam. O caso dos homens que trabalham nas salas de composição e impressão da maioria das tipografias pode resumir-se da seguinte forma: a técnica adquirida numa dada tipografia ou numa dada cidade facilmente se adapta ao trabalho em qualquer outra tipografia ou cidade; isto equivale a dizer que a inércia motivada por um treino especializado é reduzida. Além disso, esta função requer uma inteligência e uma informação geral acima da média, pelo que os homens que a realizam são mais aptos do que muitos outros no que toca a retirar partido de qualquer ligeira variação geográfica na procura do seu trabalho. A inércia em virtude de um sentimento de lealdade à casa é, por essa razão, também reduzida. Ao mesmo tempo, os salários nesta ocupação são suficientemente elevados para tornar o movimento de um lugar para outro relativamente fácil. O resultado é uma grande mobilidade da mão de obra empregada nas tipografias, talvez maior do que em qualquer outra classe de trabalhadores igualmente bem definida e com a mesma importância. Estes homens são constantemente postos em contato com novos grupos de indivíduos, com os quais estabelecem relações temporárias ou efêmeras, mas cuja boa opinião é, não obstante, valorizada durante a convivência. A tendência humana para a ostentação, reforçada por sentimentos de companheirismo, leva-os a gastar dinheiro livremente, das formas que melhor servem estas necessidades. Aqui, como nas restantes situações, a norma apodera-se do costume logo que este se torna moda, e incorpora-o ao padrão de decência reconhecido. O passo seguinte é fazer deste padrão de decência o ponto de partida para um novo avanço na mesma direção – pois não há mérito na simples conformidade passiva a um padrão de esbanjamento que é seguido como uma inevitabilidade por toda a gente do ofício.

O fato de se registar uma propensão para o esbanjamento mais acentuada entre os tipógrafos do que entre a maioria dos outros trabalhadores deve-se, pelo menos em certa medida, à maior facilidade de movimento e ao caráter mais transitório das relações e do contato humano nesta classe. Mas, em última análise, o fundamento desta grande necessidade de esbanjamento não é outro senão aquela mesma tendência para uma manifestação de domínio e respeitabilidade pecuniária que torna o pequeno proprietário de terras parcimonioso e frugal, e que induz o milionário americano a fundar instituições de ensino superior, hospitais e museus. Se o cânone de consumo conspícuo não fosse contrabalançado por outras características da natureza humana, que lhe são alheias, qualquer tipo de poupança seria impossível para uma população nas condições em que hoje se encontram os artesãos e as classes trabalhadoras da cidade, por muito elevados que fossem os seus salários ou rendimentos.

Existem, contudo, outros critérios de reputação e outros, mais ou menos imperativos, cânones de conduta, para além da riqueza e das suas manifestações, e alguns deles intervêm de modo a acentuar ou a especificar o cânone mais amplo, fundamental, de desperdício conspícuo. Considerando apenas o teste da eficácia da publicidade, esperaríamos encontrar o lazer e o consumo conspícuo de bens a dividirem entre si, desde o início e de modo bastante equilibrado, o campo da emulação pecuniária. Seria, talvez, de esperar que o lazer viesse depois a perder gradualmente terreno e a tender para a obsolescência, com o desenvolvimento econômico e o crescimento da comunidade; ao mesmo tempo, esperar-se-ia que o consumo conspícuo de bens ganhasse gradualmente importância, absoluta como relativa, até ter absorvido todo o produto disponível, não deixando nada para além dos meios estritamente necessários ao sustento. Todavia, o rumo que o desenvolvimento de fato seguiu foi algo diferente deste esquema ideal. O lazer estava em primeiro lugar no início, e alcançou uma posição muito acima do consumo dissipador de bens, como uma expressão direta de riqueza e como um elemento do padrão de respeitabilidade, durante a cultura quase pacífica. Desse ponto em diante, o consumo ganhou terreno, até, no presente, deter inquestionavelmente a primazia, embora esteja ainda longe de absorver toda a margem de produção acima do mínimo necessário à subsistência.

Notas

1 N.O.: Aqui e mais adiante no texto, o autor alude a outras partes do seu livro *The Theory of the Leisure Class*.
2 N.O.: O potlatch é um ritual de trocas de dádivas característico de povos indígenas do Noroeste Pacífico que envolve não apenas a concessão de presentes, mas também a destruição de objetos de valor. O capítulo seis desta coletânea traz um fragmento do ensaio clássico de Marcel Mauss sobre a dádiva.

Moda

Georg Simmel

A moda é a imitação de um dado exemplo e satisfaz a demanda por adaptação social; conduz o indivíduo pela estrada que todos percorrem, fornece uma condição geral que reduz a conduta de todo indivíduo a um mero exemplo.* Ao mesmo tempo, não deixa de satisfazer a necessidade de diferenciação, a tendência à dissimilaridade, o desejo por mudança e contraste, por um lado, através da constante mudança de conteúdos, o que confere à moda de hoje um carimbo individual por oposição à de ontem ou amanhã; por outro lado, porque as modas diferem para diferentes classes – as modas do estrato superior da sociedade nunca são idênticas às do inferior; de fato, são abandonadas pelo primeiro assim que o segundo se prepara para se apropriar delas. Dessa maneira, a moda representa nada mais do que uma das muitas formas de vida cuja assistência buscamos para combinar, em esferas de atividades uniformes, a tendência à equalização social com o desejo pela diferenciação individual e pela mudança. Toda fase do par conflitante se esforça visivelmente além do grau de satisfação que qualquer moda oferece para um controle absoluto da esfera de vida em questão. Se estudarmos a história das modas (que até aqui foram examinadas apenas do ponto de vista do desenvolvimento de seus conteúdos) em conexão com a sua importância para a forma do processo social, devemos verificar que reflete a história das tentativas de ajustar a satisfação de duas tendências contrárias cada vez mais perfeitamente à condição da cultura individual e social existente. Os vários elementos psicológicos na moda estão todos em conformidade com esse princípio fundamental.

A moda, como observado acima, é um produto de distinção de classe e opera, como diversas outras formas, especialmente a honra, a dupla função que envolve girar dentro de um dado círculo e, ao mesmo tempo, enfatizá-lo como separado de outros. Assim como a moldura de uma pintura caracteriza a obra de arte interiormente como uma entidade coerente, homogênea

---

* Fragmento do artigo "Fashion", *International Quarterly* (Nova York), X, outubro, p. 130-155 (133-148), 1904. Tradução de Marina Frid.

e independente, enquanto, exteriormente, corta toda relação direta com o espaço ao redor, assim como a energia uniforme de tais formas não pode ser expressa a menos que determinemos o duplo efeito, tanto para dentro quanto para fora, também a honra deve seu caráter e, sobretudo, seus direitos morais ao fato de que o indivíduo, em sua honra pessoal, ao mesmo tempo representa e mantém aquela do seu círculo social e sua classe. Esses direitos morais, entretanto, são frequentemente considerados injustos por aqueles sem esse domínio. Portanto, a moda, por um lado, significa união com aqueles da mesma classe, a uniformidade de um círculo por ela caracterizado e, *uno actu*, a exclusão de todos os demais grupos.

União e segregação são as duas funções fundamentais que são aqui inseparavelmente unidas e que, embora formem, ou porque formam, um contraste lógico entre si, tornam-se a condição de realização uma da outra. A moda é simplesmente um produto de demandas sociais, ainda que o objeto individual que crie ou recrie possa representar uma necessidade mais ou menos individual. Isso é claramente provado pelo fato de que, muito frequentemente, não se encontra a menor razão para as criações de moda do ponto de vista de uma conveniência objetiva, seja estética ou outra. Enquanto, em geral, nosso vestuário é realmente adaptado às nossas necessidades, não há um traço de conveniência no método pelo qual a moda dita, por exemplo, se calças largas ou estreitas, cachecóis coloridos ou pretos devem ser usados. Via de regra, a justificação material para uma ação coincide com sua adoção geral, mas, no caso da moda, há uma completa separação dos dois elementos e resta ao indivíduo apenas essa aceitação geral como o motivo decisivo para dela se apropriar. A julgar pelas coisas feias e repugnantes que às vezes estão em voga, pareceria que a moda deseja exibir seu poder fazendo com que adotemos as coisas mais atrozes por nenhum motivo além dela. A absoluta indiferença da moda aos padrões materiais da vida é bem ilustrada pela forma com que recomenda algo apropriado em uma instância, algo abstruso em outra, e algo material e esteticamente bastante indiferente em uma terceira. As únicas motivações com as quais a moda está preocupada são formais. A razão por que mesmo estilos esteticamente impossíveis parecem *distingués*, elegantes e artisticamente toleráveis quando usados por pessoas que os levam ao extremo é que tais pessoas são geralmente as mais elegantes e as que prestam a maior atenção à sua aparência pessoal, de forma que, em qualquer circunstância, teríamos a impressão de algo *distingué* e esteticamente requintado. Essa impressão atribuímos ao elemento questionável da moda, aquele que apela às nossas consciências como a nova e, consequentemente, mais conspícua propriedade do *tout ensemble*.

A moda eventualmente aceitará temas objetivamente determinados como a fé religiosa, interesses científicos, até mesmo socialismo e individualismo; mas, a moda não se torna operacional como tal até que esses temas possam ser considerados independentes dos motivos humanos mais profundos dos quais emergiram. Por isso, o governo da moda se torna insuportável em tais campos. Portanto, vemos que há uma boa razão para que exterioridades – roupas, conduta social, diversões – constituam o campo específico da moda, pois aqui não se coloca dependência sobre motivos realmente vitais da ação humana. É o campo em que podemos mais facilmente nos entregar à tendência à imitação, que seria um pecado seguir em questões importantes. Encontramos aqui uma importante conexão entre a consciência da personalidade e aquela das formas materiais da vida, uma conexão que atravessa a história. Quanto mais objetiva se tornou nossa visão da vida nos últimos séculos, mais esta despojou a imagem da natureza de todos os elementos subjetivos e antropomórficos e mais nitidamente a concepção de personalidade individual foi definida. A regulação social da nossa vida interior e exterior é uma espécie de condição embrionária em que os contrastes do puramente pessoal e do puramente objetivo são diferenciados, a ação sendo síncrona e recíproca. Portanto, onde quer que o homem apareça essencialmente como um ser social, não observamos nem uma objetividade estrita na visão sobre a vida nem uma imersão e independência na consciência da personalidade.

Formas sociais, vestuário, julgamento estético, todo o estilo de expressão humana é constantemente transformado pela moda de tal forma, porém, que a moda – i.e., a última moda – em todas essas coisas afeta apenas as classes mais altas. Tão logo as classes mais baixas começam a copiar seu estilo, cruzando, de tal modo, a linha de demarcação que as classes mais altas haviam desenhado e destruindo a uniformidade de sua coerência, as classes mais altas abandonam esse estilo e adotam um novo que as diferencia, por sua vez, das massas; e assim o jogo segue alegremente. Naturalmente, as classes mais baixas miram e se empenham no sentido das mais altas e encontram o mínimo de resistência nesses campos que estão sujeitos aos caprichos da moda; pois é aqui que a mera imitação exterior é mais prontamente aplicada. O mesmo processo opera entre os diferentes conjuntos dentro das classes mais altas, embora nem sempre seja tão visível aqui quanto é, por exemplo, entre a patroa e a empregada. De fato, podemos frequentemente observar que, quanto mais um conjunto se aproximou do outro, o mais frenético se torna o desejo por imitação vindo de baixo e a busca pelo novo vinda do alto. O aumento da riqueza inevitavelmente acelera o processo, de modo considerável, e o torna visível, porque os objetos da moda, envolvendo como o fazem os externos da vida, são mais acessíveis ao simples chamado do dinheiro e a conformidade com o conjunto mais alto é mais facilmente adquirida aqui do que em campos que demandam um teste individual que ouro e prata não podem afetar.

Vemos, portanto, que, além do elemento da imitação, o elemento da demarcação constitui um fator importante da moda. Isso é especialmente perceptível onde a estrutura social não inclui nenhum grupo superposto, caso em que a moda se estabelece em grupos vizinhos. Entre povos primitivos, frequentemente observamos que grupos fortemente conectados que vivem sob condições exatamente similares desenvolvem modas nitidamente diferenciadas por meio das quais cada grupo estabelece uniformidade interior bem como diferença exterior ao conjunto definido. Por outro lado, existe uma ampla predileção por importar modas de fora, e tais modas estrangeiras assumem um valor maior dentro do círculo simplesmente porque não se originam ali. O profeta Sofonias expressou sua indignação com os aristocratas que trajavam vestimentas importadas. Aliás, a origem exótica de modas parece favorecer fortemente a exclusividade dos grupos que as adotam. Por causa de sua origem externa, essas modas importadas criam uma forma especial e significativa de socialização, que emerge através da relação mútua com um ponto fora do círculo. Às vezes parece que elementos sociais, assim como os eixos da visão, convergem melhor no ponto que não está tão próximo. A moeda, ou mais precisamente, o meio de troca entre as raças primitivas, geralmente consiste em objetos que são trazidos de fora para dentro. Nas Ilhas Salomão e entre os ibos no Níger,[1] por exemplo, existe uma indústria regular para a manufatura de dinheiro a partir de conchas etc., que não são empregadas como um meio de troca no local em si, mas em distritos vizinhos para onde são exportadas. Estilos de Paris são frequentemente criados com a única intenção de estabelecer uma moda em outro lugar.

Esse motivo do estrangeirismo, que a moda emprega em seus esforços de socialização, é restrito à civilização mais alta, porque a novidade, que a origem estrangeira garante de forma extrema, é muitas vezes entendida por raças primitivas como um mal. Isso é certamente uma das razões pelas quais as condições primitivas de vida favorecem, de forma correspondente, uma mudança infrequente de modas. O selvagem teme aparências estranhas; as dificuldades e perigos que atormentam seu percurso o fazem perceber o perigo em qualquer coisa nova que não entenda e que não possa designar a uma categoria familiar. A civilização, porém, transforma essa afetação em seu oposto. Tudo o que é excepcional, bizarro ou conspícuo, ou tudo o que se afasta da norma habitual, exerce um encanto peculiar sobre o homem de cultura, inteiramente independente de sua justificação material. A remoção do sentimento de insegurança com relação a todas as coisas novas foi conquistada pelo progresso da civilização. Ao mesmo tempo, pode ser o velho preconceito herdado, ainda que tenha se tornado puramente formal e inconsciente, que, em conexão com o presente sentimento de segurança, produz esse interesse provocante em coisas excepcionais e estranhas. Por essa razão, as modas das classes mais altas desenvolvem seu poder de exclusão contra as mais baixas na proporção do avanço da cultura geral, pelo menos até que a mistura de classes e o efeito nivelador da democracia exerçam uma influência oposta.

A moda desempenha um *rôle* mais conspícuo nos tempos modernos, porque as diferenças em nossos padrões de vida se tornaram muito mais fortemente acentuadas, pois, quanto mais numerosas e mais nitidamente traçadas forem essas diferenças, maiores as oportunidades para enfatizá-las a cada momento. Em inúmeras instâncias, isso não pode ser realizado pela inatividade passiva, mas apenas pelo desenvolvimento de formas estabelecidas pela moda; e isso se tornou ainda mais evidente desde que restrições legais prescrevendo formas de vestimenta e modos de vida diversos para classes diferentes foram removidas.

Duas tendências sociais são essenciais para estabelecer a moda, a saber, a necessidade de união, por um lado, e a necessidade de isolamento, por outro. Se uma destas estiver ausente, a moda não se formará – sua influência acabará abruptamente. Logo, as classes mais baixas possuem pouquíssimas modas, e aquelas que têm raramente são específicas; por esse motivo, os costumes de raças primitivas são muito mais estáveis que os nossos. Entre raças primitivas, o impulso de socialização é muito mais poderosamente desenvolvido que o impulso de diferenciação. Pois, não importa o quão decisivamente os grupos possam estar separados uns dos outros, a separação é, em sua maior parte, de tal maneira hostil, que a própria relação, cuja rejeição torna a moda razoável dentro das classes de raças civilizadas, está totalmente ausente. A segregação por meio de diferenças em roupas, maneiras, gostos etc. é conveniente apenas onde o perigo da absorção e da obliteração existe, como é o caso entre nações altamente civilizadas. Onde essas diferenças não existem, onde temos um antagonismo absoluto, como, por exemplo, entre grupos não diretamente amistosos de raças primitivas, o desenvolvimento da moda não tem sentido algum.

É interessante observar como a prevalência do impulso de socialização em povos primitivos afeta diversas instituições, como a dança. Foi observado de forma bastante geral que as danças de raças primitivas exibem uma uniformidade notável em disposição e ritmo. O grupo dançante sente e age como um organismo uniforme; a dança força e acostuma vários indivíduos, geralmente levados para lá e para cá, sem explicação, por condições vacilantes e necessidades da vida, a serem guiados por um impulso comum e um motivo único comum. Mesmo fazendo concessões à tremenda diferença na aparência exterior da dança, estamos lidando aqui com o mesmo elemento que aparece na força de socialização da moda. Movimento, tempo, ritmo de gestos, todos são inquestionavelmente influenciados, em larga medida, pelo que é vestido: pessoas vestidas de maneira semelhante exibem semelhança relativa em suas ações. Isso tem valor especial na vida moderna com sua difusão individualista, enquanto, no caso de raças primitivas, o efeito produzido é dirigido para dentro e, logo, não depende de mudanças de moda. Entre raças primitivas, as modas serão menos numerosas e mais estáveis, porque a necessidade de novas impressões e formas de vida, bem diferente de seu efeito social, é muito menos premente. Mudanças na moda refletem a insensibilidade de impulsos nervosos: quanto mais nervosa a época, mais rapidamente suas modas mudam, simplesmente porque o desejo por diferenciação, um dos elementos mais importantes de toda moda, anda de mãos dadas com o enfraquecimento da energia nervosa. Esse fato por si só é uma das razões pelas quais o verdadeiro lugar da moda se encontra nas classes mais altas.

De um ponto de vista puramente social, duas raças primitivas vizinhas fornecem exemplos eloquentes da exigência dos elementos de união e isolamento no estabelecimento da moda. Entre os cafres,[2] o sistema de classe é muito fortemente desenvolvido e, como resultado, encontramos lá uma mudança consideravelmente rápida de modas, ainda que os usos de vestimentas e adereços sejam sujeitos a certas restrições legais. Por outro lado, os boxímanes, que desenvolveram um sistema sem classe, não têm moda alguma – ninguém foi capaz de descobrir entre eles qualquer interesse em mudanças de vestimentas e ornamentos. Eventualmente, esses elementos negativos conscientemente impediram o estabelecimento de uma moda mesmo no auge da civilização. Diz-se que não havia uma moda dominante de traje masculino em Florença por volta de 1390, porque cada um adotava um estilo próprio. Aqui, o primeiro elemento, a necessidade de união, estava ausente. E, como vimos, sem este a moda não pode surgir. Inversamente, diz-se que os nobres venezianos não estabeleciam modas, pois, de acordo com a lei, tinham que se vestir de preto para não chamar a atenção das classes mais baixas ao fato de que eram pouco numerosos. Aqui, não havia moda porque faltava o outro elemento essencial para a sua criação, sendo uma diferenciação visível das classes mais baixas propositalmente evitada.

O próprio caráter da moda demanda que esta seja exercida de uma única vez por uma porção de um dado grupo, a grande maioria permanecendo somente no caminho para adotá-la. Tão logo um exemplo foi universalmente adotado, isto é, tão logo alguma coisa originalmente feita apenas por alguns passe a ser praticada por todos – como é o caso de certas porções de nossas vestimentas e de várias formas de conduta social –, não podemos mais falar de moda. Conforme a moda se espalha, gradualmente segue para a sua ruína. A distinção que nos estágios iniciais de uma moda estabelecida garante a ela uma certa distribuição é destruída conforme a moda se espalha, e conforme esse elemento decai, a moda também está fadada à morte. Por causa desse jogo peculiar entre a tendência à aceitação universal e a destruição, a que leva essa adoção geral, de seu propósito, a moda inclui uma atração peculiar de limitação, a atração de um fim e começo simultâneos, o encanto da novidade casado ao da transitoriedade. A atração desses dois polos do fenômeno se encontra na moda e mostra também aqui que esses polos pertencem um ao outro incondicionalmente, embora, ou talvez porque, sejam contraditórios em sua própria natureza. A moda sempre ocupa a linha divisória entre o passado e o futuro e, consequentemente, transmite um sentimento mais forte do presente, pelo menos enquanto está em seu auge, do que a maioria dos outros fenômenos. A atenção é chamada para o presente com menos frequência do que o uso coloquial, um tanto liberal no emprego da palavra, levar-nos-ia a crer.

Poucos fenômenos da vida social possuem uma curva de consciência tão pontiaguda quanto a moda. Assim que a consciência social atinge o ponto mais alto designado pela moda, marca o começo do seu fim. Esse caráter transitório da moda, entretanto, não a degrada no todo, mas acrescenta um novo elemento de atração. Seja como for, um objeto não sofre degradação por ser chamado "da moda" a menos que o rejeitemos por nojo ou queiramos rebaixá-lo por outras razões materiais, caso em que, seguramente, a moda se torna uma ideia de valor. Na prática da vida, qualquer outra coisa semelhantemente nova e subitamente disseminada não é chamada de moda quando estamos convencidos de sua continuidade e sua justificação material. Se, por outro lado, sentimos que o fato desaparecerá tão rapidamente quanto apareceu, então o chamamos de moda. Podemos descobrir uma das razões pelas quais, nesses últimos tempos, a moda exerce tamanho poder de influência sobre as nossas consciências na circunstância em que as grandes, permanentes e inquestionáveis convicções estão continuamente perdendo força, o que logo confere mais espaço para que elementos transitórios e vacilantes da vida exibam sua atividade. A ruptura com o passado, que a humanidade civilizada, por mais de um século, tem trabalhado incessantemente para concretizar, faz a consciência se voltar cada vez mais para o presente. Ao mesmo tempo, essa acentuação do presente, evidentemente, enfatiza o elemento da mudança, e uma classe se voltará para a moda em todos os campos, não somente o das vestimentas, proporcionalmente ao grau de seu apoio à dada tendência civilizatória. Pode ser quase considerado um sinal do aumento do poder da moda o fato de esta ter ultrapassado os limites de seu domínio original, que compreendia apenas exteriores pessoais, e adquirido uma influência crescente sobre o gosto, as convicções teóricas e até mesmo sobre as fundações morais da vida.

Do fato de que a moda como tal nunca pode estar generalizadamente em voga, o indivíduo obtém a satisfação de saber que, ao adotá-la, ainda representa algo especial e impressionante, enquanto, ao mesmo tempo, se sente internamente apoiado pelo conjunto de pessoas que estão em busca da mesma coisa, não, como no caso de outras satisfações sociais, por um conjunto que realmente está fazendo a mesma coisa. A pessoa da moda é vista com sentimentos mistos de aprovação e inveja; sentimos inveja dela como um indivíduo, mas a aprovamos como membro de um conjunto ou grupo. Porém, até essa inveja tem uma coloração peculiar. Há uma sombra de inveja que inclui uma espécie de participação ideal no próprio objeto invejado. Um exemplo instrutivo disso é fornecido pela conduta do homem pobre que dá uma espiada no banquete do seu vizinho rico. A partir do momento em que invejamos um objeto ou uma pessoa, não estamos mais completamente excluídos dele; algum tipo de relação se estabeleceu – entre ambos agora existe o mesmo conteúdo psíquico – embora em categorias e formas de sensações inteiramente diferentes. Essa usurpação bastante pessoal da propriedade invejada contém uma espécie de antídoto, que ocasionalmente neutraliza os efeitos maléficos desse sentimento de inveja. Os conteúdos da moda oferecem uma chance especialmente boa para o desenvolvimento dessa sombra conciliadora da inveja, que também confere à pessoa invejada uma consciência melhor por causa de sua satisfação com sua boa fortuna. Isso se deve ao fato de que esses conteúdos não são, como o são muitos outros conteúdos psíquicos, negados absolutamente a ninguém, pois uma mudança de sorte, que nunca está totalmente fora de cogitação, pode colocá-los nas mãos de um indivíduo anteriormente confinado ao estado de inveja.

De tudo isso, vemos que a moda fornece um campo ideal para indivíduos com naturezas dependentes, cuja autoconsciência, no entanto, exige certa quantidade de destaque, atenção e singularidade. A moda eleva até o indivíduo desimportante ao fazer dele o representante de uma classe, a materialização de um espírito conjunto. E aqui, novamente, observamos a curiosa combinação de valores antagônicos. Em linhas gerais, é característico de um padrão estabelecido por um corpo geral que sua aceitação por qualquer indivíduo não chame atenção para ele; em outras palavras, uma adoção positiva de uma dada norma não significa nada. Quem quer que proteja as leis, cuja violação é punida pelo código penal, quem quer que viva de acordo com as formas sociais prescritas por sua classe não ganham conspicuidade nem notoriedade. A menor infração ou oposição, porém, é imediatamente notada e coloca o indivíduo em uma posição excepcional ao chamar a atenção do público para a sua ação. Todas essas normas não assumem importância positiva para o indivíduo até que este comece a se afastar delas. É particularmente característico da moda o fato de que possibilita uma obediência social que, ao mesmo tempo, é uma forma de diferenciação individual. A moda faz isso porque, em sua própria natureza, representa um padrão que nunca pode ser aceito por todos. Enquanto a moda postula uma certa quantidade de aceitação geral, não deixa, ainda assim, de ter importância na caracterização do indivíduo, pois enfatiza sua personalidade não apenas através da omissão, mas também pela observância. No dândi, as demandas sociais da moda parecem exageradas a tal ponto que assumem completamente um caráter individualista e peculiar. É característico do dândi que leve os elementos de uma moda particular ao extremo: quando sapatos de ponta estão em voga, usa sapatos que se assemelham à proa de um navio; quando golas altas são o estilo do momento, usa golas que chegam até suas orelhas; quando palestras científicas estão na moda, não se pode achá-lo em qualquer outro lugar etc. etc. Assim, ele representa algo distintivamente individual, que consiste na intensificação quantitativa de tais elementos que são propriedade qualitativamente comum de um dado conjunto de classes. Ele abre o caminho, mas todos viajam pela mesma estrada. Como representante do auge mais recentemente conquistado pelo gosto público, parece marchar à frente da procissão. Na realidade, porém, o que tão frequentemente vale para a relação entre indivíduos e grupos se aplica também a ele: na verdade, o líder se permite ser levado.

Épocas democráticas inquestionavelmente favorecem tal condição em um grau notável, tanto que até Bismarck e outros líderes partidários muito proeminentes em governos constitucionais já enfatizaram o fato de que, na medida em que são líderes de um grupo, são obrigados a segui-lo. O espírito da democracia causa pessoas a buscar a dignidade e sensação de comando desse modo; tende a uma confusão e ambiguidade de sensações que pecam ao fazer distinção entre governar a massa e ser governado por ela. A imagem do dândi é, portanto, a caricatura de um entendimento confuso, nutrido pela democracia, da relação entre o indivíduo e o público. Inquestionavelmente, porém, o dândi, através da conspicuidade adquirida de maneira puramente quantitativa, mas expressa em uma diferença de qualidade, representa um estado de equilíbrio entre os impulsos sociais e individualizantes que é realmente original. Isso explica o extremo a que pessoas, de outra forma, altamente inteligentes e proeminentes, frequentemente recorrem em questões de moda, um extremo que exteriormente parece abstruso. Fornece uma combinação de relações com coisas e homens, que sob circunstâncias normais parecem mais divididas. Não é apenas a mistura da peculiaridade individual com a igualdade social, mas, de uma maneira mais prática, por assim dizer, é a reunião da sensação de domínio com a submissão, cuja influência está aqui em ação. Em outras palavras, temos aqui a mistura de um princípio masculino e um princípio feminino. O próprio fato de que esse processo ocorre no campo da moda apenas em uma atenuação ideal, por assim dizer, o fato de que apenas a forma de ambos os elementos é incorporada em um conteúdo indiferente em si mesmo, pode conferir à moda uma atração especial, principalmente para naturezas sensíveis que não se ocupam da realidade robusta. De um ponto de vista objetivo, a vida segundo a moda consiste em um equilíbrio entre a destruição e a edificação; seus conteúdos adquirem características pela destruição de uma forma anterior; possui uma uniformidade peculiar em que a satisfação do amor pela destruição e a demanda por elementos positivos não podem mais ser separadas uma da outra.

Na medida em que estamos lidando aqui não com a importância de um único fato ou de uma única satisfação, mas com o jogo entre dois conteúdos e sua distinção mútua, torna-se evidente que a mesma combinação que a obediência extrema à moda adquire pode ser ganha também pela oposição a ela. Quem quer que conscientemente evite seguir a moda não atinge a consequente sensação de individualização através de qualquer qualificação individual real, mas através da mera negação do exemplo social. Se a obediência à moda consiste na imitação de tal exemplo, negligenciar conscientemente a moda representa uma imitação semelhante, mas com o sinal invertido. Esta última, no entanto, fornece um testemunho igualmente justo do poder da tendência social, que demanda nossa dependência em alguma maneira, positiva ou negativa. O homem que conscientemente não presta atenção à moda aceita suas formas tanto quanto o dândi, apenas a incorpora em outra categoria: o segundo naquela do exagero e o primeiro naquela da negação. De fato, eventualmente acontece de virar moda que grupos inteiros de uma grande classe se afastem completamente dos padrões estabelecidos pela moda. Isso constitui uma complicação sociopsicológica das mais curiosas em que a tendência à conspicuidade individual, primeiramente, contenta-se com uma mera inversão da imitação social e, em segundo lugar, extrai força da aproximação com um círculo mais estreito caracterizado de forma semelhante. Se os hostis a clubes se organizassem em um clube, não seria ilogicamente mais impossível e psicologicamente mais possível do que o caso acima. Semelhantemente, o ateísmo foi transformado em uma religião, incorporando o mesmo fanatismo, a mesma intolerância, a mesma satisfação de necessidade da alma que são compreendidos pela religião propriamente dita. A liberdade, igualmente, após ter colocado um fim na tirania, frequentemente se torna não menos tirânica e arbitrária. Portanto, o fenômeno do afastamento consciente da moda ilustra o quão prontas estão as formas fundamentais do caráter humano para aceitar a antítese total de conteúdos e mostrar sua força e sua atração na negação da própria coisa com cuja aceitação pareciam há pouco estar irrevogavelmente comprometidas. Com frequência, é absolutamente impossível saber se são os elementos de força pessoal ou de fraqueza pessoal que preponderam no grupo de causas que levam a tal afastamento da moda. Pode resultar de um desejo de não apoiar a causa da massa, um desejo que decerto tem na sua base não uma independência da massa, mas ainda uma posição inerentemente soberana com relação a esta. No entanto, pode ser uma sensibilidade delicada que gera no indivíduo o medo de não conseguir manter sua individualidade caso adote as formas, gostos e costumes do público geral. Tal oposição, de modo algum, é um sinal de força pessoal.

O fato de a moda expressar e, ao mesmo tempo, enfatizar a tendência à equalização e individualização e o desejo de imitação e conspicuidade talvez explique por que são as mulheres, em linhas gerais, suas adeptas mais fiéis. O discernimento científico deve nos prevenir contra a formação de julgamentos sobre a mulher "no plural". Ao mesmo tempo, pode ser dito da mulher, de maneira geral, seja a afirmação justificada em todos os casos ou não, que sua característica psicológica, na medida em que difere da do homem, consiste em uma falta de diferenciação, em uma maior similaridade entre os diferentes membros do seu sexo, em uma adesão mais rigorosa à média social. Se nas alturas finais da cultura moderna, cujos fatos ainda não forneceram uma contribuição para a formação dessa convicção geral, haverá ou não uma mudança na relação entre homem e mulher, uma mudança que pode resultar em uma inversão completa da distinção acima, não me interessa discutir, uma vez que estamos preocupados aqui com médias históricas mais compreensivas. A relação e a fraqueza de sua posição social, às quais a mulher esteve condenada durante parte bem maior da história, porém, explicam sua estrita consideração pelos costumes, pelas formas de vida geralmente aceitas e aprovadas, por tudo aquilo que é apropriado. Uma pessoa fraca evita a individualização; evita a dependência em si mesma com suas responsabilidades e a necessidade de se defender sem ajuda. Encontra proteção apenas na forma de vida típica, que impede o forte de exercer seus poderes excepcionais. Mas repousando na fundação firme do costume, do que é geralmente aceito, a mulher busca ansiosamente por toda individualização relativa e conspicuidade pessoal que resta.

A moda fornece exatamente essa combinação da maneira mais contente, pois temos aqui, por um lado, um campo de imitação geral, o indivíduo flutuando na corrente social mais ampla, aliviado da responsabilidade sobre seus gostos e ações, mas, por outro lado, temos uma certa conspicuidade, uma ênfase, uma acentuação individual da personalidade. Parece que existe para cada classe de seres humanos, provavelmente para cada indivíduo, uma relação quantitativa definida entre a tendência à individualização e ao desejo de se mesclar no grupo de forma que, quando a satisfação de uma tendência é negada em um certo campo da vida, ele busca outra na qual então satisfaz a medida que exige. Assim parece que a moda é a válvula através da qual o desejo de uma mulher por alguma medida de conspicuidade e proeminência individual encontra escape quando tem sua satisfação negada em outros campos.

Durante os séculos XIV e XV, a Alemanha exibiu um forte desenvolvimento da individualidade fora do comum. Grandes incursões foram feitas nas regulações coletivistas da Idade Média pela liberdade do indivíduo. A mulher, porém, não tomou parte nesse desenvolvimento individualista: a liberdade de ação pessoal e de aperfeiçoamento próprio ainda lhe foi negada. Ela buscou reparação adotando os estilos mais extravagantes e hipertróficos de vestir. Por outro lado, na Itália, durante a mesma época, foi dada à mulher plena liberdade para o exercício da individualidade. A mulher do Renascimento possuía oportunidades de cultura, de atividade externa, de diferenciação pessoal que não lhes foram oferecidas por muitos séculos desde então. Nas classes mais altas da sociedade, especialmente, a educação e a liberdade de ação eram quase idênticas para ambos os sexos. Não é de se surpreender, portanto, que nenhuma moda feminina italiana particularmente extravagante daquele período tenha chegado até nós. A necessidade de exercer individualidade nesse campo estava ausente, porque a tendência incorporada ali encontrou vazão suficiente em outras esferas. Em geral, a história da mulher tanto na vida exterior quanto na vida interior, individualmente e coletivamente, exibe uma uniformidade, nivelamento e similaridade comparativamente tão grandes que ela precisa de uma atividade mais vivaz pelo menos na esfera da moda, que não é nada mais, nada menos que mudança, para acrescentar uma atração a si mesma e à sua vida pelos seus próprios sentimentos bem como os de outros. Assim como no caso do individualismo e do coletivismo, existe entre a uniformidade e a mudança dos conteúdos da vida uma proporção definida de necessidades, que é lançada para lá e para cá em diferentes campos e busca equilibrar a recusa em um pelo consentimento, seja como for adquirido, em outro. No todo, podemos dizer que a mulher é uma criatura mais fiel que o homem. Mas a fidelidade, expressando como o faz a uniformidade e a regularidade da natureza de alguém apenas na direção dos sentimentos, demanda uma mudança mais vivaz nas esferas circundantes exteriores para estabelecer o equilíbrio nas tendências da vida referidas acima. O homem, por outro lado, um ser bastante infiel, que não costuma restringir dependência a uma relação dos sentimentos com a mesma certeza e concentração de todos os interesses da vida em um só, consequentemente, tem menos necessidade de uma forma exterior de mudança. A não aceitação de mudanças em campos exteriores e a indiferença a modas na aparência exterior são especificamente uma qualidade masculina, não porque o homem é o mais uniforme, mas porque é a criatura mais multifacetada e, por essa razão, pode conviver melhor sem mudanças externas. Logo, a mulher emancipada do presente, que busca imitar, no bom como talvez também no mau sentido, toda diferenciação, personalidade e atividade do sexo masculino, dá particular ênfase à sua indiferença à moda.

Em certo sentido, a moda dá à mulher uma compensação por sua falta de posição em uma classe baseada em uma vocação ou profissão. O homem, que foi absorvido por uma vocação, entrou em uma classe relativamente uniforme dentro da qual se assemelha a muitos outros e, logo, é frequentemente apenas uma ilustração da concepção de sua classe ou vocação. Por outro lado, como se para compensar essa absorção, ele é investido de toda a importância e objetivo bem como do poder social dessa classe. À sua importância individual se acrescenta aquela da sua classe, que frequentemente acoberta os defeitos e as deficiências de seu caráter puramente pessoal. A individualidade da classe muitas vezes suplementa ou substitui aquela do membro. A moda realiza coisa idêntica com outros meios. A moda também suplementa a falta de importância de uma pessoa, sua incapacidade de individualizar sua existência puramente por esforços próprios e não assistidos, possibilitando que ela se junte a um conjunto caracterizado e destacado na consciência pública apenas pela moda. A personalidade como tal é aqui também, com certeza, reduzida a uma fórmula, mas essa própria fórmula, de um ponto de vista social, possui um toque individual, e assim compensa através da forma social o que é negado à personalidade em uma forma puramente individual. O fato de que o *demi-monde* é tão frequentemente um pioneiro em questões de moda se deve à sua forma de vida peculiarmente desenraizada. A existência pária a que a sociedade condena o *demi-monde* produz um ódio aberto ou latente contra tudo o que tenha a sanção da lei, de toda instituição permanente, um ódio que encontra sua expressão mais inocente e estética na busca por formas sempre novas de aparência. Nessa busca contínua por modas novas, nunca vistas, na forma despreocupada com que aquela que é a mais diametralmente oposta à existente é apaixonadamente adotada, espreita uma expressão estética do desejo por destruição, que parece ser um elemento peculiar a todos os que levam essa existência de tipo pária, desde que não sejam completamente escravizados por dentro.

Quando examinamos os impulsos finais e mais sutis da alma, o que é difícil de expressar em palavras, verificamos que eles também exibem esse jogo antagônico das tendências humanas fundamentais. Estas buscam recuperar seu equilíbrio continuamente perdido por meio de sempre novas proporções e têm sucesso aqui através do reflexo que a moda ocasionalmente lança nos processos espirituais mais delicados e tenros. Por certo, a moda insiste em tratar todas as individualidades da mesma maneira, mas isso é sempre feito de tal forma que a totalidade da natureza de uma pessoa nunca é afetada. A moda sempre continua a ser vista como algo exterior, mesmo em esferas fora de meros estilos de vestimentas, pois a forma de mutabilidade em que é apresentada ao indivíduo é, em todas as circunstâncias, um contraste com a estabilidade do sentimento do ego. Esta última, de fato, através desse contraste, deve se tornar consciente de sua duração relativa. A mutabilidade daqueles conteúdos pode se expressar como mutabilidade e desenvolver sua atração apenas através desse elemento duradouro. Mas, por essa razão mesma, a moda sempre figura, como indiquei, na periferia da personalidade, que entende a si própria como uma *pièce de résistance* para a moda ou, pelo menos, pode fazê-lo quando convocada.

É essa fase da moda que é recebida pelas pessoas sensíveis e peculiares, que a usam como uma espécie de máscara. Consideram a obediência cega aos padrões do público geral em todos os exteriores como o meio consciente e desejado de reservar seu sentimento pessoal e seu gosto, que almejam reservar apenas para si próprias, de tal forma que não se incomodam de assumir uma aparência que seja visível para todos. É, portanto, um sentimento de modéstia e reserva que faz com que muitos de natureza delicada busquem refúgio no manto nivelador da moda; tais indivíduos não se importam de recorrer a uma peculiaridade nos exteriores por medo, talvez, de trair uma peculiaridade da sua alma mais profunda. Temos aqui um triunfo da alma sobre as circunstâncias concretas da existência, que deve ser considerada uma das maiores e melhores vitórias, pelo menos no que concerne à forma, visto que o próprio inimigo é transformado em um serviçal, e que a coisa mesma que a personalidade parecia suprimir é voluntariamente capturada, porque a supressão niveladora é aqui transferida para esferas exteriores da vida de tal forma que fornece um véu e uma proteção para tudo espiritual e agora ainda mais livre. Isso corresponde exatamente à trivialidade da expressão e da conversa através das quais pessoas muito sensíveis e reservadas, especialmente as mulheres, muitas vezes enganam outros sobre a profundeza individual da alma. É um dos prazeres do juiz da natureza humana, embora um tanto cruel também, sentir a ansiedade com que mulheres se agarram aos conteúdos e às formas lugares-comuns de relação social. A impossibilidade de atraí-la além das formas de expressão mais banais e triviais, o que frequentemente leva uma pessoa ao desespero em inúmeras instâncias, significa nada mais que uma barricada da alma, uma máscara de ferro que esconde as características reais e pode fornecer esse serviço apenas através de uma separação totalmente intransigente dos sentimentos e dos exteriores da vida.

Todo sentimento de vergonha repousa sobre o isolamento do indivíduo; emerge sempre que a ênfase é colocada no *ego*, sempre que a atenção de um círculo se volta para tal indivíduo – na realidade ou apenas em sua imaginação – que ao mesmo tempo é sentido como algo incongruente. Por esse motivo, naturezas reservadas e fracas são inclinadas a sentir vergonha. No momento em que viram o centro da atenção geral, no momento em se fazem conspícuos de alguma forma, uma oscilação dolorosa entre a ênfase e a retirada do *ego* se torna manifesta. Na medida em que o afastamento individual de uma generalidade – como uma fonte de sentimento de vergonha – seja bastante independente do conteúdo particular sobre a base em que ocorre, muitas vezes se pode sentir vergonha de coisas boas e nobres. O fato de que o lugar-comum é uma forma boa na sociedade no sentido mais estreito do termo se deve não apenas a uma consideração mútua, o que gera o entendimento de que é de mau gosto se fazer conspícuo através de uma expressão individual e singular que nem todos podem repetir, mas também o medo de que o sentimento da vergonha que, por assim dizer, forma uma punição autoinfligida pelo afastamento da forma e atividades semelhantes para todos e igualmente acessível para todos. Por causa de sua estrutura interior, a moda fornece um afastamento do indivíduo, que é sempre visto como apropriado. Não importa quão extravagante a forma da aparência ou a maneira de expressão, desde que esteja na moda, é protegida contra aquelas reflexões dolorosas que o indivíduo de outra forma experimenta quando se torna objeto de atenção. Todas as ações uníssonas são caracterizadas pela perda desse sentimento de vergonha. Como um membro de uma massa, o indivíduo fará muitas coisas que teriam despertado repugnância insuperável em sua alma se tivessem sido sugeridas a ele somente. É um dos fenômenos social-psicológicos mais estranhos, no qual essa característica da ação concertada é bem exemplificada, o fato de que muitas modas toleram violações de modéstia que, se sugeridas ao indivíduo sozinho, seriam ferozmente repudiadas. Mas, como ditames da moda, encontram pronta aceitação. O sentimento de vergonha é erradicado em questões de moda, porque representa uma ação unida da mesma forma que o sentimento de responsabilidade é extinto nos participantes de um crime cometido por uma turba, cujos membros, se deixados cada um por si, evitariam a violência.

A moda também é apenas uma das formas com cujo auxílio os homens buscam salvar sua liberdade interior mais completamente, sacrificando os exteriores à escravização pelo público geral. A liberdade e a dependência também pertencem a esses pares antagônicos, cujas contendas sempre renovadas e a mobilidade infinita conferem à vida muito mais tempero e permitem um fôlego e um desenvolvimento muito maiores do que o que um equilíbrio permanente e imutável entre os dois poderia dar. Schopenhauer considerava que o cálice da vida de cada pessoa é preenchido com uma certa quantidade de alegria e aflição, e que essa medida não pode nem permanecer vazia nem ser enchida até transbordar, mas apenas muda sua forma em todas as diferenciações e vacilações de relações internas e externas. Da mesma forma, e muito menos misticamente, podemos observar em cada período, em cada classe e em cada indivíduo, seja uma proporção de dependência e liberdade realmente permanente ou, pelo menos, o anseio por ela, ao passo que só podemos mudar os campos sobre os quais estão distribuídas. Por certo, é tarefa da vida superior organizar essa distribuição de tal forma que os outros valores da existência demandem, por meio dela, a possibilidade do desenvolvimento mais favorável. A mesma quantidade de dependência e liberdade pode, em dado momento, ajudar a aumentar os valores morais, intelectuais e estéticos até o ponto mais alto e, em outro momento, sem qualquer mudança de quantidade, mas apenas em distribuição, pode ocasionar o exato oposto desse sucesso. Em termos gerais, podemos dizer que o resultado mais favorável para o valor agregado da vida será obtido quando toda dependência inevitável for transferida mais e mais para a periferia, para os externos da vida. Talvez Goethe, em seu período mais tardio, seja o exemplo mais eloquente de uma vida totalmente grande, pois por meio de sua adaptabilidade em todos os externos, sua consideração estrita pela forma, sua obediência voluntária às convenções da sociedade, alcançou o máximo de liberdade interior, uma preservação completa dos centros da vida do toque da quantidade inevitável de dependência. Nesse sentido, a moda também é uma forma social de conveniência maravilhosa, porque, como a lei, afeta apenas os exteriores da vida, apenas aqueles lados da vida voltados para a sociedade. Fornece-nos uma fórmula por meio da qual podemos inequivocamente demonstrar nossa dependência sobre o que é amplamente adotado, nossa obediência aos padrões estabelecidos pelo nosso tempo, nossa classe, e nosso círculo mais próximo, e nos permite retirar a liberdade que nos é concedida na vida por exteriores e concentrá-la cada vez mais em nossas naturezas mais íntimas.

Notas

1. N.T.: Os ibos são um grupo étnico da África que habita, em sua maior parte, a Nigéria. Simmel pode ter se referido no texto ao rio Níger, que corta o território ibo.
2. N.T.: Simmel usa um termo, hoje obsoleto, que designa a população africana banta afim aos zulus. O termo passou a ser usado em referência a negros em geral e adquiriu um sentido pejorativo e racista, motivo pelo qual caiu em desuso.

A vitória da mulher

Werner Sombart

Indiquei anteriormente as características comuns que todos os luxos do início da época capitalista possuíam.* Agora, gostaria de chamar a atenção para o fato de que o luxo também passou por mudanças nesses cinco a seis séculos e de evidenciar o quanto as mulheres (como já as conhecemos agora) são responsáveis por elas.

1. As tendências gerais de desenvolvimento do luxo

Para que não haja mal-entendidos: consideremos que o luxo deste período específico, de 1200 a 1800, ocorreu apenas uma vez na história mundial. Todos os esforços para definir épocas gerais de luxo, como parece ter tentado Roscher, são imprudentes, sem falar dos insensatos que, com sua mal compreendida "concepção materialista da história", lidam com contextos tão delicados como os fenômenos do luxo.

Dentre estas tendências de desenvolvimento, eu distingo as seguintes.

a) Tendência à ambientação doméstica. Na maioria de suas manifestações, o luxo medieval, que era mais público, agora se tornou mais privado, mas ele também se desenvolveu, enquanto privado, muito mais fora da casa do que dentro dela. E, agora, ele se muda cada vez mais para dentro do lar, para o âmbito doméstico, porque a mulher o traz para dentro de casa.

Presente antigamente (ainda no tempo do Renascentismo) nos torneios, nas festas de exibição, nas roupas e em restaurantes públicos, agora o luxo está dentro de casa. Com isso, ele perde o caráter episódico que costumava ter antes e se torna permanente. É inútil dizer o quanto um aumento da necessidade do luxo está ligado a esta mudança.

b) Tendência à objetificação. Vimos que o luxo da nossa época ainda possui um caráter fortemente pessoal e, portanto, quantitativo. E constatamos que é nesse aspecto que se pode reconhecer a sua origem senhorial, já que essa forte valorização de inúmeros serviçais é um resquício da antiga

---

* Fragmento de *Luxus und Kapitalismus*, 2.ed. Munique e Leipzig: Duncker & Humblot, 1922 [1912]. Tradução de Eugenia Koeler.

comitiva. Mas, sem dúvida alguma, desde a Idade Média o séquito pessoal tem se enfraquecido continuamente no desenvolvimento do luxo. Anteriormente, o luxo muitas vezes se esgotava na mobilização de inúmeros seguidores, em sua refeição e diversão em festas etc. Agora, o grande número de serviçais é somente um efeito colateral da cada vez mais crescente utilização de bens materiais com finalidade de luxo. Nesta objetificação, como nomeio o processo, a mulher voltou a se envolver, pois a mobilização de numerosos seguidores não a beneficia tanto quanto as roupas mais suntuosas, o apartamento mais confortável e as joias mais caras. Sob o ponto de vista econômico, esta mudança é de novo extremamente relevante. Adam Smith diria: passa-se do luxo "improdutivo" ao "produtivo", porque esse luxo pessoal é "improdutivo", em contraposição ao luxo objetificado, que ocupa mãos produtivas (no sentido capitalista, isto significa trabalhadores assalariados em uma empresa capitalista). Na verdade, objetificar a necessidade de luxo é fundamental para o desenvolvimento do capitalismo.

Entretanto, juntamente com essa objetificação do luxo, caminha a tendência abaixo, que a mulher promove com uma energia particular.

c) Tendência para a sensualização e o requinte. Percebo a tendência para a sensualização como aquele desenvolvimento em que o luxo serve cada vez menos a quaisquer valores ideais de vida (como a arte em particular) e sim, cada vez mais, aos instintos inferiores de animalidade. É em face desse processo que os Goncourts afirmam que "a proteção da arte passou a recair sobre os entalhadores do bronze, marceneiros, bordadores, costureiras" etc. Com isso, eles quiseram marcar a diferença da época de Dubarry em contraposição à época de Pompadour. Parece-me que esta mudança – desnecessário dizer, por sua vez economicamente muito importante – caracteriza melhor a transição do século XVII para o século XVIII, ou seja, a vitória do rococó sobre o barroco. Mas esta vitória não significa nada além do que o triunfo final e completo da mulher. A afirmação desse estilo eminentemente feminino em todas as áreas da cultura é, por si só, prova suficiente da correção da tese aqui defendida. A fêmea vitoriosa realmente se irradia para nós de todas as criações de artes e ofícios nessa época: dos espelhos de coluna e travesseiros de Lyon, das camas de seda azul-celeste com cortinas de tule branco, das anáguas azul pálido, das meias de seda cinza e dos vestidos de seda rosada, dos *peignoirs* sedutores enfeitados com penugem de cisne e das penas de avestruz e rendas Brabant, tudo o que, como Muther, Pater[1] – este incomparável retratista do rococó e do qual as citações anteriores foram retiradas – reuniu em uma "Symphonie des Salons".

A tendência para a sensualização do luxo está intimamente ligada à tendência para o seu requinte, e isso significa aumento dos gastos com trabalho humano na produção de um bem material, significa penetração e infiltração do material com mais trabalho (a menos que o refinamento consista apenas do uso de substâncias raras). Com isso, é significativamente expandida a margem de manobra para o comércio capitalista (aquisição de materiais não locais!) e, em especial, para a indústria capitalista.

d) Tendência para simultaneidade temporal. Na verdade, isso parece ocorrer pelas seguintes razões: muito do luxo se desenvolve em um determinado tempo, ou seja, muitos objetos são usados, muitos prazeres são saboreados e eventos de luxo episódicos no passado estão agora se tornando atividades permanentes, isto é, festivais anuais tornam-se celebrações recorrentes, marchas em dias de jubileu se tornam bailes de máscaras cotidianos e comemorações dos dias sagrados e festas trimestrais se tornam jantares e ceias diários; nessa última, eu gostaria de colocar uma ênfase especial no fato de que os artigos de luxo estão sendo produzidos em menos tempo, para poderem ser disponibilizados mais rapidamente ao seu dono.

O tempo longo de produção era uma regra na Idade Média. Em uma peça ou em uma obra, trabalhava-se por anos ou décadas, porque não havia pressa em vê-las concluídas. Vivenciava-se naturalmente este longo tempo, porque a elaboração da obra pertencia a outra dimensão temporal: a igreja, o convento, a comunidade e o clã certamente vivenciariam a finalização da obra, embora o indivíduo que a encomendou estivesse morto já há muito. Quantas gerações trabalharam na construção do Mosteiro de Pavia (Certosa di Pavia)! Oito gerações da família Sacchi de Milão trabalharam durante três séculos nas incrustações e marchetarias dos painéis do altar. Cada catedral, cada convento, cada burgo, cada cidade da Idade Média são um testemunho desta passagem das gerações de cada clã, seu desenvolvimento se estende por gerações que acreditavam poder viver para sempre.

Uma vez que o indivíduo é arrancado da comunidade que sobrevive a ele, seu tempo de vida torna-se a medida de seu prazer. O indivíduo quer, ele mesmo, experimentar tanto quanto possível a mudança das coisas. Até um rei passa a possuir expectativas semelhantes, porque ele próprio ainda quer morar no castelo que está começando a construir. E, quando o domínio deste mundo passa agora para as mulheres, o ritmo em que foram criados os meios para a satisfação das necessidades de luxo foi novamente acelerado. A mulher não pode esperar. O homem apaixonado não pode esperar mais. Que mudança na forma de vida!

Maria de Medici concluiu o Palácio de Luxemburgo em um período incrivelmente curto de cinco anos.[2] O trabalho no Palácio de Versalhes foi realizado dia e noite, ininterruptamente: "Para Versalhes, existem duas oficinas de carpinteiro, uma das quais funciona durante o dia e a outra à noite", nos explicou o próprio Colbert.[3]

O conde de Artois mandou reconstruir Bagatelle do zero, para que pudesse dar uma festa à rainha no local, e empregou 900 trabalhadores dia e noite: quando as coisas não estavam indo rápido o suficiente para ele, o próprio conde enviou seus oficiais de justiça para a estrada rural, a fim de apressar os vagões de cal e pedra.

Veremos a seguir todas essas mudanças com muito maior clareza, quando eu tentar rastrear em detalhes o luxo, em algumas das áreas mais importantes. Isso nos dará uma ideia ainda melhor do significado econômico e sobretudo do sempre importante significado quantitativo, que é inerente às mudanças no design de luxo.

2. O luxo em casa

a) O luxo gastronômico. O luxo gastronômico foi desenvolvido na Itália durante os séculos XV e XVI, quando surgiu uma "arte culinária", junto com outras artes. Antes, havia apenas o luxo da comida: agora, esse prazer também foi refinado e, também aqui, a quantidade foi substituída pela qualidade.

O luxo gastronômico migra da Itália para a França, onde, desde o final do século XVI, vem se aprimorando. Dificilmente é possível segui-lo em seu desenvolvimento sem que se escreva um longo tratado sobre preparação de alimentos, o qual não caberia no escopo desta investigação. Quero apenas colocar uma questão aqui, como nos outros casos: devemos o refinamento da arte culinária e, portanto, o desenvolvimento do luxo gastronômico novamente à mulher?

Do ponto de vista psicológico e fisiológico, o assunto é controverso: até que ponto a arte de cozinhar está ligada à arte de amar? Tende-se a colocar o erotismo e a gastronomia em certo contraste um com o outro, quando se consideram as diferentes fases do desenvolvimento do homem, isto é, amor, ambição e comida. Mesmo pessoas castas como Kant eram grandes *gourmets*. Mas ainda me parece que, sem o refinamento geral e a sensualização de nossa vida gustativa, que devemos agradecer à influência das mulheres, nunca teríamos alcançado um maior desenvolvimento na arte de comer. Existe, então, uma "repressão" dos instintos eróticos na gula apaixonada, como a que encontramos na antiga comédia *Die Hagstolzen*,[4] de forma que a gula no homem corresponderia ao amor das velhas donzelas pelos gatos? Isto também deveria ser verificado.

Apenas uma questão me parece clara, hoje: a conexão entre o consumo de doces e o domínio das mulheres. Conseguimos perceber visivelmente a linha que ainda hoje delimita a zona feminina: é a mesma linha que separa os países com boas e más cozinhas e confeitarias: na Itália, na Áustria, na França e na Polônia os doces excelentes, no Norte da Alemanha o Flameri e na Inglaterra, o Albert-Cake.

Essa conexão do feminismo (estilo antigo) com o açúcar tornou-se agora da maior importância na história econômica: como as mulheres predominavam no início da época capitalista, o açúcar rapidamente se tornou um item de luxo popular, e somente porque o açúcar estava lá é que os estimulantes cacau, café e chá foram tão rápida e amplamente aprovados na Europa. O comércio desses quatro artigos e a produção de cacau, café e açúcar nas colônias europeias, bem como o processamento de cacau e o refino de açúcar bruto na Europa, desempenharam um papel muito importante no desenvolvimento do capitalismo.

O que sabemos sobre a história desses itens de luxo e sua naturalização na Europa confirma a precisão dessas conclusões gerais. Que essa história coincide com a do açúcar, e este é, em grande parte, o caso, estamos bem informados pelo livro de Edmund O. von Lippmann,[5] do qual as seguintes informações foram extraídas.

> Encontramos a menção ao açúcar pela primeira vez no século XIV; no século XV, ele se popularizou como um alimento de luxo popular. Hoje

em dia, escreve Pancirollus, não há banquete festivo em que a abundância de açúcar não seja usada de muitas maneiras diferentes: nele se reproduzem figuras e grupos, pássaros e quadrúpedes e os mais belos frutos em suas cores naturais, nele se fazem ruibarbo, pinhão, canela e outras especiarias e com ele se cristaliza, para deleite da humanidade. Sem açúcar, quase nada se consome, o açúcar entra nos bolos, no vinho, em vez de água você bebe água com açúcar, carne, peixe e ovos são preparados com açúcar, enfim, você não usa mais frequentemente sal do que açúcar! Novamente, Katharina de Medici aparece como a mediadora que difunde o consumo de açúcar na sociedade francesa. Entre outras coisas, a comitiva italiana dessa princesa teria feito o uso de licores conhecidos em Paris, que então foram aperfeiçoados pelos próprios franceses. Uma das marcas mais populares da época era o óleo Venus (Huile de Venus) feito de álcool, açúcar e açafrão. Estienne já nos garante em seu tratado sobre a agricultura que o consumo de açúcar é muito difundido. La Bruyere Champier, médico pessoal de Franz I, já considerava (1560) o açúcar um estimulante indispensável, claro que apenas nas classes altas da sociedade, porque esclarece sua afirmação com a seguinte explicação: "Porque as pessoas de boa vida nada consumiam que não estivesse polvilhado com ele". Também na Inglaterra, no século XVI, doces, geleias, compotas, limões caramelados, laranjas e gengibre, assim como castelos, navios e estatuetas feitos de açúcar eram considerados indispensáveis em cada refeição requintada.

Desde o início do século XVII, o cacau, o café e o chá se popularizaram na Europa com a ajuda do açúcar: todos inicialmente populares na sociedade mais elegante, especialmente nas cortes. Na França, por exemplo, o café só foi aceito depois que Luís XIV o apreciou na recepção da embaixada do sultão Mohammed IV (1670) e o apresentou aos círculos da corte. Um novo luxo metropolitano é então agregado nos cafés públicos a esses estimulantes e isso será abordado por mim mais adiante.

b) O luxo residencial. O desenvolvimento do luxo residencial está intimamente ligado ao desenvolvimento das grandes cidades, amplamente apreciado por nós. É ele que tem promovido significativamente o luxo dos apartamentos e móveis, que se tornou cada vez mais popular desde o Renascimento, mais especialmente a partir do final do século XVII. Ele fez isso, por um lado, restringindo o espaço de convivência, que teve que se ajustar em decorrência da concentração de grandes multidões em um só lugar e, por outro, pela restrição do luxo com colorido personalizado, que também tinha que ocorrer tão logo o senhor fixasse residência na cidade. Essas restrições internas e externas, às quais estava sujeito o padrão de vida dos ricos na cidade, conduziriam, entretanto, se me permitem dizer, a uma intensificação do luxo que, como vimos, foi tornado por um lado mais objetificado e, por outro, mais refinado. O que o luxo gastronômico vivenciou – a otimização através do aperfeiçoamento tecnológico da cozinha – também foi vivenciado pelo luxo de morar na cidade grande. Assim, castelos enormes e vazios foram substituídos por residências urbanas menores, preenchidas com uma quantidade maior de objetos de valor. O palácio foi substituído pelo palacete. Mas agora, digamos assim, este estilo de vida urbano é levado para o campo: surgem casas de campo equipadas com elegância urbana: as "Vilas", que (assim como na Antiguidade) são a consequência direta da vida na cidade. Com isso, o luxo penetra nos lugares mais remotos do campo que, da mesma forma, também está sujeito à grande cidade e às suas condições de vida.

Quando nós lemos, por exemplo, as descrições das casas urbanas e das casas de campo das pessoas ricas da França e da Inglaterra, que os contemporâneos esboçam para nós no final dos séculos XVII e XVIII, inicialmente pensamos que se trata de exageros. Isso, até nos darmos conta de que, através do acúmulo de juízos numerosos e sempre iguais, o luxo de viver naquela época realmente deve ter alcançado um pico e, que esse acréscimo, mesmo considerado sob o ponto de vista da nossa época luxuosa, foi enorme. Então, nos lembramos dos vestígios do magnífico mobiliário barroco e rococó, que hoje encontramos à venda pelos comerciantes de antiguidades, e também das imagens dos móveis de decoração daquela época nas Histórias da Arte e consideremos que tudo aquilo, que vislumbramos agora somente como peças individuais, retratadas ou à nossa frente, que tudo aquilo esteve reunido, em algum momento, e preencheu as salas dos marqueses e dos barões financeiros do Antigo Regime. Lembremo-nos, também, das imensas somas de dinheiro que vimos os Turcarets[6] gastarem com fins residenciais.

Mas quem, afinal, levou os homens a criar tanta suntuosidade? Não precisamos indagar muito: o apartamento, onde vivia a nobre sociedade no Antigo Regime, é o ninho que a mulher construiu, com muito esforço e cuidado, para amarrar o homem a si: a História do Mobiliário Doméstico mostra isso, com toda a clareza que se pode desejar.

Muito se fala sobre o erotismo do tempo dos menestréis. Onde, então, deve ter ocorrido a vida amorosa? Na melhor das hipóteses, nas florestas. Afinal, os castelos certamente não eram um lugar para se celebrar encontros amorosos. Em todo caso, a vida amorosa teria então que significar algo totalmente diferente do que entendemos sobre ela hoje em dia. Na verdade, as palavras *Gotik* e *Erotik* até rimam, mas não combinam, não é mesmo? Aqui também, o Renascimento criou novamente as condições externas para um estilo de vida completamente redesenhado.

Tudo o que entendemos hoje sobre uma decoração elegante ou aconchegante foi criado, inicialmente, nos séculos XV e XVI na Itália, através do Renascimento que, em sua própria essência, se adaptou melhor às exigências da vida cotidiana do que o estilo de decoração "unilateral e não livre" que o gótico conseguiu alcançar. Assim, aparecem camas elásticas e macias, caros tapetes de chão são colocados em uso e "equipamentos sanitários, que não são mencionados em nenhum outro lugar, são especialmente conhecidos através dos romancistas. Especialmente, a quantidade e a delicadeza dos itens brancos são mais frequentemente destacadas..."[7] etc. Trabalho de mulheres! E, mais do que isso, trabalho de cortesãs! Talvez a primeira moradia no sentido moderno, na qual estavam presentes igualmente senso de arte e conforto em casa, foi a Villa Farnesina: a casa de campo do rico banqueiro Agostino Chigi, construída para sua amante, a bela veneziana Morosina. Que distância separa o luxo nesta casa de uma cortesã em comparação ao palácio de Paulo II, com o qual começou a nova arquitetura em Roma! "O novo sexo desejava a graça e a alegre sensualidade" (Gregorovius), pois isso estava nas mãos das mulheres. Em Roma, no século XVI, nascem os móveis modernos. Sobre o palácio de uma outra cortesã, a nossa já conhecida Imperia, soubemos que: "tapetes, pinturas, vasos e bugigangas, livros requintados, lindos móveis renascentistas espalhavam em seu quarto tanto esplendor, que um dia o nobre embaixador espanhol cuspiu na cara de um serviçal, porque não conseguiu descobrir um outro lugar para atender a essa necessidade".[8]

Naquele tempo, os móveis das grandes cortesãs se tornaram exemplos de móveis domésticos e permaneceram assim, como veremos, por todos os séculos que se seguiram. Em Veneza, o apartamento de Angela Zaffetta era tido como um ponto turístico, digno de ser visitado:

Angela vivia no verdadeiramente majestoso Palazzo Loredan. Tapetes, brocados e couro dourado de Flandres cobriam as paredes e, em alguns salões, até os pintores mais famosos haviam pintado afrescos. Tapetes turcos estendiam-se pelo chão, em cima das mesas toalhas de veludo bordadas em ouro. Móveis entalhados e incrustados enchiam os inúmeros salões, em cima dos buffets havia vasos de prata, maiólicas de Faenza, Cafaggiolo e Urbino e os mais caros copos venezianos. A proprietária, conhecida pelo seu bom gosto, tinha espalhados por toda a casa quadros, armas preciosas, livros lindamente encadernados, bandolins e preciosas obras de arte.[9]

No período barroco, pode-se dizer, o estilo procura se libertar da influência dominante da mulher. Mas ela mesma mantém aquele estilo imperioso sob seu domínio ao incorporar nele o espelho, sobre o qual, quando foi usado pela primeira vez como um enfeite de quarto, um bardo arrebatado fez a seguinte observação correta em verso:[10]

> Em seus armários encantadores
> O tecido não consegue encontrar mais lugar;
> Em todas as paredes, nos quatro lados
> Se encontram espelhos incrustados;
> Cada lado é apenas um espelho.
> Para ver seus encantos em todos os lugares
> elas querem ter a ampla perspectiva de um espelho
> por todos os lados.

Como ele bem diz ao final do verso, "Para ver seus encantos em todos os lugares, elas querem ter a ampla perspectiva de um espelho por todos os lados."

Além disso, elas inventam outros estimulantes para tornar os aposentos confortáveis e amarrar os homens em suas residências: perfumam os cômodos e os decoram com flores. O castelo da madame de Rambouillet é apresentado muito injustamente como gélido e formal. Uma visitante, a senhorita Von Scudery, nos passa a seguinte descrição dele:

> Tudo é magnífico em sua casa e até especial: as lamparinas são diferentes das de outros lugares. Os armários estão cheios de mil raridades... O ar

está sempre perfumado em seu pequeno castelo; vários cestos magníficos, cheios de flores, criam em seu quarto um clima de primavera constante.

E a cama é sempre a peça mais preciosa da decoração: madame de Montespan presenteia madame de Maine com uma cama de 40 mil libras "e outras três, ainda mais bonitas".[11]

O grau de perfeição a que o luxo de viver se desenvolveu em um período é sempre mostrado pelos móveis da casa da amante do rei na época: Versalhes se destaca como o clímax desse desenvolvimento durante o barroco, embora houvesse, é claro, muitos outros motivos, além do amor das mulheres na empreitada, para conseguir alcançar a coisa mais linda que jamais emergiu das mãos humanas. Mas o resultado das extravagâncias amorosas está completamente representado nos palácios privados das amantes reais, nos quais, também durante o período barroco, nasceram as flores mais maravilhosas do luxo residencial. Estou me referindo, por exemplo, ao palacete da duquesa de Portsmouth (uma das últimas amantes de Karl II), sobre o qual relata uma testemunha:

> O que me surpreendeu foram a beleza e a riqueza deste apartamento, que foi derrubado e destruído várias vezes para satisfazer os caprichos e extravagâncias desta mulher, enquanto Sua Majestade, a rainha, não gasta mais com sua casa do que algumas damas da nobreza... Lá, eu vi os mais recentes produtos da tapeçaria francesa, cujos desenhos, delicadeza de trabalho e incomparável capacidade reprodutiva superam tudo o que já vi... Além disso, havia um armário com objetos laqueados japoneses, guarda-chuvas, relógios, vasos de prata, mesinhas, prateleiras, conjuntos de instrumentos para lareiras, aquecedores, tudo em prata maciça, em inúmeras quantidades e, finalmente, alguns excelentes retratos de Sua Majestade.[12]

É notório que o rococó, este estilo absolutamente erótico, se esgota especialmente no design de moradias de luxo. A última palavra, que aquele tempo nos tinha a dizer, chama-se Luciennes: o ninho que Ludwig XV preparou para Dubarry e, em face disso, os Goncourts exclamam: "Luciennes! Não se parece com o palácio de uma daquelas soberanias tolas, como vemos nos livros do século XVIII sobre a moda otomana, onde reina o prazer barroco de um sultão fantoche sujeito aos caprichos de uma odalisca favorita?"[13]

Mas cada homem de classe, cujos meios o permitiam, criava um pequeno castelo como o Luciennes para sua amante: um castelinho típico desse estilo é o "Bagatelle" no Bois de Boulogne que, no início do século XVIII, a mulher do marechal d'Estrées recebeu de presente do seu marido, que possuía o mais alto título da nobreza espanhola (Grande). Este castelinho caiu depois nas mãos da madame de Monconseil, que aqui descobriu seu amor pelo rei polonês Estanislau. As inúmeras casas das amantes comuns eram, como ficou conhecido, as *"petites maisons"*, em todas as quais a mesma arte desenvolveu o mobiliário com o mais alto grau de requinte e refinamento.[14]

O aumento nunca visto que a vida de luxo vivenciou durante o século XVIII foi percebido pelos contemporâneos como algo extraordinário: "o mobiliário dos quartos ganhou um esplendor exagerado e inapropriado", diz Mercier, que fecha sua definição de construções de luxo na sua época com as seguintes palavras: "A grandeza da nação reside totalmente no interior das casas".

Outro contemporâneo concorda com Mercier do seguinte modo: "Os móveis se tornaram o maior objeto de luxo e o maior gasto. A cada seis anos, é feita uma redecoração, para lucrar com tudo o que a elegância da época pensou ser o belo". Na Inglaterra, a vida luxuosa era ainda mais desenvolvida do que na França (embora talvez faltasse lá o caráter puramente feminino das *petites maisons* parisienses). Um bom observador nos desenha a seguinte imagem das casas dos ingleses ricos:

> O esplendor com que os nobres ingleses decoram seus aposentos se distancia de tudo o que se busca em toda a Europa. Escadas cobertas com papéis de parede coloridos, o corrimão esculpido em madeira de mogno nas formas mais graciosas, acima do qual aparecem enfileiradas grandes luminárias de cristal, cobertas com folhagem de metal; no patamar das escadas, bustos, pinturas e medalhões; aposentos laqueados e dourados, adornados com retratos preciosos e pequenas estátuas; lareiras feitas com os mais raros tipos de mármore, com magníficos anexos de esplêndidas figuras, vasos e similares; a grelha de carvão, de aço polido claramente com decorações de bronze... fechaduras das portas de aço cobertas com ouro, dispostas de forma muito artificial; revestimentos de piso que, em

um salão, custam centenas de libras esterlinas... cortinas de janelas de valiosos tecidos das Índias Orientais; esplêndidos relógios de todos os tipos, onde toda a arte da mecânica é empregada etc.[15]

O mesmo informante nos relata coisas semelhantes sobre as casas de campo das pessoas ricas, relatos esses cuja correção e veracidade são confirmadas por outras inúmeras descrições.

***

Quando se lê a literatura do século XVIII, que trata da forma luxuosa de viver das pessoas ricas, quando se veem as ilustrações de palácios e habitações daquela época, quando se olham nas ruas de Viena, da antiga Londres, da velha Paris, as construções privadas monumentais, que são do tempo anterior a 1800 é que, então, talvez, se consiga sentir a grandiosidade e a potência do luxo de vida residencial daquela época. Mas gostaríamos de ter uma ideia numérica de sua extensão, e isso é extremamente difícil.

À minha frente, se encontra uma coleção de ilustrações de propriedades de campo famosas[16] da nobreza e de proprietários de terra ingleses, que foi organizada e reunida no ano de 1779 em dois volumes extraordinários. A coleção contém as ilustrações de 84 castelos e suas descrições. Devo dizer que a observação dessas residências senhoriais causa uma grande impressão e que o número já permite um certo julgamento sobre a dimensão do luxo que está reunido dentro delas e, especialmente, quando se atenta para as descrições dos castelos individuais. Tomo como exemplo o castelo do conde de Oxford (Hughton em Norfolk): a construção foi iniciada em 1722 pelo *sir* Robert Walpole e finalizada em 1735. Contando com as construções laterais, ele mede 500 pés de comprimento (152 metros); o prédio do meio tem 165 pés (50 metros) de comprimento. A seguir, os aposentos principais: o salão tem 40 pés (12 metros) de comprimento, 40 pés (12 metros) de altura, 30 pés (9 metros) de largura; os papéis de parede de veludo floridos de rosas; o teto pintado por Kent; assim como as mesas, a lareira é de mármore preto e amarelo; o hall de entrada é em forma de cubo e mede 40 pés (12 metros), com uma galeria de pedra em três lados; teto e friso pintados por Altari; a sala de pintura tem 30 (9 metros) x 32 (10 metros) pés, coberta por tecido de lã vermelha, adornada com entalhes de Gibbons etc. etc.; finalmente, uma galeria tem as seguintes medidas: 71 pés (21 metros) de comprimento, 21 pés (6 metros) de largura e 21 pés (6 metros) de altura: papel de parede adamascado de Norwich.

Mercier nos fornece algumas informações sobre o escopo da atividade de construção em Paris durante o século XVIII: ele acredita que teriam sido construídos, nas últimas décadas, 600 palácios, cujos interiores parecem ser obra de fadas, pois a imaginação não consegue mais superar um luxo tão primoroso, tão sofisticado. Os três grupos que fizeram fortuna em Paris em sua época seriam os banqueiros, os notários e os empreiteiros (empreiteiros de construção). Vários novos bairros surgiram, somente com magníficos palacetes.[17]

Essas informações também nos dão uma pista, se nós considerarmos aqui a opulência, com a qual, como vimos anteriormente, as residências individuais foram construídas e os apartamentos foram equipados.

3. O luxo na cidade

A cidade grande aumentou a tendência ao luxo: por motivos que eu já mencionei, cuja eficácia os melhores observadores daquela época, como Montesquieu na França e Mandeville na Inglaterra, expressamente nos confirmam com relação ao seu tempo e que, assim, apontam para um aumento na demanda por luxo. A forma como a cidade grande, com as suas exigências de luxo, começou àquela época a influenciar decisivamente as pessoas da província no seu modo de vida, acostumando-as às despesas de luxo e a elevar seu nível de vida, isso nos é mostrado com clareza por um nobre do campo, Pierre de Cadet, através da seguinte história, que ele anotou em seu livro de despesas domésticas.[18]

> Meu avô queria ir a Paris e, em um ano, ele gastou 14.000 libras, o que o fez dizer ao seu pai que um par de óculos, que ele lhe trouxe de presente, custou 14.000 libras. Já havia uma equipe de funcionários na casa e quatro cavalos brancos: meu avô veio de Paris com um grande gosto por cavalos de mão... Ele trouxe de Paris um criado de quarto, de quem o pai dizia, brincando, que ele não lhe pedia uma bebida, visto que ele estava mais bem-vestido do que ele.

Mas a cidade grande se torna importante para o desenvolvimento do luxo, em especial, porque ela cria possibilidades inteiramente novas de estilo de vida mais brilhante e exuberante e, com isso, novas formas de luxo. Ela transfere as festas, que até então os cortesãos celebravam sozinhos no castelo do príncipe, para amplas camadas da população que, agora, também criam suas próprias moradias, onde eles se dedicam regularmente às suas diversões e aos seus prazeres. Quando o príncipe de Mônaco veio para a Inglaterra a convite do rei no final do século XVIII, depois da morte do duque de York em sua casa, e viu à noite as muitas luzes acesas nas ruas e nas vitrines das lojas que funcionavam até às 22 horas, ele imaginou que toda aquela iluminação teria sido organizada em sua homenagem. Nesta anedota, espelha-se belamente a transformação fundamental que estava apenas começando a ocorrer naquela época, quando uma espécie de luxo coletivo toma o lugar de uma exibição estritamente privada de luxo. Inicia-se a disseminação social do estilo de vida, que será então bastante peculiar apenas para o período seguinte da economia. Vamos salientar isso brevemente aqui e constatar que essa influência significativa da cidade grande – e por isso é justificada a sua menção neste ponto – está, por enquanto, dentro dos limites da necessidade de luxo, de modo que apenas a própria cúpula da sociedade é afetada pela inovação. Neste surgimento do luxo metropolitano, a mulher está mais uma vez tendo um papel esmagadoramente grande.

O que aqui se considera é, especialmente, o seguinte:

1. *O teatro* e, sobretudo, as casas de óperas elegantes que, com grande esplendor, são construídas primeiramente na Itália e depois nas outras grandes cidades europeias. Construído em 1737, o Teatro S. Carlo de Nápoles marca uma época na história da construção dos teatros. Em Paris, existem desde 1673: a Ópera, conhecida como Academia Real de Música, que faz suas apresentações no Palácio Real, desde a morte de Molière; a Comédie Française, que inaugura sua casa na rue S. Germain de Près no dia 18 de abril de 1689; e a Comédie Italienne, que se apresenta no Hotel de Bourgogne (com uma interrupção de 1697 até 1716).[19]

Inicialmente, existem apenas, em sua maioria, teatros nos pátios aristocráticos, aos quais, além dos aristocratas, apenas o público convidado tem acesso. Gradualmente, as casas dão acesso a todos os que pagam sua entrada. Mas, mesmo assim, os melhores teatros ainda são, durante muito tempo, o ponto de encontro exclusivo das classes altas da sociedade, às quais são oferecidas aqui uma nova oportunidade para flertar e validar o seu status.[20]

De Paris, Capon considera que a Academia Real de Música e Dança, ou melhor, a Ópera, não é nada além do que um "pub para cavalheiros".

2. *As salas de música e os salões de baile* (como diríamos hoje) foram, ao que parece, construídos primeiramente em Londres com grande esforço e eram admirados por sua elegância por todos os londrinos e especialmente pelos estrangeiros.

Defoe nos dá a seguinte descrição de um dos maiores e mais importantes dentre esses prédios, o Pantheon:[21]

> Tampouco se deve esquecer o Panteão, que em gosto, magnificência e novidade de design e decoração pode ser considerado superior a qualquer coisa desse tipo na Europa. Sua sala principal é verdadeiramente magnífica: é iluminada por uma abóbada central de considerável magnitude... Os apartamentos adjacentes também são finamente ornamentados com tudo o que a invenção do luxo moderno pode sugerir...

Neste Pantheon, um concerto era dado regularmente a cada 14 dias "seguido de um baile, ao qual todos que adquirem os bilhetes necessários têm acesso permitido", acrescenta Defoe, especificamente, porque esta facilidade era certamente nova para seu tempo.

3. *Os bons restaurantes e as tabernas* foram, no século XVIII, mais uma especialidade londrina, cujas instalações, por exemplo, foram invejadas pelos parisienses.

Sobre as tabernas londrinas, Archenholtz nos esboça a linda descrição:[22] "nestas tabernas, pode-se jantar nos quartos, onde se encontram grandes ou pequenos grupos de pessoas, com ou sem mulheres. Mas estas deve-se trazê-las, também não são comuns aqui albergues noturnos, já que estes pertencem apenas aos costumes dos banhos (Bagnios)". Banhos, mais uma vez uma atração turística de Londres, eram, na verdade, piscinas; entretanto, sua real finalidade era criar divertimentos para pessoas de ambos os sexos. Essas casas são esplendorosas, de fato, às vezes até decoradas principescamente. Tudo o que consegue estimular os sentidos ou está presente ou será fornecido pelo maître. "Os ingleses mantêm sua seriedade mesmo em suas diversões, portanto também os negócios em uma casa como essa são administrados com uma tal seriedade e decência, que dificilmente se pode avaliar."

Nos bons restaurantes e nos salões particulares a eles ligados, o esforço era tão grande "que, em certo sentido, justifica o comentário engraçado do famoso Beaumarchais que estava tão familiarizado com os foliões de Paris e, no entanto, se surpreendeu com a luxúria de Londres e alegou que, em uma noite de inverno nos banhos e tabernas de Londres, se consumiria mais do que as sete províncias unidas precisariam para seu sustento em seis meses" (Archenholtz).

Aliás, bons restaurantes em Paris também não faltavam no século XVIII: os mais chiques eram os do Palácio Real, como Beauvilliers, Huré ou a Taverne Anglaise.[23] A localização do Palais Royale bem sugere o seu caráter de ponto de encontro do *"grand monde"*.

4. *Os hotéis*, até o final do século XVIII, também são de luxo. Por isso, seu número é limitado.

Em Londres, o Hotel Savoy era famoso, ele ficava no mesmo lugar onde se encontra hoje o conhecido hotel de mesmo nome. Que tipo de hotel ele era, em um mundo aristocrático, nos mostra ainda hoje o Hotel des Reservoirs em Versalhes. O hotel de luxo mais antigo na Europa provavelmente foi o Gasthof zum Bären (Locanda dell' Orso), em Roma, que existia desde a época do papa Sisto IV.

Mas ainda havia um local onde a cidade grande em crescimento permitia o desenvolvimento de luxo público acessível a todos. Por conta disso, as mencionamos a seguir.

5. *As lojas*, lugar onde o mundo elegante, o mundo das mulheres, enfim a classe média burguesa costumavam comprar seus produtos de luxo, vêm recebendo cada vez mais atenção desde meados do século XVIII e começaram a ser decoradas desde então, fato que causou a rejeição de pessoas tão sóbrias como Daniel Defoe.[24]

Em seu livro *The Complete English Tradesman*, ele dedica um capítulo inteiro a esse absurdo das "lojas elegantes" (das boas lojas e excelentes shows), que uma posteridade sensata jamais considerará possível. É por isso que ele, testemunhando a que ponto chegou a incompreensão dos seus contemporâneos, quer fazer uma descrição de uma doceria (*Pastry-Cooks shop*, como diríamos, uma confeitaria) e sua instalação que – acredite ou não –

custou 300 libras "no ano de 1710": "lembremo-nos do ano", que ele seja registrado!

> A decoração de uma doceria de bolos em Londres consistia das seguintes peças:
> 1. janelas de guilhotina, todas de vidro espelhado, de 30 a 40 cm de altura;
> 2. todos os corredores cobertos com azulejos vitrificados; na salinha dos fundos, um painel de ladrilhos vitrificados, com pintura de paisagem e figuras;
> 3. na loja, 2 grandes espelhos em forma de coluna e um espelho de lareira, na salinha dos fundos, um espelho muito grande em forma de coluna – 213 metros de altura;
> 4. 2 grandes castiçais, um na loja e o outro na salinha dos fundos;
> 5. 3 candeeiros de vidro grandes e oito menores na loja;
> 6. 25 lustres de parede, com um par de grandes lustres prateados na salinha de fundos;
> 7. 6 pratos finos de servir prateados para fins de confeitaria;
> 8. 12 centros de mesa grandes, dos quais três de prata, para colocar sobre eles pequenos bolos etc. em festas;
> 9. pintura do teto, douradura dos candeeiros, caixilhos das janelas e dos entalhes: 55 libras.
> Como soube de fonte confiável, tudo o que mencionei acima, juntamente com mais algumas peças de decoração, além dos pratos pequenos e das tigelas e xícaras chinesas, custa 300 libras.

Quem formava uma parte especialmente importante da clientela nestas lojas, podemos facilmente imaginar, dada a composição da sociedade londrina, eram, como ouvimos, as mesmas pessoas que também enchiam os teatros:

> Um Tribunal Disciplinar, como havia antigamente em Viena, despovoaria Londres, se tal fosse possível ocorrer na cidade... incontáveis ramos alimentícios, aos quais a metade dos habitantes devia seu sustento, na verdade, sua existência, seriam destruídos e transformariam Londres em um deserto. Se você quiser mais provas, pergunte nas milhares de mercearias na cidade quem são os maiores compradores e os melhores

clientes. O lucro de uma noite com essa inumerável classe de pessoas é imediatamente trazido aos comerciantes no dia seguinte, uma vez que essas pessoas infelizes não são extravagantes por conta própria, mas sim morrem de fome, para transformar tudo em ornamento. Sem elas, os teatros estariam vazios.[25]

Em algum lugar tinham que ficar os 50 milhões de francos que, segundo Mercier, fluíam todos os anos para o colo das sacerdotisas de Vênus.[26]

***

Em suma, me parece que Godard d'Aucourt, o conhecido inquilino geral, conclui corretamente quando ele fecha a dedicatória de suas "Mémoires turcs" à madame Duthé, a grande cortesã dos atores, com as seguintes palavras, que também podem ser encontradas no final deste tratado: "Sim, minhas mocinhas, vocês são o luxo verdadeiro, indispensável para um grande Estado, a invejável isca que atrai para ele os estrangeiros e seus guinéus: vinte cidadãos modestos valem menos para o tesouro real do que uma só de vocês".[27]

Notas

1. N.T.: Provável referência ao pintor francês Jean-Baptiste-Joseph Pater.
2. W. LÜBKE, *Geschichte der Renaissance Frankreichs*. 1868, p. 287.
3. Lettres, Instructions et mémoires de Colbert, em P. CLEMENT in der Coll. des doc. inédits IIIe série, t. 8, p. XLV.
4. N.T.: Menção à obra *Die Hagstolzen*, uma comédia de August Wilhelm Iffland.
5. Edmund O. von LIPPMANN, *Geschichte des Zuckers, seine Darstellung und Verwendung seit den ältesten Zeiten bis zum Beginne der Rübenzuckerfabrikation*. 1890.
6. N.T.: Menção à obra Turcaret, uma comédia de Alain-René Lesage.
7. BURCKHARDT, *Kultur der Ren.* 2, p. 117.
8. GREGOROVIUS, G. d. St. R. 8^4, p. 290 e 291.
9. Cas. CHLEDOWSKI, *Rom.* 1912, p. 377. Lá se encontram ainda mais descrições de residências semelhantes.
10. REGNIER DESMARETS zit. bei Fournier, *Le vieux neuf* 2, p. 147.
11. Lettres de Madame de Sévigné. 26 de novembro, 1694.
12. EVELYN, *Memorials* 1, 562 bei Alb. Savine, 1. c. 160.
13. Edm. et Jules de GONCOURT, *La Du Barry*. 1909, p. 133.
14. Leia as descrições do Chambres à coucher de Thirion, 348 ff., 352 f.
15. J. W. von ARCHENHOLTZ, *Engl. u. Ital.* 1. 1787, p. 170.
16. *The Seats of the Nobilty and Gentry in a collection of the most interesting and picturesque views engraved* de W. Watts, 1779.
17. Leia o interessante trecho em MONTESQUIEU, E d. 'L. Liv. VII Ch. I!
18. Bei Ch. de RIBBE, *Une grande dame dans son menage au temps de Louis XIV. d'aprés le journal de la comtesse de Rochefort*. Paris, 1889 [1689], p. 167.
19. DE LÉRIS, *Dictionnaire... des Théatres* (1763), XX ff. Vgl. A. DU CASSE, *Histoire anecdotique de l'ancien théatre en France*. 2 Vol. 1862 – 1864 (história essencialmente literária).
20. Para a Inglaterra do século XVII: *The Character of a Town Gallant*. Os trechos dele estão em A. SAVINE, *La cour galante de Charles II.*, 130 suiv.
21. DEFOE-RICHARDSON, *A Tour Through the Island of Great Britain etc*. 8.ed. 2. 1778, p. 92 e 93.
22. J. W. von ARCHENHOLTZ, *England und Italien* 2. 1787, p. 230.
23. Henri D'ALMÁRAS, *Les plaisirs du Palais Royal*, 1. c. p. 11.

24 DEFOE, *Complete tradesman*. 2.ed. 1727.
25 J. W. von ARCHENHOLTZ, *England und Italien* 2. 1787, p. 231 ff.
26 MERCIER, *Tableau de Paris* 8, p. 109 ff.
27 Informado por P. GINISTY, p. 40.

Ensaio sobre a dádiva

Marcel Mauss

As três obrigações: dar, receber, retribuir

A obrigação de dar é a essência do potlatch.* Um chefe deve oferecer vários potlatch, por ele mesmo, por seu filho, seu genro ou sua filha,[1] por seus mortos.[2] Ele só conserva sua autoridade sobre sua tribo e sua aldeia, até mesmo sobre sua família, só mantém sua posição entre chefes[3] – nacional e internacionalmente – se prova que é visitado com frequência e favorecido pelos espíritos e pela fortuna,[4] que é possuído por ela e que a possui;[5] e ele não pode provar essa fortuna a não ser gastando-a, distribuindo-a, humilhando com ela os outros, colocando-os "à sombra de seu nome".[6] O nobre kwakiutl e haïda têm exatamente a mesma noção da "face" que o letrado ou o funcionário chinês.[7] Diz-se de um dos grandes chefes míticos que não oferecia potlatch que ele tinha a "face apodrecida".[8] A expressão é aqui mais exata do que na China. Pois, no noroeste americano, perder o prestígio é de fato perder a alma: é perder realmente a "face", a máscara de dança, o direito de encarnar um espírito, de usar um brasão, um totem, é realmente a *persona* que é assim posta em jogo, que se perde no potlatch,[9] no jogo das dádivas,[10] assim como se pode perdê-la na guerra[11] ou por uma falta ritual.[12] Em todas essas sociedades, as pessoas se apressam em dar. Não há um instante um pouco além do comum, mesmo fora das solenidades e reuniões de inverno, em que não haja obrigação de convidar os amigos, de partilhar com eles os ganhos de caça e de colheita que vêm dos *deuses e dos totens*;[13] em que não haja obrigação de redistribuir tudo o que vem de um potlatch de que se foi o beneficiário;[14] em que não haja obrigação de reconhecer mediante dádivas qualquer serviço,[15] os dos chefes,[16] dos vassalos, dos parentes;[17] sob pena, ao menos para os nobres, de violar a etiqueta e perder sua posição social.[18]

A obrigação de convidar é inteiramente evidente quando se exerce de clã a clã ou de tribo a tribo. Ela só tem sentido mesmo se oferecida a outros

---

* Fragmento de "Ensaio sobre a dádiva: forma e razão de troca nas sociedades arcaicas". In: MAUSS, Marcel. *Sociologia & antropologia*. Trad. Paulo Neves. São Paulo: Ubu, 2017 [1925].

que não as pessoas da família, do clã ou da fratria.[19] Deve-se convidar quem pode[20] e consente[21] ou vem[22] assistir à festa, ao potlatch.[23] O esquecimento tem consequências funestas.[24] Um mito tsimshian importante[25] mostra em que estado de espírito germinou esse tema essencial do folclore europeu: o da fada má esquecida no batismo e no casamento. O tecido de instituições no qual ele é bordado aparece nitidamente; vê-se em que civilizações ele funcionou. Uma princesa de uma das aldeias tsimshian concebeu no "País das lontras" e pariu milagrosamente "Pequena Lontra". Ela volta com o filho à aldeia de seu pai, o chefe. "Pequena Lontra" pesca grandes linguados que seu avô oferece em festa a seus confrades, chefes de todas as tribos. Este o apresenta a todos e recomenda-lhes não matá-lo, se o encontrarem a pescar em sua forma animal: "Eis aqui meu neto que trouxe este alimento que servi a vocês, meus hóspedes". Assim, o avô enriqueceu com todo tipo de bens que lhe davam quando iam à sua casa comer baleias, focas e peixes frescos que "Pequena Lontra" trazia durante a escassez de inverno. Mas esqueceu-se de convidar um chefe. Então, num dia em que a tripulação de uma canoa da tribo esquecida encontrou no mar "Pequena Lontra", que prendia com a boca uma grande foca, o arqueiro da canoa o matou e pegou a foca. E o avô e as tribos procuraram "Pequena Lontra", até que informaram o que tinha acontecido à tribo esquecida. Esta se desculpou, dizendo que não conhecia "Pequena Lontra". A princesa, sua mãe, morreu de desgosto; o chefe involuntariamente culpado trouxe ao chefe avô as mais diversas oferendas como forma de expiação. E o mito conclui:[26] "Por isso os povos davam grandes festas quando um filho de chefe nascia e recebia um nome, para que ninguém o ignorasse". O potlatch, a distribuição dos bens, é o ato fundamental do "reconhecimento" militar, jurídico, econômico, religioso, em todos os sentidos da palavra. As pessoas "reconheciam" o chefe ou seu filho e tornam-se-lhe "reconhecidas".[27]

Às vezes o ritual da festa kwakiutl[28] e das outras tribos desse grupo exprime esse princípio do convite obrigatório. Acontece de uma parte das cerimônias começar pela dos cães. Estes são representados por homens mascarados que partem de uma casa para entrar à força numa outra. O que se comemora é um acontecimento no qual pessoas dos três outros clãs da tribo dos kwakiutl propriamente ditos deixaram de convidar o mais destacado deles, os guetela,[29] os quais, não querendo permanecer "profanos", entraram na casa e destruíram tudo.

A obrigação de receber não é menos constringente. Não se tem o direito de recusar uma dádiva, de recusar o potlatch.[30] Agir assim é manifestar que se teme ter de retribuir, é temer ter de "ficar calado" enquanto não se retribuiu. De fato, é já "ficar calado". É "perder o peso" de seu nome;[31] é confessar-se vencido de antemão,[32] ou, ao contrário, em certos casos, proclamar-se vencedor e invencível.[33] Com efeito, ao menos entre os kwakiutl, parece que uma posição reconhecida na hierarquia e vitórias em potlatch anteriores permite recusar o convite, ou mesmo, quando se está presente, recusar a dádiva, sem que resulte em guerra. Mas, então, o potlatch é obrigatório para aquele que recusou; em particular, é preciso tornar mais rica a festa da gordura na qual, precisamente, esse ritual da recusa pode se observar.[34] O chefe que se julga superior recusa a colher cheia de gordura que lhe apresentam; ele sai, vai buscar seu "cobre" e volta com esse cobre para "extinguir o fogo" (da gordura). Segue-se uma série de formalidades que marcam o desafio e que obrigam o chefe que recusou a oferecer ele próprio um outro potlatch, uma outra festa da gordura.[35] Mas, em princípio, toda dádiva é sempre aceita e mesmo louvada.[36] Deve-se apreciar em voz alta o alimento que nos preparam.[37] Ao aceitá-lo, porém, a pessoa sabe que se compromete.[38] Recebe-se uma dádiva como "um peso nas costas".[39] Faz-se mais do que se beneficiar de uma coisa e de uma festa, aceita-se um desafio; e pôde-se aceitá-lo porque se tem certeza de retribuir,[40] de provar que não se é desigual.[41] Ao se enfrentarem desse modo, os chefes chegam a colocar-se em situações cômicas e seguramente sentidas como tais. Como na antiga Gália ou na Germânia, como em nossos festins de estudantes, soldados ou camponeses, as pessoas se obrigam a devorar quantidades de alimentos, a "honrar" de modo grotesco aquele que as convida. Age-se assim, mesmo quando se é apenas o herdeiro de quem aceitou o desafio.[42] Abster-se de dar, como se abster de receber,[43] é faltar a um dever – assim como se abster de retribuir.[44]

A obrigação de retribuir[45] é todo o *potlatch*, na medida em que ele não consiste em pura destruição. Parece que nem todas essas destruições, muitas vezes sacrificiais e em benefício dos espíritos, precisam ser retribuídas incondicionalmente, sobretudo quando são obra de um chefe superior no clã ou de um chefe de um clã já reconhecido superior.[46] Mas, normalmente, o potlatch deve sempre ser retribuído com juros, aliás, toda dádiva deve ser retribuída dessa forma. As taxas são em geral de 30% a 100% ao ano. Mesmo se, por um serviço prestado, um súdito recebe uma manta de seu chefe, ele lhe devolverá duas por ocasião de casamento na família do chefe, da entronização do filho do chefe etc. É verdade que este, por sua vez, redistribuirá todos os bens que obtiver nos próximos potlatch em que os clãs opostos lhe fizerem suas oferendas.

A obrigação de retribuir dignamente é imperativa.[47] Perde-se a "face" para sempre se não houver retribuição ou se valores equivalentes não forem destruídos.[48]

A sanção da obrigação de retribuir é a escravidão por dívida. Ela funciona, pelo menos, entre os kwakiutl, haïda e tsimshian. É uma instituição realmente comparável, em natureza e em função, ao *nexum* romano. O indivíduo que não pôde retribuir o empréstimo ou o potlatch é desqualificado e perde mesmo a condição de homem livre. Quando, entre os kwakiutl, um indivíduo de baixo crédito pede um empréstimo, diz-se que ele "vende um escravo". Inútil fazer observar, mais uma vez, a identidade dessa expressão e da expressão romana.[49]

Os haïda[50] chegam a dizer – como se tivessem descoberto independentemente a expressão latina – de uma mãe que dá um presente de noivado na meninice à mãe de um jovem chefe: que ela "põe um fio em volta dele".

Mas, assim como o *kula* trobriandês não é senão um caso supremo da troca das dádivas, assim também o potlatch das sociedades da costa noroeste americana não é senão uma espécie de produto monstruoso do sistema dos presentes. Pelo menos nas terras de fratrias, entre os haïda e tlingit, restam importantes vestígios da antiga prestação total, aliás, tão característica dos atapascanos, importante grupo de tribos aparentadas. Trocam-se presentes a propósito de tudo, de cada "serviço"; e tudo se retribui posteriormente ou na mesma hora para ser redistribuído imediatamente.[51] Os tsimshian não estão muito longe de ter conservado as mesmas regras.[52] E, em muitos casos, elas funcionam mesmo fora do potlatch, entre os kwakiutl.[53] Não insistiremos sobre esse ponto evidente: os velhos autores não descrevem o potlatch noutros termos, a tal ponto que se pode perguntar se ele constitui uma instituição distinta.[54] Lembremos que entre os chinook, tribo muito mal conhecida mas que teria figurado entre as mais importantes a estudar, a palavra potlatch quer dizer dádiva.[55]

A força das coisas

Podemos ainda levar mais longe a análise e provar que, nas coisas trocadas no potlatch, há uma virtude que força as dádivas a circularem, a serem dadas e retribuídas.

Em primeiro lugar, pelo menos os kwakiutl e os tsimshian fazem, entre os diversos tipos de propriedades, a mesma distinção que os romanos ou os trobriandeses e os samoanos. Para eles, há, de um lado, os objetos de consumo e de partilha comum.[56] (Não encontrei sinais de trocas.) De outro lado, há as coisas preciosas da família,[57] os talismãs, os cobres brasonados, as mantas de peles ou tecidos com emblemas. Esta última classe de objetos se transmite tão solenemente quanto se transmitem as mulheres no casamento, os "privilégios" ao genro,[58] os nomes e agasalhos de peles às crianças e aos genros. É mesmo inexato falar, nesses casos, de alienação. Eles são mais objetos de empréstimo do que de venda ou de verdadeira cessão. Entre os kwakiutl, um certo número deles, embora apareça no potlatch, não pode ser cedido. No fundo, essas "propriedades" são objetos sagrados dos quais a família só se desfaz com muito pesar e às vezes nunca.

Observações mais aprofundadas haverão de mostrar a mesma divisão das coisas entre os haïda. Com efeito, estes inclusive divinizaram a noção de propriedade, de fortuna, à maneira dos antigos. Por um esforço mitológico e religioso bastante raro na América, chegaram até a substancializar uma abstração, "Senhora propriedade" (os autores ingleses dizem: *Property Woman*), da qual temos mitos e descrições.[59] Entre eles, ela é nada menos que a mãe, a deusa original da fratria dominante, a dos Águias. Mas, por outro lado – fato estranho e que evoca remotas reminiscências do mundo asiático e antigo –, ela parece idêntica à "rainha",[60] à peça principal do jogo de bilharda, aquela que tudo ganha e da qual ela tem em parte o nome. Essa deusa está presente entre os tlingit[61] e seu mito, quando não seu culto, aparece entre os tsimshian[62] e os kwakiutl.[63]

O conjunto dessas coisas constitui o legado mágico; este é geralmente idêntico tanto ao doador quanto ao recipiendário, e também ao espírito que dotou o clã desses talismãs, ou ao herói fundador do clã a quem o espírito os deu.[64] Em todo caso, o conjunto dessas coisas é sempre, em todas as tribos, de origem espiritual e de natureza espiritual.[65] Além disso, ele está contido numa caixa, ou melhor, numa grande arca brasonada,[66] ela própria dotada de uma potência-individualidade,[67] que fala, afeiçoa-se a seu proprietário, contém sua alma etc.[68]

Cada uma dessas coisas preciosas, cada um desses signos de riqueza possuem – como nas ilhas Trobriand – sua individualidade, seu nome,[69] suas qualidades, seu poder.[70] As grandes conchas de *abalone*,[71] os escudos por elas cobertos, os cintos e as mantas ornadas com elas, as próprias mantas brasonadas,[72] ilustradas com faces, olhos e figuras animais e humanas tecidas e bordadas, as casas, vigas e paredes decoradas[73] são seres. Tudo fala: o telhado, a chaminé, as esculturas, as pinturas; pois a casa mágica é edificada[74] não apenas pelo chefe ou pelos seus familiares ou por membros da fratria oposta, mas também pelos deuses e os antepassados; é ela que recebe e vomita ao mesmo tempo os espíritos e os jovens iniciados.

Cada uma dessas coisas preciosas[75] tem dentro de si, aliás, uma virtude produtora.[76] Ela não é apenas signo e penhor; é também signo e penhor de riqueza, princípio mágico e religioso da hierarquia e da abundância.[77] Os pratos[78] e as colheres[79] com que se come solenemente, decorados e esculpidos, brasonados com o totem de clã ou o totem de posição hierárquica, são coisas animadas. São réplicas dos instrumentos inesgotáveis, criadores de alimento, que os espíritos deram aos antepassados. Eles próprios são tidos como mágicos. Assim, as coisas são confundidas com os espíritos, seus autores, e os instrumentos de comer com os alimentos. Dessa forma, os pratos kwakiutl e as colheres haída são bens essenciais de circulação muito estrita, e são cuidadosamente repartidos entre os clãs e as famílias dos chefes.[80]

A "moeda de renome"[81]

Mas são sobretudo os cobres[82] brasonados que, bens fundamentais do potlatch, são o objeto de crenças importantes e mesmo de um culto.[83] Em primeiro lugar, em todas essas tribos há um culto e um mito de o cobre[84] ser vivo. Ao menos entre os haída e os kwakiutl, o cobre é identificado ao salmão, ele próprio objeto de um culto.[85] Mas, além desse elemento de mitologia metafísica e técnica,[86] todos os cobres são, cada um isoladamente, o objeto de crenças individuais e especiais. Cada cobre principal das famílias de chefes de clãs tem seu nome,[87] sua individualidade própria, seu valor próprio,[88] no pleno sentido da palavra, mágico e econômico, permanente, perpétuo sob as vicissitudes dos potlatch por que passam, e mesmo para além de destruições parciais ou completas.[89]

Eles possuem, além disso, uma virtude atrativa que chama os outros cobres, assim como a riqueza atrai a riqueza, como as dignidades acarretam honrarias, possessão de espíritos e belas alianças,[90] e inversamente. – Eles vivem e têm um movimento autônomo,[91] e arrastam[92] os outros cobres. Um deles,[93] entre os kwakiutl, é chamado "o arrastador de cobres", e a fórmula descreve como os cobres se amontoam em torno dele, ao mesmo tempo que o nome de seu proprietário é "Propriedade-escoando-em-minha-direção". Outro nome frequente dos cobres é "trazedor-de-propriedades". Entre os haïda e os tlingit, os cobres são um "forte" em torno da princesa que os traz;[94] noutros lugares, o chefe que os possui[95] é invencível. Eles são "as coisas achatadas divinas"[96] da casa. Com frequência, o mito os identifica todos uns aos outros os espíritos doadores dos cobres,[97] os proprietários dos cobres e os próprios cobres.[98] É impossível discernir o que faz a força de um do espírito e da riqueza do outro: o cobre fala, resmunga;[99] pede para ser dado, destruído, e é coberto com mantas para ficar aquecido, do mesmo modo que um chefe é coberto de pilha de mantas que ele deve distribuir.[100]

Mas, por outro lado, ao mesmo tempo que os bens,[101] é a riqueza e a sorte que se transmitem. É seu espírito, são seus espíritos auxiliares que fazem do iniciado um possuidor de cobres, de talismãs que são, eles próprios, meios de adquirir: cobres, riquezas, distinção e, finalmente, espíritos, coisas essas que são todas, aliás, equivalentes. No fundo, quando se consideram simultaneamente os cobres e as outras formas permanentes de riqueza que são também objeto de entesouramento e de potlatch alternados, máscaras, talismãs etc., todos se confundem com seu uso e com seu efeito.[102] Por meio deles obtém-se posições hierárquicas; é porque se obtém a riqueza que se obtém o espírito; este, por sua vez, possui o herói vencedor dos obstáculos; e esse herói, então, faz com que lhe paguem seus transes xamanísticos, suas danças rituais e os serviços de seu governo. Tudo se conserva, se confunde; as coisas têm uma personalidade e as personalidades são, de certo modo, coisas permanentes do clã. Títulos, talismãs, cobres e espíritos dos chefes são homônimos e sinônimos,[103] de mesma natureza e de mesma função. A circulação dos bens acompanha as dos homens, das mulheres e das crianças, dos festins, dos ritos, das cerimônias e das danças, mesmo a dos gracejos e das injúrias. No fundo, ela é a mesma. Se as coisas são dadas e retribuídas, é porque *se* dão e *se* retribuem "respeitos" – podemos dizer igualmente "cortesias". Mas é também porque as pessoas *se* dão ao dar, e, se as pessoas *se* dão, é porque *se* "devem" – elas e seus bens – aos outros.

Primeira conclusão

Assim, em quatro grupos importantes de populações, encontramos: primeiro, em dois ou três grupos, o potlatch; depois, a razão principal e a forma normal do próprio potlatch; e, mais ainda, para além deste e em todos os grupos, a forma arcaica da troca: a das dádivas oferecidas e retribuídas. Ademais, identificamos a circulação das coisas nessas sociedades com a circulação dos direitos e das pessoas. Poderíamos, a rigor, ficar aqui. O número, a extensão e a importância desses fatos nos autorizam plenamente a conceber um regime que deve ter sido o de uma grande parte da humanidade durante uma longa fase de transição, e que ainda subsiste noutros povos além dos que acabamos de descrever. Eles nos permitem conceber que *esse princípio de troca-dádiva deve ter sido o das sociedades que ultrapassaram a fase da "prestação total"* (de clã a clã e de família a família), *mas que ainda não chegaram ao contrato individual puro*, ao mercado onde circula o dinheiro, à venda propriamente dita e, sobretudo, à noção de preço calculado em moeda pesada e reconhecida.

Referências

BARBEAU, Marius. Le Potlatch. *Bulletin de la Société de Géographie de Québec*, v. 3, n. 3, 1911.

BOAS, Franz. *5th Report on the North-Western Tribes of Canada*. B.A.A.S, 1889.

_____. *Indianische Sagen von der Nord-Payfischen Küste Amerikas*, 1895a.

_____. The Social Organization and the Secret Societies of the Kwakiutl Indians. *Report of the U.S. National Museum*, 1895b.

_____. *The Mythology of the Bella Coola Indians*. Nova York: A.M.N.H, 1898b.

_____. Kwakiutl Indians (Publications of the Jesup North Pacific Expedition, v. V, parte II) 1910. *Kwakiutl Tales* (Columbia University), 1909.

_____. Tsimshian Mythology. *31th Annual Report of the B.A.E.* Washington, D.C.: Smithsonian Institution, 1916.

_____. Ethnology of the Kwakiutl. *35th Annual Report of The B.A.E., 1913-14.* Washington, D.C.: Smithsonian Institution, 1921.

_____. *Handbook of American Indian Languages.* Washington, D.C.: Smithsonian Institution, B.A.E., Bulletin 40. 2 v. Rpt. Nova York: Humanities Press, 1911-22.

BOAS, Franz; HUNT, George. *Kwakiutl Texts.* 1ª série (*Jesup*, v. III), 1905.

_____; _____. *Kwakiutl Texts.* 2ª série (*Jesup*, v. X), 1906.

DAVY, Georges. *Foi jurée (Travaux de l'Année Sociologique).* Paris: F. Alcan, 1922.

KRAUSE, Aurel. *Die Tlinkit-Indianer, Ergebnisse einer Reise nach der Nordwestküste von Amerika und der Beringstrasse.* 1885.

LAMBERT, Père C. F. *Moeurs des Sauvages néo-calédoniens.* 1900.

MAYNE, Richard. *Four Years in British Columbia [and Vancouver Island].* Londres: J. Murray, 1862.

PILSUDSKI, Bronizlaw. *Material for the Study of the Aïnu Languages.* Cracóvia, 1913.

PORTER. *Report on the Populations and Resources of Alaska*, U.S. 11th Census, 1890. Washington, 1893.

RIVET, Paul. *Journal des Américanisses*, 1923.

SKIDEGATE. In: SWANTON, J. R. *Haïda Texts and Myths*, 1905.

SWANTON, John R. Tlingit Indians. *21th Annual Report of the B.A.E*, 1903.

_____. Haïda Texts and Myths: Skidegate Dialect. B.A.E. *Bulletin 29.* Washington, D.C.: Government Printing Office, 1905.

_____. *Texts and Myths of the Tlingit Indians.* B.A.E. *Bulletin 39*, 1909.

WRANGELL, Ferdinand Petrovich von. s/d. *Statistische Ergebnisse.* In: Helmersen, 1819.

Notas

1   É inútil retomar a demonstração de Davy a propósito da relação entre o potlatch e o estatuto político, em particular do genro e do filho. É igualmente inútil comentar o valor de comunhão dos festins e das trocas. A troca de canoas entre dois espíritos, por exemplo, faz com que eles tenham "um só coração", um sendo o sogro e o outro o genro (Boas, 1895b: 387). O texto (Boas, 1905: 274) acrescenta: "era como se eles tivessem trocado o nome deles". Ver também id. ibid.: 23: num mito de festa nimkish (outra tribo kwakiutl), o banquete de casamento tem por objetivo estabelecer a jovem na aldeia "onde ela irá comer pela primeira vez".

2   O potlatch funerário é atestado e suficientemente estudado entre os haïda e os tlingit; entre os tsimshian, ele parece estar mais especialmente ligado ao fim do luto, à ereção do mastro totêmico e à cremação (Boas, 1916: 354-ss). Boas não nos assinala potlatch funerário entre os kwakiutl, mas existe a descrição de um potlatch desse gênero num mito: Boas, 1905: 407.

3   Potlatch para manter o direito a um brasão (Swanton, 1905b: 107). Ver história de Leg.ek (Boas, 1916: 386). Leg.ek é o título do principal chefe tsimshian. Ver também id. ibid.: 364, as histórias do chefe Nesbalas, outro grande título de chefe tsimshian, e a maneira pela qual ele zombou do chefe Haïmas. Um dos títulos de chefe mais importante entre os kwakiutl (Lewikilaq) é o de Dabend (Boas, 1905: 19, l. 22; cf. *dabend-gal'ala*, id. 1921: 1406, col. I) que, antes do potlatch, tem um nome que quer dizer "incapaz de manter o fim" e, depois do potlatch, adquire o nome que quer dizer "capaz de manter o fim".

4   Um chefe kwakiutl diz: "Isso é minha vaidade; os nomes, as raízes de minha família, todos os meus antepassados foram..." (e aqui ele declina um nome que é ao mesmo tempo um título e um nome comum), "doadores de *maxwa*" (grande potlatch): Boas, 1921: 887, l. 54; cf. p. 843, l. 70.

5   Ver mais adiante (num discurso): "Estou coberto de propriedades. Sou rico de propriedades. Sou contador de propriedades.", id. ibid.: 1280, l. 18.

6   Adquirir um cobre é colocá-lo "sob o nome" do comprador (Boas, 1895b: 345). Uma outra metáfora é que o nome do doador do potlatch "adquire peso" pelo potlatch oferecido, id. ibid.: 349; "perde peso" pelo potlatch aceito, ibid.: 345. Há outras expressões da mesma ideia, da superioridade do doador sobre o donatário: a noção de que este é de certo modo um escravo enquanto não retribuir ("o nome é ruim" então, dizem os haïda, Swanton, 1905: 70; cf. mais adiante); os tlingit dizem que "colocam-se as dádivas nas costas das pessoas que as recebem", id. 1903: 428. Os haïda têm duas expressões muito sintomáticas: "fazer andar", "fazer correr depressa" a agulha (cf. a expressão neocaledônia, mais acima), e que significa, ao que parece, "combater um inferior", id. 1905: 162.

7   Ver a história de Haïmas, como ele perdeu sua liberdade, seus privilégios, máscaras, espíritos auxiliares, sua família e suas propriedades (Boas, 1916: 361-362).

8   Boas, 1921: 805; Hunt, o autor kwakiutl de Boas, lhe escreve: "Não sei por que o chefe Maxuyalidze (de fato, "doador de potlatch") nunca ofereceu uma festa. Por isso ele era chamado Qelsem, isto é, Face Apodrecida." (Id. ibid., l. 13-15).

9   O potlatch é, de fato, uma coisa perigosa, seja para quem dá, seja para quem recebe. Pessoas que vieram a um potlatch mítico morreram (Haïda T., *Jesup.*, VI: 626; cf. p. 667, o mesmo mito tsimshian.). Cf., para comparações, Boas, *Indianische Sagen*, 1895a: 356, n. 58. É perigoso participar da substância daquele que oferece o potlatch: por exemplo, consumir, num potlatch, espíritos do mundo inferior, cf. lenda kwakiutl (Awikenoq, id. 1895a: 239. Ver o belo mito do Corvo que tira de sua carne os alimentos (vários exemplares), Ctaloq, id. ibid.: 76; Nootka, id. ibid.: 106. Comparações em Boas, 1916: 694-695.

10 O potlatch é realmente um jogo e uma prova. Por exemplo, a prova é não ter soluços durante o festim. "É preferível morrer do que soluçar", dizem. Boas, "Kwakiutl Indians", *Jesup*, 1909: 428. Ver uma fórmula do desafio: "Tentamos fazê-los esvaziar por nossos hóspedes (os pratos)..." (id. 1921, s. v. *yenesa*, *yenka*: dar alimento, recompensar, ter sua desforra).

11 Ver mais acima a equivalência do potlatch e da guerra. A faca na ponta do bastão é um símbolo do potlatch kwakiutl (Boas, 1905: 483). Entre os tlingit, é a lança erguida (Swanton, 1909: 117). Ver os rituais de potlatch de compensação entre os tlingit. Guerra dos kloo contra os tsimshian, id. ibid.: 432, 433, n. 34; danças por ter obtido algum escravo; potlatch sem dança por ter matado alguém. Cf. o ritual da dádiva do cobre, n. 236.

12 Sobre as faltas rituais entre os kwakiutl, ver Boas, 1895b: 433, 507 etc. A expiação consiste precisamente em oferecer um potlatch ou ao menos uma dádiva. Eis um princípio de direito e de ritual extremamente importante em todas essas sociedades. Uma distribuição de riquezas desempenha o papel de uma multa, de uma propiciação ante os espíritos e de um restabelecimento da comunhão com os homens. O padre Lambert (1900: 66) já havia observado entre os canaque o direito dos parentes uterinos de reclamar indenizações quando um dos seus perde seu sangue na família de seu pai. A instituição reaparece exatamente entre os tsimshian, cf. Duncan, in: Mayne, 1862: 265; cf. p. 296 (potlatch em caso de perda de sangue do filho). A instituição do *muni maori* deve provavelmente ser comparada a essa. – Os potlatch de resgate de cativos devem ser interpretados da mesma forma. Pois não é apenas para recuperar o cativo, mas também para restabelecer "o nome", que a família, que o deixou tornar-se escravo, deve oferecer um potlatch. Ver história de Dzebasa (Boas, 1916: 338). A mesma regra entre os tlingit, Krause, 1885: 245; Porter, 1893: 54; Swanton, 1903: 449. – Os potlatch de

expiação de faltas rituais kwakiutl são numerosos. Mas convém notar o potlatch de expiação dos pais de gêmeos que vão trabalhar (Boas, 1921: 691). Um potlatch é devido a um sogro para que o genro reconquiste a mulher que o abandonou... evidentemente por culpa deste. Ver vocabulário, id. ibid.: 1423, col. I. O princípio pode ter um emprego fictício: quando um chefe deseja uma ocasião de potlatch, ele envia sua mulher à casa do sogro, como um pretexto para novas distribuições de riquezas (Boas, 1889: 42).

13 Uma longa lista dessas obrigações a festas, depois de pesca, colheita, caça, abertura de caixas de conservas, é dada no primeiro volume de Boas, 1921: 757-ss; cf. p. 607-ss, em relação à etiqueta etc.

14 Ver mais acima.

15 Ver Boas, 1916: 512, 439; cf. p. 534, sobre pagamento de serviços. Kwakiutl, ex. pagamento ao contador de mantas, id. 1895b: 614, 629 (Nimkish, festa do verão).

16 Os tsimshian têm uma notável instituição que prescreve as divisões entre potlatch de chefes e potlatch de vassalos, determinando a parte respectiva de uns e de outros. Embora seja no interior das diferentes classes feudais recortadas por clãs e fratrias que os rivais se enfrentam, há, no entanto, direitos que se exercem de classe a classe (Boas, 1916: 539).

17 Pagamentos a parentes, id. ibid.: 534; cf. Davy, 1922, para os sistemas opostos entre os tlingit e os haïda, repartições de potlatch por famílias: 196.

18 Um mito haïda de Masset (Haïda Texts, *Jesup.*, VI, n. 43) fala de um velho chefe que não oferece potlatch suficientes; os outros não mais o convidam, ele morre, seus sobrinhos fazem sua estátua e oferecem uma festa, dez festas em seu nome: então ele renasce. Num outro mito de Masset, ibid.: 727, um espírito dirige-se a um chefe, dizendo-lhe: "Tens propriedades demais, deves oferecer um potlatch" (*wal* = distribuição, cf. o nome *walgai*, equivalente a potlatch). Ele constrói uma casa e paga os construtores. Num outro mito (id. ibid.: 723, l. 34), um chefe diz: "Não guardarei nada para mim", cf. mais adiante: "Farei potlatch dez vezes (*wal*)".

19 Sobre a maneira como os clãs se enfrentam regularmente (kwakiutl), Boas, 1895b: 343; (tsimshian), id. 1916: 497. Isso é uma coisa natural em terra de fratria. Ver Swanton, 1905: 162; id. 1903: 424. Esse princípio é notavelmente exposto no mito do Corvo, id. 1909: 115-ss.

20 Naturalmente, não é preciso convidar os que faltaram a um dever, os que não oferecem festas, os que não têm nomes de festas, Hunt em Boas, 1921: 707; sobre os que não retribuíram o potlatch, cf. id. ibid., índice, s. v. *Waya* e *Wayapo Lela*: 1395; cf. p. 358, l. 25.

21 Daí o relato constante – comum igualmente em nosso folclore europeu e asiático – do perigo que há em não convidar o órfão, o abandonado, o pobre que chega.

Ex. Boas, 1895a: 301, 303; ver id. 1916: 295, 292, um mendigo que é o totem, o deus totêmico. Catálogo de temas em Boas, 1916: 784-ss.

22 Os tlingit têm uma expressão notável: os convidados são ditos "flutuar", suas canoas "vagueiam pelo mar", o mastro totêmico que eles trazem está à deriva, é o potlatch, é o convite à festa que os segura, Swanton, 1909: 394, n. 22; p. 395, n. 24 (em discursos). Um dos títulos bastante comuns dos chefes kwakiutl é "aquele em direção ao qual se rema", é "o lugar aonde se vai", ex. Boas, 1921: 187, l. 10 e 15.

23 A ofensa que consiste em negligenciar alguém faz com que seus parentes, solidários, também se abstenham de vir ao potlatch. Num mito tsimshian, os espíritos não comparecem enquanto não é convidado o Grande Espírito, todos comparecem quando este é convidado (Boas, 1916: 277). Uma história conta que o grande chefe Nesbalas não foi convidado e os outros chefes tsimshian não compareceram; eles diziam: "Ele é chefe, não podemos nos indispor com ele".

24 A ofensa tem consequências políticas. Ex. potlatch dos tlingit com os atapascanos do leste, Swanton, 1903: 435. Cf. id. 1909: 117.

25 Boas, 1916: 170-171.

26 Boas põe em nota essa frase do texto de Tate, seu redator indígena, id. ibid., n. *a*. É preciso, ao contrário, unir a moralidade do mito ao próprio mito.

27 Cf. o detalhe do mito tsimshian de Negunaks, id. ibid.: 287-ss. E as notas da p. 846 para os equivalentes desse tema.

28 Ex. o convite à festa dos cassis; o arauto diz: "Nós vos convidamos, a vós que não viestes" (Boas, 1921: 752).

29 Boas, 1895b: 543.

30 Entre os tlingit, os convidados que demoraram dois anos para vir ao potlatch ao qual eram convidados são ditos "mulheres". Swanton, 1909: 119, n. *a*.

31 Boas, 1895b: 345.

32 Kwakiutl: há a obrigação de ir à festa das focas, embora a gordura faça vomitar, Boas, 1921: 1046; cf. p. 1048: "procura comer tudo".

33 Por isso, há às vezes temor em dirigir-se aos convidados; pois, se eles recusassem a oferta, é que se manifestariam superiores. Um chefe kwakiutl disse a um chefe koskimo (tribo da mesma nação): "Não recuse minha amável oferta ou ficarei envergonhado, não rechace meu coração etc. Não sou daqueles que pretendem, daqueles que oferecem somente aos que lhes comprarão (= darão). É isso, meus amigos" (Boas, 1895b: 546).

34 Boas, ibid.: 355.

35 Ver id. 1921: 774-ss, uma outra descrição da festa dos óleos e das bagas de salal; ela é de Hunt e parece melhor; esse ritual parece também ser empregado no caso em que não se convida e em que não se oferece. Um ritual de festa do mesmo gênero, dada em desprezo a um rival, comporta cantos ao tambor (Id. ibid.: 770; cf. p. 764), como entre os esquimós.

36 Fórmula haïda: "Faz o mesmo, oferece-me boa comida" (num mito), Haïda Texts, *Jesup*. VI: 685-686; (kwakiutl), Boas, 1921: 767, l. 39; p. 738, l. 32; p. 770, história de PoLelasa.

37 Cantos que marcam que não se está satisfeito são muito precisos (tlingit), Swanton, 1909: 396, n. 26, n. 29.

38 Entre os tsimshian, os chefes têm por norma enviar um mensageiro examinar os presentes que os convidados ao potlatch lhes trazem (Boas, 1916: 184; cf. p. 430 e 434). De acordo com uma ordem do rei do ano 802, na corte de Carlos Magno, havia um funcionário encarregado de uma inspeção desse tipo. Mannier indicou-me esse fato que é mencionado por Démeunier.

39 Ver mais acima. Cf. a expressão latina *oere oboeratus*, onerado.

40 O mito de Corvo entre os tlingit conta que este não foi a uma festa porque os outros (a fratria oposta; mal traduzido por Swanton, que deveria ter escrito fratria oposta ao Corvo) se mostraram ruidosos e ultrapassaram a linha mediana que, na casa de dança, separa as duas fratrias. Corvo ficou com medo de que eles fossem invencíveis (Swanton, 1909: 118).

41 A desigualdade resultante do fato de aceitar é bem exposta em discursos kwakiutl (Boas, 1895b: 355, 667, l.17 etc.; cf. p. 669, l. 9).

42 Ex. tlingit, Swanton, 1903: 440-441.

43 Entre os tlingit, um ritual permite fazer-se pagar mais e permite ao anfitrião, por outro lado, forçar um convidado a aceitar um presente: o convidado não satisfeito faz o gesto de sair; o doador oferece-lhe o dobro, mencionando o nome de um parente morto (Swanton, 1903: 442). É provável que esse ritual corresponda às qualidades que os dois contratantes possuem de representar os espíritos de seus antepassados.

44 Ver discurso, Boas, 1921: 1281: "Os chefes das tribos nunca retribuem... eles caem em desgraça, e tu te elevas como grande chefe entre os que caíram em desgraça".

45 Ver discurso (relato histórico) por ocasião do potlatch do grande chefe Legek (título do príncipe dos tsimshian), Boas, 1916: 386; é dito aos haïda: "Sereis os últimos dentre os chefes porque não sois capazes de lançar ao mar cobres, como o grande chefe o fez".

46 O ideal seria oferecer um potlatch e que ele não fosse retribuído. Ver num discurso: "Desejas dar o que não será retribuído" (Boas, 1921: 1282, l. 63). O indi-

víduo que ofereceu um potlatch é comparado a uma árvore, a uma montanha (cf. mais acima, p. 72): "Sou o grande chefe, a grande árvore, estais debaixo de mim... minha paliçada... eu vos dou propriedade.", id. ibid.: 1290, estrofe 1. "Ergui o mastro do potlatch, o inatacável, é a única árvore espessa, é a única raiz espessa...", id. ibid., estrofe 2. Os haïda exprimem isso pela metáfora da lança. As pessoas que aceitam "vivem de sua lança" (do chefe), *Haïda Texts* (Masset): 486. Trata-se, aliás, de um tipo de mitos.

47 Ver relato de insulto por potlatch mal retribuído, Boas, 1916: 314. Os tsimshian sempre se lembram dos dois cobres que lhes são devidos pelos wutsenaluk, id. ibid.: 364.

48 O "nome" fica "quebrado" enquanto não se tiver quebrado um cobre de igual valor àquele do desafio (Boas, 1895b: 543).

49 Quando um indivíduo assim desacreditado pede um empréstimo para fazer uma distribuição ou uma redistribuição obrigatória, ele "compromete seu nome", e a expressão sinônima é que ele "vende um escravo", privado de crédito, Boas, 1895b: 341; cf. id. 1921: 1451, 1424, s. v. *kelgelgend*; cf. p. 1420.

50 O sucessor pode ainda não ter nascido, o contrato hipotético já o compromete, Swanton, 1905: 50.

51 Ver mais acima. Em particular, os ritos de paz entre os haïda, tsimshian e tlingit consistem em prestações e contraprestações imediatas; no fundo, são trocas de cauções (cobres brasonados) e de reféns, escravos e mulheres. Ex. na guerra de tsimshian contra haïda, Swanton, 1905: 395: "Como eles tiveram casamentos de mulheres de cada lado, com seus opostos, porque temiam que poderiam zangar-se de novo, assim houve paz". Numa guerra de haïda contra tlingit, ver um potlatch de compensação, id. ibid.: 396.

52 Ver mais acima e em particular Boas, 1916: 511-512.

53 (Kwakiutl): uma distribuição de propriedade nos dois sentidos, sucessivamente (Boas, 1895b: 418); novo pagamento, no ano seguinte, das multas pagas por faltas rituais, id. ibid.: 596; novo pagamento usurário do preço de compra da noiva, id. ibid., p. 365, 366, p. 518-520, 563, p. 423, l. 1.

54 Sobre a palavra potlatch, ver mais acima p. 191, n. 13. Aliás, parece que nem a ideia nem a nomenclatura que o emprego desse termo supõe tenham, nas línguas do noroeste, o tipo de precisão que lhes atribui o "sabir" anglo-índio de origem chinook. Em todo caso, o tsimshian distingue entre *yaok*, grande potlatch intertribal (Boas [Tate], 1916: 537; cf. p. 968, impropriamente traduzido por potlatch), e os outros. Os haïda distinguem entre o "*walgal*" e o "*sitia*", Swanton, 1905: 35, 178, 179, p. 68 (texto de Masset), potlatch funerário e potlatch por outros motivos. – Em kwakiutl, a palavra comum ao kwakiutl e ao chinook "*poLa*" (far-

tar-se) (Boas, 1905: 211, l. 13, *PoL* = farto, id. ibid., 111: 25, l. 7) parece designar não o potlatch, mas o festim ou o efeito do festim. A palavra "*poLas*" designa o doador do festim (Boas, 1906, *Jesup*, t. x: 79, l. 14; 43, l. 2) e designa também o lugar onde as pessoas se fartam. (Lenda do título de um dos chefes Dzawadaenoxu.) Cf. id. 1921: 770, l. 30. O nome mais geral em kwakiutl é "*plEs*", "achatar" (o nome do rival) (índice, id. ibid., s. v.), ou então os cestos ao serem esvaziados (id. 1905: 93, 1. I; p. 451, l. 4). Os grandes potlatch tribais e intertribais parecem ter um nome específico, *maxwa* (id. ibid.: 451, 1. 15); Boas deriva, de sua raiz *ma*, duas outras palavras, de forma bastante inverossímil: uma delas é *mawil*, o quarto de iniciação, e a outra o nome da orca (id. 1921: índice, s. v.). – De fato, entre os kwakiutl uma série de termos técnicos para designar os mais diversos potlatch e também cada um dos vários pagamentos e repagamentos, ou melhor, dádivas e contradádivas: para casamentos, para subsídios a xamãs, para iniciativas, para juros atrasados, em suma, para todo tipo de distribuições e redistribuições. Ex. "*men(a)*", "*pick up*", id. 1921: 218: um pequeno potlatch no qual roupas de menina são lançadas ao povo para serem amontoadas por ele; "*payol*", "dar um cobre"; ver outro termo para dar uma canoa, id. ibid.: 1448. Os termos são numerosos, instáveis e concretos, e sobrepõem-se uns aos outros, como em todas as nomenclaturas arcaicas.

55 Ver Barbeau, 1911: 278, n. 3, para esse sentido e as referências indicadas.
56 Talvez, também, de venda.
57 A distinção entre propriedade e provisões é muito evidente em tsimshian (Boas, 1916: 435). Boas, certamente de acordo com seu informante Tate, diz: "A posse do que é chamado "*rich food*" (cf. id. ibid.: 406) era essencial para manter as dignidades na família. Mas as provisões não eram contadas como constituindo riqueza. A riqueza é obtida pela venda (diríamos, na realidade: dádivas intercambiadas) de provisões ou outros tipos de bens que, após terem sido acumulados, são distribuídos no potlatch" (Cf. mais acima p. 84, n. 9, Melanésia). – Os kwakiutl distinguem do mesmo modo entre as simples provisões e a riqueza-propriedade. Essas duas últimas palavras são equivalentes, sendo que propriedade, ao que parece, tem dois nomes, id. 1921: 1454. O primeiro é *yàq*, ou *yäo* (filologia vacilante de Boas), com os derivados "*yeqala*", propriedade, e "*yäxulu*", bens talismãs, extradotais, cf. as palavras derivadas de *yä*, id. ibid.: 1406. O outro nome é "*dadekas*", cf. índice em id. 1905: 519; cf. id. ibid.: 473, l. 31; em dialeto de Newette, *daoma, dedemala* (índice em id. 1912, s. v.). A raiz desse termo é *dâ*, que tem por sentidos, curiosamente análogos aos do radical idêntico "dâ", indo-europeu: receber, tomar, levar na mão, manejar etc. Mesmo os derivados são significativos. Um quer dizer "pegar um pedaço de roupa do inimigo para enfeitiçá-lo"; outro, "pôr na mão", "pôr na casa" (aproximar os sentidos de *manus*

e *família*, ver mais adiante) (a propósito de mantas dadas como entrada na compra de cobres a serem retribuídos com juros); outra palavra quer dizer "pôr uma quantidade de mantas sobre a pilha do adversário, aceitá-las" ao fazer assim. Um derivado da mesma raiz é ainda mais curioso: *dadeka*, "ter ciúmes um do outro", id. 1905: 133, l. 22; evidentemente, o sentido original deve ser: a coisa que se toma e que causa ciúme; cf. *dadego*, combater, certamente referido à luta de propriedades. Outras palavras têm também o mesmo sentido, porém mais preciso. Por ex. "propriedade na casa", *mamekas*, id. 1905: 119, 1. 20.

58 Ver numerosos discursos de transmissão, Boas e Hunt, 1921: 706 ss. Não há quase nada de moralmente e materialmente precioso (intencionalmente não empregamos a palavra "útil") que não seja o objeto de crença desse gênero. Com efeito, as coisas são primeiramente bens, propriedades, objetos de dádivas e de trocas. Por exemplo, assim como em civilizações mais primitivas, como as australianas, o *corroboree*, a representação ensinada a uma tribo, é deixado com ela, também entre os tlingit, após o potlatch, "deixa-se", aos que o ofereceram, uma dança em troca (Swanton, 1903: 442). A propriedade essencial entre os tlingit, a mais inviolável e a que mais provoca o ciúme, é a do nome e do brasão totêmico, id. ibid.: 416 etc.; aliás, é ela que faz as pessoas ricas e felizes. Emblemas totêmicos, festas e potlatch, nomes conquistados nesses potlatch, presentes que os outros deverão retribuir e que estão ligados aos potlatch oferecidos, tudo forma uma sequência: ex. kwakiutl, num discurso: "E agora minha festa vai a ele" (designando o genro, Boas, 1895b: 356). São os "assentos" e também os "espíritos" das sociedades secretas que são assim dados e retribuídos (ver um discurso sobre a hierarquia das propriedades e a propriedade das hierarquias), id. 1921: 472. Cf. id. ibid.: 708, um outro discurso: "Eis vosso canto de inverno, vossa dança de inverno: isto é vosso canto, isto é vossa dança". Uma única palavra em kwakiutl designa os talismãs da família nobre e seus privilégios: a palavra "*klezo*", brasão, privilégio, ex. id. 1905: 122, l. 32. – Entre os tsimshian, as máscaras e chapéus brasonados de dança e de desfile são chamados "uma certa quantidade de propriedade", conforme a quantidade dada no potlatch (conforme os presentes dados pelas tias maternas do chefe às "mulheres das tribos"): Tate em Boas, 1916: 541. – Inversamente, entre os kwakiutl, por exemplo, é no modo moral que as coisas são concebidas, em particular as duas coisas preciosas, talismãs essenciais, o "dador de morte" e a "água de vida" (que são um único cristal de quartzo), e as mantas etc., de que falamos. Num curioso ditado kwakiutl, todos esses bens extradotais são identificados ao avô, o que é natural, pois eles só são emprestados ao genro para serem devolvidos ao neto (Boas, 1895b: 507).

59 O mito de Djîlaqons se encontra em Swanton, 1905: 92, 95, 171. A versão de Masset acha-se em Haïda T., *Jesup*, VI: 94, 98; a de Skidegate, 1905: 458. Seu nome figura num certo número de nomes de família haïda pertencentes à fratria

dos Águias. Ver Swanton, 1905: 282, 283, 292 e 293. Em Masset, o nome da deusa da fortuna é Skîl, Haïda T., *Jesup*, VI: 665, l. 28; cf. índice: 805. Cf. o pássaro Skîl, Skirl (Swanton, 1905: 120). Skîltagos quer dizer cobre-propriedade, e o relato fabuloso da maneira como esses "cobres" são encontrados está ligado a esse nome, cf. p. 146, fig. 4. Um mastro esculpido representa Djîlqada, seu cobre, seu mastro e seus brasões, Swanton, 1905: 125; cf. ilust. 3, fig. 3. Ver descrições de Newcombe, id. ibid.: 46. Cf. reprodução figurada, id. ibid., fig. 4. Seu fetiche deve ser forrado de coisas roubadas e roubado ele próprio. – Seu título exato é (id. ibid.: 92) "propriedade que faz ruído". E ela tem quatro nomes suplementares (id. ibid.: 95). Tem um filho que possui o título de "Costelas de pedra" (na realidade, de cobre, id. ibid.: 110, 112). Quem a encontra, a ela ou a seu filho ou filha, é feliz no jogo. Ela tem uma planta mágica; quem a come enriquece; enriquece também quem toca seu manto, quem encontra mexilhões que ela pôs enfileirados etc., id. ibid.: 29, 109. Um desses nomes é "Propriedade mantém-se na casa". Um grande número de indivíduos possui títulos compostos com Skîl: "que espera Skîl", "caminho para Skîl". Ver nas listas genealógicas haïda, E. 13, E. 14; na fratria do Corvo, R. 14, R. 15, R. 16. Ela parece ser oposta à "Mulher pestilência", cf. id. ibid.: 299.

60 Sobre *djîl* haïda e *nâq* tlingit, ver mais acima: 94, n. 3. /?/

61 O mito aparece completo entre os tlingit (Swanton, 1909: 173, 292, 368). Cf. Swanton, 1903: 460. Em Sitka, o nome de Skîl é, certamente, Lenaxxidek. É uma mulher que tem um filho. Ouvem o ruído dessa criança que mama; correm atrás dela; quem for arranhado por ela e ficar com cicatrizes, as crostas das cicatrizes tornam essa pessoa feliz.

62 O mito tsimshian é incompleto (Boas, 1916: 154, 197). Comparar as notas de Boas, ibid.: 746, 760. Boas não fez a identificação, mas ela é clara. A deusa tsimshian veste um "traje de riqueza" (*garment of wealth*).

63 É possível que o mito da Qominoqa, da (mulher) "rica", tenha a mesma origem. Ela parece ser o objeto de um culto reservado a certos clãs entre os kwakiutl, ex. Boas, 1921: 862. Um herói dos qoexsotenoq tem o título de "corpo de pedra" e torna-se "propriedade sobre corpo", id. 1905: 187; cf. p. 247.

64 Ver, por ex., o mito do clã das Orcas, Boas, 1911-22, 1: 554-59. O herói autor do clã é ele próprio membro do clã das Orcas. "Busco encontrar um *logwa*. (um talismã, cf. p. 554, l. 49) vosso", ele diz a um espírito com o qual se depara, que tem forma humana mas que é uma orca: 557, l. 122. Este o reconhece como de seu clã e lhe dá o arpão com ponta de cobre que mata as baleias: as orcas são "*killer-whales*". Dá também seu nome (de potlatch): ele se chamará "lugar de ficar saciado", "sentindo-se saciado". Sua casa será a "casa da orca", com uma "orca pintada na fachada". "E orca será teu prato na casa (terá a forma de orca), e também o *halayu*

(dador de morte), a 'água de vida' e a faca com dentes de quartzo para cortar (serão orcas)": 559.

65 Uma caixa milagrosa contendo uma baleia, e que deu seu nome a um herói, tinha o título de "riquezas chegando à praia" (Boas, 1895b: 374). Cf. "propriedade dirige-se para mim", id. ibid.: 247, 414. A propriedade "faz ruído", ver mais acima. O título de um dos principais chefes de Masset é "Aquele cuja propriedade faz ruído", Haïda Texts, *Jesup*, VI: 684. A propriedade vive (kwakiutl): "Que nossa propriedade permaneça em vida sob seus esforços, que nosso cobre permaneça não quebrado", cantam os maamtagila, id. 1921: 1285, l. I.

66 Os bens extradotais da família, os que circulam entre os homens, suas filhas ou genros, e retornam aos filhos homens quando estes são iniciados ou se casam, estão geralmente contidos numa caixa, ou arca, ornada e brasonada, cujos detalhes, construção e uso são inteiramente característicos dessa civilização do noroeste americano (desde os Yurok da Califórnia até o estreito de Behring). Em geral, essa caixa possui as figuras e os olhos dos totens ou dos espíritos, dos quais possui os atributos; estes são: as mantas enfeitadas com figuras, os talismãs "de vida" e "de morte"; as máscaras, as máscaras-chapéus, os chapéus e coroas, o arco. O mito confunde com frequência o espírito com essa caixa e seu conteúdo. Ex. Swanton, 1903: 173, o *gonakadet* que é idêntico à caixa, ao cobre, ao chapéu e à argola com guizos.

67 É sua transferência, sua doação que, originalmente, como em cada iniciação ou casamento, transforma o recipiendário num indivíduo "sobrenatural", num iniciado, num xamã, num mágico, num nobre, num titular de danças numa confraria. Ver discursos em histórias de famílias kwakiutl, Boas, 1921: 965-66; cf. p. 1012.

68 A caixa milagrosa é sempre misteriosa, e guardada nos arcanos da casa. Pode haver caixas dentro de caixas, embutidas em grande número umas dentro das outras (haïda), Masset, Haïda Texts, *Jesup*, VI: 395. Ela contém espíritos, por exemplo a "mulher camundongo" (haïda), Swanton, 1905: 340; p. ex., também, o Corvo que fura os olhos do detentor infiel. Ver o catálogo dos exemplos desse tema em Boas, 1916: 854, 851. O mito do sol encerrado na caixa é um dos mais difundidos (catálogo em Boas, 1916: 641, 549). É conhecida a extensão desses mitos no mundo antigo. Um dos episódios mais comuns das histórias de herói é o da caixa muito pequena, muito leve para ele, mas muito pesada para todos os outros, onde há uma baleia, Boas, 1895b: 374; id. 1906: *Jesup*, X: 171; cujo alimento é inesgotável, id. ibid.: 223. Essa caixa é animada, flutua por seu próprio movimento, id. 1895b: 374. A caixa de Katlian traz as riquezas, Swanton, 1903: 448; cf. p. 446. As flores, "estrume de sol", "ovo de madeira a queimar", "que produzem riqueza", em outras palavras, os talismãs que ela contém, as próprias

riquezas, devem ser alimentados. Uma delas contém o espírito "demasiado forte para ser apropriado", cuja máscara mata o portador (Swanton, 1909: 341). – Os nomes dessas caixas são geralmente sintomáticos de seu uso no potlatch. Uma grande caixa de gordura haïda chama-se mãe (Masset, op.cit.: 758). A "caixa de fundo vermelho" (sol) "espalha a água" no "mar das tribos" (a água são as mantas que o chefe distribui), Boas, 1895b: 551 e n. I: 564. – A mitologia da caixa milagrosa é igualmente característica das sociedades do Pacífico Norte-Asiático. Um bom exemplo de um mito comparável será encontrado em Pilsudski, 1913: 124-125. Essa caixa é dada por um urso, o herói deve observar tabus; ela está cheia de objetos de ouro e prata, de talismãs que proporcionam riqueza. – Aliás, a técnica da caixa é a mesma em todo o Pacífico Norte.

69 As "coisas da família são individualmente nomeadas" (haïda), Swanton, 1905: 117; elas têm nomes: as casas, as portas, os pratos, as colheres esculpidas, as canoas, as armadilhas de salmões. Cf. a expressão "cadeia contínua de propriedades", id. ibid.: 15. – Temos a lista das coisas que são nomeadas pelos kwakiutl, por clãs, além dos títulos variáveis dos nobres, homens e mulheres, e de seus privilégios: danças, potlatch etc., que são igualmente propriedades. As coisas que chamaríamos móveis, e que são nomeadas, personificadas nas mesmas condições, são: os pratos, a casa, o cão e a canoa. Ver Boas, 1921: 793-ss. Dessa lista, Hunt deixou de mencionar os nomes dos cobres, das grandes conchas de *abalone*, das portas. – As colheres enfileiradas numa corda estendida numa espécie de canoa figurada têm o título de "linha de âncora de colheres" (ver Boas, 1895b: 422, num ritual de pagamento de dívidas de casamento). Entre os tlingit, são nomeados: os cobres, as canoas, as colheres, os potes de pedra, as facas de pedra, os pratos de cheias (Boas, 1916: 506). Os escravos e os cães são sempre bens de valor e seres adotados pelas famílias.

70 O único animal doméstico dessas tribos é o cão. Ele tem um nome diferente por clã (provavelmente na família do chefe) e não pode ser vendido. "Eles são homens, como nós", dizem os kwakiutl (Boas, 1921: 1260). "Eles protegem a família" contra a feitiçaria e contra os ataques dos inimigos. Um mito conta como um chefe koskimo e seu cão Waned transformavam-se um no outro e tinham o mesmo nome, id. ibid.: 835; cf. mais acima (Celebes). Cf. o fantástico mito dos quatro cães de Lewiqilaq (Boas, 1905: 18 e 20).

71 "*Abalone*" é a palavra "sabir" chinook que designa as grandes conchas de "*haliotis*" que servem de ornamento, pendentes do nariz (Boas, 1909, *Jesup*, V, I: 484) e das orelhas (tlingit e haïda, cf. Swanton, 1905: 146). Elas são também dispostas sobre as mantas brasonadas, nos cintos, no chapéu. Ex. (kwakiutl), Boas, 1921: 1069. Entre os awikenoq e os lasiqoala (tribos do grupo kwakiutl), as conchas de *abalone* são dispostas em torno de um escudo de forma estranhamente europeia,

Boas, 1889: 43. Esse tipo de escudo parece ser a forma primitiva ou equivalente dos escudos de cobre, que possuem igualmente uma forma estranhamente medieval. – As conchas de *abalone* parecem ter tido outrora valor de moeda, valor semelhante ao que possuem os cobres atualmente. Um mito Çtalolq (Salish do Sul) associa os dois personagens, K'obois, "cobre", e Teadjas, "*abalone*"; seus filho e filha se casam e o neto pega a "caixa de metal" do urso, apodera-se de sua máscara e de seu potlatch (Boas, 1895a: 84). Um mito awikenoq relaciona os nomes das conchas, assim como os nomes dos cobres, a "filhas da lua", id. ibid.: 218-219. – Cada uma dessas conchas tem um nome entre os haïda, pelo menos quando é de grande valor e conhecida, exatamente como na Melanésia (Swanton, 1905: 146). Além disso, elas servem para nomear indivíduos ou espíritos. Ex. entre os tsimshian, os "nomes de *abalone*", por clãs, Boas, 1921: 1261-1275, para as tribos awikenoq, naqoatok e gwasela. Houve aí certamente um uso internacional. – A caixa de *abalone* dos Bella Kula (caixa ornamentada de conchas) é mencionada e descrita com exatidão no mito awikenoq; além disso, ela guarda o cobertor de *abalone*, e ambos têm o brilho do sol. Ora, o nome do chefe cujo relato aparece no mito é Legek (Boas, 1895a: 218-ss). Esse nome é o título do principal chefe tsimshian. Compreende-se que o mito viajou com a coisa. – Num mito haïda de Masset, o do "Corvo criador", o sol que ele oferece à sua mulher é uma concha de *abalone*, Swanton, Haïda Texts, *Jesup*, VI: 313, p. 227. Para nomes de heróis que têm títulos de *abalone*, ver em Boas, 1905: 50, 222 etc. – Entre os tlingit, essas conchas eram associadas aos dentes de tubarão, Swanton, 1909: 129. (Comparar com o uso dos dentes de cachalote na Melanésia, mais acima.) – Todas essas tribos têm, além disso, o culto dos colares de *dentalia* (conchas pequenas). Ver, em particular, Krause, 1885: 186. Em suma, reconhecemos aqui exatamente as mesmas formas da moeda, com as mesmas crenças e servindo ao mesmo uso, que na Melanésia e, em geral, no Pacífico. – Essas diversas conchas, aliás, foram igualmente o objeto de um comércio também praticado pelos russos durante sua ocupação do Alaska; e esse comércio ia nos dois sentidos, do golfo da Califórnia ao estreito de Behring, Swanton, Haïda Texts, *Jesup*, VI: 313.

72 As mantas são decoradas com figuras do mesmo modo que as caixas. Inclusive, costumam ser copiadas dos desenhos das caixas (v. fig. Krause, 1885: 200). Têm sempre algo de espiritual, cf. as expressões: (haïda), "cintos de espírito", mantas em fiapos, Swanton, Haïda Texts, *Jesup*, VI: 165; cf. p. 174. Um certo número de mantos míticos é "mantos do mundo": (lillöet), mito de Qäis, Boas, 1895a:19-20; (bellakula), "mantos de sol", id. ibid.: 260; um manto com peixes: (heiltsuq), ibid.: 248; comparação dos exemplares desse tema, id. ibid.: 359, n. 113. Cf. a esteira que fala, Masset, op.cit.: 430, 432. O culto das mantas, das esteiras, das peles dispostas como cobertas parece dever ser aproximado do culto das esteiras da Polinésia.

73 Entre os tlingit, é aceito que tudo fala na casa, que os espíritos falam aos pilares e às vigas da casa e desde os pilares e vigas, que estes e estas falam, havendo assim diálogo entre animais totêmicos, espíritos, homens e coisas da casa; esse é um princípio regular da religião tlingit. Ver Swanton, 1903: 458-459. A casa escuta e fala entre os kwakiutl (Boas, 1921: 1279, l. 15).

74 A casa é concebida como uma espécie de bem móvel. (Sabe-se que ela permaneceu assim em direito germânico por muito tempo.) Ela é transportada e se transporta. Ver numerosos mitos da "casa mágica" edificada num piscar de olhos, em particular dada por um avô (catálogo por Boas, 1916: 852-853). Ver exemplos kwakiutl, Boas, 1895b: 376, e as figuras e ilustrações: 376, 380.

75 São igualmente coisas preciosas, mágicas e religiosas: I) as plumas de águia, geralmente identificadas à chuva, ao alimento, ao quartzo, ao "bom medicamento". Ex. Swanton, 1903: 383, p. 128 etc.; haïda (Masset), (Haïda Texts, *Jesup*, VI: 292; 2) os bastões, os pentes, Swanton, 1903: 385; haïda, Swanton, 1905: 38; Boas, 1909: 455,, 3; os braceletes, ex. tribo do Lower Fraser River, Boas, 1895a: 36; (kwakiutl), Boas, 1909: 454.

76 Todos esses objetos, inclusive as colheres, pratos e cobres, possuem em kwakiutl o título genérico de *logwa*, que quer dizer exatamente talismã, coisa sobrenatural. (Ver as observações que fizemos a respeito dessa palavra em nosso trabalho sobre as *Origens da noção de moeda* e em nosso prefácio, Hubert e Mauss, 1909.) A noção de "*logwa*" é exatamente a de *mana*. Mas, neste caso específico, e quanto ao objeto que nos ocupa, ela é a "virtude" de riqueza e de alimento que produz riqueza e alimento. Um discurso fala do talismã, do "*logwa*" que é "o grande aumentador passado de propriedade", Boas, 1921: 1280, l. 18. Um mito conta como com um "*logwa*" foi "fácil de adquirir propriedade", como com quatro "*logwa*" (cintos etc.) a acumularam. Um deles chamava-se "a coisa que faz com que a propriedade se acumule" (Boas, 1905: 108). Com efeito, é a riqueza que faz a riqueza. Uma expressão haïda fala mesmo de "propriedade que enriquece" a propósito das conchas de *abalone* usadas pela jovem adolescente (Swanton, 1905: 48).

77 Uma máscara é chamada "obtendo alimento". Cf. "e sereis ricos em alimento" (mito nimkish), Boas, 1905: 36, l. 8. Um dos nobres mais importantes entre os kwakiutl tem o título de "convidador", de "doador de alimento", de "doador de pena de águia". Cf. Boas, 1895b: 415. – Os cestos e as caixas ornados com figuras (por exemplo, os que servem para a coleta de bagas) são igualmente mágicos; p. ex. o mito haïda (Masset), Haïda T., *Jesup*, VI: 404; o mito importante de Qäis mistura o lúcio, o salmão, o pássaro-trovão e um cesto que um cuspe desse pássaro enche de bagas. (Tribo do Lower Fraser River), Boas, 1895a: 34; mito equivalente de awikenoq, id. 1889: 28, em que um cesto tem o nome de "nunca vazio".

78 Cada prato é nomeado de acordo com o que sua escultura representa. Entre os kwakiutl, eles representam os "chefes animais". Cf. mais acima: 115. Um deles tem o título de "prato que permanece cheio", Boas, 1910: 264, l. 11. Os de um certo clã são "*logwa*"; eles falaram a um antepassado, o convidador (ver a penúltima nota), e lhe disseram para tomá-los (Boas, 1921: 809). Cf. o mito de Kaniqilaku id. 1895a: 198; cf. id. 1906: 205: de que maneira o transformador deu de comer a seu sogro (que o atormentava) as bagas de um cesto mágico. Estas se transformaram em matagal e lhe saíram pelo corpo todo.

79 Ver mais acima.

80 Ver mais acima, id. ibid.

81 A expressão provém do alemão "*Renommiergel*" e foi empregada por Krickberg. Ela descreve com bastante exatidão os escudos e placas que servem ao mesmo tempo de moedas e são sobretudo os objetos de exibição usados pelos chefes no potlatch, ou aqueles em proveito dos quais eles oferecem o potlatch.

82 Embora muito mencionada, a indústria do cobre no Noroeste Americano é ainda mal conhecida. Rivet (1923), em seu notável trabalho sobre a ourivesaria pré-colombiana, intencionalmente deixou-a de lado. Em todo caso, parece certo que essa arte é anterior à chegada dos europeus. As tribos do Norte, tlingit e tsimshian, procuravam, exploravam ou recebiam cobre pelo Cooper River. Cf. os antigos autores e Krause, 1885: 186. Todas essas tribos falam da "grande montanha de cobre"; (tlingit), Swanton, 1909: 160; (haïda), Swanton, Haïda, *Jesup*, I: 130; (tsimshian), Boas, 1916: 299.

83 Aproveitamos a ocasião para retificar um erro que cometemos em nossa *Nota sobre a origem da noção de moeda*. Confundimos a palavra *Laqa*, *Laqwa* (Boas emprega as duas grafias) com *logwa*. Tínhamos por escusa que, nesse momento, Boas escrevia com frequência as duas palavras do mesmo modo. Mas desde então ficou muito evidente que uma quer dizer vermelho, cobre, e a outra quer dizer apenas coisa sobrenatural, coisa de valor, talismã etc. No entanto, todos esses cobres são *logwa*, o que faz com que nossa demonstração se mantenha. Mas, nesse caso, a palavra é uma espécie de adjetivo e de sinônimo. Ex. Boas, 1905: 108, dois títulos de "*logwa*" que são cobres: o que é "fácil de adquirir propriedade", "o que faz com que a propriedade se acumule". Mas nem todos os *logwa* são cobres.

84 O cobre é uma coisa viva; sua mina e sua montanha são mágicas, cheias de "plantas de riqueza", Masset, Haïda Texts, *Jesup*, VI: 681, 692. Cf. Swanton, 1905: 146, outro mito. Ele possui, o que é verdade, um cheiro (Boas, 1905: 64, l. 8). O privilégio de trabalhar o cobre é o objeto de um importante ciclo de lendas entre os tsimshian: mito de Tsauda e de Gao (Boas, 1916: 306-ss). Para o catálogo dos temas equivalentes, ver id. ibid.: 856. O cobre parece ter sido personalizado entre

os bellakula, id. 1895a; 261; cf. Boas, 1898b, I, parte 2: 71, em que o mito do cobre é associado ao mito das conchas de *abalone*. O mito tsimshian de Tsauda liga-se ao mito do salmão que iremos mencionar.

85 Por ser vermelho, o cobre é identificado ao sol, ex. Swanton, 1909: n. 39, n. 81; ao "fogo caído do céu" (nome de um cobre), Boas, 1902: 467; e sempre ao salmão. Essa identificação é particularmente nítida no caso do culto dos gêmeos entre os kwakiutl, tribo do salmão e do cobre, Boas, 1921: 685-ss. A sequência mítica parece ser a seguinte: primavera, chegada do salmão, sol novo, cor vermelha, cobre. A identidade cobre-salmão é mais caracterizada entre as nações do Norte (ver catálogo dos ciclos equivalentes, Boas, 1916: 856). Ex. mito haïda de Masset, Haïda T., *Jesup*, VI: 689, 691, l. 6-ss, n. I; cf. p. 692, mito n. 73. Encontramos aqui um equivalente exato da lenda do anel de Polícrates: a de um salmão que engoliu cobre, Skidegate (Swanton, 1905: 82). Os tlingit têm (e os haïda igualmente) o mito do ser cujo nome é traduzido em inglês por Mouldy-End (nome do salmão); ver mito de Sitka: correntes de cobres e salmões, id. 1909: 307. Um salmão dentro de uma caixa torna-se um homem, outra versão de Wrangell, 1839: n. 5. Para os equivalentes, ver Boas, 1916: 857. Um cobre tsimshian tem o título de "cobre que remonta o rio", alusão evidente ao salmão (Boas, 1916: 857). – Seria oportuno pesquisar o que aproxima o culto do cobre do culto do quartzo, ver mais acima. Ex. mito da montanha de quartzo, Boas, 1906: 111. – Do mesmo modo, o culto do jade, ao menos entre os tlingit, deve ser aproximado do do cobre: um jade-salmão fala, Swanton, 1909: 5. Uma pedra de jade fala e dá nomes, Sitka, id. ibid.: 416. Por fim, convém lembrar o culto das conchas e suas associações com o do cobre.

86 Vimos que a família de tsauda, entre os tsimshian, seria a dos fundidores ou dos detentores dos segredos do cobre. Parece que o mito (kwakiutl) da família principesca dzawadaenoqu é um mito do mesmo gênero. Ele associa Lakwagila, o fazedor de cobre, a Qomqomgila, o Rico, e a Qomoqoa, "a Rica", que produz cobres (Boas, 1905: 50); e liga o conjunto a um pássaro branco (sol), filho do pássaro-trovão, que tem cheiro de cobre, que se transforma em mulher, a qual faz nascer dois gêmeos com cheiro de cobre, id. ibid.: 61-67.

87 Cada cobre tem seu nome. "Os grandes cobres que têm nome", dizem os discursos kwakiutl (Boas, 1895b: 348-350). Lista dos nomes de cobres, infelizmente sem indicação do clã que é seu perpétuo proprietário, id. ibid.: 344. Temos boas informações sobre os grandes cobres kwakiutl, havendo cultos e crenças a eles associados. Um tem o título de "Lua" (tribo dos nisqa), Boas, 1921: 856. Outros têm o nome do espírito que encarnam e que os produziu. Ex. a Dzonoqoa, Boas, 1921: 1421, cuja figura eles reproduzem. Outros ainda têm nomes dos espíritos fundadores dos totens: um cobre chama-se "face de castor", id. ibid.: 1427;

outro, "leão do mar", id. ibid.: 894. Outros nomes fazem simplesmente alusão à forma, "cobre em T", ou "longa porção superior", id. ibid.: 862. Outros chamam-se simplesmente "Grande cobre", id. ibid.: 1289, "Cobre sonante", id. ibid.: 962 (igualmente nome de um chefe). Outros nomes fazem alusão ao potlatch que eles encarnam e cujo valor concentram. O nome do cobre Maxtoselem é "aquele do qual os outros se envergonham". Cf. Boas, 1905: 452, n. 1: "eles se envergonham de suas dívidas" (dívidas: *gagim*). Outro nome, "causa-disputa", id. 1921: 893, 1026 etc. – Sobre os nomes dos cobres tlingit, ver Swanton, 1903: 421, 405. A maior parte desses nomes são totêmicos. Em relação aos nomes dos cobres haïda e tsimshian, conhecemos apenas os que têm o mesmo nome que os chefes, seus proprietários.

88 O valor dos cobres entre os tlingit variava segundo sua altura e era calculado em número de escravos, Swanton, 1909: 337, 260, p. 131 (Sitka e Skidegate etc., Tsimshian). Tate em Boas, 1916: 540; cf. id. ibid.: 436. Princípio equivalente: (haïda), Swanton, 1905: 146. – Boas estudou bem a maneira pela qual cada cobre aumenta de valor com a série dos potlatch; por exemplo, o valor do cobre de Lesaxalayo era, por volta de 1906-1910, cerca de 9 mil mantas de lã (valendo 4 dólares cada), 50 canoas, 6 mil mantas com botões, 260 braceletes de prata, 60 braceletes de ouro, 70 argolas de orelha de ouro, 40 máquinas de costura, 25 fonógrafos, 50 máscaras. E o arauto diz: "Para o príncipe Laqwagila, vou dar todas essas pobres coisas". Boas, 1921: 1352; cf. id. ibid., l. 28, onde o cobre é comparado a um "corpo de baleia".

89 Sobre o princípio de destruição, ver mais acima. No entanto, a destruição dos cobres parece ter um caráter particular. Entre os kwakiutl, ela é feita por partes, quebrando-se a cada potlatch uma nova porção. E é visto como uma honra reconquistar, em outros potlatch, cada uma das porções e ligá-las novamente quando todas forem reunidas. Um cobre desse tipo aumenta de valor (Boas, 1895b: 334). Em todo caso, destruí-los, quebrá-los, é matá-los, id. 1921: 1285, l. 8 e 9. A expressão geral é "jogá-los ao mar"; ela é comum também aos tlingit, Swanton, 1909: 63; p. 399, canto n. 43. Se esses cobres não afundam, não desaparecem, não morrem, é que são falsos, são de madeira, flutuam. (História de um potlatch de tsimshian contra haïda, Boas, 1916: 369.) Quebrados, diz-se que eles estão "mortos na praia" (kwakiutl), Boas, 1895b: 564 e n. 5.

90 Parece que entre os kwakiutl havia duas espécies de cobre: os mais importantes, que não saem da família, que não se podem quebrar para refundi-los, e outros de menor valor que circulam intactos e servem como satélites aos primeiros. Ex. Boas, 1895b: 564, 579. A posse desses cobres secundários, entre os kwakiutl, corresponde certamente à dos títulos nobiliários e posições de segunda ordem com que eles viajam, de chefe a chefe, de família a família, entre as gerações e os sexos.

Os grandes títulos e os grandes cobres parecem permanecer fixos no interior dos clãs e das tribos, pelo menos. Aliás, seria difícil que fosse de outro modo.

91 Um mito haïda do potlatch do chefe Hayas conta que um cobre cantava: "Essa coisa é muito ruim. Faz parar Gomsiwa (nome de uma aldeia e de um herói); em volta do pequeno cobre, há muitos cobres". Haïda Texts, *Jesup*, VI: 760. Trata-se de um "pequeno cobre" que fica "grande" por si mesmo, e em torno do qual outros se agrupam. Cf. mais acima o cobre-salmão.

92 Num canto de criança, Boas, 1921: 1312, l. 3, l. 14, "os cobres com grandes nomes dos chefes das tribos se reunirão em torno delas". Os cobres são supostos "cair por si mesmos na casa do chefe" (nome de um chefe haïda, Swanton, 1905: 274, E). Eles se "encontram na casa", são "coisas achatadas que se juntam", Boas, 1921: 701.

93 Ver o mito do "Trazedor de cobres" no mito do "Convidador" (Qoexsot'enox), Boas, 1905: 248, l. 25, l. 26. O mesmo cobre é chamado "trazedor de propriedades" (Boas, 1895b: 415). O canto secreto do nobre que tem o título de Convidador é: "Meu nome será 'propriedade-dirigindo-se-a-meu-encontro', por causa de meu 'trazedor' de propriedades". – "Os cobres dirigem-se a mim por causa do 'trazedor' de cobres." – O texto kwakiutl diz exatamente "O aqwagila", o "fazedor-de-cobres", e não simplesmente "o trazedor".

94 Ex. num discurso de potlatch tlingit, Swanton, 1909: 379; (tsimshian) o cobre é um "escudo", Boas, 1916: 385.

95 Num discurso a propósito de doações de cobres em honra de um filho recentemente iniciado, os cobres dados são uma "armadura", uma "armadura de propriedade", Boas, 1895b: 557. (Fazendo alusão aos cobres pendurados em volta do pescoço.) O título do jovem, aliás, é Yaqois, "portador-de-propriedade".

96 Um ritual importante, por ocasião do enclausuramento das princesas púberes kwakiutl, manifesta claramente essas crenças: elas usam cobres e conchas de *abalone* e, nesse momento, adquirem elas próprias o título dos cobres, de "coisas achatadas e divinas, que se encontram na casa". É dito então que "elas e seus maridos terão facilmente cobres" (Boas, 1921: 701). "Cobres-na-casa" é o título da irmã de um herói awikenoq (Boas, 1905: 430). Um canto de moça nobre kwakiutl, prevendo uma espécie de *svayamvara*, a escolha do noivo entre os hindus, pertence talvez ao mesmo ritual e exprime-se assim: "Estou sentada sobre cobres. Minha mãe tece-me o cinto para quando eu tiver 'pratos da casa' etc." (Boas, 1921: 1314).

97 Os cobres são, com frequência, idênticos aos espíritos. É o tema bem conhecido do escudo e do brasão heráldico animado. Identidade do cobre e da "Dzonoqoa" e da "Qominoqa" (Boas, 1921: 1421, 860). Cobres são animais totêmicos, id. 1916: 460. Noutros casos, eles são apenas atributos de certos animais míticos. "O gamo de cobre" e seus "pequenos chifres de cobre" desempenham um papel nas

festas de verão dos kwakiutl, Boas, 1895b: 630-631; cf. p. 729: "Grandeza sobre seu corpo" (literalmente, riqueza sobre seu corpo). Os tsimshian consideram os cobres como "cabelos de espíritos", Boas, 1895b: 326; como "excrementos de espíritos" (catálogo de temas, Boas, 1916: 837); garras da mulher-lontra-da-terra, id. ibid.: 563. Os cobres são usados pelos espíritos nos potlatch que eles se oferecem entre si, Boas, 1916: 285; Swanton, 1909: 51. Os cobres "lhes agradam". Para comparações, ver Boas, 1916: 846.

98 Canto de Neqapenkem (Face-de-dez-côvados): "Sou peças de cobre, e os chefes das tribos são cobres quebrados." Boas, 1895b: 482; cf. p. 667, para o texto e uma tradução literal.

99 O cobre Dandalayu "resmunga na casa" pedindo para ser dado, Boas, 1895b: 622 (discurso). O cobre Maxtoslem "queixava-se de que não o quebravam". As mantas com que lhe pagam "o mantêm aquecido" (Boas, 1895b: 572). Lembramos que ele tem o título de "Aquele que os outros cobres têm vergonha de olhar". Um outro cobre participa do potlatch e "se envergonha" (Boas, 1921: 882, l. 32). Um cobre haïda (Masset), Haïda Texts, *Jesup*, VI, propriedade do chefe "Aquele cuja propriedade faz ruído", canta após ter sido quebrado: "Apodrecerei aqui, arrastei muita gente" (à morte, por causa do potlatch).

100 Os dois rituais do doador ou donatário enterrados debaixo ou que andam sobre as pilhas de mantas são equivalentes: num caso se é superior, no outro, inferior à própria riqueza.

101 *Observação geral.* – Sabemos bastante bem como, por que e durante quais cerimônias, dispêndios e destruições se transmitem os bens no Noroeste Americano. No entanto, ainda estamos mal informados sobre as formas que assume o ato mesmo da transmissão das coisas, em particular dos cobres. Essa questão deveria ser o objeto de um estudo. O pouco que conhecemos é extremamente interessante e indica, por certo, o vínculo da propriedade e dos proprietários. Não apenas o que corresponde à cessão de um cobre chama-se "pôr o cobre à sombra do nome" de alguém e sua aquisição "dá peso" ao novo proprietário, entre os kwakiutl (Boas, 1895b: 349), não apenas, entre os haïda, levanta-se um cobre para manifestar que se compra uma terra (Swanton, 1905: 86), mas também os cobres são por eles usados por percussão, como no direito romano: golpeiam-se com eles as pessoas a quem são dados: o ritual é atestado numa história (Skidegate), id. ibid.: 432. Nesse caso, as coisas tocadas pelo cobre lhe são anexadas, são mortas por ele; aliás, esse é um ritual de "paz" e de "dádiva". – Os kwakiutl conservaram, pelo menos num mito (Boas, 1895b: 383 e 385; cf. p. 677, l. 10), a lembrança de um rito de transmissão que se verifica entre os esquimós: o herói morde tudo o que ele dá. Um mito haïda descreve como a Senhora Camundongo "lambia" o que ela dava, Haïda Texts, *Jesup*, VI: 191.

102 Num rito de casamento (partir a canoa simbólica), canta-se: "Vou sair e fazer em pedaços o monte Stevens. Dele farei pedras para meu fogo (cacos de louça). / "Vou sair e quebrar o monte Qatsai. Dele farei pedras para meu fogo. / "Riqueza está rolando em direção a ele, da parte dos grandes chefes. / "Riqueza está rolando em direção a ele de todos os lados. "Todos os grandes chefes se farão proteger por ele".

103 Aliás, eles são normalmente idênticos, ao menos entre os kwakiutl. Alguns nobres são identificados com seus potlatch. O principal título do principal chefe é simplesmente Maxwa, que quer dizer "grande potlatch" (Boas, 1921: 972, 976, 805). Cf. no mesmo clã os nomes "doadores de potlatch" etc. Numa outra tribo da mesma nação, entre os dzawadeenoxu, um dos títulos principais é o de "Polas". Ver mais acima p. 110, n. 1; ver Boas, 1905: 43, para sua genealogia. O principal chefe dos heiltsuq tem relação com o espírito "Qominoqa", "a Rica", e tem o nome de "Fazedor de riquezas", id. ibid.: 427, 424. Os príncipes qaqtsenoqu têm "nomes de verão", isto é, nomes de clãs que designam exclusivamente "propriedades", nomes em "*yaq*": "propriedade-sobre-o-corpo", "grande-propriedade", "que-tem-propriedade", "lugar-de-propriedade" (Boas, 1905: 191; cf. p. 187, l. 14). Uma outra tribo kwakiutl, os nakoatoq, dá a seu chefe os títulos de "Maxwa" e "Yaxlem", "potlatch", "propriedade"; esse nome figura no mito de "Corpo de pedra" (cf. Costelas-de-pedra, filho-da-Senhora-Fortuna, Haïda). O espírito lhe diz: "Teu nome será 'Propriedade', 'Yaxtem'" (Boas, 1905: 215, l. 39). Entre os haïda, do mesmo modo, um chefe tem o nome "Aquele-que-não-se-pode-comprar" (o cobre que o rival não pode comprar), Swanton, 1905: 294, XVI, 1. O mesmo chefe porta também o título de "Todos-misturados", isto é, "assembleia-de-potlatch". Cf. mais acima o título "Propriedades-na-casa".

II

Retórica da imagem

Roland Barthes

Segundo uma etimologia antiga, a palavra *imagem* deveria ser associada à raiz de *imitari*.* Encontramo-nos bem no cerne do problema mais importante que pode surgir na semiologia das imagens: pode a representação analógica (a "cópia") produzir sistemas reais de signos e não mais simples aglutinações de símbolos? Seria um "código" analógico – e não mais digital – concebível? Sabemos que os linguistas descartam da linguagem toda comunicação por analogia, desde a "linguagem" das abelhas à "linguagem" por gestos, uma vez que essas comunicações não são duplamente articuladas, ou seja, baseadas, em última instância, em uma combinação de unidades digitais, assim como os fonemas. Os linguistas não são os únicos a suspeitar da natureza linguística da imagem; a opinião geral também considera obscuramente a imagem como um lugar de resistência ao sentido, em nome de uma certa ideia mítica de vida: a imagem é uma representação, ou seja, fundamentalmente uma ressurreição, e sabemos que o inteligível é considerado avesso à experiência vivida. Assim, em ambos os lados, a analogia é considerada um sentido pobre: enquanto alguns pensam que a imagem é um sistema muito rudimentar em relação à linguagem, outros acreditam que o significado não pode esgotar a riqueza inefável da imagem. Ora, mesmo e sobretudo se a imagem for, de certo modo, o *limite* do sentido, ela permite remontar a uma verdadeira ontologia do significado. Como o sentido chega à imagem? Onde termina o sentido? E se tem fim, o que há *para além* dele? Essas são as perguntas que gostaríamos de fazer aqui, submetendo a imagem a uma análise espectral das mensagens que ela pode conter. Para começar, tentaremos facilitar – consideravelmente: estudaremos apenas a imagem publicitária. E por quê? Porque, na publicidade, o significado da imagem é indubitavelmente intencional: são certos atributos do produto que formam *a priori* os significados da mensagem publicitária, e esses significados devem ser transmitidos da forma mais clara possível; se a imagem contém signos,

---

* Artigo originalmente publicado como "Rhétorique de l'image", *Communications*, 4, p. 40-51, 1964. Tradução de Glauber Neves Rosa.

então temos a certeza de que, na publicidade, esses signos são plenos, moldados para a melhor leitura: a imagem publicitária é *franca* ou, pelo menos, enfática.

As três mensagens

Temos aqui uma publicidade da Panzani: pacotes de macarrão, uma lata, um pacote de parmesão, tomates, cebolas, pimentões, um cogumelo, tudo saindo de um saco de compras de rede entreaberto, em tons de amarelo e verde, em um fundo vermelho.[1] Tentemos "extrair a nata" das diferentes mensagens que ela pode conter.

A imagem transmite imediatamente uma primeira mensagem, cuja substância é linguística; seus suportes são a legenda, marginal, e os rótulos, que, por sua vez, se inserem na naturalidade da cena, na forma de "*mise en abyme*"; o código através do qual essa mensagem é transmitida não é outro senão o da língua francesa; para poder decifrá-la, o único conhecimento que essa mensagem exige é saber ler e saber francês. Para dizer a verdade, essa mensagem pode ainda ser decomposta, porque o signo Panzani não só expressa o nome da empresa, mas também, por sua assonância, um significado adicional que é, pode-se dizer, a "italianidade"; a mensagem linguística é, portanto, dupla (pelo menos nesta imagem): de sentido denotativo e conotativo; no entanto, como há aqui apenas um signo típico,[2] nomeadamente o da linguagem articulada (escrita), consideraremos que há apenas uma mensagem.

Deixando de lado a mensagem linguística, resta-nos a imagem pura (mesmo que os rótulos façam parte dela de forma anedótica). Esta imagem fornece imediatamente uma série de sinais descontínuos. Primeiramente (essa ordem é indiferente, porque esses signos não são lineares), a ideia que a cena representada traz de uma volta do mercado; esse significado em si implica dois valores eufóricos: o do frescor dos produtos e o da preparação puramente caseira a que se destinam; seu significante é a rede de compras entreaberta, que deixa os mantimentos se espalharem pela mesa, como se estivessem sendo "desempacotados". Para ler esse primeiro sinal, basta um conhecimento de certa forma arraigado nos costumes de uma civilização muito ampla, em que "fazer suas próprias compras" se opõe a um armazenamento de mantimentos prático (lata, geladeira) de uma civilização mais "mecânica". Um segundo sinal é um tanto ou quanto óbvio: seu significante é a união do tomate, do pimentão e do matiz tricolor (amarelo, verde, vermelho) do cartaz; seu significado é a Itália, ou melhor, a *italianidade*; esse signo está em uma relação de redundância com o signo conotado da mensagem linguística (a assonância italiana do nome Panzani); o saber mobilizado por esse signo é ainda mais particular: é um saber tipicamente "francês" (os italianos dificilmente perceberiam a conotação do nome próprio, muito menos a italianidade do tomate e do pimentão), baseado no conhecimento de certos estereótipos turísticos. Continuando a explorar a imagem (o que não significa que não tenha ficado bastante claro desde o primeiro momento), descobrimos facilmente pelo menos dois outros signos: em um, a junção de diferentes objetos transmite a ideia de um serviço culinário completo, como se, por um lado, a Panzani fornecesse tudo o que é necessário para um prato variado e, por outro, o molho concentrado da lata se igualasse aos produtos naturais à sua volta, fazendo essa cena, de certo modo, uma ponte entre a origem dos produtos e seu estado final; no outro signo, a composição, evocando a memória de tantas representações alimentares, remete a um significado estético: é a "natureza-morta", ou como é melhor dito em outras línguas, o "*still living*";[3] o saber exigido aqui é essencialmente cultural. Poderíamos sugerir que a esses quatro signos se acrescentasse uma última informação: aquela que nos diz que se trata de uma publicidade, que vem tanto do lugar da imagem na revista quanto da repetição dos rótulos Panzani (sem mencionar a legenda); mas essa última informação ultrapassa a cena; de alguma forma, ela foge ao significado na medida em que a natureza publicitária da imagem é essencialmente funcional: expressar algo não significa necessariamente *eu falo*, exceto em sistemas deliberadamente reflexivos, como a literatura.

Portanto, há quatro signos nesta imagem, que presumiremos formar um todo coerente, porque são todos descontínuos, requerem um conhecimento cultural geral e se referem a significados globais (por exemplo, a *italianidade*), imbuídos de valores eufóricos; para além da mensagem linguística, veremos ainda uma segunda mensagem, de natureza icônica. Mas será só isso? Se removermos todos esses signos da imagem, ainda haverá algum material informativo; mesmo privado de todo saber, continuo "lendo" a imagem, "compreendendo" que ela reúne no mesmo espaço um certo número de objetos identificáveis (nomeáveis) e não apenas formas e cores. Os significados dessa terceira mensagem são formados pelos objetos reais da cena, e os significantes, pelos mesmos objetos fotografados, pois é óbvio que na representação analógica a relação entre a coisa significada e a imagem significante não é mais "arbitrária" (como na linguagem), não é mais necessário o intermédio de um terceiro termo, sob a forma da imagem psíquica do objeto. O que essa terceira mensagem especifica de fato é que a relação entre o significado e o significante é quase tautológica; sem dúvida, a fotografia implica uma certa composição da cena (enquadramento, redução, achatamento), mas essa passagem não é uma *transformação* (como pode ser uma codificação); há aqui uma perda de equivalência (típica dos verdadeiros sistemas de signos) e uma posição de quase identidade. Ou seja, o signo dessa mensagem não é mais retirado de uma reserva institucional, não está codificado, tratando-se de um paradoxo (ao qual voltaremos) de uma mensagem *sem* código.[4] Essa particularidade encontra-se no nível do conhecimento utilizado na leitura da mensagem: para "ler" esse último (ou primeiro) nível da imagem, não necessitamos de outro conhecimento senão aquele que está ligado à nossa percepção: não é um conhecimento nulo, porque precisamos saber o que é uma imagem (as crianças só aprendem por volta dos quatro anos de idade) e o que são um tomate, uma rede de compras, um pacote de macarrão: quase um conhecimento antropológico. Essa mensagem corresponde, de certa forma, à literalidade da imagem, convindo chamá-la de mensagem literal, ao contrário da mensagem anterior, que é uma mensagem "simbólica".

Se a nossa leitura for satisfatória, a fotografia analisada nos transmitirá três mensagens: uma mensagem linguística, uma mensagem icônica codificada e uma mensagem icônica não codificada. A mensagem linguística pode ser facilmente diferenciada das outras duas mensagens; mas tendo essas mensagens a mesma substância (icônica), em que medida temos o direito de distingui-las? É certo que a distinção entre as duas mensagens icônicas não se faz espontaneamente ao nível da leitura corrente: o espectador da imagem recebe *ao mesmo tempo* a mensagem perceptiva e a mensagem cultural, e veremos mais tarde que essa confusão de leitura corresponde à função da imagem de massa (de que estamos tratando aqui). A distinção, no entanto, tem uma validade operacional, análoga àquela que permite distinguir, no signo linguístico, um significante e um significado, embora, na verdade, ninguém possa jamais separar a "palavra" do seu sentido, exceto para recorrer à metalinguagem de uma definição: se a distinção permite descrever a estrutura da imagem de uma maneira coerente e simples, e se a descrição assim feita prepara uma explicação do papel da imagem na sociedade, nós a consideraremos justificada. Devemos, portanto, rever cada tipo de mensagem para explorá-la em sua generalidade, sem perder de vista que buscamos compreender a estrutura da imagem como um todo, ou seja, a relação final das três mensagens entre elas. Porém, como não se trata mais de uma análise "ingênua", mas de uma descrição estrutural,[5] modificaremos um pouco a ordem das mensagens, invertendo a mensagem cultural e a mensagem literal; das duas mensagens icônicas, a primeira está até certo ponto impressa na segunda: a mensagem literal aparece como o *suporte* da mensagem "simbólica". Sabemos, então, que um sistema que se encarrega dos signos de outro sistema para torná-los seus significantes é um sistema de conotação;[6] diremos imediatamente, portanto, que a imagem literal é *denotada* e a imagem simbólica *conotada*. Assim, estudaremos na sequência a mensagem linguística, a imagem denotada e a imagem conotada.

A mensagem linguística

Seria a mensagem linguística constante? Haveria ainda texto dentro, abaixo ou em torno da imagem? Para encontrar imagens sem palavras, é necessário, certamente, remontar a sociedades parcialmente analfabetas, isto é, a uma espécie de estado pictográfico da imagem; na verdade, desde o surgimento do livro, a conexão entre o texto e a imagem é frequente; essa conexão parece ter sido pouco estudada do ponto de vista estrutural; qual seria a estrutura significante da "ilustração"? A imagem duplicaria certas informações do texto, por um fenômeno de redundância, ou o texto adicionaria novas informações à imagem? O problema poderia ser levantado historicamente em conexão com o período clássico, quando havia uma paixão por livros com imagens (era inconcebível, no século XVIII, que as *Fábulas* de La Fontaine não fossem ilustradas) e quando certos autores, como Ménestrier, questionavam a relação entre a imagem e o discursivo.[7] Hoje, ao nível da comunicação de massa, parece que a mensagem linguística está presente em todas as imagens: como título, como legenda, como artigo de imprensa, como diálogo de filmes, como *fumetto* (balão de diálogo em quadrinhos); com isso, vê-se que não é muito justo falar de uma civilização da imagem: somos ainda e mais do que nunca uma civilização da escrita,[8] porque a escrita e a palavra são sempre termos plenos da estrutura informacional. Na verdade, a presença da mensagem linguística por si só já conta, porque nem o seu lugar nem o seu comprimento parecem relevantes (um texto longo pode incluir apenas um significado global, graças à conotação, e é esse significado que se relaciona com a imagem). Quais são as funções da mensagem linguística em relação à mensagem icônica (dupla)? Parece haver duas: a de *ancoragem* (ou fixação) e a de *relais* (ou revezamento).

Como veremos melhor adiante, toda imagem é polissêmica; ela implica, subjacente aos seus significantes, uma "cadeia flutuante" de significados, podendo o leitor escolher uns e ignorar outros. A polissemia traz um questionamento sobre o sentido; no entanto, esse questionamento sempre aparece como uma disfunção, mesmo que essa disfunção seja recuperada pela sociedade na forma de um jogo trágico (Deus, mudo, não permite que você escolha entre os signos) ou poético (é o "*frisson* do sentido" – pânico – dos gregos antigos); mesmo no cinema, as imagens traumáticas estão relacionadas a uma incerteza (a uma preocupação) sobre o sentido de objetos ou atitudes. Além disso, toda sociedade desenvolve várias técnicas com o objetivo de *fixar* a cadeia flutuante de significados, de modo a combater o terror dos signos incertos: a mensagem linguística é uma dessas técnicas. Ao nível da mensagem literal, a palavra responde, de forma mais ou menos direta, mais ou menos parcial, à pergunta: *O que é isso?* Ela ajuda a identificar pura e simplesmente os elementos da cena e a própria cena: é uma descrição denotada da imagem (muitas vezes uma descrição parcial) ou, na terminologia de Hjelmslev, de uma *operação* (oposta à conotação).[9] A função denominativa corresponde bem a uma *ancoragem* de todos os sentidos possíveis (denotados) do objeto, recorrendo a uma nomenclatura; diante de um prato (anúncio da Amieux), posso hesitar em identificar as formas e os volumes; a legenda ("*arroz e atum com champignons*") me ajuda a escolher *o nível certo de percepção*; ela me permite acomodar não apenas meu olhar, mas também minha intelecção. Ao nível da mensagem "simbólica", a mensagem linguística já não orienta a identificação, mas a interpretação. Ela constitui uma espécie de barreira que impede a proliferação de sentidos conotados, quer em direção a lugares demasiado individuais (isto é, limita o poder projetivo da imagem), quer em direção a valores disfóricos; um anúncio (conservas d'Arcy) mostra algumas frutas espalhadas ao redor de uma escada; a legenda ("*como se você tivesse colhido do seu pomar*") exclui um significado possível (parcimônia, pobreza da colheita), porque seria desagradável, e direciona a leitura para um significado lisonjeiro (caráter natural e pessoal dos frutos de um pomar particular); a legenda age aqui como um "contratabu", combate o mito ingrato do artificial, geralmente ligado às conservas. É claro que, fora da publicidade, a ancoragem pode ser ideológica, sendo, inclusive, sua função principal; o texto *direciona* o leitor entre os significados da imagem, faz com que ele evite uns e receba outros; por meio de um *dispatching* geralmente sutil, ele o orienta em um sentido escolhido previamente. Em todos esses casos de ancoragem, a linguagem obviamente tem uma função de elucidação, mas essa elucidação é seletiva; é uma metalinguagem aplicada não à totalidade da mensagem icônica, mas apenas a alguns de seus signos; o texto é realmente o direito que tem o criador (e, logo, a sociedade) de exercer controle sobre a imagem: a ancoragem é um controle, ela tem uma responsabilidade, diante do poder projetivo das figuras, sobre o uso da mensagem; em relação à liberdade dos significados da imagem, o texto tem um valor repressivo,[10] e compreendemos que é no nível do texto que se instauram, sobretudo, a moral e a ideologia de uma sociedade.

A ancoragem é a função mais frequente da mensagem linguística; é comumente encontrada na fotografia de imprensa e na publicidade. A função de *relais* é mais rara (pelo menos no que diz respeito à imagem estática); é encontrada principalmente em desenhos animados e histórias em quadrinhos. Aqui, a palavra (na maioria das vezes, parte de um diálogo) e a imagem estão em uma relação de complementaridade; as palavras são fragmentos de um sintagma mais geral, da mesma forma que as imagens, e a unidade da mensagem ocorrem em um nível superior: o da história, da anedota, da diegese (o que confirma que a diegese deve ser tratada como um sistema autônomo).[11] Raro na imagem estática, essa palavra, *relais*, se torna muito importante no cinema, onde o diálogo não tem uma simples função de elucidação, mas onde ela desenvolve a ação, dispondo, na sequência das mensagens, sentidos que não se encontram na imagem. As duas funções da mensagem linguística podem obviamente coexistir no mesmo todo icônico, mas o domínio de uma ou de outra certamente não é indiferente à economia geral da obra; quando a palavra tem valor diegético de *relais*, a informação é mais dispendiosa, pois requer o aprendizado de um código digital (a língua); quando tem valor substitutivo (de ancoragem, de controle), é a imagem que mantém a carga informativa, e sendo a imagem analógica, a informação acaba sendo mais "preguiçosa": em alguns quadrinhos, destinados a uma leitura "apressada", a diegese é confiada principalmente à palavra, cabendo à imagem coletar informações atributivas, de ordem paradigmática (estatuto estereotipado dos personagens): combinamos a mensagem dispendiosa e a mensagem discursiva de modo a poupar o leitor apressado do tédio das "descrições" verbais, aqui confiadas à imagem, isto é, a um sistema menos "trabalhoso".

A imagem denotada

Vimos que, na imagem propriamente dita, a distinção entre a mensagem literal e a mensagem simbólica era operacional; nunca encontraremos (pelo menos na publicidade) uma imagem literal em estado puro; mesmo que conseguíssemos uma imagem inteiramente "ingênua", ela se juntaria imediatamente ao signo da ingenuidade e seria completada por uma terceira mensagem, simbólica. Os caracteres da mensagem literal não podem, pois, ser substanciais, mas apenas relacionais; é, antes de mais nada, uma mensagem privativa, constituída pelo que permanece na imagem quando apagamos (mentalmente) os signos de conotação (removê-los de verdade não seria possível, porque eles podem permear toda a imagem, como no caso da "composição de natureza-morta"); esse estado privativo corresponde naturalmente a uma plenitude de potencialidades: trata-se de uma ausência de sentido plena de todos os sentidos; é também (sem ser contraditório) uma mensagem suficiente, porque tem pelo menos um sentido ao nível da identificação da cena representada; a literalidade da imagem corresponde resumidamente ao primeiro grau do inteligível (abaixo desse grau, o leitor perceberia apenas linhas, formas e cores), mas esse inteligível permanece virtual por causa de sua própria pobreza, porque qualquer pessoa, oriunda de uma sociedade real, tem sempre um conhecimento superior ao conhecimento antropológico e percebe mais do que o literal; ao mesmo tempo privativa e suficiente, entendemos que, a partir de uma perspectiva estética, a mensagem denotada pode aparecer como uma espécie de estado adâmico da imagem; utopicamente despida de suas conotações, a imagem se tornaria radicalmente objetiva, isto é, inocente.

Esse caráter utópico da denotação é consideravelmente reforçado pelo paradoxo que já mencionamos e que faz com que a fotografia (em seu estado literal), por sua natureza absolutamente analógica, pareça realmente constituir uma mensagem sem código. Porém, a análise estrutural da imagem deve ser aqui especificada, pois, de todas as imagens, apenas a fotografia tem o poder de transmitir informação (literal) sem formá-la por meio de signos descontínuos e regras de transformação. Assim, devemos contrapor a fotografia, mensagem sem código, ao desenho, que, mesmo denotado, é uma mensagem codificada. A natureza codificada do desenho aparece em três níveis: primeiramente, a reprodução de um objeto ou de uma cena através do desenho exige um conjunto de transposições *regradas*; não existe uma natureza da cópia pictórica, e os códigos de transposição são históricos (especialmente no que diz respeito à perspectiva); além disso, o processo de desenhar (codificação) exige imediatamente uma certa divisão entre o significante e o insignificante: o desenho não reproduz *tudo*; ele reproduz, inclusive, pouquíssima coisa muitas das vezes, sem deixar de ser uma mensagem forte, enquanto a fotografia, apesar de poder escolher o seu tema, seu enquadramento e seu ângulo, não pode intervir no *interior* do objeto (exceto por montagem); em outras palavras, a denotação do desenho é menos pura que a denotação fotográfica, porque nunca há desenho sem estilo; por fim, como todos os códigos, o desenho requer treinamento (Saussure atribuía grande importância a esse fato semiológico). Haveria consequências da codificação da mensagem denotada sobre a mensagem conotada? É certo que a codificação da letra prepara e facilita a conotação, já que dispõe de uma certa descontinuidade na imagem: a "feitura" de um desenho já constitui uma conotação; mas, ao mesmo tempo, na medida em que o desenho exibe sua codificação, a relação das duas mensagens é profundamente modificada; não é mais a relação entre uma natureza e uma cultura (como no caso da fotografia), é a relação entre duas culturas: a "moral" do desenho não é a mesma da fotografia.

Na fotografia, pelo menos no nível da mensagem literal, a relação entre significados e significantes não é a de "transformação", mas de "registro", e a ausência de código obviamente reforça o mito do "natural" fotográfico: a cena *está ali*, capturada mecanicamente, mas não humanamente (a mecânica é aqui uma garantia de objetividade); as intervenções do homem na fotografia (enquadramento, distância, luz, desfoque, *panning* etc.) pertencem, de fato, ao plano da conotação; tudo se passa como se houvesse, desde o início (mesmo utópico), uma fotografia bruta (frontal e nítida) sobre a qual o homem disporia, graças a certas técnicas, os signos decorrentes do código cultural. Ao que parece, somente a contraposição do código cultural e do não código natural pode dar conta do caráter específico da fotografia e permitir medir a revolução antropológica que ela representa na história do homem, porque o tipo de consciência que implica é mesmo sem precedentes; a fotografia configura, de fato, não uma consciência de *estar lá* do objeto (que qualquer cópia poderia provocar), mas uma consciência de *ter--estado-lá*. Trata-se, portanto, de uma nova categoria de espaço-tempo: local imediato e temporal anterior; produz-se na fotografia uma conjunção ilógica entre o *aqui* e o *outrora*. Portanto, é no nível dessa mensagem denotada, ou mensagem sem código, que se pode entender completamente a *irrealidade real* da fotografia; sua irrealidade é a do *aqui*, porque a fotografia nunca é vivenciada como uma ilusão, tampouco é ela uma *presença*, sendo necessário aceitar o caráter mágico da imagem fotográfica; e sua realidade é a de *ter-estado-lá*, porque em cada fotografia há a evidência sempre surpreendente do *aconteceu assim*: tem-se, então, um milagre precioso, uma realidade da qual estamos protegidos. Esse tipo de ponderação temporal (*ter-estado-lá*) provavelmente diminui o poder projetivo da imagem (poucos testes psicológicos recorrem à fotografia, muitos recorrem ao desenho): o *isso foi* derrota o *sou eu*. Estando corretas essas observações, seria necessário vincular a fotografia a uma consciência pura do espectador, e não à consciência ficcional, mais projetiva, mais "mágica", da qual, *grosso modo*, o cinema dependeria; estaríamos, assim, autorizados a ver entre o cinema e a fotografia não mais uma simples diferença de grau, mas uma oposição radical: o cinema não seria fotografia animada; nele, o *ter-sido* desapareceria em favor de um *estar lá* do objeto; isso explicaria que pode haver uma história do cinema sem um rompimento real com as artes da ficção anteriores, enquanto a fotografia, de certa forma, escaparia à história (apesar da evolução das técnicas e ambições da arte fotográfica) e representaria um fato antropológico "enfadonho", absolutamente novo e definitivamente insuperável; pela primeira vez em sua história, a humanidade conheceria *mensagens sem código*; a fotografia não seria a última instância (aprimorada) da grande família de imagens, mas corresponderia a uma mudança drástica nas economias da informação.

Em todo caso, a imagem denotada, na medida em que não implica nenhum código (é o caso da fotografia publicitária), desempenha um papel particular na estrutura geral da mensagem icônica, o qual podemos começar a especificar (voltaremos a essa questão quando falarmos da terceira mensagem): a imagem denotada naturaliza a mensagem simbólica, elimina o artifício semântico, muito denso (especialmente na publicidade), de conotação; embora o cartaz da Panzani esteja repleto de "símbolos", permanece na fotografia uma espécie de *estar lá* natural dos objetos, na medida em que a mensagem literal é suficiente: a natureza parece produzir espontaneamente a cena representada; a simples validade de sistemas abertamente semânticos é sorrateiramente substituída por uma pseudoverdade; a ausência de um código desintelectualiza a mensagem porque parece encontrar na natureza os signos da cultura. Eis, sem dúvida, um paradoxo histórico importante: quanto mais a técnica desenvolve a disseminação das informações (e notadamente das imagens), mais ela oferece meios para mascarar o sentido construído por detrás do sentido dado.

Retórica da imagem

Vimos que os signos da terceira mensagem (mensagem "simbólica", cultural ou conotada) eram descontínuos; mesmo quando o significante parece se estender a toda a imagem, não deixa de ser um signo separado dos outros: a "composição" carrega um significado estético, da mesma forma como a entonação, embora suprassegmental, é um significante isolado da linguagem; estamos, então, lidando com um sistema normal, cujos signos são extraídos de um código cultural (mesmo que a conexão dos elementos do signo pareça ser mais ou menos analógica). O que torna esse sistema tão original é que o número de leituras de um mesmo lema (de uma mesma imagem) varia de indivíduo para indivíduo: no anúncio da Panzani que foi analisado, identificamos quatro sinais de conotação; provavelmente existem outros (por exemplo, o saco de compras de rede com produtos pode significar a pesca milagrosa, a abundância etc.). Porém, a variação das leituras não é anárquica, ela depende dos diferentes saberes investidos na imagem (saberes práticos, nacionais, culturais, estéticos), e esses saberes podem ser classificados, relacionados com uma tipologia; é como se a imagem fosse lida por diversas pessoas, as quais podem muito bem coexistir em um único indivíduo: *o mesmo lema mobiliza léxicos diferentes*. O que é um léxico? É uma parte do plano simbólico (da linguagem) que corresponde a um corpo de práticas e técnicas;[12] o mesmo acontece com as diferentes leituras da imagem: cada signo corresponde a um corpo de "atitudes": turismo, tarefas domésticas, conhecimento da arte etc., sendo que algumas delas podem obviamente não estar presentes em determinado indivíduo. Há uma pluralidade e uma coexistência de léxicos no mesmo indivíduo; o número e a identidade desses léxicos formam, de certa forma, o *idioleto* de cada um.[13] A imagem, em sua conotação, seria assim constituída por uma arquitetura de signos extraídos de uma profundidade variável de léxicos (idioletos), permanecendo cada léxico, por mais "profundo" que seja, codificado, já que, como acreditamos, a própria *psique* é articulada como uma linguagem; melhor ainda: quanto mais se "desce" às profundezas psíquicas de um indivíduo, mais os signos se tornam raros e classificáveis: o que poderia ser mais sistemático do que as leituras do Rorschach? A variabilidade das leituras não pode, então, ameaçar a "língua" da imagem, se admitirmos que essa língua é composta de idioletos, léxicos ou subcódigos: a imagem é inteiramente atravessada pelo sistema do sentido, exatamente como o homem se articula, nas profundezas de si mesmo, em linguagens distintas. A língua da imagem não é apenas o conjunto de palavras emitidas (por exemplo, no nível do combinador de signos ou do criador da mensagem), mas é também o conjunto de palavras recebidas:[14] a língua deve incluir as "surpresas" do sentido.

Outra dificuldade associada à análise da conotação é que uma linguagem analítica particular não corresponde à particularidade de seus significados; como nomear os significados de conotação? Para um deles, arriscamos o termo *italianidade*, mas os outros só podem ser designados por termos da linguagem cotidiana (*preparação culinária, natureza-morta, abundância*): a metalinguagem que deve dar conta deles no momento da análise não é especial. É embaraçoso, pois esses significados têm uma natureza semântica particular; como *sema* de conotação, "abundância" não cobre exatamente "abundância" no sentido denotado; o significante da conotação (neste caso, a profusão e a condensação dos produtos) é como o número essencial de todas as abundâncias possíveis, ou melhor dizendo, da mais pura ideia de abundância; a palavra denotada, por sua vez, nunca se refere a uma essência, pois está sempre presa em uma palavra contingente, um sintagma contínuo (o do discurso verbal), voltado para uma certa transitividade prática da linguagem; o sema "abundância", por outro lado, é um conceito em sua forma mais pura, retirado de todo sintagma, privado de todo contexto; corresponde a uma espécie de estado teatral do sentido, ou melhor dizendo (já que se trata de um signo sem sintagma), a um sentido *exposto*. Para fazer esses semas de conotação, seria necessário, portanto, uma metalinguagem particular; arriscamos *italianidade*; são barbáries desse tipo que poderiam explicar melhor os significados de conotação, porque o sufixo -*tas* (indo-europeu, * -*tà*) foi usado para derivar do adjetivo um substantivo abstrato, *italianidade*, que não é a Itália, mas a essência condensada de tudo o que pode ser italiano, do espaguete à pintura. Ao concordar em regular artificialmente – e, se necessário, de forma bárbara – a nomeação dos semas de conotação, facilitaríamos a análise de sua forma;[15] esses semas estão obviamente organizados em campos associativos, em articulações paradigmáticas, talvez até mesmo em oposições, segundo certos caminhos, ou como diz A. J. Greimas, segundo certos eixos sêmicos:[16] *italianidade* pertence a um certo eixo de nacionalidades, ao lado da francesidade, germanidade ou hispanidade. A reconstituição desses eixos – que poderão mais tarde se opor – obviamente só será possível quando tiver sido feito um inventário massivo dos sistemas de conotação, não só o da imagem, mas também o de outras substâncias, porque ao mesmo tempo que a conotação tem significantes típicos de acordo com as substâncias utilizadas (imagem, fala, objetos, comportamentos), ela combina todos os seus significados: são os mesmos significados que serão encontrados na imprensa escrita, na imagem ou no gesto do comediante (motivo pelo qual a semiologia só é concebível em um contexto, digamos, completo); esse domínio comum de significados de conotação é o da *ideologia*, que só poderá ser única para uma dada sociedade e história, quaisquer que sejam os significantes de conotação a que recorre.

À ideologia geral correspondem, de fato, significantes de conotação que são especificados de acordo com a substância escolhida. Chamaremos esses significantes de *conotadores* e o conjunto de conotadores de *retórica*: a retórica, portanto, aparece como a face significante da ideologia. A retórica varia inevitavelmente de acordo com sua substância (de um lado, o som articulado; do outro, a imagem, o gesto etc.), mas não necessariamente com sua forma; é até provável que exista apenas uma *forma* retórica, comum, por exemplo, ao sonho, à literatura e à imagem.[17] Assim, a retórica da imagem (ou seja, a classificação de seus conotadores) é específica na medida em que está sujeita às restrições físicas da visão (diferentemente das restrições fonatórias, por exemplo), mas geral na medida em que as "figuras" nunca são mais do que relações formais de elementos. Essa retórica só poderá ser constituída a partir de um inventário bastante grande, mas já podemos prever que encontraremos aí algumas das figuras anteriormente identificadas pelos antigos e pelos clássicos;[18] assim, o tomate significa italianidade por metonímia; em outros lugares, a sequência de três cenas (grãos de café, café em pó, aroma de café), por simples justaposição, faz surgir uma certa relação lógica tal qual um assíndeto. É mesmo provável que, entre as metáboles (ou figuras de substituição de um significante por outro),[19] a metonímia seja o que fornece à imagem o maior número de seus conotadores; e entre as parataxes (ou figuras do sintagma), o que domina é o assíndeto.

O mais importante, entretanto – pelo menos, por enquanto – não é inventariar os conotadores, mas, sim, entender que eles constituem, na imagem total, *traços descontínuos*, ou melhor, *erráticos*. Os conotadores não preenchem todo o lema, sua leitura não o esgota. Em outras palavras (e essa seria uma proposição válida para a semiologia em geral), todos os elementos do lema não podem ser transformados em conotadores, sempre permanece no discurso uma certa denotação, sem a qual precisamente o discurso não seria possível. Isso nos leva de volta à mensagem 2, ou imagem denotada. No anúncio da Panzani, os legumes mediterrâneos, a cor, a composição e a própria profusão surgem como blocos erráticos, tanto isolados quanto inseridos em uma cena geral que tem seu próprio espaço e, como vimos, seu "sentido": estão "presos" em um sintagma *que não é o seu e que é o sintagma da denotação*. Trata-se de uma proposição importante, porque nos permite basear (retroativamente) a distinção estrutural da mensagem 2 (ou literal) e da mensagem 3 (ou simbólica) e especificar a função naturalizante da denotação em relação à conotação; sabemos que é exatamente o sintagma da mensagem denotada que *"naturaliza" o sistema da mensagem conotada*. Ou ainda: a conotação é apenas um sistema, só pode ser definida em termos de um paradigma; a denotação icônica é apenas um sintagma, ela associa elementos sem sistema: os conotadores descontínuos são conectados, atualizados, "falados" através do sintagma da denotação: o mundo descontínuo de símbolos mergulha na história da cena denotada como em um banho lustral de inocência.

Vemos, com isso, que no sistema total da imagem, as funções estruturais estão polarizadas; por um lado, há uma espécie de condensação paradigmática ao nível dos conotadores (isto é, *grosso modo*, "símbolos"), que são signos fortes, erráticos e, digamos, "reificados"; e por outro lado, de "fluxo" sintagmático ao nível da denotação; não esqueçamos que o sintagma está sempre muito próximo da palavra, sendo o "discurso" icônico que naturaliza seus símbolos. Sem querer passar precocemente da imagem à semiologia geral, podemos, entretanto, presumir que o mundo do sentido total está dividido de forma interna (estrutural) entre o sistema como cultura e o sintagma como natureza: as obras de comunicação de massa combinam, por meio de dialéticas diversas e bem-sucedidas, o fascínio de uma natureza, que é a da narrativa, da diegese, do sintagma, e a inteligibilidade de uma cultura, refugiada em alguns símbolos descontínuos, que os homens "declinam" ao abrigo da sua palavra viva.

Notas

1. A *descrição* da fotografia é dada aqui com cautela, pois já constitui uma metalinguagem. Consulte a reprodução na página 48. [N.E.: a imagem do anúncio da Panzani encontra-se na edição original da revista *Communications*, p. 48, em www.persee.fr/doc/comm_0588-8018_1964_num_4_1_1027, acesso em março de 2023.]
2. Chamaremos de *signo típico* o signo de um sistema, na medida em que seja suficientemente definido por sua substância: o signo verbal, o signo icônico e o signo gestual são todos signos típicos.
3. Em francês, a expressão "natureza-morta" refere-se à presença original de objetos fúnebres, como uma caveira, em certas pinturas.
4. Ver "Le message photographique", in *Communications*, 1, p. 127.
5. Sendo a análise "ingênua" uma enumeração de elementos, a descrição estrutural pretende compreender a relação desses elementos com base no princípio da solidariedade dos termos de uma estrutura: se um termo muda, os outros também mudam.
6. Ver "Éléments de sémiologie", in *Communications*, 4, 1960, p. 130.
7. Claude François Ménestrier, *L'art des emblèmes*, 1684.
8. É possível encontrar imagens sem palavras, sem dúvida, de forma paradoxal, em certos desenhos animados; a ausência de fala sempre encobre uma intenção enigmática.
9. Ver "Éléments...", op. cit. p. 131-132.
10. Isso fica claro no caso paradoxal em que a imagem é construída a partir do texto, caso em que o controle pareceria inútil. Uma propaganda que quer transmitir a ideia de que em determinado pó de café o aroma é seu "prisioneiro", e que encontraremos todo esse aroma no seu uso, mostra acima do texto um café preso com uma corrente e um cadeado; aqui a metáfora linguística ("prisioneiro") é levada ao pé da letra (um processo poético bem conhecido); mas, na verdade, é a imagem que é lida primeiro, e o texto que a formou acaba se tornando a simples escolha de um significado entre tantos outros: nesse processo, a repressão assume a forma de uma banalização da mensagem.
11. Ver Claude BREMOND, "Le message narratif", in *Communications*, 4, 1964.
12. Ver A. J. GREIMAS, "Les problèmes de la description mécanographique", in *Cahiers de Lexicologie*. Besançon: 1, 1959, p. 63.
13. Ver "Élements...", op. cit., p. 96.

14 Na perspectiva saussuriana, a fala é antes de tudo o que é emitido, extraído da língua (e a constitui em troca). Hoje devemos ampliar a noção de língua, principalmente do ponto de vista semântico: a língua é a "abstração totalizante" das mensagens enviadas *e recebidas*.

15 *Forma*, no sentido preciso que lhe foi atribuído por Hjelmslev (ver "Élements...", op. cit., p. 105), como uma organização funcional dos significados entre si.

16 A. J. GREIMAS, *Cours de Sémantique*, 1964, Cahiers Ronéotypés par l'École Normale Supérieure de Saint-Cloud (cadernos mimeografados pela Escola Normal Superior de Saint-Cloud).

17 Ver E. BENVENISTE, "Remarques-sur la fonction du langage dans la découverte freudienne", in *La Psychanalyse*, 1, 1956, p. 3-16.

18 A retórica clássica terá de ser repensada em termos estruturais (objeto de um trabalho em andamento), e então será, talvez, possível estabelecer uma retórica geral ou linguística de significantes de conotação, válida para o som articulado, a imagem, o gesto etc.

19 Preferimos evitar aqui a diferenciação de Jakobson entre metáfora e metonímia, porque ao mesmo tempo que a metonímia é uma figura de contiguidade por sua origem, ela acaba funcionando como um substituto do significante, isto é, como uma metáfora.

A moral dos objetos:
função-signo e lógica de classe

Jean Baudrillard

I. Função social do objeto-signo
A hipótese empirista: necessidades e valor de uso

Uma análise da lógica social que regula a prática dos objetos segundo as várias classes ou categorias só pode ser ao mesmo tempo uma análise crítica da ideologia do "consumo", que hoje subjaz a toda prática relativa aos objetos.*
Essa dupla análise – a da função social distintiva dos objetos e a da função política da ideologia a ela relacionada – deve partir de um pré-requisito absoluto: a superação de uma visão espontânea dos objetos em termos de necessidades, da hipótese da prioridade de seu valor de uso.

Essa hipótese, que se sustenta na evidência vivida, atribui aos objetos um estatuto funcional, o de ferramenta ligada às operações técnicas sobre o mundo e, portanto, o estatuto de mediação das necessidades antropológicas "naturais" do indivíduo. Nessa perspectiva, os objetos são, antes de mais nada, uma função das necessidades, ganhando seu sentido na relação econômica do homem com o meio ambiente.

Essa hipótese empirista é falsa. Longe de o status primário do objeto ser um status pragmático que virá a ser, mais tarde, sobredeterminado por um valor social de signo, é o valor de troca *"simbólica"* que é fundamental – sendo o valor de uso apenas a garantia prática (ou mesmo uma racionalização pura e simples): essa é, pelo menos em sua forma paradoxal, a única hipótese sociológica correta. Sob evidências concretas, as necessidades e funções basicamente descrevem apenas um nível abstrato, um discurso expresso dos objetos, em relação ao qual o discurso social, em grande parte inconsciente, aparece como fundamental. Uma verdadeira teoria dos objetos e do consumo se baseará não em uma teoria das necessidades e sua satisfação, mas em uma teoria do benefício social e do significado.

---

* Fragmento de "La morale des objets", *Communications*, 13, p. 23-50 (23-30), 1969. Tradução de Glauber Neves Rosa.

A troca simbólica: o kula e o potlatch

A alusão às sociedades primitivas é, sem dúvida, perigosa – deve-se lembrar, no entanto, que originalmente o consumo de bens (alimentares ou suntuários) não corresponde a uma economia individual de necessidades; é uma função social de prestígio e distribuição hierárquica. Não é uma questão de necessidade vital ou de "lei natural", mas de restrição cultural. Resumindo, é uma instituição. É necessário que bens e objetos sejam produzidos e trocados (por vezes, na forma de dilapidação violenta) para que uma hierarquia social se manifeste. Para os trobriandeses (Malinowski), a distinção entre função econômica e função/signo é radical: há duas classes de objetos, entre os quais se articulam dois sistemas paralelos – o *kula*, sistema de troca simbólica baseado na circulação, na doação em cadeia de pulseiras, colares, adornos, em torno dos quais se organiza o sistema social de valores e de status – e o *gimwali*, que é o comércio de bens primários.

Essa segregação desapareceu em nossas sociedades (mas não completamente: há dotes, presentes etc.). Porém, por trás de todas as superestruturas de compra, do mercado e da propriedade privada, há ainda o mecanismo de benefício social que deve ser levado em conta na nossa escolha, na nossa acumulação, no nosso manuseio e no nosso consumo de objetos – mecanismo de discriminação e de prestígio que está no próprio alicerce do sistema de valores e de integração na ordem hierárquica da sociedade. O *kula* e o *potlatch* desapareceram, mas não seu princípio, que manteremos como base de uma teoria sociológica dos objetos – o que é, sem dúvida, cada vez mais verdadeiro à medida que os objetos se multiplicam e se diferenciam: não a relação com as necessidades, o valor de uso, mas o valor da troca simbólica, do benefício social, da competição e, finalmente, dos discriminantes de classe – essa é a hipótese conceitual fundamental de uma análise sociológica do "consumo".

O consumo conspícuo

O eco dessa função primordial dos objetos encontra-se ampliado, nas análises de Thorstein Veblen,[1] sob a noção de "*conspicuous waste*" (esbanjamento conspícuo, gasto ou consumo de prestígio). Veblen mostra que se as classes submissas têm primariamente a função de trabalhar e de produzir, elas também têm simultaneamente a função (e, quando mantidas em ociosidade, a única função) de ostentar o status do senhor. As mulheres, o "povo" e os criados são, portanto, demonstradores de status. Essas categorias também consomem, mas em nome do senhor ("*vicarious consumption*"), sendo testemunhas, em sua ociosidade, sua superfluidade, da grandeza e da riqueza dele. Portanto, em sua função não é mais do que a dos objetos no kula ou no potlatch, econômica, mas a de instituição ou de preservação de uma ordem hierárquica de valores. Veblen analisa a condição da mulher na sociedade patriarcal a partir dessa perspectiva: assim como não se alimenta um escravo para que ele coma, mas para que trabalhe, também não se veste uma mulher luxuosamente para que fique bonita, mas para que seja testemunha, através do luxo, da legitimidade ou do privilégio social de seu senhor (é também o caso da "cultura", que, para as mulheres, muitas vezes, funciona como atributo social: especialmente nas classes abastadas, a cultura das mulheres faz parte do patrimônio do grupo). Essa noção de "*vicarious consumption*", de "consumo por procuração", é capital: ela remonta ao teorema fundamental do consumo, que diz que ele não tem nada a ver com gozo pessoal (ainda que a mulher sinta prazer em estar bonita), mas que é *uma instituição social* compulsória, que determina os comportamentos antes mesmo de ser refletida pela consciência dos atores sociais.

Mais ainda, isso pode nos levar a considerar o consumo não como ele se apresenta: uma gratificação individual generalizada – mas, sim, como um *destino* social que afeta determinados grupos ou classes mais que outros, ou por oposição a outros. Se hoje, em uma sociedade democrática moderna, não há mais categorias voltadas *na lei* para o consumo de prestígio por procuração, podemos nos perguntar se, por trás da aparente generalização social do processo, não há classes voltadas *de fato* para esses mecanismos de prodigalidade – restaurando, assim, sob a aparente disponibilidade total dos comportamentos individuais, a função imemorial da instituição do valor e da discriminação social que foi a do consumo na sociedade pré-industrial.

Segundo Veblen, um dos maiores ostentadores de prestígio, além de riqueza e dilapidação ("*wasteful expenditure*"), é a ociosidade ("*waste of time*"), exercida diretamente ou por procuração ("*vicarious leisure*"). O mundo dos objetos não escapa a essa regra, a essa restrição da superfluidade: é sempre no que tem de inútil, fútil, supérfluo, decorativo, não funcional, que se constituem em categorias inteiras de objetos (bugigangas, engenhocas, acessórios), ou em cada objeto, todas as conotações e o metabolismo das formas, o jogo da moda etc. – em suma, os objetos nunca se esgotam na sua utilidade, e é nesse excesso de presença que eles adquirem seu significado de prestígio, que "designam" não mais o mundo, mas o ser e a posição social de seu detentor.

O simulacro funcional

No entanto, esse constrangimento da ociosidade, da inutilidade como fonte de valores, hoje esbarra em um imperativo antagônico em todos os lugares, de forma que é do conflito, ou melhor, do compromisso entre duas morais opostas que resulta o status atual do objeto cotidiano: de uma moral aristocrática do "*otium*" e de uma ética puritana do trabalho. De fato, quando fazemos da função dos objetos sua razão imanente, esquecemos em grande parte o quanto esse valor funcional é governado por uma moralidade social que exige que hoje o objeto, não mais que o indivíduo, seja ocioso. Ele deve "trabalhar", "funcionar" e, dessa maneira, exonerar-se, por assim dizer democraticamente, de seu antigo status aristocrático como um puro sinal de prestígio. Esse antigo estatuto, baseado na ostentação e no gasto, ainda está presente, mas, claramente impresso nos efeitos da moda e da decoração, na maioria das vezes está associado – em quantidades variáveis – a um discurso funcional que pode servir de álibi com função distintiva ("*invidious distinction*"). Assim, os objetos conduzem a um jogo perpétuo, que resulta, na verdade, de um conflito moral, de uma disparidade de imperativos sociais: o objeto funcional finge ser decorativo, se enfeita de inutilidade ou dos disfarces da moda – o objeto fútil e ocioso assume razão prática.[2] Por último, encontra-se o *gadget* (engenhoca): pura gratuidade disfarçada de funcionalidade, pura prodigalidade disfarçada de moralidade prática. Em todo caso, todos os objetos, mesmo os triviais, são objetos de trabalho: a limpeza, a arrumação, o trabalho manual, o conserto – em todo lugar o *homo faber* funciona como *homo otiosus*. De forma mais geral, estaríamos lidando (e isso não apenas no mundo dos objetos) com um *simulacro* funcional ("*make-believe*"), por trás do qual os objetos continuariam a desempenhar seu papel de discriminadores sociais. Em outras palavras, pensamos todos os objetos com base no seu compromisso fundamental[3] de ter que significar, isto é, conferir sentido social, prestígio, no modo do *otium* e do jogo – um modo arcaico e aristocrático com o qual se busca reviver a ideologia hedonista de consumo

– e inclusive submeter-se ao forte consenso da moralidade democrática do esforço, do fazer e do mérito.

Podemos imaginar um estado de sociedade em que isso resultaria em duas classes distintas de objetos: uso/prestígio, valor de uso/valor de troca simbólica – disjunção ligada a uma forte integração hierárquica (sociedade primitiva, ritual, de castas). Novamente, em nossas sociedades, isso geralmente resulta em ambivalência no nível de cada objeto.

O importante é ler em toda parte, para além da evidência prática dos objetos e através da aparente espontaneidade do comportamento, a obrigação social, o *ethos* do consumo "conspícuo" (direto ou por procuração),[4] ou seja, apreender, no contexto do consumo, uma dimensão permanente da hierarquia social, e hoje em dia, no status, uma moral que segue imperativa.

Sob essa determinação paradoxal, os objetos são, portanto, o lugar não da satisfação das necessidades, mas do trabalho simbólico, de uma "produção" no duplo sentido do termo: "*pro-ducere*" – são fabricados, mas também são produzidos como *prova*. São o lugar da consagração de um esforço, de uma realização ininterrupta, de um "*stress for achievement*", visando a comprovar de forma contínua e tangível o valor social. Uma espécie de "*Bewährung*" secular, de provação, de prestação, que, sob condutas opostas, herda os mesmos princípios morais que eram os da ética protestante e, segundo Weber, do espírito capitalista da produção: a moral do consumo substitui a da produção ou a ela se enreda na mesma lógica social da salvação.

II. Perspectivas sociológicas

Chapin: a escala da sala de estar

Vários autores tentaram integrar os objetos como elementos de uma lógica social. Como regra geral, entretanto, o papel que desempenham na pesquisa sociológica é o de figurantes. Para os analistas do "consumo", os objetos são um dos temas preferidos da paraliteratura sociológica, a contrapartida do discurso publicitário. Uma tentativa sistemática deve ser observada, no entanto: a de Chapin.[5] Ele define o status como "a posição ocupada por um indivíduo ou uma família, de acordo com os padrões dominantes de bens culturais, de renda líquida, de bens materiais e da participação em atividades de grupo da coletividade". Dessa forma, há quatro escalas. Em seguida, descobriu-se que os quatro componentes estavam tão intimamente relacionados com a medida independente dos móveis da sala de estar que eles eram suficientes para medir a classe do ponto de vista estatístico. Essa "escala da sala de estar" envolve, assim, 23 itens, em que os vários objetos são listados e contados (bem como alguns aspectos relativos ao todo: limpeza, ordem, manutenção). Essa primeira exploração para fins sociológicos é, portanto, caracterizada pelo empirismo mais ingênuo: os estratos sociais são simplesmente indexados em um balanço de objetos. No entanto, esse procedimento só é válido (porque suas conclusões são grosseiras de qualquer maneira) em uma sociedade de relativa escassez, em que o poder de compra sozinho divide claramente as classes. Ainda assim, só se aplica realmente aos extremos, e não às categorias intermediárias. Além disso, tais correlações fixas não podem definir nem a lógica nem a dinâmica da estratificação.

Análise sintática e retórica do ambiente

Dito isso, a escala de Chapin, se fosse baseada em uma análise mais detalhada, inventariando a qualidade dos objetos, seu material, sua forma, suas nuances de estilo etc., ainda poderia ser de alguma utilidade, porque não é mais verdade, de acordo com a objeção feita a ele, que todos hoje têm virtualmente as mesmas coisas. O estudo de modelos e séries[6] mostra a complexa gama de diferenças, nuances, que fazem com que a mesma categoria de objetos (poltronas, prateleiras, carro etc.) ainda possa reproduzir todas as disparidades sociais. No entanto, é também evidente que a discriminação já passou hoje, com a elevação do padrão de vida, da posse pura e simples para a organização e a prática dos objetos. É, portanto, em uma semiologia mais detalhada do ambiente e das práticas cotidianas que uma classificação social deve se basear (possivelmente). Análises de interiores e de espaços domésticos, baseadas não no inventário, mas na distribuição dos objetos (centralidade/excentricidade, simetria/assimetria, hierarquia/desvio, promiscuidade/distância), em sintagmas formais ou funcionais, em suma, uma análise da sintaxe dos objetos, procurando identificar constantes de organização de acordo com o tipo de habitat e categoria social, bem como coerência ou contradições do discurso – este seria um nível preparatório para uma interpretação em termos de lógica social, desde que essa topoanálise "horizontal" esteja associada a uma semiologia "vertical", que exploraria, da série ao modelo, através de todas as diferenças significativas, a escala hierárquica de cada categoria de objetos.[7]

O problema será, então, trazer à tona uma coerência entre a posição relativa de um dado objeto, ou conjunto de objetos, na escala vertical e, por outro lado, o tipo de organização do contexto em que se encontra e o tipo de práticas relacionadas. A hipótese da coerência não será necessariamente verificada: há barbáries, deslizes não apenas no discurso formal, mas no discurso social dos objetos. E será então uma questão não apenas de localizá-los na análise estrutural, mas de interpretá-los em termos de *contradições* lógicas e sociais.

Em suma: o que pode almejar uma análise sociológica nesta área? Se é para trazer à tona uma relação mecânica ou especular entre determinada configuração de objetos e determinada posição na escala social, como faz Chapin, é desprovida de interesse. Sabemos que os objetos dizem muito sobre o status de seu dono, mas há um círculo vicioso: encontramos nos objetos a categoria social, pois basicamente já a definimos a partir dos objetos (entre outros critérios). A indução recorrente esconde uma dedução circular. A prática social específica (e, portanto, o verdadeiro objeto da sociologia) não pode ser separada dessa operação.

Análise estratégica da prática de objetos

Sem dúvida, podemos primeiro considerar os próprios objetos e sua *soma* como índices de *pertencimento social*, mas é muito mais importante considerá-los, na sua escolha, sua organização e sua prática, como o suporte de uma *estrutura global* do ambiente, que é, ao mesmo tempo, uma estrutura ativa de comportamento. Essa estrutura não estará mais diretamente ligada a um status mais ou menos atribuído e listado de antemão, mas analisada como um elemento da *tática social* de indivíduos e grupos, como um elemento vivo de suas aspirações, que pode, então, coincidir dentro de uma estrutura maior com outros aspectos dessa prática social (trajetória profissional, educação dos filhos, local de residência, rede de relacionamentos etc.), mas também contradizê-los em parte.[8]

O que é evidente, de qualquer forma, é que só podemos falar de objetos em termos para além deles mesmos, em termos de lógica e estratégia social. Ao mesmo tempo, porém, devemos manter a análise em um terreno específico, determinando qual posição específica os objetos ocupam em relação a outros sistemas de signos e qual campo específico de práticas eles constituem na estrutura geral do comportamento social.

Seria o discurso dos objetos específico?
Parece que a norma das atitudes do consumo é tanto a da distinção quanto a da conformidade.[9] Como regra geral, parece haver uma predominância do grupo de pertencimento sobre o grupo ideal de referência: temos objetos "conformes", os objetos de seus pares.[10] Mas o problema se mantém: qual é a posição específica dos objetos – ela existe? – em relação a essa norma muito geral de atitudes de consumo? Existe isofuncionalidade, redundância dos diversos sistemas de signos e comportamentos relativos ao consumo? Roupas, objetos, habitat, lazer, atividades culturais? Ou autonomia relativa? Assim, os setores de roupas, eletrodomésticos, automóveis e apartamentos obedecem hoje a padrões de renovação acelerada, mas cada um de acordo com seu próprio ritmo – a obsolescência relativa também varia de acordo com as categorias sociais. Mas também podemos admitir que todos os outros setores se opõem em conjunto ao "morar" – ele, apesar de solidário do processo geral, constitui uma função específica que não pode ser assimilada brutal ou idealmente aos demais aspectos do consumo e da moda.[11] Reduzir todos os setores de signos distintivos a uma sincronia, em relação unívoca com a situação na escala social (ou com a trajetória) seria, sem dúvida, liquidar todo um campo de contrastes, ambiguidades, disparidades riquíssimos. Em outras palavras: seria a prática social de objetos específica? Seria por meio desses objetos, mais do que por meio de filhos, amigos, roupas etc., que se indicaria uma exigência de conformidade, de segurança, ou melhor, de aspirações, de ambições sociais? E, neste caso, que tipo de aspirações e por meio de qual categoria de objetos? Por causa dessa autonomia relativa dos objetos e sua prática no contexto das atitudes sociais, podemos hipotetizar, de uma categoria para outra, no cerne dos próprios objetos: muitas vezes observamos, nos apartamentos, que a configuração geral, do ponto de vista do status, não é homogênea – é raro que todos os objetos no mesmo interior estejam no mesmo comprimento de onda. Não conotam certos objetos pertencimento social, status de fato, e outros, um status presumido, um nível de aspirações? Será que existem objetos "irrealistas", isto é, que contrariam o

status real e testemunham desesperadamente um status inacessível (análogo, consideradas todas as proporções, ao comportamento de "evasão" ou aos comportamentos utópicos característicos das fases críticas de aculturação)? Por outro lado, será que existem objetos-testemunhas que atestam, apesar de um status móvel, fidelidade à classe de origem e uma tenaz "enculturação"?

Código formal e prática social

Portanto, nunca há necessidade de traçar um repertório de objetos e significados sociais ligados a esses objetos: um código que, neste caso, não valeria mais do que uma chave dos sonhos. É certo que os objetos são portadores de significados sociais indexados, portadores de uma hierarquia cultural e social – e isso nos menores detalhes: forma, material, cor, duração, arranjo no espaço etc. –, em suma, que eles constituem um código. Mas, precisamente para isso, há todos os motivos para se pensar que indivíduos e grupos, longe de seguirem diretamente as injunções desse código, utilizam-no com o repertório distintivo e imperativo de objetos da mesma forma que com qualquer código moral ou institucional, isto é, à sua maneira: jogam com ele, quebram suas regras, falam dele no dialeto de sua classe.

É, portanto, em sua gramática de classe, em suas inflexões de classe, que esse discurso deve ser lido, nas contradições que conduzem o indivíduo ou o grupo, por meio de seu discurso de objetos, com sua própria situação social. É na sintaxe concreta dos conjuntos de objetos – equivalente a uma narrativa e interpretável em termos de destino social como a narrativa do sonho em termos de conflitos inconscientes –, é no lapso, nas inconsistências, nas contradições desse discurso que nunca se reconcilia consigo mesmo (isso traduziria, então, um status social idealmente estável, inverossímil em nossas sociedades), mas que, por outro lado, sempre expressa, em sua própria sintaxe, uma neurose de mobilidade, de inércia ou de regressão social – mais ainda, é na relação, eventualmente díspar ou contraditória, desse discurso de objetos com outros comportamentos sociais (profissionais, econômicos, culturais) que se deve fazer uma análise sociológica correta. Ou seja, evitar tanto uma leitura "fenomenológica" (as "tabelas" de objetos relacionados a personagens ou a tipos sociais) e a mera reconstituição formal do código de objetos que, em qualquer caso, e embora inclua uma lógica social rigorosa, nunca é dita como tal, mas sempre restituída e manipulada de acordo com a lógica própria de cada situação.

Assim, os objetos, sua sintaxe e sua retórica referem-se a objetivos sociais e a uma lógica social. O que eles nos falam não é tanto sobre o usuário e as práticas técnicas, mas sobre pretensão e resignação social, mobilidade social e inércia, aculturação e enculturação, estratificação e classificação social. Por meio dos objetos, cada indivíduo, cada grupo buscam seu lugar em uma ordem, ao mesmo tempo que buscam romper essa ordem de acordo com sua trajetória pessoal. Através dos objetos, há uma sociedade estratificada que fala;[12] e se, como os meios de comunicação de massa, os objetos parecem falar com todos (não há mais, pelo direito, objetos de casta), é para colocar cada um em seu lugar. Em suma, sob o signo dos objetos, sob o selo da propriedade privada, o que ocorre é sempre o processo social contínuo do valor. E os objetos também são, sempre e em todo lugar, para além de utensílios, o fim e a prova desse processo social do valor.

Notas

1 Th. VEBLEN, *The Theory of the Leisure Class*, 1899.
2 Assim, na casa de campo equipada com aquecimento central, a bacia camponesa disfarça o seu caráter folclórico: diz-se que ela "serve até no inverno".
3 Logicamente, isso é uma contradição, porque os dois sistemas de valores são contraditórios. Só a estética industrial "funcionalista", por ignorar as contradições sociais de seu exercício, pode imaginar conciliar harmoniosamente a função e a forma – ver "O efêmero" abaixo [N.O.: O autor provavelmente alude ao item do artigo "O luxo do efêmero" não reproduzido aqui].
4 Não se trata aqui da vaidade individual de possuir objetos mais belos que os dos outros: diz respeito à experiência psicológica, da relação competitiva consciente. Para os fins sociais da ostentação, todas as mecânicas sociais do valor são amplamente inconscientes e exercidas involuntariamente por todos os sujeitos. Jogos conscientes de prestígio e da concorrência são apenas a refração na consciência desses propósitos e dessas restrições.
5 F. Stuart CHAPIN, *Contemporary American Institutions*. Nova York, 1935, chap. XIX: "A measurement of social status". Ver também Dennis CHAPMAN, *The Home and Social Status*. Londres, 1955.
6 Ver Jean BAUDBILLARD, *Le Système des Objets*. Paris: Gallimard, 1968.

7 Para algumas categorias, a escala diferencial é relativamente pobre (eletrodomésticos, TV etc.), já para outras (poltronas, estantes) o paradigma hierárquico de modelos e séries será rico.

8 Assim, a educação dada às crianças é um elemento tático essencial em todos os níveis da sociedade, mas em alguns níveis essa forma de realização entra em conflito com a realização por meio de objetos.

9 É também o paradoxo da moda: todos se enfeitam com signos distintivos que acabam sendo de todos. Riesman divide o paradoxo em tipos sucessivos de civilização: a *innerdirected*, que visa a se distinguir, e a *otherdirected*, que visa a se conformar.

10 Sobre esse argumento, ver George KATONA, *The Powerful Consumer*, e a noção de "*unconspicuous consumption*".

11 Ver "O efêmero" abaixo.

12 Sem dúvida, uma sociedade de classe, como veremos mais adiante.

A magia da propaganda

Roy Wagner

Nos Estados Unidos modernos, o problema de atribuir significado a nossa cultura, de inventar suas ideias e instituições, por assim dizer, e de incorporá-las na ambiência de nossa vida cotidiana é enfrentado por aquilo que chamarei de "cultura interpretativa".* Como o fenômeno tem muitas manifestações e está continuamente crescendo e mudando, esse termo é sugerido apenas por conveniência. Ele inclui o que outros têm caracterizado como "cultura popular", "cultura de massa", "a mídia" e "contracultura". Suas manifestações específicas são ubíquas: jornalismo, propaganda, o "mundo do entretenimento", certas formas de arte e educação, religião popular e toda aquela modalidade de interpretação conhecida diversamente como "cultura de protesto", "contracultura", "cultura jovem", "cultura alternativa", "a subcultura" e assim por diante. Todos esses "estilos" inventivos baseiam sua relevância e efetividade em uma imitação da cultura ortodoxa,[1] subsumindo as formas desta como sua "linguagem" e passando, assim, a depender da autoridade dela para causar impacto.

O sucesso dessa "imitação da cultura" (tal como computado pelos atuais orçamentos, por exemplo, das indústrias da propaganda e do entretenimento) pode ser atribuído à sua efetividade em servir às tensões de uma cultura altamente relativizada. O trabalho de simplificar, interpretar ou explicar, seja ele empreendido por um artista ou por um cientista, por razões comerciais ou polêmicas, converte-se em uma reinvenção do tema. O incremento, o "produto" da propaganda, do jornalismo, do entretenimento ou mesmo do protesto, é o significado, bem como o poder sobre a "realidade" que a criação de significado confere. Assim, boa parte da vida comercial, imaginativa, política e mesmo "estética" do país se alimenta da transformação interpretativa da ideologia "quadrada" ou ortodoxa, e esta última é sustentada por essa mesma dialética. Assim como a cultura, na visão ortodoxa, almeja o "domínio" ou a "interpretação" da natureza, esses esforços se dedicam ao domínio

* Fragmento de *A invenção da cultura*. Trad. Alexandre Morales e Marcela Coelho de Souza. São Paulo: Ubu, 2017 [1975].

ou interpretação da cultura, a um refazer o impulso e a resposta humanos que, por sua vez, afeta os modos tradicionais de se lidar com o impulso e a resposta.

A "cultura interpretativa" fornece um contexto de sentido para o viver da vida cotidiana. Ela gera e alimenta uma audiência particular e desenvolve uma aproximação metafórica da cultura em geral como seu fundamento lógico. O jornalismo, por exemplo, dirige-se a seu "público", como quer que seja concebido, e apresenta a ele uma imagem da história em curso denominada "as notícias", uma espécie de retrato do mundo serializado e factual. As notícias obtêm sua autoridade da significância que atribuímos à história, mas não são história no sentido ortodoxo, e sim um relato de eventos como se eles fossem vistos da perspectiva de uma história idealizada. O ar de objetividade resultante serve para o jornalismo e para a indústria de notícias como um *esprit de corps*. Já o mundo do entretenimento, por outro lado, é ainda mais interpretativo, pois a imagem da vida que ele projeta é uma imagem de fantasia; sua caricatura, imitação e dramatização logram êxito como o exato oposto do "fato" sério. Ele interpreta mediante a licença do ator, cantor ou comediante para "ser" o que os outros não podem ser, de tal modo que em sua vida cotidiana as suas "personalidades" são cercadas pela aura desse "ser" metafórico (às vezes os astros devaneiam que são pessoas comuns). A tradição do "*show business*" incorpora algo da mesma aura (de modo um tanto autoconsciente): a interpretação profissional por meio da fantasia.

A religião popular, com suas "congregações", seus "pecadores" e sua "Bíblia", e a contracultura, com suas ideologias e comunidades de devotos, oferecem outros exemplos da invenção interpretativa da cultura. No entanto, o aspecto que escolhi discutir é o da propaganda, o da fabricação de uma "cultura" comercial. A propaganda é de especial interesse porque "cria" tecnologia por meio do efeito pessoal; ela aspira ao tipo de convencionalização espúria que chamamos de "popularidade" a fim de vender seus produtos. De fato, ela consiste num atalho, numa "cultura instantânea" baseada na percepção de que um dispositivo, por mais engenhoso que possa ser, por mais fundamental que seja o avanço tecnológico que ele representa, é inútil e invendável se não tiver uma aplicação significativa na vida das pessoas.

A propaganda torna a tecnologia significativa na forma de produtos especiais com atributos *muito* especiais; ela interpreta esses produtos ao criar para a sua audiência uma vida que os inclui. Ela o faz objetificando os produtos e suas qualidades por meio de impulsos, situações, gostos e antipatias pessoais. As estratégias da propaganda "tomam emprestados" os humores e encontros, os aborrecimentos e pequenos gestos "que são tão importantes", os episódios costumeiros e frustrantes da vida cotidiana. Elas objetificam atributos ou qualidades de um produto em termos de sua imagística situacional, emprestando, assim, suas associações ao produto e insinuando-o em uma projeção da vida cotidiana de qualquer um.

Sob esse aspecto, a propaganda opera como uma espécie de tecnologia inversa ou "de trás para a frente": usa os pretendidos efeitos de um produto nas vidas das pessoas, e as reações humanas a esses efeitos, a fim de construir uma identidade significativa para o produto. É possível provar conclusivamente que qualquer tipo de pílula ou engenhoca "funciona melhor" que outras, fazer com que ela "funcione melhor", bastando apenas reajustar nossos padrões quanto a como ela deveria funcionar. E é assim que a própria propaganda funciona; ela redefine sutilmente que tipo de resultados as pessoas "desejam" ao falar de seus produtos em termos desses desejos. Se ela consegue "vender" esses desejos e a qualidade de vida que eles implicam, "vende" também o produto que esses desejos e essa vida objetificam.

O sucesso depende da habilidade para objetificar convincentemente, para falar sobre o produto em termos de outras coisas de tal maneira que essas outras coisas pareçam ser qualidades do produto. Desse modo, a propaganda se parece com a "magia" dos povos tribais, que também objetifica a atividade produtiva por meio de outras imagísticas. Assim como o significado dos produtos precisa ser continuamente inventado para que as pessoas os comprem, para que os produtos não sejam tomados simplesmente como detalhes ordinários da vida, também os povos tribais, para os quais a produção faz parte da vida familiar e de parentesco, precisam continuamente criar um significado e direção separados para sua atividade produtiva, para que ela não se torne meramente uma maneira de relacionar-se com as pessoas. Se um agricultor daribi controlasse seu trabalho tão somente com a necessidade de se relacionar com sua esposa e com as tarefas dela, nada o impediria de realizar um trabalho desleixado, improdutivo. Sua efetividade como produtor de alimentos depende da criação de significados outros, externos, para seus esforços produtivos. Se ele puder controlar sua produção enfocando esses significados, acreditando em sua efetividade, então seu trabalho de cultivar batatas-doces será proveitoso (bem como, por conseguinte, suas relações com seus parentes).

Desse modo, ele frequentemente irá recorrer a "encantamentos" mágicos com os quais pretende – e se acredita – tornar seu trabalho mais efetivo. Enquanto ele limpa e empilha o mato em uma roça recém-derrubada, poderá recitar um encantamento que identifica suas mãos com as garras de um francolim, ave que caracteristicamente junta fragmentos silvestres em grandes pilhas a fim de produzir calor para a incubação de seus ovos. O encantamento "funciona" patentemente da mesma maneira que o francolim funciona, fazendo com que quem o pronuncia se assemelhe ao francolim em sua capacidade de amontoar mato. Sua efetividade, contudo, depende da crença do usuário no encantamento e na significância de sua transformação, pois isso dirigirá o foco de sua atividade para um ideal de eficiência à maneira de um francolim na tarefa de limpar o mato; irá criar sua produtividade ao criar seu significado, tendo um francolim como sua "marca registrada".

Uma das promessas mais frequentes da propaganda é a de um produto que "funciona como se fosse mágica". Ele funciona, em outras palavras, como a propaganda, a magia por meio da qual ele é interpretado e apresentado ao público. Se essa identidade entre o produto e suas qualidades anunciadas for de fato mantida, se a imagem redefinida dos desejos humanos, o estilo de vida projetado pela propaganda, for aceita pela audiência, então o produto se encaixará em suas vidas como nas vidas projetadas pelo anúncio. A propaganda vende seus produtos "vendendo" sua objetificação dos produtos, sua imagem de uma vida que os inclui. Tudo o que temos de fazer é acreditar no anúncio (como no encantamento); então nossos atos irão assumir o foco do anunciante e o produto irá "funcionar como se fosse mágica".

Suponhamos, por exemplo, que eu queira vender pneus de automóvel. Do ponto de vista de seu uso convencional, como parte necessária de um carro, um pneu é igual a qualquer outro, e nada poderia ser mais prosaico do que mais um velho pneu. Se quero vender minha marca de pneus específica, preciso inovar sobre essa significância cotidiana dos pneus de automóvel inventando um novo significado para os pneus e associando-o à minha marca. Assim, o foco de meu bordão não recairá sobre os pneus de automóvel, do mesmo modo que o foco da magia agrícola daribi não recai sobre a significância social ordinária da agricultura ou de suas técnicas; preciso *criar* o significado do meu pneu a partir de alguma outra área da experiência. Se quero que meu pneu "venda", esse significado tem de ser provocativo, e a experiência na qual se baseia deve ser vívida e fascinante para a minha audiência.

Decido objetificar meu pneu por meio do mundo das corridas automobilísticas, para criar e controlar o significado de meu produto situando-o em um contexto que tem um significado muito especial para a minha audiência. Eu poderia ter recorrido à segurança no trânsito e à polícia rodoviária, ou ao consenso graxento das velhas e boas oficinas mecânicas, mas opto por uma linguagem que irá metaforizar a excitação do automobilismo tanto quanto a segurança e a perícia. O automobilismo é um esporte que tem um poder e uma fascinação próprios; é praticado por homens durões com ar de peritos, homens que arriscam o pescoço em seu compromisso com a tecnologia, e ademais o fazem pela excitação tanto quanto pelo dinheiro. Eles devem saber o que fazem. O que essa fronteira de eixos de transmissão e RPMs tem a dizer sobre pneus? Em meio ao zumbido dos motores e ao chiado dos freios, ponho dois ou três profissionais com capacetes disparando um breve comentário sobre os méritos dos meus pneus, que obviamente se tornaram parte do mundo das corridas.

Isso significa que o indivíduo comum deveria vestir um capacete, pisar fundo no acelerador e fazer curvas sobre duas rodas como se fosse um piloto de corridas? De modo algum, assim como um agricultor daribi não acha necessário sair saltitando e grasnando como um francolim. O que isso significa é que um pneu que "funciona" sob as condições exigentes das corridas automobilísticas terá um desempenho ainda melhor em um carro de família, que meu pneu irá trazer para as situações ordinárias de dirigir toda a perícia e o vigor (e o prazer) do automobilismo, todo o seu "poder". Eu "produzi" o significado de meus pneus ao criar uma imagem da diversão e do poder de dirigir e ao incluir esses pneus nessa imagem.

Como uma mídia interpretativa, a propaganda refaz constantemente o significado e a experiência da vida para a sua audiência e constantemente objetifica seus produtos por meio dos significados e experiências que ela cria. Sua interpretação da vida frequentemente se assemelha ou se sobrepõe às interpretações propostas por outras mídias – temos filmes sobre automobilismo, comerciais na forma de notícias e de shows de rock. Isso é assim porque todas essas mídias compartilham a mesmíssima intenção de investir os elementos triviais da vida em contextos provocativos e inusitados, que conferem a esses elementos novas e poderosas associações e recarregam seus significados convencionais. O lucro realizado com esse tipo de investimento – sob a forma da popularidade de um produto ("vendas"), do número de livros, pneus ou ingressos vendidos – é um resultado direto do incremento de significado criado. Compensa ser diferente, mas o que compensa nas diferenças é que elas são repletas de significado.

Os estilos de vida criados e promovidos pela propaganda envolvem a tecnologia em uma contínua dialética com uma imagem coletiva da vida popular, com a cultura do homem comum. Eles precipitam essa cultura novamente. E a dialética "inflaciona" a vida no processo de publicizá-la: torna as experiências e emoções pessoais comercialmente disponíveis para todos (a um preço) por meio dos produtos que são vendidos, mas também tem um efeito sobre esses produtos. Em lugar dos engenhos relativamente simples e "práticos" do século XIX, os produtos se tornam adaptações a um "mundo do consumo" de compra e venda, sendo projetados para "fazer o serviço" de vender bem em vez de curar dores de cabeça, limpar dentes ou transportar pessoas de um lugar para o outro. Os produtos "se encaixam" nas vidas criadas pela propaganda, e é preciso participar dessas vidas para usar e usufruir os produtos. (É isso que significa dizer que algo está "*in*" ou "*out*": uma cultura que depende tanto da reinterpretação para sua sobrevivência se torna uma espécie de culto da cultura.) Assim como os produtos são "vendidos" ao serem objetificados por meio de certos estilos de vida, eles, por sua vez, objetificam esses estilos de vida. Eles encarnam estados de espírito para o consumidor sintonizado e criam episódios em sua vida, ainda que estes sejam meras excrescências da "magia" do produto. Além disso, como os itens em si mesmos são produzidos em massa, completamente substituíveis ou mesmo intencionalmente perecíveis, são virtualmente tão comunicáveis e convencionalizados quanto as palavras: os outros sabem exatamente o que você comprou, provavelmente sabem por que você comprou e podem obter um igualzinho.

Empregada dessa maneira, a tecnologia tem pouco a ver com engenharia ou com leis científicas aplicadas; juntamente com a cultura que ela representa, dirige-se a uma "natureza" manipulada de fabricação humana. Não importa que outra coisa ela faça, serve como uma espécie de computador analógico para a programação da vida das pessoas. Eu poderia argumentar, paradoxalmente, que os norte-americanos têm tão pouco interesse na tecnologia pela tecnologia quanto os mexicanos se interessam por touros ou os balineses de Geertz por galos.[2] Estetas podem comparar um motor automobilístico de alta precisão a um concerto de Mozart e entusiastas da alta-fidelidade sonora podem aborrecer seus amigos com reproduções indescritivelmente autênticas de locomotivas ou de tempestades, mas ambos estão mais apaixonados por um ideal de precisão e efetividade do que pela maquinaria em si. Entretanto, o amor e o sentimento dificilmente poderiam ser experienciados sem o maquinário, que dá a eles uma presença objetiva, uma dimensão de atributos altamente específicos que servem ao mesmo tempo como sua realização e como um meio para futuras realizações.

Máquinas, engenhocas, pílulas e outros produtos "fazem o trabalho" de boa parte da sociedade norte-americana, ou pelo menos é assim que costumamos pensar neles – como conveniências ou como "serviçais" inteligentes. Eles são "substitutos" para as capacidades físicas e mentais do homem, para seus dons "naturais", mais ou menos como as garras do francolim são um substituto para as mãos do agricultor daribi. Na medida em que a propaganda continuamente redefine e recria o significado da vida cotidiana de modo a incluir seus produtos nessa vida, ela continuamente investe os produtos de novas possibilidades para ajudar as pessoas a levar vidas plenas de significado. O produto torna-se o meio pelo qual a visão mágica da vida proposta pelo anunciante pode se tornar a própria vida do consumidor: tudo o que o consumidor tem de fazer é acreditar na magia e comprar o produto. Por consequência, todas as qualidades e propriedades que o produto assumiu no contexto da apresentação do anunciante serão transferidas para o contexto da vida pessoal do consumidor. A escova de dente, o pneu ou a pílula que são objetificados em termos de um estilo de vida humano se tornam, por sua vez, objetificadores da vida das pessoas. Investido com o poder e a excitação do exótico ou da "boa vida", o produto carrega esse poder e essa excitação para o cotidiano, renovando e recriando seus significados.

O que a propaganda nos pede (e eventualmente nos compele) a fazer é viver em um mundo de "magia" tecnológica, onde maravilhas fabricadas pelo homem curam males e fazem da rotina de todos os dias um milagre contínuo – um pouco como o daribi, que vive num mundo mágico onde seres humanos podem adquirir a efetividade de um francolim ou fazer chover. A propaganda nos convida a tornar nossa a magia que há nela. Assim como o agricultor daribi precisa acreditar na efetividade de seus encantamentos para que eles refocalizem com sucesso sua atividade e tragam recompensas reais, o consumidor precisa confiar numa mística da eficácia química e mecânica para que sua própria "magia" alcance seus fins. O foco de poder da vida cotidiana daribi está na força das palavras e de um saber arcano; o da vida cotidiana norte-americana, para a maior parte das pessoas, está no uso da tecnologia para resolver seus problemas.

Indiscutivelmente, e às vezes de modo bastante inconsciente, atribuímos toda sorte de qualidades "naturais" a substâncias químicas e máquinas, e então as incorporamos em nossas tarefas de modo a fazer uso dessas qualidades. Diz-se que os computadores têm "inteligência": nós os colocamos para trabalhar resolvendo cálculos e arranjando encontros amorosos; tanques de guerra e armas automáticas têm capacidades destrutivas: travamos nossas guerras em grande parte com eles; drogas têm poder sobre a terra prometida da constituição física humana: nós as utilizamos para aumentar as habilidades de uma "mente" supostamente física. Boa parte de nosso pensamento e de nossa ação equivale a uma habitual objetificação da capacidade humana – ou da própria "natureza" – em termos tecnológicos. Chegamos mesmo a conceber os seres vivos mecanicamente como "sistemas" orgânicos, a criatividade como "solução de problemas" e a própria vida como um "processo".

Contudo, uma cultura "naturalizada" e particularizada e uma natureza organizada e sistematizada fazem parte de um mundo altamente relativizado, cuja distinção crucial entre "o que fazemos" e "o que somos" vem sendo substancialmente erodida e desmantelada pela troca de características. As formas convencionais de nossa cultura, inclusive a tecnologia, nos diferenciam e separam quase tanto quanto unificam um controle comum da "natureza"; a "natureza" particular e diferenciante que nos cerca (o meio ambiente) e infunde (o "sistema" comportamental humano) unifica tanto quanto traça distinções. Em consequência, a objetificação de cada um por meio do outro é altamente tautológica: sistematizamos sistemas e particularizamos particularidades. A frustração engendrada por tal mundo, que não pode nem realizar nem criar seus próprios significados de forma efetiva, rapidamente se resolve numa apatia motivacional quanto à cultura e à sua percepção tradicional do "eu" e numa profunda reação de antipatia diante de soluções tradicionais, numa necessidade de "fazer algo a respeito" das coisas.

Essa é a necessidade que requer e propicia a criação comercial de necessidades em que consiste a propaganda. Para que seja bem-sucedida, a propaganda requer tanto uma apatia em relação à cultura tradicional quanto a frustração de "querer fazer algo a respeito". Ela lança mão delas ao projetar sua imagem do que a vida *poderia* ser e associar essa imagem ao seu produto. Assim como o ioiô e a moda dos álbuns de figurinhas das crianças, e assim como a primavera perene dos frequentadores de cultos (que são sempre jovens por mais longas que sejam suas barbas), a propaganda vive da renovação da cultura. E, assim, como tais buscas cultistas, ela precisa continuamente precipitar uma imagem exagerada e por demais enfadonha do convencional juntamente com uma efetividade exagerada de suas próprias formas de renovação. Ela contrainventa a apatia e um mundo monótono assim como o radicalismo contrainventa o *establishment*, os frequentadores de cultos contrainventam as pessoas "quadradas" e o revivalismo religioso contrainventa o pecado. Esse é o progresso em nome do qual vivemos, um progresso que precisa constantemente inflar, exagerar e criar "o velho" como parte da apresentação do "novo". Essa é a forma, e o preço, de nos agarrarmos à cultura.

A propaganda é apenas uma das maneiras pelas quais os americanos precisam revitalizar sua cultura, e seu compromisso com a cultura, para poder mantê-la de algum modo. Há também "as notícias", o jornalismo, o entretenimento, a exploração científica e artística, as mensagens de Deus e o mundo "marginal" daqueles que querem viver uma inversão da cultura, bem como suas muitas zonas cinzentas. Todos estes têm sua "magia", todos precipitam a cultura – pelo menos como o pano de fundo de suas esperanças – e todos estão sujeitos às mesmas condições de operação. Até mesmo o governo tem de entrar em ação. A propaganda é apenas o aspecto "socioeconômico" de um esforço vasto e gradual para preservar nossa cultura e ao mesmo tempo consumi-la.[3]

Todos esses esforços caminham numa corda bamba. Alguns a chamam de "credibilidade", outros de "sinceridade" ou "*show business*", e outros, piedosamente, nos poupam de seus jargões. O cerne do problema, aquilo que torna o número da corda bamba tão difícil, é que o inovador permanece comprometido com a cultura que precipita e contra a qual inova em sua forma mais essencial: aquela de sua distinção entre "o inato" e o reino da ação humana. Pois ele está "fazendo" o inato, criando o que é "natural" e incrível, e a cultura que ele precipita, ao mesmo tempo que trabalha contra ela, o persegue como sua própria motivação (compulsiva). Ele precisa trabalhar e justificar-se segundo os padrões e exigências da coisa que ele está trabalhando para renovar. Desse modo, o anunciante nos diz que está "trazendo novidades sobre os melhores produtos para uma vida melhor", o apresentador do noticiário está "contando as coisas como elas são", o cientista nos fornece "fatos" e o profissional do entretenimento "ajuda as pessoas a relaxar". Se essas pessoas querem manter sua credibilidade e legitimidade aos olhos daqueles para os quais criam, precisam transmitir em seus atos e maneirismos a impressão de que *não* estão manipulando conscientemente, mas de que estão "jogando". O cientista "explora" ou "experimenta", o profissional do entretenimento "atua", o apresentador de noticiário zomba de si mesmo de um modo seco e joga com o "interesse humano", e a propaganda sai por aí fazendo palhaçadas com "comerciais" afetados e tolos. É um "jogo" que é "real", no sentido de que todo jogo precisa ser "real" para dar certo.[4]

Pois a alternativa a "jogar"[5] com a recriação da cultura é a fabricação séria da cultura, uma fabricação que assume o aspecto de exploração. Quando o "jogo" se revela, ele se torna coisa séria, e quando o "jogo" dos nossos inovadores é relativizado, ele se converte em *criação* (em vez de conjectura) de fatos, em *fabricação* (em vez de solução) de necessidades, em diferenciação (em vez de entretenimento) de pessoas. O "jogo" sério é o nosso antídoto para a nossa cultura relativizada, e se esse "jogo" é relativizado ficamos *realmente* em apuros.

Consideremos a previsão do tempo. O tempo é, por definição, imprevisível. É criado por nossas expectativas de regularidades sazonais: o fato de os eventos meteorológicos ocorrerem ou não como esperamos e o grau em que isso se dá – eis o que chamamos de "tempo". Mas vejam o que o homem do tempo tem de fazer: ele tenta estender nossas expectativas às mínimas particularidades da vida cotidiana. Ele *faz* tempo tanto quanto qualquer nativo da Nova Guiné, estendendo a coisa que o define. E ao precipitar o tempo, por assim dizer, ele muitas vezes precipita sua audiência – inadvertidamente ludibriando as pessoas ao fazê-las sair sem guarda-chuva porque ele disse que faria um belo dia. E, mesmo quando suas previsões funcionam esplendidamente, tudo o que ele consegue é convencer as pessoas de que tem algum tipo de "informação de primeira mão": elas *acreditam* nele, levam-no a sério, e se sujeitam a decepções ainda maiores quando suas previsões finalmente *falham*. Desse modo, o homem do tempo tem de ser um homem engraçado, uma espécie de humorista do tempo; ele tem de fazer muitas gracinhas, num constante esforço para que as pessoas *não o levem a sério*.

O apresentador de notícias também precisa "jogar", mas aqui a autorridicularização tem de ser muito mais sutil, se bem que ter um nome levemente esquisito e um certo maneirismo como ponto forte ajuda. Ele precisa ser capaz de entrar e sair do mundo objetivo da crise e da controvérsia, temperando a intensidade dos *flashes* de notícias factuais com um ar agradável de severa bondade, e a frequente trivialidade dos "itens de interesse humano" com algo de sua objetividade televisiva. Ele precisa ser conscientemente ambíguo para tornar suas notícias ao mesmo tempo reais e possíveis. E profissionais do entretenimento, publicitários, artistas, cientistas, *hippies* e políticos, todos guardam essa espécie de ambiguidade em seu estilo. Nossos presidentes mais bem-sucedidos foram aqueles que sabiam como "jogar" enquanto faziam o que tinham de fazer.

A propaganda se redime da acusação de ser excessivamente "séria", de manipular as necessidades e os desejos das pessoas, sendo engraçada. Um comercial engraçado é um bom comercial: ele se safa do fato embaraçoso de que é "apenas um comercial" fornecendo entretenimento (outros fornecem "notícias" ou redenção). Sob a máscara do entretenimento, da informação ou da redenção, a propaganda fornece sua pequena contribuição ao trabalho de criar a cultura criando sua ambiência, sustentando "a economia" ao renovar nossa credibilidade. Junto com as outras facetas da cultura interpretativa, ela nos salva da apatia e do caos da relativização e da ambiguidade à custa de sua própria seriedade – faz da distinção entre o inato e o artificial uma distinção real ao refestelar-se em sua artificialidade.

Assim, nossa ostensiva interação entre cultura e natureza é, de fato, uma dialética da convenção continuamente reinterpretada pela invenção e da invenção continuamente precipitando a convenção. Mesmo essa renovação, porém, está constantemente perdendo terreno, pois na medida em que os efeitos da interpretação se tornam cada vez mais óbvios, a distinção essencial (cultura *versus* natureza) que ela precipita sofre uma relativização cada vez maior. Tornamo-nos cada vez mais dependentes da interpretação e do entusiasmo pela renovação que a inter-relação gera. A cultura sucumbe ao culto da cultura porque tem de fazê-lo. E se os ecologistas, com seu instinto certeiro para ir ao fundo da moralidade e da seriedade, falam da coisa toda em termos de "vida" e "sobrevivência", deveríamos considerar uma coisa: um rio ou um lago poluído (poluição é cultura do ponto de vista da natureza) fervilha de vida. Trata-se de "sobrevivência" no máximo de sua efervescência: onde umas poucas células ganhavam a vida com dificuldade, agora pululam milhões. Uma "cultura de massa" bacteriológica, de fato, mas uma "vida" que ninguém realmente quer.

Notas

1 Assim, definimos "música popular" como aquela que, diferentemente da "música clássica", admite mudanças interpretativas conforme o "estilo" do intérprete. Quando uma peça de Beethoven, Rossini ou Rimsky-Korsakov é "interpretada" mediante um reordenamento das palavras ou da orquestração, dizemos que foi "popularizada", "animada", que é agora uma peça "popular".

2 Ver Clifford GEERTZ, "Deep Play: Notes on The Balinese Cockfight", *Daedalus – Journal of the American Academy of Ares and Science*, inverno de 1972, número especial: Myth, Symbol and Culture.

3 N.T.: No original: *"having our Culture and eating it too"*, uma referência ao ditado *"having the cake and eating it too"*, equivalente ao ditado em português "Não se pode ficar com o bolo e o dinheiro do bolo".

4 Muitas de nossas teorias sobre a representação veem o "fenômeno" ou como seriedade disfarçada ou como uma frouxidão irresponsável do tipo "vale-tudo". Essa é uma conhecida redução da problemática a absolutos na qual nossa ciência parece especializar-se. Ver a brilhante discussão de Helen BEALE, *Real Pretending: An Ethnography Symbolic Play Communication*. Chicago: Tese de Doutorado, Departamento de Antropologia da Northwestern University, 1973.

5 N.T.: O termo *"play"* em inglês é polissêmico e sua tradução ao português foi adaptada em cada contexto por "jogo", "brincadeira", "atuação".

La pensée bourgeoise:
a sociedade ocidental enquanto cultura

Marshall Sahlins

O materialismo histórico é verdadeiramente um autoconhecimento da sociedade burguesa – no entanto, um conhecimento, assim parece, dentro dos termos daquela sociedade.* Ao tratar a produção como um processo natural-pragmático de satisfação de necessidades, corre o risco de uma aliança com a economia burguesa no trabalho de aumentar a alienação de pessoas e coisas para um poder cognitivo maior. Os dois se uniriam para esconder o sistema significativo na práxis pela explicação prática do sistema. Se esse esconder fosse permitido, ou introduzido clandestinamente como premissa, tudo aconteceria em uma antropologia marxista como acontece na economia ortodoxa, como se o analista fosse logrado pelo mesmo fetichismo da mercadoria que fascina os participantes no processo. Concebendo-se a criação e o movimento de bens somente a partir de suas quantidades pecuniárias (valor de troca), ignora-se o código cultural de propriedades concretas que governa a "utilidade" e assim continua incapaz de dar conta do que é de fato produzido. A explicação se satisfaz em recriar a autoilusão da sociedade para a qual se dirige, em que o sistema lógico dos objetos e relações sociais segue em um plano inconsciente, manifestado somente através de decisões de mercado baseadas no preço, deixando a impressão de que a produção não passa de uma precipitação de uma racionalidade esclarecida. A estrutura da economia aparece como a consequência objetivizada do comportamento prático, em vez de uma organização social de coisas, pelos meios institucionais do mercado, mas de acordo com um projeto cultural de pessoas e bens.

O utilitarismo, entretanto, é a maneira pela qual a economia ocidental, na realidade toda a sociedade, se experimenta: a maneira como é vivida pelo sujeito participante, pensada pelo economista. Sob qualquer ponto de vista, o processo parece ser de maximização material: a famosa alocação de meios escassos entre fins alternativos para obter a maior satisfação possível – ou,

---

* Fragmento de *Cultura e razão prática*. Trad. Sérgio Tadeu de Niemayer Lamarão. Rio de Janeiro: Zahar, 2003 [1976].

como disse Veblen, obter alguma coisa contra nada às expensas de quem possa interessar. No lado produtivo, a vantagem material toma a forma de um valor pecuniário acrescido. Para o consumidor, é mais vagamente entendido como o retorno em "utilidade" da despesa monetária: mesmo aqui, porém, o apelo do produto está em sua pretensa superioridade funcional em relação a todas as possíveis alternativas (cf. Baudrillard, 1968). O último tipo do carro – ou o refrigerador, o estilo de roupa, ou a marca de dentifrício – é, por causa de uma nova característica ou outra mais conveniente, melhor adaptado às necessidades da vida moderna, mais confortável, tem mais saúde, é mais sexy, mais durável, ou mais atraente que qualquer produto competidor.[1] Na concepção nativa, a economia é uma arena de ação pragmática. E a sociedade é o resultado formal. As principais relações de classe e políticas, assim como as concepções que os homens têm da natureza e de si mesmos, são geradas por essa busca racional de felicidade material. Assim, a ordem cultural é sedimentada a partir da influência recíproca de homens e grupos agindo diferentemente na lógica objetiva de suas situações materiais:

> Até que seus interesses destoantes criem
> A música apropriada de um estado bem-associado...
> Assim Deus e a Natureza uniram a estrutura geral,
> E instaram o Amor-Próprio e o Social a que assim o fossem[2]
> [Alexander Pope, *Ensaio sobre o homem*]

Assim é o modo como aparece nossa sociedade burguesa, e sua mediana e comum sabedoria sociológica. Por outro lado, é também conhecimento comum antropológico o fato de que o esquema "racional" e "objetivo" de qualquer grupo humano nunca é o único possível. Mesmo em condições materiais muito semelhantes, as ordens e finalidades culturais podem ser muito diferentes. Porque as condições materiais, se indispensáveis, são potencialmente "objetivas" e "necessárias" de muitas maneiras diferentes, de acordo com a seleção cultural pelas quais elas se tornam "forças" efetivas. Claro que, em um certo sentido, a natureza é sempre suprema. Nenhuma sociedade pode viver de milagres, enganando-se com ilusões. Nenhuma sociedade pode deixar de prover meios para a continuação biológica da população ao determiná-la culturalmente – não pode negligenciar a obtenção de abrigo na construção de casas, ou de alimentação ao distinguir comestíveis de não comestíveis. No entanto, os homens não "sobrevivem" simplesmente. Eles sobrevivem de uma maneira específica. Eles se reproduzem como certos tipos de homens e mulheres, classes sociais e grupos, não como organismos biológicos ou agregados de organismos ("populações"). É verdade que, produzindo assim uma existência cultural, a sociedade precisa continuar dentro dos limites da necessidade físico-natural. Mas isso tem sido considerado axiomático pelo menos desde Boas, e nem mesmo a mais biológica das ecologias culturais pode pedir mais: "limites de viabilidade" são o modo de intervenção prática da natureza na cultura (cf. Rappaport, 1967). Dentro desses limites, qualquer grupo tem a possibilidade de muitas intenções econômicas "racionais", sem falar nas opções de estratégia de produção que podem ser concebidas a partir da diversidade de técnicas existentes, do exemplo das sociedades vizinhas, ou da negação de ambas.

A razão prática é uma explicação indeterminada da forma cultural; para ser mais que isso, teria que assumir o que pretende explicar – a forma cultural. Mas permitam-me um "nervosismo" justificável. Na medida em que isso se aplica ao materialismo histórico, é Marx quem aqui critica Marx através de uma antropologia posterior. O ponto principal dessas objeções já tinha sido previsto na compreensão de Marx da produção como sendo devotada não simplesmente à reprodução dos produtores, mas também às relações sociais sob as quais ela se dá. Além disso, o princípio é interior à obra de Marx de uma maneira ainda mais geral. Repito uma passagem seminal de *A ideologia alemã*: "Esse modo de produção não deve ser considerado como sendo simplesmente a reprodução da existência física de indivíduos. É uma forma definida de atividade desses indivíduos, uma forma definida de expressar suas vidas, um *modo de vida* definido por parte deles" (Marx e Engels, 1965: 32). Assim, foi Marx quem ensinou que os homens nunca produzem absolutamente, isto é, como seres biológicos em um universo de necessidade física. Os homens produzem objetos para sujeitos sociais específicos, no processo de reprodução de sujeitos por objetos *sociais*.

Nem mesmo o capitalismo, apesar de sua organização ostensiva por e para a vantagem pragmática, pode escapar dessa constituição cultural de uma práxis aparentemente objetiva. Porque, como Marx também ensinou, toda produção, mesmo onde ela é governada pela forma-mercadoria e pelo valor de troca, continua como produção de valores de uso. Sem o consumo, o objeto não se completa como um produto: uma casa desocupada não é uma casa. Entretanto, o valor de uso não pode ser compreendido especificamente ao nível natural de "necessidades" e "desejos" – precisamente porque os homens não produzem simplesmente "habitação" ou "abrigo": eles produzem unidades de tipos definidos, como uma cabana de camponês ou o castelo de um nobre. Essa determinação de valores de uso, um tipo específico de construção habitacional como um tipo específico de lar, representa um processo contínuo de vida social na qual os homens reciprocamente definem os objetos em termos de si mesmos e definem-se em termos de objetos.

A produção, portanto, é algo maior e diferente de uma prática lógica de eficiência material. É uma intenção cultural. O processo material de existência física é organizado como um processo significativo do ser social – o qual é, para os homens, uma vez que eles são sempre definidos culturalmente de maneiras determinadas, o único modo de sua existência. Se foi Saussure quem previu o desenvolvimento de uma semiologia geral devotada ao "papel dos signos da vida social", foi Marx quem supriu a *mise-en-scène*. Situando a sociedade na história, e a produção na sociedade, Marx estabeleceu a problemática de uma ciência antropológica ainda não nascida. A pergunta que fez contém sua própria resposta, na medida em que a pergunta é ela mesma a definição do símbolo: Como podemos dar conta da existência de pessoas e coisas que não podem ser reconhecidas na sua natureza física?

Já vimos que Marx, apesar disso, reservou a qualidade simbólica ao objeto em sua forma-mercadoria (fetichismo). Admitindo que os valores de uso claramente servem às necessidades humanas por suas propriedades evidentes, ele deixou de lado as relações significativas entre homens e objetos, que são essenciais para compreender a produção em qualquer forma histórica. Marx deixou a pergunta sem resposta: "Sobre o *sistema de necessidades e o sistema de trabalhos* – quando se lidará com eles?"

De maneira a situar uma resposta, a dar uma explicação cultural da produção, é crucial que se note que o significado social de um objeto, o que o faz útil a uma certa categoria de pessoas, é menos visível por suas propriedades físicas que pelo valor que pode ter na troca. O valor de uso não é menos simbólico ou menos arbitrário que o valor-mercadoria. Porque a "utilidade" não é uma qualidade do objeto, mas uma significação das qualidades objetivas. A razão pela qual os americanos determinam que a carne de cachorro não é comestível e a de boi o é, não é mais perceptível aos sentidos do que o preço da carne. Da mesma forma, o que determina que as calças são de uso masculino e as saias de uso feminino não tem necessariamente conexão com as características físicas ou com as relações que advêm dessas características. É por sua correlação em um sistema simbólico que as calças são produzidas para os homens e as saias para as mulheres, e não pela natureza do objeto em si nem por sua capacidade de satisfazer uma necessidade material – assim como é pelos valores culturais de homens e mulheres que os primeiros normalmente se incumbem dessa produção e as mulheres não. Nenhum objeto, nenhuma coisa são ou têm movimento na sociedade humana, exceto pela significação que os homens lhes atribuem.[3]

A produção é um momento funcional de uma estrutura cultural. Isso entendido, a racionalidade do mercado e da sociedade burguesa é vista sob outra luz. A famosa lógica da maximização é somente a aparência manifesta de uma outra razão, frequentemente não notada e de um tipo inteiramente diferente. Também temos nossos antepassados. Não é como se não tivéssemos uma cultura, um código simbólico de objetos, em relação ao qual o mecanismo de oferta-demanda-preço, ostensivamente no comando é, em realidade, servo. Consideremos a seguir o que os americanos produzem para satisfazer necessidades básicas de comida e vestuário.[4]

A preferência de comida e o tabu nos animais domésticos americanos

O objetivo destes comentários sobre os usos americanos de animais domésticos comuns será modesto: simplesmente para sugerir a presença de uma razão cultural em nossos hábitos alimentares, algumas das conexões significativas nas distinções categóricas de comestibilidade entre cavalos, cachorros, porcos e bois. Entretanto, o ponto principal não é somente de interesse do consumo; a relação produtiva da sociedade americana com seu próprio meio ambiente e com o do mundo é estabelecida por avaliações específicas de comestibilidade e não comestibilidade, elas mesmas qualitativas e de maneira alguma justificáveis por vantagens biológicas, ecológicas ou econômicas. As consequências funcionais estendem-se desde a "adaptação" da agricultura até o comércio internacional e as relações políticas mundiais. A exploração do meio ambiente americano, a forma de relação com a terra dependem do modelo de uma refeição que inclui a carne como elemento central com o apoio periférico de carboidratos e legumes – enquanto que a centralidade da carne, que é também a indicação de sua "força", evoca o polo masculino de um código sexual da comida o qual deve originar-se na identificação indo-europeia do boi ou da riqueza crescente com a virilidade.[5] A indispensabilidade da carne como "força", e do filé como a síntese das carnes viris, permanece condição básica da dieta americana (observem-se as refeições das equipes de futebol americano). Daí também uma estrutura correspondente para a produção agrícola de ração, e em consequência uma articulação específica com o mercado mundial, que se modificaria da noite para o dia se comêssemos cachorros. Em comparação com esse cálculo significativo da preferência de comida, a oferta, a demanda e o preço justificam o interesse dos meios institucionais de um sistema que não inclui os custos de produção em seus próprios princípios de hierarquia. Os "custos de oportunidade" da nossa racionalidade econômica são uma formação secundária, uma expressão de relacionamentos já estabelecidos por outro tipo de pensamento, calculados *a posteriori* dentro dos limites de uma lógica de ordem significativa. O tabu sobre cavalos e cachorros, portanto, apresenta como inimaginável o consumo de animais cuja produção é praticamente possível e que nutricionalmente não devem ser desprezados. Certamente, deve ser possível criar *alguns* cavalos e cachorros para servirem de alimento, juntamente com porcos e bois. Há inclusive uma indústria enorme de criação de cavalos cuja carne é utilizada para alimento de cachorros. Mas a América é a terra do cão sagrado.

    Um índio tradicional das planícies ou um havaiano (sem mencionar um hindu) ficaria desconcertado em ver como nós permitimos que os cachorros se reproduzam com tão severas restrições ao seu consumo. Eles vagam pelas ruas das maiores cidades americanas levando seus donos pela guia e depositando excrementos nas calçadas a seu bel-prazer. Todo um sistema de métodos de limpeza teve que ser utilizado para se desfazer da sujeira – a qual, no pensamento nativo, apesar do respeito que os cachorros merecem, é considerada "poluição". (Apesar disso, uma excursão a pé pelas ruas de Nova York faz uma caminhada pelos pastos bovinos do Meio-Oeste parecer um passeio idílico pelo campo.) Dentro das casas e apartamentos, os cães sobem nas cadeiras que foram feitas para seres humanos, dormem nas camas de pessoas, e sentam-se à mesa como bem querem à espera de sua porção da refeição da família. Tudo isso com a calma certeza de que nunca serão sacrificados por necessidade ou como oferta às divindades, nem mesmo comidos em caso de morte acidental. Em relação aos cavalos, os americanos têm alguma razão para suspeitar que eles sejam comestíveis. Há o boato de que os franceses comem cavalos. Mas a simples menção desse fato já é suficiente para evocar os sentimentos totêmicos de que os franceses estão para os americanos assim como as "rãs" estão para as pessoas.[6]

Em uma crise, as contradições do sistema se revelam. Durante a meteórica inflação nos custos da alimentação na primavera de 1973, o capitalismo não se destruiu – exatamente o contrário; mas as rachaduras no sistema da alimentação vieram à tona. Autoridades governamentais responsáveis sugeriram que as pessoas poderiam comprar os pesos de carne mais baratos, como rins, coração e vísceras – afinal de contas, são tão nutritivos quanto um hambúrguer. Para os americanos, essa sugestão específica faz Maria Antonieta parecer um exemplo de compaixão (ver imagem a seguir). A razão para a repulsa parece pertencer à mesma lógica que recebeu com desagrado algumas tentativas de se substituir a carne bovina por carne de cavalo durante o mesmo período. O artigo abaixo é extraído do *Honolulu Advertiser*, de 15 de abril de 1973:

PROTESTO DOS APRECIADORES DE CAVALOS

Westbrook, Connecticut (UPI) – Aproximadamente 25 pessoas a cavalo e a pé fizeram ontem uma passeata em frente ao Mercado Carlson para protestar contra a venda, por aquela loja, de carne de cavalo como substituto barato da carne de boi.

"Eu acho que o abate de cavalos para o consumo humano neste país é uma desgraça", disse o organizador do protesto, Richard Gallagher. "Nós ainda não estamos no ponto, aqui nos Estados Unidos, em que sejamos forçados a matar cavalos para ter carne."

"Cavalos são para ser amados e cavalgados", disse Gallagher. "Em outras palavras, cavalos recebem afeto, enquanto que o gado de corte... eles nunca tiveram alguém afagando-os, escovando-os, ou algo assim. Comprar o cavalo de alguém e abatê-lo, eu não consigo aceitar."

O mercado começou a vender a carne de cavalo – "filé de carne de cavalo", "cavalobúrguer", "contrafilé equino" – na terça-feira, e o proprietário Kenneth Carlson disse que mais ou menos 20 mil libras foram vendidas na primeira semana.

A maioria dos açougueiros que vendem carne de cavalo comprou "animais velhos e sem utilidade" que seriam vendidos de qualquer maneira "para alimento de cachorro ou algo assim", disse Gallagher. Mas "agora eles estão levando também os cavalos jovens. Agora não podemos comprar esses cavalos porque os assassinos dão lances maiores que os nossos."

> **DEIXE-OS COMER VÍSCERAS**
>
> – Sra. Virgínia Knauer, assessora presidencial para assuntos do consumidor
>
> "Não importa como você o corte..."

Honolulu Advertiser, 2 de março de 1973.

A razão principal postulada no sistema americano da carne é a relação das espécies com a sociedade humana. "Cavalos recebem afeto, enquanto o gado de corte... eles nunca tiveram alguém afagando-os, escovando-os ou algo assim."[7] Vamos examinar mais detalhadamente a série dos domésticos: bois-porcos-cavalos-cachorros. Todos estão, em alguma medida, integrados à sociedade americana, mas claramente com status diferentes, os quais correspondem aos graus de comestibilidade. A série é divisível, primeiro nas duas classes de comestíveis (bois-porcos) e não comestíveis (cavalos--cachorros), e, dentro de cada classe, entre categorias de carne mais e menos preferidas (bovina *versus* suína) e categorias mais e menos rigorosas de tabu (cachorros *versus* cavalos). A diferenciação parece estar na participação como sujeito ou objeto quando em companhia do homem. Além disso, a mesma lógica também diferencia os animais comestíveis em "carne" e os "órgãos" internos ou "vísceras". Adotando as palavras mágicas convencionais do estruturalismo, "tudo acontece como se" o sistema de alimento fosse todo flexionado por um princípio de metonímia, de tal forma que, tomado como um todo, compõe uma constante metáfora do canibalismo.

Cachorros e cavalos participam da sociedade americana na condição de sujeitos. Têm nomes próprios e realmente temos o hábito de conversar com eles, assim como não conversamos com porcos e bois.[8] Portanto, cachorros e cavalos são julgados não comestíveis porque, como disse a Rainha de Copas, "Não é fino mandar cortar alguém a quem você foi apresentado". Como coabitantes domésticos, os cachorros são mais próximos do homem do que os cavalos, e seu consumo, portanto, é mais inimaginável: eles são "um membro da família". Tradicionalmente os cavalos têm, com as pessoas, uma relação mais de trabalho e mais servil; se os cachorros são como se fossem aparentados com o homem, os cavalos são como empregados e não aparentados. Daí o consumo de cavalos ser pelo menos concebível, embora não generalizado, enquanto que a noção de comer cachorros compreensivelmente evoca alguma repulsa do tabu do incesto.[9] Por outro lado, os animais comestíveis, como porcos e bois, geralmente têm o status de objetos para os sujeitos humanos, vivendo suas vidas à parte, nem como complemento direto nem como instrumento de trabalho das atividades humanas. Normalmente, portanto, eles são anônimos, ou, se têm nomes, como algumas vacas leiteiras, são para servir de referência na conversa dos homens. Entretanto, como animais de curral e comedores de restos de comida humana, os porcos estão mais próximos da sociedade humana que os bois (cf. Leach, 1964: 50-51). Correspondentemente, peso por peso, a carne de porco tem menos prestígio que a carne bovina. A carne bovina é a comida de maior prestígio social, e consumida nas ocasiões sociais mais importantes. Um assado de carne de porco não é tão solene como um corte de primeira de carne de boi, nem parte alguma do porco se pode comparar a um filé de carne de boi.

A comestibilidade está inversamente relacionada com a humanidade. O mesmo se aplica às preferências e designações mais comuns das partes comestíveis do animal. Os americanos estabelecem uma distinção categórica entre as partes "internas" e "externas", o que representa para eles o mesmo princípio da relação com a humanidade, ampliado metaforicamente. A natureza orgânica da carne [*flesh*] (músculo e gordura) é disfarçada imediatamente, e é genericamente chamada de carne [*meat*] e daí em diante por convenções específicas tais como "filé", "costeleta", "lagarto", ou "cervelha"; enquanto que os órgãos internos são conhecidos como tais (ou "entranhas"), e mais especificamente como "coração", "língua", "rins" e assim por diante – exceto quando são eufemisticamente transformados no processo de preparação em produtos como *sweetbreads*.[10,11] As partes internas e externas são respectivamente assimiladas e distinguidas de partes do corpo humano – no mesmo modelo que nós concebemos nosso "ser mais íntimo" como nosso "ser verdadeiro" – e as duas categorias são correspondentemente caracterizadas como mais ou menos apropriadas para o consumo humano. A distinção entre "interior" e "exterior", portanto, duplica no animal a diferenciação estabelecida entre espécies comestíveis e espécies tabu, o todo construindo uma lógica única em dois níveis com a implicação consistente da proibição do canibalismo.

É essa lógica simbólica que organiza a demanda. O valor social do filé ou alcatra, comparado com o da tripa ou língua, é o que estabelece a diferença em seu valor econômico. Do ponto de vista nutritivo, tal noção de "melhor" e "inferior" seria uma posição difícil de defender. Além disso, filé continua a ser o peso mais caro, apesar de a oferta absoluta de filé ser muito maior que a de língua; há muito mais filé em uma vaca do que língua. E, ainda mais, o esquema simbólico de comestibilidade se junta com aquele que organiza as relações de produção para precipitar, através da distribuição da renda e demanda, toda uma ordem totêmica, unindo em uma série paralela de diferenças o status das pessoas e o que elas comem. As pessoas mais pobres compram os pesos mais baratos, mais baratos porque socialmente são pesos de carne de qualidade inferior. Mas a pobreza é, antes de tudo, codificada étnica e racialmente. Pretos e brancos entram diferentemente no mercado de trabalho americano, sua participação determinada por uma odiosa distinção de "civilização" relativa. O preto é na sociedade americana como o selvagem entre nós, natureza objetiva na própria cultura. Entretanto, em virtude da consequente distribuição de renda, a "inferioridade" dos pretos também é percebida como uma profanação culinária. *Soul food*[12] pode se tornar uma virtude. Mas somente como a negação de uma lógica geral na qual a degradação cultural é confirmada por preferências alimentares próximas do canibalismo, mesmo quando esse atributo metafórico da comida é confirmado pelo status daqueles que a preferem.

Não invocaria o "chamado totemismo" simplesmente em analogia casual com o *pensée sauvage*. É verdade que Lévi-Strauss escreve como se o totemismo estivesse limitado, em nossa sociedade, a uns poucos locais marginais ou a práticas ocasionais (1963; 1966). E com razão – na medida em que o "operador totêmico", articulando diferenças na série cultural com diferenças na espécie natural, não é mais um elemento principal do sistema cultural. Mas deve-se questionar se não foi substituído por espécies e variedades de objetos manufaturados, os quais como categorias totêmicas têm o poder de fazer mesmo da demarcação de seus proprietários individuais um procedimento de classificação social. (Meu colega Milton Singer sugere que o que Freud disse sobre a diferenciação nacional pode muito bem englobar o capitalismo, ou seja, que é narcisismo a respeito de diferenças mínimas.) E, ainda mais fundamental, será que os operadores totêmicos e os de produtos não têm a mesma base no código cultural de características naturais, a significação atribuída aos contrastes em forma, linha, cor e outras propriedades do objeto apresentadas pela natureza? O "desenvolvimento" que é efetuado pela *pensée bourgeoise* pode consistir principalmente na capacidade de duplicar e combinar tais variações à vontade, e dentro da própria sociedade. Mas, nesse caso, a produção capitalista fica como uma expansão exponencial do mesmo tipo de pensamento, com troca e consumo sendo seu meio de comunicação.

Pois, como Baudrillard escreve a respeito, o próprio consumo é uma troca (de significados), um discurso – ao qual virtudes práticas, "utilidades", são agregadas somente *post facto*:

> Assim como é verdade da comunicação do discurso, também é verdade dos bens e produtos: o consumo é troca. Um consumidor nunca está isolado, como um orador. É nesse sentido que precisamos fazer uma total revolução na análise do consumo. Da mesma maneira que não há uma linguagem simplesmente por causa da necessidade individual de falar, mas antes de tudo a linguagem – não como um sistema absoluto, autônomo, mas como uma estrutura contemporânea de troca de significado, ao qual é articulada a interação individual da fala –, no mesmo sentido, também não há consumo por causa de uma necessidade objetiva de consumir, uma intenção final do sujeito em relação ao objeto. Há uma produção social, um sistema de troca, de materiais diferenciados, de um código de significados e valores constituídos. A funcionalidade dos bens vem depois, se autoajustando, racionalizando e ao mesmo tempo reprimindo esses mecanismos estruturais fundamentais. (Baudrillard, 1972: 76-77) [13]

O totemismo moderno não é negado por uma racionalidade de mercado. Ao contrário, é promovido precisamente na medida em que valor de troca e consumo dependem de decisões de "utilidade", pois essas decisões giram em torno da significação social de contrastes concretos entre produtos. É por suas diferenças significativas em relação a outros bens que os objetos se tornam trocáveis: portanto, tornam-se valores de uso para algumas pessoas, que são correspondentemente diferenciadas de outros sujeitos. Ao mesmo tempo, como uma construção modular de elementos concretos combinados pela invenção humana, bens manufaturados singularmente prestam-se a esse tipo de discurso. Ao dar feitio ao produto, o homem não aliena seu trabalho simplesmente, congelado em forma objetiva, mas, pelas modificações físicas que efetua, ele sedimenta um pensamento. O objeto fica como um conceito humano fora de si mesmo, como se fosse homem falando com homem usando as coisas como meio de comunicação. E a variação sistemática das características objetivas é capaz de servir, até mesmo melhor que as diferenças entre espécies naturais, como o meio de um vasto e dinâmico esquema de pensamento: porque, nos objetos manufaturados, muitas diferenças podem variar ao mesmo tempo, e por uma manipulação de aparência divina – quanto maior o controle técnico, mais precisa e diversificada é essa manipulação – e porque cada diferença assim desenvolvida pela intervenção humana com vistas à "utilidade" necessita ter uma significação e não somente aquelas características, existindo dentro da natureza por suas próprias razões, que se prestam a ser notadas culturalmente. O totemismo burguês, em outras palavras, é potencialmente mais elaborado que qualquer variedade "selvagem" (*sauvage*), não que tenha sido liberada de uma base material-natural, mas precisamente porque a natureza foi domesticada. Como Marx disse: "Os animais só produzem a si mesmos, enquanto que os homens reproduzem o todo da natureza."[14]

Ainda assim, se não é mera existência o que os homens produzem, mas um "*modo de vida* definido à sua maneira", essa reprodução do todo da natureza constitui uma objetificação do todo da cultura. Pelo arranjo sistemático das diferenças significativas atribuídas ao concreto, a ordem cultural se realiza também como uma ordem de bens. Os bens ficam como um código-objeto para a significação e a avaliação de pessoas e ocasiões, funções e situações. Operando em uma lógica específica de correspondência entre contrastes materiais e sociais, a produção é, portanto, a reprodução da cultura em um sistema de objetos.

Naturalmente, se é levado a explorar os duplos significados de termos tais como "moda" e "fabricar": utilizo o sistema americano de vestuário como o exemplo principal.

Referências

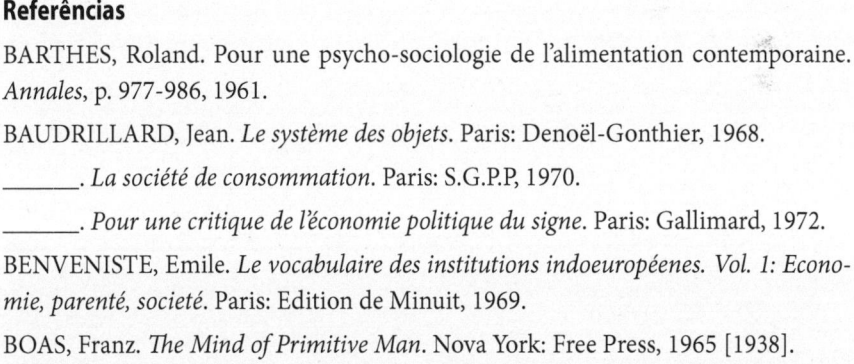

BARTHES, Roland. Pour une psycho-sociologie de l'alimentation contemporaine. *Annales*, p. 977-986, 1961.

BAUDRILLARD, Jean. *Le système des objets*. Paris: Denoël-Gonthier, 1968.

_____. *La société de consommation*. Paris: S.G.P.P, 1970.

_____. *Pour une critique de l'économie politique du signe*. Paris: Gallimard, 1972.

BENVENISTE, Emile. *Le vocabulaire des institutions indoeuropéenes*. Vol. 1: Economie, parenté, societé. Paris: Edition de Minuit, 1969.

BOAS, Franz. *The Mind of Primitive Man*. Nova York: Free Press, 1965 [1938].

BULMER, R. Why is the Cassowary not a Bird? A Problem of Zoological Taxonomy among the Karan of the New Guinea Highlands. *Man*, v. 2, s.n., p. 5-25, 1967.

CORNEY, Peter. *Voyages in the Northern Pacific*. Honolulu: Thos. G. Thrum, 1896 [1821].

DAMPIER, Robert. *To the Sandwich Islands on the H.M.S. Blonde*. Honolulu: University of Hawaii Press, 1971.

DOUGLAS, Mary. *Purity and Danger*. Londres: Routledge and Kegan Paul, 1966.

_____. Deciphering a Meal. In: GEERTZ, Clifford (org.). *Myth, Symbol and Culture*. Nova York: Norton, 1971.

LEACH, E. R. Anthropological Aspects of Language: Animal Categories and Verbal Abuse. In: LENNEBERG, Eric H. (org.). *New Directions in the Study of Language*. Cambridge: MIT Press, 1964.

LÉVI-STRAUSS, Claude. *Totemism*. Boston: Beacon Press, 1963.

_____. *The Savage Mind*. Chicago: University of Chicago Press, 1966.

_____. Religion, langue et histoire. A propos d'un texte inédit de Ferdinand de Saussure. In: *Méthodologie de l'histoire et des sciences humaines* (Mélanges en l'honneur de Fernand Braudel). Paris: Privat, 1973.

MARX, Karl; ENGELS, Friedrich. *The German Ideology*. Londres: Lawrence and Wishart, 1965.

RAPPAPORT, Roy A. *Pigs for the Ancestors*. New Haven: Yale UP, 1967.

ROUSSEAU, Jean-Jacques. *Oeuvres complèts. Vol. 3: Du Contrat Social; Écrits Politiques*. Paris: Bibliothèque de la Pléiade, 1964.

TAMBIAH, S. J. Animals are Good to Think and Good to Prohibit. *Ethnology*, 8, p. 423-59, 1969.

VALERI, Renee. Study of Tradicional Food Supply in the Southwest of France. *Ethnologia Scandinavica*, 1971.

Notas

1 Naturalmente, em algum nível, sabemos que essas afirmações são fraudulentas, mas esse conhecimento é apenas uma prova a mais do mesmo princípio, isto é, do poder determinante do lucro. Tendo penetrado nos segredos da publicidade, tendo-lhe tirado toda substância e sentido, que mais resta a não ser o motivo do lucro por baixo de qualquer forma social? Assim, pela própria abstração e nudez na qual o descobrimos, seu poder é confirmado – ainda mais pela ilusão de termos sido capazes de determiná-lo atrás da máscara de falsos propósitos.

2 N.T.: No original: *"Till jarring interests of themselves create / The according music of a well-mixed state... / Thus God and Natures linked the general frame, / And bade Self-love and Social be the same"*.

3 Sob certo aspecto, por ser menos limitado a uma situação específica, o valor de uso é mais arbitrário que o valor de troca, apesar de estar em associação mais rígida com as propriedades concretas do objeto. Marx estava correto em seu entendimento de valor da mercadoria como um significado diferencial estabelecido no discurso das coisas, isto é, o valor da mercadoria como o conceito (*le signifié*) de um dado objeto somente através das relações desenvolvidas no discurso comercial, e não pela referência a propriedades concretas. No último aspecto, o valor da mercadoria é mais abstrato. Para entrar nessas relações determinantes, entretanto, o objeto deve ter um valor de uso, isto é, ter um significado convencional designado para suas propriedades objetivas, de maneira a dar-lhe "utilidade" para certas pessoas. Uma vez que esse significado é uma avaliação diferencial de propriedades, ele não pode ser entendido pelos sentidos; mas é sempre ligado ao perceptível – portanto, o valor de uso é o valor mais concreto. Por outro lado, o significado da utilidade pode ser invocado fora de qualquer ação específica, sendo tomado como significado do objeto como tal. Mas o valor de troca é determinável somente a partir da interação econômica das mercadorias, e diferentemente em cada situação. Está limitado e estipulado dentro do discurso das mercadorias; fora do contexto da troca, o objeto retoma o status de um valor de uso. Olhando assim, o valor de uso é o mais arbitrário; o valor de troca é um "deslocador" pragmático.

4 A discussão que se segue é somente um comentário marginal à análise mais ampla das noções de comestibilidade e das relações com animais domésticos desencadeadas por Douglas (1966, 1971); Leach (1964) e Lévi-Strauss (1966). Ver também Barthes (1961), R. Valeri (1971), e, sobre certas correspondências entre categorias sociais e zoológicas, Bulmer (1967) e Tambiah (1969). A intenção aqui não é tanto a de contribuir para a análise semiótica quanto a de enfatizar as implicações econômicas.

5   Cf. Benveniste sobre *pasu vira* indo-europeu; por exemplo: "é como um elemento de riqueza móvel que deve ser tomado o *vira* ou *pasu vira* avéstico. Designa-se por esse termo o conjunto da propriedade privada móvel, homens e animais" (1969, vol. 1: 49). Ou ver a extensa discussão das palavras latinas *pecu, pecunia* e *peculium* (Benveniste, 1969, vol. 1: 55 ss).

6   N.T.: Os americanos referem-se aos franceses como *frogs*, ou seja, rãs.

7   "Supondo-se que um indivíduo acostumado a comer cachorros nos perguntasse a razão pela qual não comemos cachorros, só poderíamos responder que não é nosso costume; ele então estaria justificado se dissesse que os cachorros são tabu entre nós, tal como nós estamos justificados quando falamos sobre tabus entre povos primitivos. Se fôssemos fortemente pressionados para dar razões, provavelmente basearíamos nossa aversão em comer cachorros ou cavalos sobre a aparente impropriedade de comer animais que vivem conosco como nossos amigos" (Boas, 1965 [1938]: 207).

8   As práticas francesas e americanas de nominação parecem diferir aqui. As observações de Lévi-Strauss (1966: 204 ss) sobre os nomes que os franceses dão aos animais só se aplicam parcialmente ao costume americano. Uma rápida inquirição etnográfica é suficiente para mostrar que os americanos são muito complexos a esse respeito. Entretanto, a regra geral é que com-nome/anônimo: não comível/comível. Os nomes de cachorros e cavalos (excluindo os cavalos de corrida) são algumas vezes "como nomes artísticos que formam uma série paralela com os nomes verdadeiros das pessoas, ou, em outras palavras, nomes metafóricos" (ibid.: 205) – por exemplo, *Duke, King, Scout, Trigger*. Mais frequentemente, entretanto, os nomes usados em inglês são termos descritivos, metamórficos, mas tirados do discurso: *Smokey, Paint, Blue, Snoopy, Sport* etc. Os franceses reservam tais nomes para o gado. Nosso gado é geralmente anônimo, exceto as vacas leiteiras, as quais frequentemente têm nomes humanos dissilábicos (*Bessie, Ruby, Patty, Rena* – nomes fornecidos por informantes). Os cavalos de trabalho – distintos dos cavalos de corrida – também têm nomes humanos. As diferenças entre sociedades que se relacionam nesses aspectos, como Lévi-Strauss (1973) indica, representam *découpages* culturais diferentes ou superposições do animal nas séries humanas.

9   Leach (1964: 42-47 e apêndice) desenvolve essa posição em seu importante estudo sobre como as categorias de animais ingleses se ajustam em um conjunto sistemático de correspondências entre relações com pessoas e relações com animais, de acordo com os graus de distância. Leach afirma que o esquema tem ampla validade, embora não tenha universalidade; naturalmente que o estudo demandaria alguma mudança para povos (por exemplo) que comem cachorros

domésticos. Os havaianos tratam com grande compaixão os cachorros que serão comidos, "e não infrequentemente, condescendem em alimentá-los com *Poi* (pó de taro) de suas próprias bocas" (Dampier, 1971: 50). Os cachorros destinados ao consumo, entretanto, nunca podem comer carne (Corney, 1896 [1821]: 117). Não foi esclarecido se eles são comidos pela família que os criou ou se são como os porcos melanésios, que são muito bem tratados por seus donos, mas reservados para serem dados aos outros.

10 A taxonomia da carne é naturalmente muito mais complexa do que esses nomes comuns. O filé, por exemplo, tem grande vocabulário próprio, no qual ocorre alguma referência orgânica, embora normalmente com termos que não se aplicam ao corpo humano como lombo e *T-bone*. O fígado de vitela é uma exceção para toda esta discussão; desconheço o porquê.

11 N.T.: Nome dado ao timo ou pâncreas de vitela quando usado para alimentação humana.

12 N.T.: *Soul food* é o nome dado à cozinha do negro americano.

13 Além disso, há para esta noção de comunicação uma base fundamental, estabelecida por Rousseau em seu debate com Hobbes: "Mas mesmo que fosse provado que essa cobiça ilimitada e indomável é verdadeira, e que ela se tivesse desenvolvido em todos os homens até o ponto suposto por nosso sofista, ainda assim não produziria aquela guerra universal de um contra todos, da qual Hobbes tenta traçar o odioso *tableau*. Esse desejo incontrolado de apropriar-se de todas as coisas é incompatível com o de destruir todos os semelhantes; tendo matado a todos, o vencedor teria somente a desventura de ficar sozinho no mundo, e não poderia desfrutar de nada, mesmo tendo tudo. A riqueza em si mesma: que benefício ela traz se não pode ser comunicada; e de que adiantaria um homem possuir o universo inteiro se fosse seu único habitante?" (Rousseau, 1964, 3: 601).

14 "Os objetos não constituem nem uma flora nem uma fauna. Todavia, dão a impressão de uma vegetação pujante e de uma floresta, onde o nosso homem selvagem dos tempos modernos mal consegue reencontrar os reflexos da civilização. Essa fauna e essa flora, que o homem produziu e que por sua vez voltam a cercá-lo e a investi-lo... deve-se tentar descrevê-las... sem se esquecer jamais de que, em sua magnificência e profusão, elas são *o produto de uma atividade humana*, e que são dominadas, não pelas leis ecológicas naturais, mas pela lei do valor de troca" (Baudrillard, 1970: 19-20). [Em francês no original.]

A ritualização da feminilidade

Erving Goffman

Este texto contém algumas fotografias comerciais – anúncios publicitários – que apresentam sujeitos humanos.* Essas fotos foram arbitrariamente escolhidas de jornais diários e revistas de grande circulação, facilmente acessíveis, pelo menos para mim, de tal forma que sua reunião em conjuntos permitisse, graças a um arranjo não desprovido de malícia, expor, delinear ou esquematizar um tema claro relacionado a gênero, especialmente ao gênero feminino. Cada conjunto de fotografias é acompanhado por um simples comentário verbal.[1]

Para quem deseja estudar fotografias comerciais, existe um método que consiste em tirar uma amostra aleatória de um ou mais números de uma ou mais revistas, especificando os títulos e os períodos e recusando o interesse por qualquer coisa que se afaste da amostra: a representatividade determinável é, portanto, uma das condições que a totalidade da coleção de fotografias deve satisfazer[2] – condição esta que as fotografias que iremos analisar não satisfazem. (Evidentemente, achados baseados em uma amostra sistemática muitas vezes adquirem seu peso do fato de que se espera que o leitor possa generalizar os achados além do universo dado, uma garantia estatística que demandaria outro estudo, que, se realizado, levaria a uma generalização excessiva, ainda mais abrangente, e assim por diante. Mas, isso é uma outra questão.) Observe que esse tipo de representatividade diz respeito às fotos como tal e não nos conta o que frequentemente queremos entender, a saber, quais aspectos da vida real são razoavelmente fornecidos por fotografias e quais efeitos a fotografia comercial tem sobre a vida que é supostamente retratada – também uma limitação das fotografias intencionalmente selecionadas e aqui exibidas.

Como não há restrições ao que posso escolher identificar como um tema, nem aos gêneros de fotografias que posso reunir a fim de expor o que for assim identificado, ou aos possíveis arranjos das fotografias em uma dada série, poder-se-ia crer que nada me impede de demonstrar o que desejo a partir de quaisquer pontos aparentemente comuns em algumas imagens.

---

* Artigo originalmente publicado como "La ritualisation de la féminité", *Actes de la recherche en sciences sociales*, 14 abril, p. 34-50, 1977. Tradução de Marina Frid.

A esse respeito, o sucesso não requer mais que um pouco de perversidade e astúcia e uma quantidade significativa de fotografias. Quanto maior a coleção de que dispõe o pesquisador, maior a certeza de que pode obter confirmação daquilo que pensa ter descoberto em uma foto ou gostaria de todo modo demonstrar – prova de que a representatividade decresce à medida que os dados se multiplicam. Logo, a representação eficaz de um tema não pode por si só provar nada sobre o que se descobre em fotografias ou, menos ainda, no mundo. De fato, algo como o método que uso aqui é empregado por ardilosos compiladores de álbuns fotográficos cômicos e fotógrafos brincalhões que juntam a imagem de uma ou outra celebridade em plena gesticulação àquela de um animal retratado em uma pose aparentemente semelhante ou superpõem balões de pensamentos ou frases com conteúdos que modificam radicalmente a situação e emprestam aos protagonistas reações inadequadas.

Os assuntos que pretendo examinar levantam três questões de metodologia geral que não convém confundir: a descoberta, a exposição e a prova. Somente as duas primeiras me importam aqui, que me permitem explorar, sem grandes investimentos, as vantagens particulares que a fotografia oferece, que são as seguintes.

Há uma classe de práticas comportamentais – que podem ser chamadas de "pequenos comportamentos" – cujas formas físicas são razoavelmente bem codificadas ainda que as implicações sociais ou significados dos atos possam ter elementos vagos, e que sejam realizados em sua totalidade, do início ao fim, em um período muito breve e espaço restrito. Esses eventos comportamentais podem ser registrados e sua imagem pode ser captada por meio de gravadores de som, videocassetes e câmeras. (A fita magnética e o filme, diferentemente da fotografia, fornecem não apenas uma única imagem de uma ocorrência real da atividade em questão, mas toda uma coleção de registros desse tipo. E, o que é mais importante, o emprego dos registros de áudio e vídeo de comportamentos muito pequenos facilita o estudo microfuncional, isto é, um exame do papel de um fragmento de comportamento no fluxo precedente, coincidente e subsequente.) Há um encontro entre um objeto de estudo e uma tecnologia que coloca o pesquisador em uma relação inteiramente nova com seus dados e constitui um fundamento prático da microanálise.

As fotografias de quaisquer fontes são agora baratas e fáceis de reproduzir em forma de slides. Assim que estabelecemos uma coleção, nada é mais fácil que tratá-la, organizá-la e reorganizá-la, em suma, envolver-se com ela em malabarismos de tentativa e erro, que contribuem, maravilhosamente, tanto para revelar padrões quanto para encontrar exemplos, seja meras ilustrações ou registros de casos reais.

A competência social do olho é enorme e o consenso sustentado por seus usuários, impressionante, dois fatores que o pesquisador pode explorar. De fato, graças a esses fatores se abre a possibilidade de considerar com clareza as figuras comportamentais que um talento literário insuficiente não permitiria evocar por meio apenas de palavras. Estas, não tendo que reconstituir a totalidade do problema, podem assim se limitar a direcionar o olhar para o que deve ser visto. Ao mesmo tempo, a noção de "reação puramente subjetiva" se torna suscetível a uma promoção acadêmica, pois é bastante claro que, pelo menos parte do que nos abstemos de estudar por medo de cair em divagações, tem uma realidade específica, e pode ser percebida com precisão, a divagação sendo devida a uma incapacidade literária do pesquisador e não à natureza de seus dados.[3]

Em uma coleção de exemplos em imagens (seja ilustrações ou representações de momentos reais) sobre um tema comum, há mais que um simples dispositivo para garantir que o fenômeno estudado aparecerá de forma clara para o observador. Para tanto, um ou dois exemplos bastariam. O tamanho do conjunto também não tem relação com a noção tradicional de amostragem de demonstrar quão prevalentes foram esse ou aquele caso dentro da amostra e (por extensão) dentro do universo de onde a tirou. Outra coisa está em jogo. Diversos exemplos em imagens de um único tema apresentam uma gama de diferentes contextos que esclarecem as disparidades não ditas, embora manifestem um projeto idêntico. De certa forma, a profundidade e o alcance dessas diferenças contextuais são o que conferem o sentimento de uma estrutura, de uma organização única subjacente aos desvios superficiais. Enquanto, para os métodos tradicionais, as diferenças entre itens a compatibilizar como representantes de uma mesma coisa são um embaraço, e o são na proporção de sua diferença, o contrário é verdade na análise de imagens que consiste precisamente na junção dessas dessemelhanças aparentes. E até a inversão nos fatos desta análise pode ser interessante e instrutiva, como quando um publicitário, a partir dos mesmos modelos e argumentos de venda, busca diversas cenas possíveis onde possa fazê-los figurar na esperança de relançar o cliente através de uma mistura de repetição e novidade. Seja qual for o seu desejo de cercar de mudanças um dado tema, deve, no entanto, satisfazer as exigências de produção de cena, como adequação, inteligibilidade e assim por diante, mostrando, assim, necessariamente, a possibilidade e a maneira de coreografar diversos ingredientes para fazê-los expressar a mesma coisa. O fato de que um conjunto de anúncios possa manifestar uma estrutura subjacente comum é, assim, um artefato inteiramente produzido pela própria concepção publicitária, e o pesquisador não faz mais que descobrir o que foi deliberadamente arranjado desde o início. Mas, o conhecimento dos meios pelos quais o publicitário consegue encontrar diversos disfarces para seus estereótipos ainda nos instrui sobre as maneiras possíveis de escolher e modelar materiais tirados de cenas reais a fim de provocar a interpretação desejada.

As fotografias ilustrativas do comportamento relacionado ao sexo (social) que coletei de forma não aleatória podem, por outro lado, ser úteis para renovar nossas ideias sobre três pontos: os estilos de comportamento relacionados ao gênero, a maneira como a publicidade apresenta uma visão eventualmente enviesada e as regras de produção cênica particulares à forma fotográfica. Embora meu interesse recaia, principalmente, sobre o primeiro ponto, os textos que acompanham as minhas fotografias abordam todas as questões que possam suscitar. Ressalto, de todo modo, que o ponto essencial da discussão recai sobre a visão de publicitários sobre como representar mulheres de forma lucrativa. Terei, portanto, de arriscar algumas generalizações pouco fundamentadas, que têm apenas o mérito de incidir, principalmente, sobre como o gênero é representado e não sobre a sua real encenação.

De um modo geral, não selecionei fotografias que exibem o que, a meu ver, é comum a ambos os sexos no plano da imagem somente ou também na realidade, nem aquelas que registram diferenças que suponho que sejam conhecidas de todos. Segue-se que toda parte banal – ou que pelo menos assim me parece – da publicidade está claramente sub-representada. (Deformação que, aliás, é encontrada em toda parte na etnografia: são as diferenças e as semelhanças inesperadas com o seu próprio mundo que são registradas.) Além disso, embora a profissão publicitária (nos Estados Unidos) se concentre em

Nova York e que modelos e fotógrafos constituam uma população bastante específica, o que produzem não tem nada de extraordinário aos olhos de observadores, é algo "apenas natural". Em outras palavras, mesmo que os documentos aqui apresentados não possam ser tomados como representativos do comportamento de gênero na realidade, nem mesmo da publicidade em geral ou de tal publicação particular, parece-me que podemos, entretanto, fazer um julgamento negativo de alguma importância sobre elas, a saber, que, *como imagens*, não as percebemos como algo excepcional ou anormal. Assim sendo, para tomar consciência imediatamente do estereótipo, basta imaginar para cada fotografia o que resultaria se os gêneros fossem trocados. Com essa possibilidade em mente, o leitor poderá produzir seus próprios comentários e poderá formar uma ideia dos eventuais méritos dos meus.

Uma última ressalva: em sua imensa maioria, os anúncios apresentam inocentemente cenas fictícias em que os sujeitos, as personagens não têm nada em comum com os modelos profissionais que posam para a ocasião. É, portanto, bastante óbvio que os enfermeiros, por exemplo, apresentados desta ou aquela maneira pela publicidade, devem ser entendidos como um atalho: a imagem dada é de fato a das modelos vestidas de enfermeiras e posando em uma reprodução do ambiente médico. (Sem dúvida, bastaria uma compensação decente para persuadir uma enfermeira de verdade a posar ou se deixar fotografar em seu trabalho; mas o fato é que as agências de publicidade geralmente acreditam que enfermeiras de verdade, em hospitais de verdade, não parecem suficientemente "típicas".) Às vezes, recorro a essa simplificação e falo dos assuntos de uma fotografia como se fossem exemplificações, imagens gravadas da realidade. Mas a complicação vem do fato de que posar para um anúncio quase invariavelmente envolve um relato de gênero, com modelos femininos aparecendo como personagens femininas e modelos masculinos aparecendo como personagens masculinos (o mesmo relato é observado para as faixas etárias). Segue-se que toda a discussão sobre gênero na publicidade chega a um ponto em que, em certo sentido, modelo e personagem são um só. É isto, particularmente, que justifica a simplificação de que falávamos. Pois, se é verdade que o publicitário que coloca em cena uma "enfermeira" não nos apresenta o registro fotográfico de tal personagem, isto é, não nos mostra a imagem autêntica de uma verdadeira enfermeira, segue-se que nos faz ver uma mulher de verdade, ao menos no sentido corrente da palavra "verdadeira".[4] Ao sair do estúdio, a modelo deixa de ser "enfermeira", mas segue sendo uma "mulher".

Para terminar, algumas palavras sobre as próprias fotografias. Vale observar que as mulheres assumem atitudes "femininas" não apenas diante de homens, mas também diante de *uma outra mulher*, o que nos incita fortemente a pensar que os estereótipos relacionados a gênero – em fotografias pelo menos – baseiam-se na noção de um espaço com duas caixas, sendo importante preencher essas caixas com sujeitos diferenciados em termos de papéis, mas não necessariamente opostos em termos de identidade sexual.

Agora que está claro que minha coleção de fotografias não deve ser necessariamente levada a sério, gostaria de explicar rapidamente por que deve. A tarefa do publicitário é dispor favoravelmente o observador em relação ao produto que vende, e seu procedimento consiste, basicamente, em mostrar um exemplar reluzente em um cenário encantador. A mensagem implícita é que, ao comprar o primeiro, estará no caminho certo para alcançar o segundo – o que você deseja. Também é interessante notar que o elemento de encantamento geralmente é garantido pela presença, na imagem, de uma jovem elegante que veio dar ao produto sua aprovação e o brilho de sua pessoa, seja o produto uma vassoura, um inseticida, um assento ortopédico, materiais para telhados, um cartão de crédito ou uma bomba de vácuo. Mas, tudo isso, claro, é apenas publicidade e tem pouco a ver com a vida real. Assim falam os críticos dessa arte de exploração. Críticos, é preciso dizer, ingênuos, que não compreendem realmente o que se passa nessa vida real.

O publicitário, por mais que deseje promover seu produto de determinada forma, é obrigado a se submeter às restrições do meio que utiliza. Deve apresentar algo que será significativo e facilmente compreensível, mas, para tanto, não dispõe de mais do que caracteres e uma ou duas fotos em que personagens, embora pareçam estar falando, estão privados de palavras. Observe também que o texto que explica, mais ou menos, "o que se passa", na maioria das vezes é um tanto redundante, pois a imagem conta sozinha sua historinha.

Como, então, podem fotografias representar o mundo, quando, no mundo, pessoas (movendo-se e nunca fixas em uma posição) realizam atividades distribuídas ao longo do tempo, onde o som é quase tão importante quanto a visão, sem contar cheiros e toques, e, além disso, onde acontece de conhecermos os indivíduos que encontramos, destino muito improvável quando se trata de personagens de anúncios?

Algumas soluções para esse problema são óbvias. Uma cena pode ser simulada na qual as personagens são capturadas naqueles atos capazes de resumir, aos olhos de todos, a sequência de onde são extraídos, presumivelmente, porque esses atos são identificados como acontecendo apenas no curso de uma ação prolongada da qual constituem um momento e que o observador é levado a reconstituir.[5] Uma segunda solução é recorrer a cenas que já são silenciosas e estáticas na realidade: dormindo, refletindo, namorando vitrines e, sobretudo, o olhar de soslaio que usamos para comunicar nossa atitude geral em relação ao que outra pessoa – que não está nos olhando diretamente – diz ou faz. Ou ainda, é possível organizar as personagens de acordo com uma microconfiguração espacial de modo que suas posições relativas no espaço sejam o índice de suas posições *sociais* relativas. E, claro, há a solução de usar cenas e personagens estereotipados que a grande maioria dos observadores há muito identifica com esta ou aquela atividade, para que a compreensão imediata seja assegurada. A esse respeito, observemos brevemente que publicitários quase sempre escolhem tipos positivos, aprovados por todos (talvez porque prefiram ver seus produtos associados ao bom em vez de dissociados do ruim) para nos fazer ver personagens idealizados servindo como instrumentos ideais para propósitos não menos ideais – e unidos, naturalmente, por relações igualmente ideais, como indica a microecologia de sua disposição. Por fim, resta o recurso de usar como modelos e celebridades estes personagens que, claro, não conhecemos pessoalmente, mas de quem sempre sabemos alguma coisa. É interessante notar que publicitários não são os únicos a recorrer a este tipo de método. Governos e organizações sem fins lucrativos também os empregam para transmitir suas mensagens na imprensa ou por meio de cartazes, assim como grupos radicais e indivíduos que têm a fotografia como *hobby* ou vocação. (De fato, é errado, infelizmente, dizer que apenas publicitários anunciam. Mesmo os opositores da comercialização do mundo se veem obrigados a concretizar seus argumentos por meio de imagens que escolhem de acordo com critérios, em última análise, muito semelhantes aos do inimigo.)

Mas, o ponto principal a que quero chegar é que, considerando tudo, o trabalho do publicitário de encenar o valor de seu produto não está tão distante da tarefa de uma sociedade que impregna suas situações de signos cerimoniais e rituais destinados a facilitar a orientação mútua de participantes. Ambos têm que contar uma história usando os recursos "visuais" limitados oferecidos pelas situações sociais. Ambos devem traduzir eventos obscuros em uma forma facilmente interpretável; e ambos usam os mesmos processos fundamentais para isso: *displays* de intenções, mapeamento microecológico da estrutura social, idealizações aprovadas e a exteriorização gestual do que pode parecer uma reação íntima (assim, tal como um anúncio da Coca-Cola nos mostra uma família com aparência feliz e bem-vestida em um balneário chique, podemos ver famílias modestas, reais, vestidas de forma comum, que se permitem uma pequena loucura ao ir passar dez dias de suas férias no mesmo balneário e se cuidam para se fotografarem em seu novo papel, como que para nos confirmar, se necessário, que estão, de fato, realizando um *display* de autopromoção). Dito isto, é claro que não se pode negar que os *displays* de fotografias publicitárias constituem um subconjunto particular de *displays* em geral.[6] Via de regra, o publicitário deve se contentar em apresentar um instante de aparências mudas e inodoras, limitação esta que os ritos da vida real não conhecem.

Isso levanta a questão das "situações sociais", definidas como arranjos em que pessoas estão fisicamente na presença umas das outras. Ocorre que fotografias publicitárias, frequentemente, apresentam-nos personagens solitários, manifestamente fora de qualquer situação social. Mas, se a cena deve ser interpretável, é necessário que o sujeito apresente uma aparência e ofereça atos que têm valor informativo, pois este é precisamente o processo que empregamos em situações sociais reais para compor nossas próprias histórias e nos instruirmos sobre as dos outros. Logo, solitários ou não, os personagens publicitários se dirigem implicitamente a nós, observadores, que nos encontramos instalados em seu entorno pela permissão que nos é dada para ver o que podemos ver deles, produzindo como efeito uma situação que podemos chamar de social. Além disso, o fotógrafo com frequência remove toda ambiguidade antecipadamente ao pedir que seu sujeito simule uma resposta gestual a algum fantasma que paira próximo à máquina, isto é, de fato, no espaço que nós observadores supostamente devemos ocupar. Note que o sujeito solitário não apenas "exterioriza" informações destinadas a nos dar uma ideia daquilo que desejam nos mostrar, mas se abstém de forma sistemática de exibir comportamentos tabu ou pouco lisonjeiros, que são, no entanto, aqueles que podem ser esperados de uma pessoa certa de sua solidão. (Quem sabe se um dos subprodutos do realismo comercial não será um fortalecimento da censura aos comportamentos solitários?)

Assim, a atenção de quem se interessa pela apresentação dos gêneros na publicidade não deve se limitar a desvendar os estereótipos mantidos por publicitários, por mais significativos que possam ser; nem, aliás, buscar nesses estereótipos apenas o que podem nos revelar sobre os modelos dominantes, subjacentes à distribuição dos papéis de gênero em nossa sociedade. Deve-se examinar também como aqueles que compõem (e posam para) os anúncios reúnem os diversos materiais disponíveis em situações sociais para atingir seus fins, a saber, apresentar uma cena significativa e legível em um piscar de olhos. Ao fazê-lo, talvez possamos discernir além dos esforços artísticos como, a partir de corpos na presença uns dos outros e cercados de elementos não humanos, podemos moldar a expressão. E, tendo visto o que criadores de imagens sabem fazer com materiais situacionais, podemos começar a considerar o que nós mesmos estamos fazendo. Assim, por trás de uma infinita variedade de configurações cênicas, podemos conseguir discernir um único idioma ritual e, por trás de uma infinidade de diferenças superficiais, um pequeno número de formas estruturais.

Admito de bom grado que, com tudo isso, posso dar a impressão de querer fazer muito com pouca coisa, neste caso: utilizar materiais publicitários facilmente acessíveis para falar de comportamento de gênero. Mas, não estou interessado aqui no comportamento em geral, apenas em *displays* que indivíduos conseguem injetar em situações sociais, *displays* que participam sem dúvida daquilo que o publicitário se esforça para colocar nas cenas que compõem em torno de seus produtos para fotografá-los. Certamente, em sua maioria, as fotografias comerciais não são mais que "imagens", no máximo "realistas", mas, não é preciso dizer, que a realidade que deveriam deformar é ela mesma, em muitos aspectos e não menos importantes, artificial. Porque a face do real que está em questão aqui é a maneira como as situações sociais nos servem como recursos cênicos para elaborarmos retratos instantâneos e visíveis da natureza humana que reivindicamos. Fotos posadas se revelam, portanto, mais ricas de conteúdo do que se poderia imaginar, de certa forma equivalentes, para quem estuda a linguagem ritual de uma comunidade, ao texto escrito, para quem estuda a língua.[7]

Masculino/Feminino

A maioria dos anúncios apresenta homens e mulheres que evocam, de forma mais ou menos explícita, a divisão e a hierarquia tradicional entre os sexos. Assim, a mulher aparece mais frequentemente em posição subalterna ou assistencial. Inversamente, o homem, cujo tamanho mais alto simboliza status superior, é representado em uma postura protetora, que varia de acordo com o vínculo social que mantém com suas parceiras: familiar, profissional, romântico.

O toque

Mulheres, mais frequentemente que homens, são mostradas a nós enquanto tocam os contornos de um objeto com o dedo ou a mão, apertam-no em seu peito ou acariciam sua superfície (às vezes sob o pretexto de dirigir sua ação). Ainda as vemos mal tocá-lo, como se temessem que dele pudesse passar uma corrente elétrica. Há um toque ritualizado, que convém ser distinguido da variedade utilitária, aquela que captura, manipula e retém. Quando, ao contrário, é a si mesma que a mulher toca, é, ao que parece, para fazer com que as pessoas sintam até que ponto seu corpo é uma coisa delicada e preciosa.

A mulher oculta

Podemos observar uma situação social de longe ou por trás de uma divisória – uma tela de participação – para não sermos vistos ou sermos apenas um pouco, caso em que se torna possível tomar parte nos eventos sem se expor à vigilância ou interpelação de outros. Isso resulta em uma separação entre alguns dos benefícios e inconvenientes das interações face a face. Além disso, a presença de tal tela possibilita o envolvimento simultâneo em várias interações secundárias, dissociadas umas das outras, sem que pareçamos indisponíveis a qualquer dos participantes. Existe uma versão ritualizada desse comportamento que consiste em se apresentar, de alguma forma, à margem da situação ou então sob o abrigo de determinado tipo de proteção, ainda que se esteja, na realidade, bastante acessível aos participantes. [Isso ocorre, por exemplo, quando a mulher] se esconde atrás de um objeto ou atrás de uma pessoa (com a possibilidade aqui de expressar algo além do simples distanciamento, que pode chegar até a traição conivente da pessoa atrás de quem nos abrigamos).

A mulher distante

Podemos considerar que desviar o olhar equivale a se retirar do fluxo de comunicação para recuperar, longe de qualquer vigilância direta, o domínio de nossas emoções. Como, por outro lado, tal comportamento não se trata de fuga, este parece implicar uma certa submissão, uma certa confiança na pessoa que é a fonte do estímulo.[8] As mãos constituem um objeto interessante para fixar o olhar que foi desviado, pois essa pose, além de poder sugerir um certo fechamento, na maioria das vezes pede que se baixe a cabeça. Daí a possibilidade de se ter uma atitude de submissão.

A mulher dos anúncios parece muitas vezes abstraída daquilo que a cerca (a mente alhures) enquanto está ao lado de um homem, como se a vigilância deste, pronto para enfrentar o que quer que aconteça, bastasse pelos dois. (A propósito, às vezes o homem parece estar de guarda.) Portanto, "à deriva", mas "ancorada". Quanto aos objetos sobre os quais a mulher fixa o olhar, são diversos. Pode ser, por exemplo, uma peça de roupa do homem, que ela dobra distraidamente.

Falar ao telefone envolve necessariamente uma certa distração em relação ao ambiente imediato. Daí um despreparo para eventos que poderiam lá ocorrer. Isso é remediado, em geral, limitando a duração da chamada e não se envolvendo demais na conversa. Os anúncios, ao contrário, mostram-nos mulheres sonhadoras, mergulhadas com deleite em ligações que, podemos presumir, são muito longas.

A mulher submissa

Em situações sociais, camas e pisos são lugares onde qualquer pessoa que neles se deite fica mais baixa do que aquelas que estão sentadas ou em pé. O piso também corresponde às partes menos limpas, menos puras, menos nobres de um cômodo: é o lugar reservado ao cachorro, onde colocamos os cestos de roupa suja, sapatos de rua etc. Por outro lado, a posição deitada é aquela em que menos podemos nos defender e que, portanto, nos torna mais dependentes da benevolência do ambiente. (E, claro, deitar-se no chão, no sofá ou na cama também é, ao que parece, uma maneira convencional de expressar disponibilidade sexual.) O importante para nós é que, aparentemente, crianças e mulheres são mostradas deitadas com mais frequência do que homens.

As mulheres frequentemente, os homens raramente, posam com "o joelho timidamente flexionado". De qualquer forma, essa flexão do joelho pode ser interpretada como a posição daqueles que se recusam a estar completamente preparados para os imprevistos da situação social, porque a pose só pode atrasar um pouco qualquer movimento de luta ou fuga. É, portanto, outra atitude que parece pressupor a boa vontade de qualquer um ao redor que poderia ser perigoso. Mas note que aqui se trata mais de construir uma cena do que tipificar sexualmente um sujeito. Assim, a imagem pode muito bem representar duas mulheres, uma das quais dobra o joelho, enquanto a outra serve como suporte cênico. Em outras palavras, há uma distribuição de dois papéis, que não correspondem, necessariamente, a dois gêneros.

De distribuição quase idêntica à anterior é a posição inclinada. Embora se possa distinguir entre inclinar o corpo e inclinar a cabeça, as consequências não diferem muito. Em ambos os casos, o nível da cabeça é rebaixado em relação aos demais, inclusive, indiretamente, ao observador da imagem. Segue-se que a atitude pode ser lida como a aceitação da subordinação, como expressão insinuante, submissa e conciliadora.

Podemos argumentar que o sorriso muitas vezes atua como uma suavização ritual, sinalizando que nada hostil é pretendido ou desejado, que o significado dos atos dos outros foi compreendido e aceito, que a própria pessoa foi considerada digna de aprovação. E até a pessoa que olha desconfiada para um potencial agressor pode se pegar sorrindo automaticamente quando seu olhar é surpreendido pelo do seu alvo, que, por sua vez, nem sempre é tentado a sorrir de volta. Além disso, responder rapidamente com um sorriso (ou, melhor ainda, uma risada de reconhecimento) a uma piada pode significar que se pertence, ao menos por conhecimento, ao círculo da pessoa que a contou.

Todas essas variedades de sorrisos parecem, portanto, ser uma oferta de um inferior a um superior, e não o contrário. Seja como for, verificamos que, na sociedade americana, durante encontros entre sexos opostos, mulheres sorriem mais frequente e expansivamente do que homens, situação que a publicidade reproduz, talvez sem muita intenção consciente.[9]

Jogos de mãos
Mais do que homens, mulheres nos são mostradas em disposições que as alienam mentalmente da situação social circundante, deixando-as distraídas

e desorientadas e, portanto, ao que parece, à mercê da proteção e boa vontade eventuais de outros participantes (presentes ou possíveis).

Por outro lado, quando uma pessoa perde o controle de suas feições, quando sua emoção transborda, ela tem, para ocultar parcialmente sua falha, o recurso de se afastar dos outros ou de cobrir o rosto, principalmente a boca, com as mãos. Esta é a ritualização de um gesto associado à infância: tal ato não pode disfarçar que se está escondendo algo e ainda resulta em cegueira momentânea para o ambiente, tornando-se uma reação particularmente fútil e equivocada quando se responde a uma ameaça real.

Assim como cobrir a boca pode ser uma forma atenuada de esconder o rosto, pode-se admitir que colocar um dedo nos lábios é, por sua vez, uma forma enfraquecida da cobertura com a mão. No entanto, parece que estamos lidando mais comumente, [nas imagens], com outro tipo de ritualização: a atenuação de chupar ou morder o dedo. O gesto confere, de fato, a impressão de que uma certa corrente de ansiedade, certa ruminação ou qualquer coisa do tipo foi destacada do foco de atenção e está sendo sustentada à parte, dissociada e mais ou menos inconsciente. Uma coisa é certa: o rosto fica parcialmente coberto e tudo se passa como se fosse possível ver sem ser visto, ficando livre para subtrair seu rosto e uma das mãos da interação face a face.

Quanto ao toque de dedos com dedos, este gesto parece expressar, como o gesto anterior, a mesma comunicação dissociada da pessoa consigo mesma, mas de forma ainda mais atenuada. Também permite imaginar um movimento da boca.

A mulher dócil

Toda instrução parece implicar uma certa subordinação do aluno, que demonstra deferência ao seu instrutor. Essas características expressivas próprias da situação de aprendizagem são ainda reforçadas pelo vínculo que, para a maioria das pessoas e em todas as fases, relaciona essa aprendizagem à hierarquia das idades. Há também, em nossa sociedade, uma forma de aprendizagem particularmente associada, ao que parece, ao status infantil: a aprendizagem cinética, em que cabe ao aluno moldar a sua ação conforme a do instrutor que o guia fisicamente.[10] No entanto, é mais frequente ver um homem instruindo uma mulher dessa maneira do que o contrário.

Quando, por necessidade ou cortesia, uma pessoa adulta recebe a ajuda de outros para realizar uma ação corporal, raramente é sem a colaboração de sua parte: ela guia a execução e/ou toma a iniciativa para os últimos movimentos. (Dois exemplos dessa situação: passar o sal; ajudar alguém a vestir seu casaco.) Dessa forma, a beneficiária pode conservar o sentimento de sua autonomia. E ela pode aprimorar a ação, naturalmente, adquirindo a habilidade que lhe permitirá atender eficazmente às suas próprias necessidades. Assim sendo, as crianças pequenas têm que suportar ver sua colaboração desdenhada pelo adulto que está ocupado cuidando delas.[11] Concebemos, portanto, que uma fotografia que nos mostra um adulto, por exemplo, sendo alimentado com uma colher, esforça-se para dar um aspecto caricatural à cena, sem dúvida para evitar que o eu projetado pelo fato de ser assim alimentado seja tomado como um reflexo do eu real. Mas, deve-se notar que as mulheres que nos são mostradas, com mais frequência do que os homens, em tal posição, não são necessariamente retratadas como se estivessem dando à sua ação um aspecto particularmente cômico.

A mulher criança

Dada a posição subordinada das crianças, submissas à indulgência exclusiva de adultos, parece evidente que se comportar de maneira infantil é chamar para si um tratamento semelhante. Até que ponto essa conduta é realmente encontrada na vida? Podemos nos perguntar. O que é certo é que encontramos essa conduta em anúncios.

A mulher brinquedo

"Vou te pegar" é uma brincadeira frequentemente praticada entre adultos e crianças. Estas são tratadas, por diversão, como se fossem presas atacadas por um predador. Ao longo do jogo, certos objetos (travesseiros, jatos de água, bolas de praia) servem como projéteis que golpeiam, mas não machucam. Outros (camas, montanhas de neve, piscina rasa, braços) oferecem diversos lugares onde se pode lançar sem perigo o corpo do pequeno capturado. No entanto, verifica-se que homens fazem essas brincadeiras com mulheres, que colaboram para isso fingindo fugir, emitindo falsos gritos de alarme, susto ou apaziguamento. (A dança é uma ocasião institucionalizada em que o parceiro arrebatado do chão nunca é o homem.) Pode muito bem ser, aliás, que, por dentro, o homem se dê uma demonstração mais profunda, que pretende sugerir o que seria capaz de fazer se alguma vez a brincadeira ficasse séria.

A mulher atrevida

A nota cômica trazida pelas atitudes infantis pode ser conferida ainda por outro disfarce do eu, limitado, talvez, ao domínio da publicidade, que consiste em fazer de todo o corpo um instrumento de gesticulação divertida, uma espécie de marionete de palhaço.

Felicidade de mulher

Já percebemos que as mulheres dos anúncios, mais do que os homens, tendem a se afastar da situação social que as cerca, devido, entre outras coisas, às suas reações emocionais. Dentre estas, há aquelas que traduzem prazer, encantamento, alegria, entusiasmo – tantas formas de se transportar de felicidade. Seu significado é talvez que a mulher – como a criança que come um sorvete – é capaz de encontrar uma espécie de satisfação última e definitiva em objetivos plenamente realizados no momento presente.[12] Uma exultação consumista, de certa forma.

Ritual e hiper-ritualização

Acabamos, portanto, de descobrir algumas expressões "naturais" de feminilidade e masculinidade, na medida em que podem ser representadas em imagens publicitárias por meio de estilos de comportamento visualmente perceptíveis. Ao exame, parece-me, essas expressões despontam como tantas ilustrações de unidades comportamentais de tipo ritual, retratos de uma concepção ideal dos dois sexos e suas relações estruturais produzidas, em parte, graças à indicação, novamente ideal, da atitude dos atores dentro da situação social.

É certo que as fotografias publicitárias são feitas de poses cuidadosamente estudadas para parecerem "completamente naturais". Mas, sustento que as expressões reais de feminilidade e masculinidade também procedem de poses artificiais, no sentido etimológico deste termo.

Qual é então, do ponto de vista dos ritos, a diferença entre as cenas que os anúncios nos descrevem e as da realidade? A noção de "hiper-ritualização" é uma primeira resposta. De fato, a padronização, o exagero e a simplificação que caracterizam os ritos em geral se encontram nas poses publicitárias, mas levadas a um grau mais elevado e muitas vezes sintonizadas com infantilismo, escárnio etc. Por outro lado, existem os procedimentos de desmantelamento. Uma fotografia publicitária constitui uma ritualização de ideais sociais, de tal forma que tudo o que impede que o ideal se manifeste foi cortado, suprimido. Na vida cotidiana, ao contrário, por mais que trabalhemos constantemente para produzir expressões "naturais" semelhantes, só conseguimos fazê-lo por meio de certos estilos de comportamento, ou em certos pontos particulares de nossas atividades: breves cerimônias, manifestações de simpatia, encontros de amigos etc., distribuídos ao longo das nossas rondas diárias, segundo um plano que ainda não nos é claro. Enfim, seja na publicidade ou na vida, queremos poses brilhantes, queremos nos exteriorizar; mas, na vida, boa parte do filme é desinteressante. Dito isso, permanece o fato de que, em ambos os casos, se estamos posando para uma foto ou realizando uma verdadeira ação ritual, estamos nos entregando à mesma representação ideal de caráter comercial, supostamente para descrever a realidade das coisas. Cada vez que um homem real acende o cigarro de uma mulher real, seu gesto pressupõe que mulheres são objetos valiosos, um tanto limitados fisicamente, e a serem ajudadas a cada passo. Há, de fato, nesse pequeno rito interpessoal, uma expressão "natural" da relação entre os sexos, mas que, talvez, não seja um reflexo real dessa relação assim como o casal de um anúncio de cigarros não é um casal representativo. As expressões naturais nada mais são do que cenas comerciais, encenadas com o objetivo de vender uma certa versão do mundo, e isso em condições pelo menos tão duvidosas e perigosas quanto aquelas conhecidas pelos publicitários.

De modo geral, então, publicitários não criam as expressões ritualizadas que empregam. Exploram o mesmo *corpus* de *displays*, a mesma linguagem ritual de todos nós que tomamos parte em situações sociais, e com o mesmo objetivo: tornar legível uma ação vislumbrada. No máximo, apenas convencionam nossas convenções, estilizam o que já é, fazem um uso frívolo de imagens descontextualizadas. Enfim, seu produto, por assim dizer, é a hiper-ritualização.

Notas

1 N.O.: O artigo original contém imagens de 68 anúncios impressos, selecionados de publicações dos Estados Unidos, que não puderam ser aqui reproduzidas por questões de direitos autorais. Em sua análise, Goffman agrupa essas imagens e as apresenta em 11 tópicos – "masculino/feminino", "o toque", "a mulher oculta", "a mulher distante", "a mulher submissa", "jogo de mãos", "a mulher dócil", "a mulher criança", "a mulher brinquedo", "a mulher atrevida", "felicidade de mulher". Sua intenção era que leitores pudessem acompanhar a sua análise e entender seu argumento visualizando as imagens assim dispostas no artigo. Embora não possamos reproduzir as imagens nesta tradução, acreditamos que os comentários de Goffman sobre os anúncios em cada tópico são suficientes para que leitores entendam o teor deles, bem como a perspectiva e contribuição do autor. Como em alguns pontos Goffman supõe que o leitor está vendo a imagem do anúncio, adicionamos complementos ao seu texto entre colchetes para torná-lo mais claro.

2 Para um exemplo recente, ver ROBINSON, D. E. Fashions in Shaving and Trimming of the Beard: the Men of the Illustrated London News, 1842-1972. *American Journal of Sociology*, v. 81, n. 5, p. 1133-1141, 1976.

3 O ouvido, tanto quanto o olho, possui uma competência impressionante e, aqui, foneticistas (e, ultimamente, todos aqueles interessados em análise de discurso) fizeram um esforço exemplar para elaborar um sistema de notações que pode ser impresso, mas evita as limitações da ortografia corrente, assim oferecendo uma ponte entre sons e publicações. Há, porém, um problema: embora pesquisadores treinados possam perfeitamente produzir a mesma transcrição de uma determinada sequência sonora, sua formulação escrita poderá igualmente se aplicar a expressões que ouviriam de forma consideravelmente diferente. Em outras palavras, dada uma gravação para escutarem, a transcrição de um linguista pode servir como um meio bastante adequado de dirigir a atenção do ouvido para um som específico e, com isso, a plena competência do ouvido pode ser academicamente explorada. Mas, transcrições sem gravações não resolvem o problema (nem ajuda muito, creio eu, incluir uma fita na jaqueta de um livro junto com um estímulo para uma análise "faça você mesmo"). A transcrição da análise de registros em vídeo apresenta problemas ainda maiores.

4 Uma noção mais precisa da expressão "mulher de verdade" pode ser encontrada em GOFFMAN, E. *Frame Analysis*. Nova York: Harper and Row, 1974, p. 284-285.

5 Ponto que me foi sugerido há alguns anos por David Sudnow. Ver SUDNOW, D. Temporal Parameters of Interpersonal Observation. In: SUDNOW, D. (org.). *Studies in Social Interaction*. Nova York: The Free Press, 1972, p. 259-279.

6 N.T.: Goffman recorre ao termo *display* no sentido em que é empregado na zoologia de um padrão estereotipado de comportamento usado na comunicação entre animais.

7   Os temas abordados aqui são mais longamente desenvolvidos em GOFFMAN, E. *Gender Advertisements: Studies in the Anthropolgy of Visual Communication*, v. 3, n. 2, 1976.
8   Cf. CHANCE, M. R. A. An Interpretation of Some Agonistic Postures: The Role of Cut-Off Acts and Postures. *Symposium of the Zoological Society of London*, 8, p. 71-89.
9   Ver comentários de N. Weisstein em WEISSTEIN, N. *Why We Aren't Laughing Any More*, MS, 2, 1973, p. 49-90.
10 Essa noção de aprendizagem cinética é tirada de BATESON, G.; MEAD, M. *The Balinese Character*. Nova York: New York Academy of Science, 1942, p. 85-86. Sua obra inova brilhantemente quanto ao emprego de fotografias para o estudo daquilo que podemos ter imagem clara. Encorajou toda uma geração de antropólogos a tirar fotografias. Porém, a análise de documentos assim reunidos dificilmente foi feita – e talvez não pudesse ser de outra forma. De certa maneira, há uma confusão entre o interesse humano e o interesse analítico. Foram relatados filmes e fotografias admiráveis, mostrando pessoas maravilhosas e eventos fascinantes, mas sem muito proveito. Demonstramos muito respeito e carinho pelos indígenas, mas muito pouco pela exploração analítica das imagens.
11 Convém, por outro lado, levar em conta a ideia geralmente admitida segundo a qual os membros das classes com tendências aristocráticas que têm por tradição contratar serviçais aos quais demandam serviços íntimos que os burgueses sempre preferiram assumir por conta própria, o pudor aqui servindo de suporte à democracia. Naturalmente, correspondia a esses serviços íntimos o status de não pessoa daqueles que os prestavam.
12 Komisar desenvolve uma ideia da mesma ordem em KOMISAR, L. The Image of Woman in Advertising. In: GORNICK, V.; MORAN, B. K. (orgs.). *Woman in Sexist Society*. Nova York: New American Library, 1972, p. 306-307. De acordo com a publicidade televisiva, a maioria dos americanos cai em êxtase incontrolável ao ver e tocar mesas ou cômodas, que amorosamente impregnaram com a carícia de ceras vaporizáveis. São capturados pelo êxtase diante da brancura brilhante de suas roupas de cama, mesa e banho – e pela inveja de seus vizinhos. A empregada doméstica mostrada no anúncio de cera Johnson abraça a mesa de jantar que brilha tão maravilhosamente; então ela encera o chão até que, presa no último canto, ela tem que pular os móveis para sair. E o sabão em pó nos mostra uma mulher profundamente deprimida, porque suas roupas não brilham tanto quanto as de sua vizinha. Observe, também, que alguns anúncios, em vez de nos mostrar a alegria de uma mulher recebendo um presente de um homem, fazem-nos ver a cena que às vezes a precede, quero dizer, a da "adivinhação", na qual o homem segura algo que a mulher (a quem, por vezes, forçou a fechar os olhos) não pode ver, e a provoca para que ela adivinhe o que enriquecerá a sua existência e que a mergulhará doravante em um tormento tão feliz. Em outra versão, o doador faz surgir seu presente sem aviso, após o que a beneficiária perde temporariamente todo o controle de si mesma e desmaia de prazer. Essa provocação de generosidade é, aliás, comumente praticada pelos pais em relação aos filhos, e convém compará-la ao outro atentado ao equilíbrio que é o ataque de risos de que falamos.

Gostos de classe e estilos de vida

Pierre Bourdieu
Monique de Saint-Martin

Às diferentes posições no espaço social correspondem estilos de vida, sistemas de distâncias diferenciais que são a retradução simbólica das diferenças inscritas objetivamente nas condições da existência.* As práticas e propriedades constituem uma expressão sistemática das condições da existência (o que chamamos de estilo de vida), porque são o produto do mesmo operador prático, o *habitus*, um sistema de disposições duráveis e transponíveis que expressa na forma de preferências sistemáticas as necessidades objetivas das quais é produto:[1] a correspondência que se observa entre o espaço das posições sociais e o espaço dos estilos de vida resulta do fato de que condições semelhantes produzem hábitos substituíveis, que geram, por sua vez, de acordo com sua lógica específica, práticas infinitamente diversas e imprevisíveis em seus detalhes singulares, mas sempre confinadas nos limites inerentes às condições objetivas das quais são produto e às quais se adaptam objetivamente. Constituído em um tipo específico de condições materiais da existência, esse sistema de esquemas geradores, inseparavelmente éticos ou estéticos, expressa sua necessidade de acordo com a sua própria lógica, essencialmente sistemática, em sistemas de preferências cujas oposições reproduzem, sob uma forma transfigurada e muitas vezes irreconhecível, as diferenças ligadas à posição na estrutura de distribuição dos instrumentos de apropriação, transmutadas, assim, em distinções simbólicas.

O conhecimento das características relevantes da condição econômica e social (o volume e a estrutura do capital entendidos de forma sincrônica e diacrônica) não permite compreender e prever a posição no espaço dos estilos de vida de um determinado indivíduo ou grupo ou, o que dá no mesmo, as práticas pelas quais se marca e se demarca, se se realiza dentro de um conhecimento (prático ou acadêmico) da *fórmula geradora* do sistema de disposições geradoras (*habitus*) no qual essa condição é retraduzida e quem

---

* Fragmento de "Anatomie du goût", *Actes de la recherche en sciences sociales*, v. 2, n. 5, p. 2-81 (18-36), 1976. Tradução de Glauber Neves Rosa.

a retraduz: falar do ascetismo aristocrático dos professores ou da pretensão da pequena burguesia não é apenas descrever esses grupos por algumas de suas propriedades, mas o mais importante é tentar nomear o princípio gerador de todas as suas propriedades.

A sistematicidade e unidade só estão no *opus operatum* porque estão no *modus operandi*: estão no conjunto de "propriedades", no duplo sentido do termo, com o qual se cercam os indivíduos ou os grupos, casas, móveis, pinturas, livros, automóveis, álcool, cigarros, perfumes, roupas e nas práticas em que manifestam sua distinção, nos esportes, jogos, distrações culturais, apenas porque estão na unidade originalmente sintética do *habitus*, princípio unificador e gerador de todas as práticas. O gosto, a propensão e a aptidão para a apropriação (material e/ou simbólica) de uma determinada classe de objetos ou de práticas classificadas e classificadoras é a fórmula geradora que está no princípio do estilo de vida, conjunto unitário de preferências distintivas que expressam, na lógica específica de cada um dos subespaços simbólicos, móveis, roupas, linguagem ou *hexis* corporal, a mesma intenção expressiva, princípio da *unidade de estilo* que é entregue diretamente à intuição e que a análise destrói ao talhar universos separados:[2] assim, a visão de mundo de um velho marceneiro, sua maneira de administrar seu orçamento, seu tempo ou seu corpo, seu uso da linguagem e suas escolhas de vestuário estão todos presentes em sua ética de trabalho escrupuloso e impecável, de capricho, de polidez, de acabamento e de sua *estética do trabalho pelo trabalho*, que o faz medir a beleza de seus produtos com o cuidado e com a paciência que eles exigem. *Pars totalis*, cada dimensão do estilo de vida simboliza todas as outras; as oposições entre as classes se expressam tanto nos usos da fotografia ou na quantidade e qualidade das bebidas alcoólicas consumidas como nas preferências em relação à pintura ou à música: assim como a oposição entre a bebida e a abstinência, a intemperança e a sobriedade, o café e a casa, simboliza todo um aspecto da oposição entre as classes populares e a pequena burguesia, que identifica suas ambições de ascensão e sua preocupação com a respeitabilidade no rompimento com tudo o que associa ao universo repudiado, da mesma forma, dentro do universo de "conhecedores", que dão a mesma importância para possuir uma adega escolhida ou enfeitar suas paredes com pinturas de mestres, a oposição entre o champanhe e o uísque condensa tudo o que separa a velha burguesia da nova burguesia, assim como as oposições paralelas entre os móveis Luís XV e os móveis de Knoll, ou entre o gaullismo e o atlantismo. As diferenças sociais mais fundamentais conseguiriam, sem dúvida, ser expressas por meio de um aparato simbólico reduzido a quatro ou cinco elementos, como vinho Pernod, espumante, água mineral, vinho Bordeaux, champanhe, uísque, quase tão completamente quanto com sistemas expressivos aparentemente mais complexos e mais refinados que dão à preocupação da distinção os universos da música ou da pintura.

O luxo e a necessidade

O princípio das diferenças mais importantes na ordem do estilo de vida e, além disso, da "estilização da vida", reside nas variações da distância do mundo, de suas restrições materiais e de suas urgências temporais, que dependem tanto da urgência objetiva da situação no momento em questão quanto da disposição de se distanciar dessa situação: essa disposição, que dificilmente se pode chamar de subjetiva, pois é objetividade internalizada e só pode se constituir em condições de existência relativamente livres da emergência, por sua vez, depende de toda a trajetória social.[3] É assim que os operários, mais frequentemente do que todas as outras classes, levam as suas escolhas para lares arrumados e limpos, fáceis de manter, ou para roupas de corte clássico e de qualidade vantajosa que lhes são destinadas pela necessidade econômica, em todo caso. Quando as classes populares, reduzidas a bens e virtudes "de primeira necessidade", reivindicam limpeza e conveniência, as classes médias, já mais livres da urgência, desejam lares aconchegantes, íntimos, confortáveis ou bem cuidados, ou roupas modernas e originais.[4] Esses valores, por serem adquiridos, parecendo por muito tempo, portanto, naturais, obviamente são relegados ao segundo plano pelas classes privilegiadas: sacrificando-se a intenções socialmente reconhecidas como estéticas, como a busca pela harmonia e composição, eles não podem identificar sua distinção em propriedades, práticas ou "virtudes" que, por muito tempo, não devem mais ser reivindicadas ou, tendo se tornado comuns, não podem mais sê-lo, pois, mantendo seu valor de uso, perdem seu valor distintivo.[5] Os gostos obedecem, assim, a uma espécie de Lei de Engel [de Ernst Engel] generalizada: a cada nível da distribuição, aquilo que é raro e constitui um luxo inacessível ou uma fantasia absurda para os ocupantes do nível anterior ou inferior torna-se banal e comum e se encontra relegado à ordem do necessário, do que nem é preciso dizer, pelo aparecimento de novos consumos, mais raros e, portanto, mais distintos.[6]

Ajustadas a uma condição de classe, como um conjunto de possibilidades e impossibilidades, as disposições também se ajustam a uma posição, a um posto na estrutura de classe, sempre se referindo, portanto, pelo menos objetivamente, às disposições associadas a outras posições. Por uma espécie de adesão de segunda ordem à necessidade, as diferentes classes apresentam como ideal ético as escolhas implícitas do *ethos* que essa necessidade lhes impõe, rejeitando ao mesmo tempo as "virtudes" exigidas por outras necessidades. Não há profissão pequeno-burguesa do ascetismo, não há exaltação do limpo, do sóbrio, do bem cuidado que não envolva uma condenação tácita da sujeira e do inadequado, nas palavras ou nas coisas, da intemperança e da imprevisibilidade, do despudor ou do atrevimento, como se os agentes só pudessem reconhecer seus valores naquilo que os valoriza, na última diferença que é também, muitas vezes, a última conquista, na lacuna genética e estrutural que os define de fato. Da mesma forma, não há reivindicação burguesa da abastança ou da discrição, do desprendimento e do desinteresse que não vise às "pretensões", sempre marcadas demais ou de menos, da pequena burguesia, estreita e turbulenta, arrogante e servil, inculta ou escolástica. Quanto aos apelos à ordem ("quem você pensa que é?", "isso não é para gente como nós"), quando se afirma o princípio da conformidade, única norma mais ou menos explícita do gosto popular, e que visam a incentivar as escolhas "modestas" impostas por condições objetivas, eles próprios alertam contra a ambição de se identificarem com outros grupos, ou seja, de se distinguirem e se distanciarem do grupo, pretensão particularmente condenada entre os homens, sendo toda pesquisa em termos de linguagem ou de vestuário imediatamente percebida não apenas como um sinal de aburguesamento, mas também, inseparavelmente, como o indício de disposições efeminadas. Vemos que qualquer tentativa de produzir um órgão ético comum a todas as classes está condenada de antemão, a menos que se jogue sistematicamente, como o faz toda a moral *universal*, com o fato de que a língua é, ao mesmo tempo, comum às diferentes classes e capaz de receber significados diferentes, ou até opostos, nos usos particulares, inclusive antagônicos, que são feitos deles.

Os grupos se investem inteiramente, com tudo o que os opõe a outros grupos, nas palavras comuns que expressam sua identidade, isto é, sua diferença. Sob sua aparente neutralidade, palavras comuns, como prático, sóbrio, limpo, funcional, divertido, fino, íntimo, distinto, ficam divididas, umas contra as outras, seja porque as diferentes classes lhes dão significados diferentes ou porque dão o mesmo significado mas atribuem valores opostos às coisas nomeadas: como *bem cuidado*, fortemente apropriada por aqueles que a faz expressar seu gosto pelo trabalho bem feito, pelo acabamento, critério de toda perfeição estética, que é carregada de conotações sociais, sentidas de forma confusa e recusadas pelos outros; ou mesmo *divertido*, cujas conotações sociais, associadas a uma pronúncia, a uma elocução socialmente marcada, um tanto burguesa ou esnobe, entram em contradição com os valores expressos, desviando aqueles que certamente se reconheceriam em um equivalente popular, como *engraçado* ou *gozado*.[7]

A própria disposição estética que, com a competência específica correspondente, constitui a condição para a legítima apropriação da obra de arte é uma dimensão de um estilo de vida em que se expressam, de forma irreconhecível, as características específicas de uma condição. Ampla capacidade de neutralizar urgências comuns e de colocar entre parênteses os fins práticos, inclinação e aptidão duráveis em uma prática sem função prática, só se constitui em uma experiência de mundo livre da urgência e na prática de atividades que têm em si seu fim, como exercícios escolares ou contemplação de obras de arte. Em outras palavras, ela supõe a distância do mundo (da qual a "distância do papel" trazida à luz por Goffman é uma dimensão particular) que é o princípio da experiência burguesa do mundo. O consumo material ou simbólico da obra de arte constitui uma das manifestações supremas da *abastança*, no sentido tanto da condição quanto da disposição que a língua comum dá a essa palavra. O desprendimento do olhar puro não pode ser dissociado de uma disposição geral para o gratuito, para o desinteressado, produto paradoxal de um condicionamento econômico negativo que gera distância em relação à necessidade. Por isso mesmo, a disposição estética também se define, objetiva e subjetivamente, em relação às demais disposições: a distância objetiva em relação à necessidade e aos que nela estão incluídos é associada a um afastamento intencional, intensificação deliberada, através da exposição, da liberdade. À medida que aumenta a distância objetiva da necessidade, o estilo de vida torna-se cada vez mais o produto de uma "estilização da vida", um processo sistemático que orienta e organiza as mais diversas práticas, a escolha de uma safra de vinho e de um queijo ou decoração de uma casa de campo. Afirmação do poder sobre a necessidade dominada, ele sempre inclui a reivindicação de uma superioridade legítima sobre aqueles que, não sabendo afirmar esse desprezo pelas contingências no luxo gratuito e no desperdício conspícuo, permanecem dominados pelos interesses e pelas urgências mundanas: os gostos pela liberdade só podem ser afirmados como tal em relação aos gostos de necessidade, assim trazidos à ordem da estética e, portanto, constituídos como vulgares. Essa afirmação tem menos chances que qualquer outra de ser contestada, uma vez que a relação entre a disposição "pura" e "desinteressada" em que se baseia e as condições que a tornam possível, isto é, as condições materiais da existência mais rara por estar mais livre da necessidade econômica, tem todas as chances de passar despercebida. Assim, o privilégio mais classificador tem o privilégio de parecer mais baseado na natureza.

Conhecendo a gênese e a estrutura da *classificação* arbitrária e não reconhecida como tal, portanto legítima, que distingue no universo dos objetos trabalhados os objetos socialmente designados como obras de arte, ou seja, como exigentes e merecedores de serem abordados segundo uma disposição propriamente estética, capaz de reconhecê-los e constituí-los como obras de arte,[8] quisemos estabelecer empiricamente as condições sociais da possibilidade da disposição estética ao determinar como varia a aptidão para adotar essa disposição. Sem podermos configurar um verdadeiro dispositivo experimental, tentamos medir indiretamente a disposição estética na forma da aptidão de *reconhecer* que devem ser apreendidos esteticamente objetos quaisquer constituídos esteticamente de forma desigual, pela produção artística no momento considerado; esta aptidão funciona no modo do conhecimento, isto é, do *saber*, o que não implica necessariamente a prática correspondente, e as declarações dos entrevistados sobre o que consideram "fotografável" delimitam o campo do que a seus olhos é suscetível de ser constituído esteticamente (ao contrário do que se exclui por sua insignificância, ou sua feiura, ou por razões éticas). Isso significa que a aptidão para adotar a disposição estética é medida pela distância (que é também, em um campo da produção cuja lei da evolução é a dialética da distinção, uma distância temporal, um *atraso*) entre o que é esteticamente constituído por um determinado grupo e o que é esteticamente constituído pela vanguarda artística. (Na pré-enquete, submetemos ao julgamento dos entrevistados fotografias, famosas em sua maioria, de objetos que foram simplesmente nomeados na própria enquete – seixos, gestante etc. –, e as reações registradas diante do simples projeto da imagem revelaram-se bastante semelhantes às suscitadas pela imagem realizada: recorremos às fotografias por um lado para evitar os efeitos de imposição de legitimidade que a pintura teria produzido e, por outro lado, porque, sendo a prática da fotografia percebida como mais acessível, os julgamentos formulados tinham mais chance de ser menos irreais.)

Com efeito, nada distingue as diferentes classes com tanto rigor como as disposições e as competências objetivamente exigidas pelo consumo legítimo de obras legítimas; e, ainda mais rara do que essa capacidade relativamente comum de adotar um ponto de vista propriamente estético sobre objetos já esteticamente constituídos – portanto destinados à admiração de quem aprendeu a reconhecer os signos –, a capacidade reservada aos "criadores" de constituir esteticamente objetos quaisquer ou mesmo "vulgares" (por serem apropriados, esteticamente ou não, pelo vulgar) ou a aptidão de engajar os princípios de uma estética "pura" nas escolhas mais corriqueiras da existência cotidiana, em termos de culinária, vestimenta ou decoração, por exemplo. Defrontados com obras de arte legítimas, os mais desprovidos de competências específicas conferem-lhes os esquemas de aplicação universal do *ethos*, os mesmos que estruturam a sua percepção dos objetos do mundo: prestando apenas atenção secundária à forma, sem serem capazes de descartar os planos de fundo éticos que impedem de percebê-la como tal e, acima de tudo, por falta de meios para apreender as propriedades distintivas da maneira e do estilo advindos da sua relação com outras formas (isto é, na e pela referência ao campo das obras e à sua história), só podem se apegar à coisa representada, perguntando-se o que ela "significa" e recusando-lhe qualquer valor se ela não cumprir sua função primordial, dizer o que tem a dizer, representar o que está pretendendo representar. Mas só se justifica plenamente, independentemente da perfeição com a qual ela cumpre sua função de representação, se a coisa representada merecer sê-lo, se a função de representação estiver subordinada a uma função superior, por exemplo, louvar e exaltar, fixando-a e eternizando-a, uma realidade digna de ser sublimada. Essa é a base desse "gosto bárbaro" de que falava Kant e ao qual se referem sempre negativamente as formas mais antitéticas do gosto dominante: esse *funcionalismo* realista reconhece apenas a representação realista dos objetos designados pela sua beleza e pela sua importância social, excluindo a possibilidade de que uma coisa feia possa ser objeto de uma bela representação (a serpente) ou de que uma coisa bela fielmente representada não seja automaticamente bela (o pôr do sol).[9] O interesse pela forma, quando acontece de ser expresso, encontra ainda a sua base nos esquemas do *ethos*, disposições éticas geradoras de produtos de uma indesejável sistematicidade, em tudo opostas aos princípios mais ou menos explícitos por completo de uma escolha estética:[10] só adquire o seu verdadeiro sentido se estiver relacionado com o seu verdadeiro princípio, o gosto pelo trabalho cuidadoso, por exemplo, que também se expressa em todas as práticas, hipercorreção da linguagem, correção estrita da vestimenta ou sobriedade do lar.

A aptidão para pensar objetos quaisquer e comuns (como uma casca, uma estrutura de metal, repolhos), espontaneamente "odiosos" (como uma cobra) ou parte do tabu social (como uma mulher grávida ou um acidente de carro) como belos, ou melhor, como sujeitos a uma transfiguração artística (através da fotografia, o mais acessível dos instrumentos de produção artística) está fortemente ligada ao capital cultural herdado ou adquirido na escola.[11] Apenas uma minoria (composta por produtores artísticos, professores do ensino superior e intermediários culturais) julga, como quer a definição legítima da disposição legítima ("não há serpente ou..."), que tudo pode ser objeto de uma bela fotografia.

Os membros das classes populares e das frações menos ricas em capital cultural das classes médias recusam sistematicamente a pesquisa estritamente estética quando a encontram nos espetáculos que lhes são familiares, em particular nos programas de variedade da televisão:

> Não gosto nada desses negócios cortados, a gente vê uma cabeça, vê um nariz, vê uma perna (...) A gente vê um cantor alto, tipo três metros de altura, depois uns braços de dois metros de largura, você acha engraçado? Ah, eu não gosto, é bobo, não vejo sentido em distorcer as coisas (Boulangère, Grenoble).

Várias enquetes confirmam essa hostilidade a qualquer tipo de pesquisa formal. Esse tipo de estudo registra o espanto dos telespectadores diante de *Les Perses*, um espetáculo estilizado e difícil de acompanhar, devido à ausência de diálogo e trama óbvia.[12] Outro, que compara as reações à "gala da UNICEF", de estilo clássico, e "Allegro", menos tradicional, estabelece que o público popular considera a pesquisa quanto a filmagens e estilização do cenário como empobrecimento da realidade e muitas vezes percebe como falhas técnicas as tomadas em superexposição; pelo contrário, o público aplaude o que denomina "ambiente", ou seja, uma certa qualidade das relações criadas entre o público e os artistas, considerando a ausência de um apresentador como uma falta de calor humano.[13] Sabemos também que, no cinema, o público popular, muitas vezes desconcertado pelos *flashbacks*, goza das intrigas lógica e cronologicamente voltadas para um *happy end* e "se identifica" melhor com as situações e personagens desenhados de forma simples do que em "histórias" ambíguas e simbólicas, organizadas sem ordem aparente e remetendo a experiências e problemas totalmente estranhos à experiência comum. Vemos em todos esses exemplos que o princípio dessas recusas não reside apenas na falta de competência técnica, mas na adesão a todo um conjunto de "valores" que a pesquisa formal nega. É assim que o gosto que manifesta geralmente o público popular pelos espetáculos mais espetaculares (*music-hall*, teatro popular, circo, grandes produções do cinema etc.) e pelo aspecto mais espetacular desses espetáculos, figurino, música, ação, movimento, fantasia e, acima de tudo, a paixão por todas as formas de comédia e em particular por aquelas que derivam seus efeitos da paródia ou sátira dos "grandes" (imitadores, compositores etc.) são dimensões de um *ethos* da festa, do riso franco, do riso livre que liberta ao colocar o mundo social de cabeça para baixo, derrubando convenções e conveniências. Quanto à preferência pela pintura figurativa e pela representação fiel da beleza natural, bela criança, bela jovem, belo animal ou bela paisagem, é obviamente inspirada por uma recusa do formalismo que, ao colocar a forma, isto é, o artista, em primeiro plano, com suas intenções, jogos, efeitos, rejeita a coisa, mesmo à distância, e proíbe a comunhão direta e total com a beleza do mundo, que é a forma por excelência da experiência estética popular.[14] Nada se opõe mais a esse culto à beleza e à alegria do mundo, a que o artista deve servir, do que as pesquisas da pintura cubista, percebidas como agressões, denunciadas por unanimidade contra a ordem natural e principalmente contra a figura humana.

As diferenças entre as suas classes não são menos marcantes quando se considera a competência específica, que é uma das condições (tácitas) do consumo de bens da cultura legítima. Assim, o número de compositores musicais identificados está intimamente relacionado ao capital educacional (daí, por exemplo, a distância entre industriais ou grandes comerciantes e artesãos ou pequenos comerciantes): enquanto nenhum dos operários ou funcionários de empresa entrevistados foi capaz de identificar pelo menos doze dos compositores das dezesseis obras propostas, 52% dos produtores artísticos e professores (e 78% para apenas professores do ensino superior) alcançaram essa pontuação.[15]

A taxa de ausência de resposta à pergunta sobre pintores ou obras musicais favoritas também depende muito do nível de escolaridade, diferenciando fortemente as classes populares, artesãos e pequenos comerciantes das classes superiores.[16] Da mesma forma, ouvir as estações de rádio mais "eruditas", France-Musique e France-Culture, e programas musicais ou culturais, possuir uma vitrola, ouvir discos (cuja natureza ignoramos, o que minimiza as diferenças), frequentar museus e o nível de competência em pintura, tantos traços fortemente correlacionados entre si, estão intimamente relacionados ao capital cultural e priorizam brutalmente as diferentes classes e frações de classe (a audiência de programas de variedades varia no sentido inverso).[17]

Distância respeitosa e familiaridade

As diferentes classes sociais se distinguem menos pelo grau em que reconhecem a cultura legítima do que pelo grau em que elas a conhecem: as declarações de indiferença são excepcionais e mais ainda as rejeições hostis – pelo menos na situação de imposição de legitimidade que cria a relação da enquete cultural como um quase exame. Um dos testemunhos mais seguros de reconhecimento da legitimidade reside na propensão das enquetes em ocultar sua ignorância ou indiferença e se empenhar em propor as opiniões e práticas mais conformes com a definição legítima: basta relacionar as opiniões sobre a música ao conhecimento de obras para ver que uma boa parte (dois terços) daqueles que escolhem a resposta mais "nobre" ("gosto de toda música de qualidade") tem pouco conhecimento de obras musicais; da mesma forma, em outro nível, muitos daqueles que dizem amar as "valsas de Strauss" estão entre os que mais carecem de competência cultural e homenageiam a legitimidade cultural da qual o entrevistador é, aos seus olhos, o depositário, escolhendo de seu patrimônio o que lhes parece mais em conformidade com a definição legítima. Mas esse reconhecimento, inconfundível, não exclui o sentimento de exclusão. Para mais da metade dos inquiridos, a cultura acadêmica é um universo estrangeiro, distante, inacessível e é apenas ao nível dos titulares de um diploma de ensino superior que o sentimento de estar ao nível das obras legítimas deixa de ser o privilégio de uma minoria para se tornar um atributo estatutário.[18]

Poderíamos dizer que a distância das obras legítimas mede-se pela distância do sistema escolar, se a educação da família também não desempenhasse um papel insubstituível, pela sua prioridade e pela sua precocidade, na transmissão dos instrumentos de apropriação e do modo de apropriação legítima. Não é por acaso que as enquetes de práticas e opiniões culturais tendem a assumir a forma de um exame em que os entrevistados, que são e se sentem medidos dentro de uma *norma*, obtêm resultados priorizados de acordo com seu grau de escolaridade e expressam preferências que sempre correspondem bastante aos seus títulos, tanto no conteúdo quanto na modalidade. A verdade é que, à primeira vista paradoxal, quanto mais alto se sobe na hierarquia social, mais a verdade dos gostos reside na organização e no funcionamento do sistema escolar, responsável por inculcar o programa (no sentido da escola e da informática) que governa as mentes "cultas" até na busca do "toque pessoal" e na ambição da "originalidade". Ligadas à trajetória social e essencialmente atribuíveis a uma transmissão de capital cultural não sancionada pelo sistema escolar, as discrepâncias entre títulos acadêmicos e a competência cultural são, contudo, suficientemente frequentes para que se salvaguarde a irredutibilidade, que a própria escola reconhece, da cultura "autêntica" ao saber "acadêmico", como desvalorizado enquanto tal.

Não seria necessário demonstrar que se adquire cultura ou que esta forma particular de competência que se chama gosto é um produto da educação ou que nada é mais banal do que a busca da originalidade se todo um conjunto de mecanismos sociais não viesse a ocultar essas verdades primárias que a ciência deve reestabelecer enquanto também estabelece as condições e funções de sua ocultação. É daí que a ideologia do gosto natural, que se baseia na negação de todos esses fatos óbvios, tira sua aparência e sua eficácia, do fato de que, como todas as estratégias ideológicas que se engendram na luta de classes cotidiana, ela *naturaliza* as diferenças reais, convertendo em diferenças de natureza as diferenças nos modos de aquisição da cultura. Isso se vê claramente nas palavras de um esteta da arte culinária que não diverge de Francastel quando, em uma confissão, para um historiador da arte, autodestrutivo, ele não reconhece nenhuma outra competência legítima na pintura senão aquela que permite não entender, mas sentir:

> Não se deve confundir gosto com gastronomia. Se o gosto é esse *dom natural* de reconhecer e amar a perfeição, a gastronomia, por outro lado, é o conjunto de *regras* que regem a cultura e a *educação* do gosto. A gastronomia é saborear o que a gramática e a literatura são no *sentido literário*. E esse é o problema essencial: sendo o *gourmet* um conhecedor refinado, seria o gastrônomo um pedante? (...) O *gourmet* é o seu próprio gastrônomo, assim como o homem de gosto é o seu gramático (...). Nem todo mundo é *gourmet*, por isso precisamos de gastrônomos (...). Devemos pensar dos gastrônomos o que pensamos de pedagogos em geral: que às vezes são pedantes insuportáveis, mas que têm sua utilidade. Pertencem ao gênero inferior e modesto, dependendo deles aprimorar esse gênero um tanto subalterno por meio do tato, da moderação e da leveza elegante (...). Há mau gosto (...) e os refinados sentem isso *instintivamente*. Para quem não o sente, é necessário haver uma regra.[19]

Assim, o que a ideologia do gosto natural contrapõe, por meio de duas modalidades de competência cultural e de seu uso, são na verdade dois modos de aquisição da cultura: a aprendizagem total, precoce e insensível, realizada desde a infância no seio da família; e a aprendizagem tardia, metódica, *acelerada*, que assegura uma ação educativa explícita e expressa. A aprendizagem quase natural e espontânea da cultura se distingue de todas as formas de forçamento cultural, não tanto, como dita a ideologia do "verniz" cultural, pela profundidade e durabilidade de seus efeitos, mas pela modalidade que promove da relação com a cultura. Ela confere autoconfiança, correlativa da certeza de possuir a legitimidade cultural, que é o verdadeiro princípio da *abastança*, com a qual se identifica a excelência; produz uma relação mais familiar, mais próxima e mais casual, com a cultura, uma espécie de patrimônio familiar que sempre conhecemos e do qual nos sentimos herdeiros legítimos: a música não são os discos e a vitrola dos seus vinte anos, graças aos quais descobrimos Bach e Vivaldi, mas o piano da família, ouvido desde a infância e praticado vagamente até a adolescência; a pintura não são os museus, descobertos repentinamente como extensão de um aprendizado escolar, mas cenário de um universo familiar.

Além disso, como bem sabem os profetas do gosto natural, todo aprendizado racional pressupõe um mínimo de racionalização que deixa sua marca na relação mais intelectual com os bens consumidos. O prazer soberano do esteta dispensa o conceito. Opõe-se tanto ao prazer desprovido de pensamento do "ingênuo" (que a ideologia exalta através do mito do novo olhar e da infância) como ao pensamento (presumido) desprovido de prazer do pequeno-burguês e do emergente, sempre exposto a essas formas de perversão ascética que levam a privilegiar o saber em detrimento da experiência, o discurso sobre a obra em detrimento da contemplação da obra, como os cinéfilos que sabem tudo o que se pode saber sobre filmes que não viram.

Não é, como sabemos, como se o sistema escolar realizasse plenamente sua verdade: o essencial do que a escola comunica também é adquirido por acréscimo, como o sistema de classificação que o sistema escolar inculca através da ordem de inculcação dos saberes, ou a organização da instituição responsável por fornecê-los (hierarquia de disciplinas, seções, exercícios etc.). Contudo, para as necessidades de transmissão, deve racionalizar minimamente sobre aquilo que transmite: é assim que substitui os esquemas de classificação práticos, sempre parciais e vinculados a contextos práticos, taxonomias explícitas e padronizadas, fixadas de uma vez por todas na forma de diagramas sinóticos ou tipologias dualistas (por exemplo, clássico/romântico) e expressamente inculcadas, portanto preservadas na memória na forma de conhecimento capaz de ser restaurado de forma quase idêntica por todos os agentes sujeitos à sua ação. Ao fornecer os instrumentos de expressão que tornam possível trazer preferências práticas à ordem do discurso quase sistemático e organizá-las expressamente em torno de princípios explícitos, torna-se possível o domínio simbólico (mais ou menos adequado) dos princípios práticos do gosto, por operação bastante semelhante à realizada pela gramática, racionalizando, em quem a possui, o "sentimento da beleza", dando-lhe meios de remeter a regras, preceitos, receitas, em vez de recorrer aos caprichos do improviso, substituindo a quase sistematicidade intencional de uma estética pela sistematicidade objetiva da estética em si produzida pelos princípios práticos do gosto. No entanto, dessa forma, e é isso que determina a fúria dos estetas contra os pedagogos e a pedagogia, fornece substitutos para a experiência direta, oferece atalhos para o longo processo da familiarização, torna possíveis as práticas que são produto do conceito e da regra em vez de surgir da suposta espontaneidade do "gosto natural", oferecendo assim um recurso a quem espera poder recuperar o tempo perdido.

Desapropriação cultural

Uma reintegração da relação com a cultura no estilo de vida, do qual constitui uma dimensão, mas privilegiada (como princípio altamente distintivo de classificação social), podemos assim caracterizar o estilo de vida das diferentes classes sociais, a sua "cultura" em sentido lato da etnologia, incluindo a posse ou desapropriação da "cultura" no sentido restrito e normativo de uso comum. Seria tão fútil tentar definir o gosto dominante sem reintegrá-lo ao estilo de vida, do qual ele é uma manifestação entre outras, quanto tentar, por medo de se expor, descrevê-lo em termos de *privação*, definir em si mesmo e para si mesmo, sem qualquer referência à cultura legítima e, portanto, ao estilo de vida dominante, um estilo de vida que, como o das classes populares, deve a maior parte de suas propriedades precisamente à privação.[20] O culto da "cultura popular" poderia, na maioria dos casos, ser apenas uma forma irrepreensível de racismo de classe que leva à ratificação da desapropriação cultural (justificando assim a renúncia do sistema escolar). O estilo de vida das classes populares deve suas características fundamentais, inclusive as que podem parecer mais positivas, ao fato de representar *uma forma de adaptação* à posição ocupada na estrutura social; refere-se sempre, portanto, nem que seja na forma de sentimento de incapacidade, de incompetência, de fracasso, ou, aqui, de indignidade cultural, a uma forma de reconhecimento dos valores dominantes. O que separa as classes populares das outras classes é menos (e, sem dúvida, cada vez menos) a intenção objetiva de seu estilo de vida do que os meios econômicos e culturais que podem implementar para alcançá-lo, sendo essa desapropriação da capacidade de definir seus próprios fins (e a correspondente imposição de necessidades artificiais), sem dúvida, a forma mais sutil de alienação. É assim que o estilo de vida popular é definido tanto pela ausência de todos os consumos de luxo, seja uísque ou pinturas, champanhe ou concertos, cruzeiros ou exposições de arte, caviar ou antiguidades, quanto pelo fato de que esses consumos se encontram, todavia, sob a forma de substitutos, como espumante em vez de champanhe ou couro sintético em vez de couro legítimo, indícios de desapropriação ao quadrado que se permite impor à definição de bens dignos de serem possuídos.

Na verdade, a relação que os membros das classes populares mantêm com a cultura dominante, literária ou artística, mas também científica, não é tão diferente daquela que mantêm com o seu mundo do trabalho. Excluídos da propriedade dos instrumentos de produção, são também desapropriados dos instrumentos de apropriação simbólica das máquinas a que servem, por não possuírem o capital cultural incorporado que é a condição da apropriação conforme (ao menos na definição legítima) do capital cultural objetivado em objetos técnicos: é na forma da oposição entre competência – um saber, como diz a palavra, que implica poder – e incompetência, entre o domínio prático e o domínio teórico, princípios de conhecimento e discursos que os acompanham, que vivenciam concretamente sua desapropriação. Dominados pelas máquinas a que servem e por aqueles que detêm os meios legítimos, isto é, *teóricos*, de dominá-los, encontram a cultura (tanto na fábrica quanto na escola, que ensina o respeito pelos saberes inúteis ou desinteressados) como um princípio de ordem que não precisa demonstrar sua utilidade prática para ser justificado.[21] A obra de arte, sem dúvida, deve boa parte de sua legitimidade ao fato de que a experiência que pode oferecer àqueles que são privados dos saberes inúteis dos quais é solidária é apenas o limite de uma experiência mais fundamental e mais comum, a da ruptura entre os saberes práticos, parciais e tácitos e os saberes teóricos, sistemáticos e explícitos (o que tende a ser reproduzido também no campo da política), entre a ciência e a técnica, entre a "concepção" e a "execução", entre o "criador", que dá seu nome à sua obra "original" e "pessoal" e se atribui, assim, sua propriedade, e o trabalhador pouco qualificado, que serve simplesmente a uma intenção que o ultrapassa, executor despojado do pensamento de sua prática.²²

"Assim como o povo eleito trazia inscrito na fronte que pertencia a Jeová, a divisão do trabalho imprime no trabalhador de manufatura um selo que o consagra como propriedade do capital." Esse selo, de que fala Marx, esse estigma, nada mais é do que o próprio estilo de vida, por meio do qual os mais desprovidos se denunciam imediatamente, mesmo no uso do tempo livre, jurando servir de *contrapeso* a todas as formas de distinção e, assim, contribuir, de uma forma completamente negativa, para a dialética da pretensão e distinção que está na base das mudanças incessantes do gosto. Não contentes em não possuir quase nenhum dos conhecimentos ou maneiras valorizadas no mercado dos exames escolares ou das conversas sociais e em possuir apenas habilidades ou conhecimentos que não têm valor nesses mercados, não contentes, em uma palavra, em não ter conhecimento e boas maneiras, eles são os que "não sabem viver", os que mais se sacrificam pelos alimentos materiais, e pelos mais pesados, mais grosseiros e que mais engordam, entre eles, como pão, batata e gordura, também os mais vulgares, como vinho, aqueles que menos se dedicam ao vestuário e aos cuidados com o corpo, à cosmética e à estética, aqueles que "não sabem descansar", "que sempre encontram o que fazer", que vão armar a sua barraca em *campings* superlotados, que fazem piquenique à beira das estradas nacionais, que enfrentam, com o seu Renault 5 ou o seu Simca 1000, os engarrafamentos do começo das férias, que se dão a lazeres pré-fabricados, pensados para eles pelos engenheiros da produção cultural de massa, aqueles que, por meio de todas essas escolhas malfadadas, confirmam o racismo de classe, se for preciso, na convicção de que só têm o que merecem.

Operário e pequeno-burguês

Não é significativo que os princípios mais visíveis das diferenças oficiais (registradas em estatutos e salários) que se observam no seio da classe trabalhadora sejam a antiguidade e a escolaridade (técnica ou geral), e podemos nos questionar se são valorizadas como garantia de competência ou de "moralidade" (especialmente entre os contramestres, dos quais 10,3% têm um diploma escolar pelo menos de nível fundamental em comparação com

4,4% dos operários qualificados)? A proporção de indivíduos sem nenhum diploma (ou nascidos de um pai sem diploma) diminui drasticamente quando passamos de trabalhadores pouco qualificados a contramestres, passando por operários especializados e pelos operários qualificados, e indícios de uma disposição ascética, como taxas de fertilidade (ou a prática de ginástica e natação) variam no mesmo sentido, assim como os índices de boa vontade cultural, como visitar castelos ou monumentos, ir ao teatro ou a concertos, possuir discos (ou registro em uma biblioteca).

Não se deve concluir, no entanto, que os trabalhadores no topo da hierarquia da classe trabalhadora se fundem com as camadas inferiores da pequena burguesia. Eles diferem em muitos aspectos e, em primeiro lugar, pelo fato de se comportarem como trabalhadores braçais, mesmo no uso que fazem do tempo livre (53,9% dos contramestres e 50,8% dos operários qualificados fazem trabalhos manuais pelo menos uma vez por semana em comparação com 35,4% dos funcionários de empresa e 39,5% dos executivos intermediários). Mostram-se muito menos preocupados em se distanciar do entretenimento e de *hobbies* mais tipicamente populares, como parque de diversões ou programas esportivos (60,4% dos operários qualificados e contramestres e 58,2% dos operários especializados e trabalhadores pouco qualificados foram a um parque de diversões pelo menos uma vez no passado ano em comparação com 49,5% dos funcionários de empresa e 49,6% dos executivos intermediários); e também sabemos que os operários em geral assistem a programas esportivos ou espetáculos circenses com um pouco mais de frequência, enquanto os executivos intermediários e funcionários de empresas assistem com mais frequência a programas científicos, históricos ou literários. Essa solidariedade com o estilo de vida popular e, portanto, com aqueles que dele fazem parte, manifesta-se em todos os campos e, em particular, em tudo o que se relaciona com a simbolização da posição social, como o vestuário, em que operários qualificados e contramestres, ao se mostrarem um pouco menos preocupados com a economia do que os operários especializados e trabalhadores pouco qualificados, não demonstram a preocupação com o vestuário que caracteriza as profissões não manuais, a começar pelos funcionários de empresas.

Para uma renda aproximadamente equivalente, os operários gastam mais com comida e menos em todos os aspectos de cuidado pessoal (roupa, higiene, cabeleireiro, farmácia): os homens gastam com roupas 85,6% do que gastam os funcionários de empresa, e as mulheres 83,7%. Compram as mesmas roupas mais barato (83%, por exemplo, para casacos, 68,7% para jaquetas, 83,5% para calçados, diferença muito mais marcante entre as mulheres) e principalmente roupas diferentes: jaquetas de couro ou couro sintético e casacos de inverno, ao contrário dos casacos dos funcionários de empresa; conjuntos, jardineiras ou macacões – ao contrário de blusas e aventais, jaquetas, paletós e *blazers*. Os operários qualificados, única categoria isolada nas estatísticas disponíveis, diferem-se dos funcionários de empresa quase da mesma forma, embora tenham a mesma renda que o grupo dos operários (exceto em um ponto: gastos com filmes e discos).

Em suma, tudo parece indicar que há entre operários e funcionários de empresa uma verdadeira fronteira, pelo menos na ordem do estilo de vida.[23] Todos os operários, independentemente da sua condição profissional ou sexo, permanecem sujeitos ao princípio da conformidade que, em mais de um caso, deixa de ser um princípio negativo e conduz à solidariedade ativa. Não é no campo da cultura, entretanto, que se pode esperar encontrar uma distância ou um distanciamento, exceto inteiramente negativo, normalmente, em relação à classe dominante e seus valores: existe, é claro, tudo aquilo que se relaciona à arte de viver, uma sabedoria adquirida na prova da necessidade, do sofrimento, da humilhação, e depositada em uma linguagem herdada, densa até em seus estereótipos, um sentimento de alegria e celebração, de autoexpressão e de solidariedade prática com os outros (tudo isso se resume à expressão adjetiva "*bon vivant*", em que as classes populares se reconhecem), enfim, tudo o que engendra um *hedonismo realista* (e não resignado) que constitui ao mesmo tempo uma forma de adaptação às condições de existência e uma defesa contra essas condições; existe também tudo o que pertence à política, à tradição das lutas sindicais, em que poderia residir o único princípio verdadeiro de uma contracultura. Mas aqueles que acreditam na existência de uma "cultura popular", uma verdadeira aliança de palavras através da qual impomos, gostemos ou não, a definição dominante de cultura, devem esperar encontrar, se aí buscarem, apenas uma forma mutilada, diminuída, empobrecida, parcial da cultura dominante e não o que chamam de contracultura, uma cultura realmente oposta à cultura dominante, conscientemente reivindicada como um símbolo de status ou profissão de existência separada.

Se não existe arte popular no sentido da arte da classe trabalhadora urbana, pode ser que essa classe, embora tenha suas hierarquias, basicamente todas negativas, definidas pela distância da miséria e insegurança absolutas do subproletariado, permaneça definida fundamentalmente pela relação de desprovido a provido que a une à burguesia, tanto em matéria de cultura como em qualquer outra.[24] O que comumente se entende por arte popular, isto é, a arte das classes camponesas de sociedades capitalistas e pré-capitalistas, é o produto de uma intenção de estilização que é correlativa à existência de uma hierarquia: os isolados relativamente autônomos com base local têm também sua hierarquia de luxo e necessidade, que as marcas simbólicas, roupas, móveis e joias reafirmam ao expressarem-nos. Aí também a arte marca diferenças, que ela pressupõe. Não é por acaso que o único campo de prática das classes populares em que o estilo em si tem acesso à estilização é o da língua, com *jargão*, linguagem dos chefes, dos alcaides (*caïds*, em francês), que corroboram a afirmação de uma contralegitimidade, por exemplo, pela intenção de escárnio e dessacralização dos "valores" da moral e da estética dominantes, mesmo em campos como o da arte de viver.

Esquecemos que toda a lógica específica da dominação simbólica significa que um reconhecimento muito forte da legitimidade cultural pode coexistir e muitas vezes coexiste com um desafio muito radical à legitimidade política. Além disso, a consciência política está muitas vezes ligada a um verdadeiro esforço de restauração da dignidade cultural que, vivida como libertadora (o que sempre é), implica uma forma de submissão aos valores dominantes e aos princípios em que a classe dominante baseia sua dominação, como o reconhecimento de hierarquias vinculadas aos títulos acadêmicos ou às capacidades que a escola supostamente garante. Sobre esse ponto (que por si só exigiria toda uma pesquisa relacionando a posição na divisão do trabalho, a consciência política e a representação da cultura), a enquete estabelece que o reconhecimento da cultura dominante, manifestado, por exemplo, através da vergonha da ignorância ou do esforço para se conformar é quase universal e que se deixarmos de lado a cultura histórica e política, não medida aqui, mas cujas variações tendem a obedecer aos mesmos princípios, as diferenças mais marcantes observadas dentro da classe trabalhadora dizem respeito ao grau de conhecimento da cultura dominante e, portanto, estão ligadas a diferenças de escolaridade.[25]

Mais velhos do que operários especializados e trabalhadores pouco qualificados e um pouco mais escolarizados, os operários qualificados e contramestres apresentam uma competência cultural ligeiramente superior: apenas 17,5% conhecem menos de duas obras musicais pelo nome em comparação com 48,5% dos primeiros, que se abstêm (em um proporção muito elevada) de responder a perguntas sobre pintura e música; citam com mais frequência os pintores canônicos, Da Vinci (38% contra 20%), Watteau, Raphaël, enquanto os operários especializados encontram nomes conhecidos quase ao acaso, Picasso, Braque, Rousseau, sem dúvida confundindo o pintor, conhecido como alfandegário, com o escritor.[26] E, acima de tudo, enquanto os operários especializados e os trabalhadores pouco qualificados admitem prontamente que a pintura não lhes interessa ou que a "boa música" lhes parece "complicada", os operários qualificados, mais sujeitos à legitimidade cultural, mais frequentemente se identificam com uma posição de reconhecimento acompanhada de uma confissão de ignorância ("eu amo boa música, mas não conheço" ou "pintura é legal, mas é difícil").[27]

Tudo sugere que a fração mais consciente da classe trabalhadora permanece profundamente sujeita, em questões de cultura e língua, às normas e aos valores dominantes: portanto, profundamente sensível aos efeitos da imposição de autoridade que pode ser exercida, inclusive na política, todo detentor de uma autoridade cultural sobre aqueles a quem o sistema escolar – sendo esta uma das funções sociais da educação básica – incutiu um reconhecimento sem conhecimento.

Notas

1 As correlações estatísticas entre propriedades, como renda ou nível de escolaridade, e determinadas práticas (fotografia ou visitas a museus) não nos permitem fazer delas fatores explicativos: não é propriamente uma renda alta ou baixa que comanda as práticas objetivamente ajustadas a esses meios, mas o gosto, o gosto modesto ou o gosto de luxo, que é a transcrição durável delas nas disposições e que encontra nesses meios as condições de sua realização. Isso é evidente em todos os casos em que, como resultado de uma mudança na posição social, as condições sob as quais o *habitus* foi produzido não coincidem com as condições sob as quais ele funciona e onde é possível apreender um efeito independente do *habitus* e, por meio dele, as condições (passadas) de sua produção.

2 Destinado a manifestar a unidade, que apreende a intuição imediata e sobre a qual se orientam as operações ordinárias de classificação, entre todas as propriedades ligadas a um grupo, o esquema teórico das práticas e as propriedades constituintes dos diferentes estilos de vida justapõem informações relativas a domínios que o sistema de classificação comum separa – a ponto de tornar a simples reconciliação impensável ou escandalosa: o efeito de disparidade daí resultante tem a virtude de quebrar as hierarquias comuns, isto é, as proteções que cercam as práticas mais legítimas, e, assim, deixar transparecer as hierarquias econômicas e sociais aí expressas, mas de uma forma irreconhecível.

3 Já mostramos como a disposição demasiado geral, que se poderia chamar de "teórica" – em oposição à prática – e da qual a disposição estética é uma dimensão, só pode ser adquirida sob certas condições econômicas, aquelas que tornam possível a experiência escolar e o afastamento das necessidades e urgências que ela pressupõe e realiza (ver BOURDIEU, P.; BOLTANSKI, L. Le fétichisme de la langue. *Actes de la recherche en sciences sociales*. I (4), juillet 1975, p. 2-32).

4 A nova pequena burguesia se distingue aqui, novamente, pela escolha particularmente frequente dos adjetivos mais "distintos" ou distintivos (combinação, no que diz respeito ao lar, chique, e ousada para roupas).

5 A proporção das escolhas de adjetivos que enfatizam as propriedades estritamente estéticas do lar, composto, cheio de fantasia, sóbrio, discreto, harmonioso, aumenta à medida que se sobe na hierarquia social (a mesma tendência é observada para o adjetivo artista, em relação a amigo).

6 Todo um aspecto da ação de "moralização" da classe dominante consiste em um esforço para fixar um estado da estrutura da distribuição de bens, impelindo as classes que chama de "modestas" à "modéstia", e para reforçar, por meio de apelos explícitos à ordem, disposições previamente ajustadas a essa ordem.

7   Daí o interesse e a extrema complexidade do "teste ético", que consiste em propor a todos os entrevistados, seja qual for a sua classe social, a mesma lista de adjetivos para caracterizar o amigo, a roupa ou o lar ideal.
8   Ver BOURDIEU, P. Disposition esthétique et compétence artistique. *Les temps modernes*. 295, 1971, p. 1345-1378.
9   Para uma análise do gosto popular como um "gosto bárbaro" totalmente oposto ao gosto "puro" e "desinteressado", ver BOURDIEU, P. et al. *Un art moyen, essai sur les usages sociaux de la photographie*. Paris: Ed. de Minuit, 1965, p. 113-133.
10 Esse é, sem dúvida, o fundamento objetivo da representação populista do proletário como "em si", opaco, denso e duro, a antítese perfeita do intelectual, "para si", transparente para si mesmo e inconsistente.
11 A dependência dos gostos, em matéria de cultura legítima, às condições econômicas se estabelece, portanto, tanto pelo intermédio da disposição estética, cuja constituição e implementação essas condições tornam possíveis (distância da necessidade), quanto por intermédio do capital cultural que, só podendo ser acumulado – isto é, incorporado – à custa de um dispêndio de dinheiro e tempo, é delas uma forma transformada.
12 *Les Téléspectateurs en 1967*. Rapport des études de marché de l'ORTF, I, p. 69 ss.
13 Ibid., p. 78.
14 A pesquisa formal – que na literatura ou no teatro leva à obscuridade – é, aos olhos do público popular, uma das pistas para o que às vezes é sentido como um desejo de manter à distância os não iniciados ou, como outro entrevistado disse sobre certas transmissões culturais de televisão, de falar com outros iniciados "por cima da cabeça do público". Por pertencer à ordem do sagrado, do separado, a cultura legítima é sempre anunciada por todo um aparato de distanciamento, do qual é um exemplo a solenidade do museu, entre outros. Não é só porque oferece objetos que fazem parte do mundo familiar, cujo uso conhecemos e que poderiam se inserir na decoração cotidiana, que podemos dizer e julgar com palavras do dia a dia (quente ou frio, simples ou enfeitado, chamativo ou sóbrio, opulento ou pobre etc.) que a loja de departamentos é a galeria dos pobres; é também, e sobretudo, porque não nos sentimos medidos por padrões transcendentes, isto é, pelas regras de boas maneiras de uma classe tida como superior e porque nos consideramos autorizados a julgar livremente, em nome da arbitrariedade legítima de gostos e cores.
15 Por se apresentar como um verdadeiro teste de conhecimentos, a pergunta sobre os compositores fez com que fosse possível medir os níveis de competência específica e suas variações de acordo com diferentes variáveis com mais precisão do que a pergunta sobre os pintores, que parecia ser uma questão de preferência, mas só funcionou como tal a partir de um certo nível de competência.

16 Mas, neste caso, o fato de responder ou não depende indubitavelmente tanto de disposições como da pura competência, de forma que o esnobismo cultural que caracteriza particularmente a nova pequena burguesia possa se expressar aí (enquanto que, por outro lado, os professores que identificam mais compositores do que membros da nova pequena burguesia – com exceção dos intermediários culturais – desistem mais frequentemente do que eles de expressar suas preferências).

17 Para atividades que, como a prática de uma arte plástica ou de um instrumento musical, pressupõem um capital cultural adquirido na maioria das vezes fora da escola e independentemente (relativamente) do grau de escolaridade, a correlação, também muito forte, com a classe social se estabelece por intermédio da trajetória social (o que explica a posição particular da nova pequena burguesia).

18 O efeito de imposição da legitimidade que se exerce na situação da enquete é tão forte que se pode, se não tomarmos cuidado, produzir literalmente profissões de fé estéticas que não correspondem a nenhuma prática real. Assim, em uma enquete com o público do teatro, 74% dos entrevistados de nível fundamental (e 66% de nível médio) aprovam julgamentos pré-formados, como "o teatro eleva o espírito" e se perdem em discursos de complacência sobre as virtudes "positivas", "instrutivas", "intelectuais" do teatro, em oposição ao cinema, distração simples, fácil, artificial, até vulgar. Por mais fictícias que sejam, essas declarações abordam uma realidade, e não é indiferente que os mais destituídos culturalmente, os mais velhos, os mais distantes de Paris, enfim, aqueles que têm menos possibilidades de ir realmente ao teatro sejam os que reconhecem que "o teatro *eleva* o espírito".

19 PRESSAC, P. de. *Considerations sur la cuisine*. Paris: NRF, 1931, p. 23-24 (ver também FRANCASTEL, P. Problèmes de la sociologie de l'art. In: GURVITCH, C. *Traité de sociologie*. Paris: PUF, 1963, t. II, p. 278-298; "Não se vê a pintura em um *flash*. Essa ilusão pertence apenas àqueles que, incapazes de 'ver', contentam-se em 'reconhecer' uma imagem confrontando-a, não com uma experiência visual, mas com um conhecimento intelectualizado"). Poderíamos muito bem ter citado Proust (que nunca deixa de relacionar as maneiras com a maneira de adquirir): "Irritava-me, o que era tanto mais injusto; visto que ela não falava assim para que acreditassem que era íntima de 'Mémé', mas por causa de uma instrução muito superficial, que a fazia nomear esses nobres segundo o que julgava ser o costume do país. Fizera o seu curso em alguns meses e não se submetera a provas." (PROUST, M. À *la recherche du temps perdu*. Paris: Gallimard (La Pléiade), 1973, vol. I, p. 41).

20 Não basta lembrar, contra o relativismo semierudito, que a "cultura" dominada é marcada, de ambos os lados, pela cultura dominante e pela desvalorização de que é objeto. A própria cultura dominante também deve suas propriedades mais

fundamentais ao fato de que constantemente se define negativamente em relação às "culturas" dominadas.

21 Uma das funções principais do ensino técnico consiste precisamente em fundar essa ordem, para naturalizá-la, conferindo-lhe a autoridade da razão pedagógica e científica (ver GRIGNON, C. *L'Ordre des choses*. Paris: Ed. de Minuit, 1971).

22 "No *Sud-Ouest Dimanche* do dia 8 de agosto, há uma fotografia de um Renault R5 transformado em um conversível de quatro lugares. Um artigo com a legenda 'Quando uma montadora e um estilista se unem para vestir um carro' apresenta a empresa Lohr como a autora do carro. O que definitivamente não é o caso. Fui eu que concebi essa versão do veículo, que a desenhei para a Cacharel e que detenho a sua propriedade artística. Cuidei pessoalmente da sua realização na montadora, que só desempenhou uma função técnica. Assim, seria mais de acordo com a verdade a legenda: 'Quando um artista e um estilista se unem para transformar um carro'." (Cartas dos leitores, *Sud-Ouest Dimanche*, 22 de agosto de 1976).

23 Seria interessante determinar, com base em uma análise estritamente linguística, como essa fronteira é definida no domínio da linguagem. Se aceitarmos o veredito do "sentido social" dos entrevistadores, uma boa medida não do status linguístico da língua usada pelos entrevistados, mas da imagem social que pode ser formada por interlocutores cultos (sendo as taxonomias usadas para classificar as línguas e as pronúncias as de uso escolar), verifica-se que essa diferença é realmente muito marcante entre operários (e também artesãos e pequenos comerciantes) e funcionários de empresa: entre os primeiros, apenas 42% falam uma língua considerada "correta" em comparação com 77% entre funcionários de empresa (a que se devem acrescentar 4% de linguagem "polida", totalmente ausente entre os operários); da mesma forma, aqueles com "ausência de sotaque" passam de 12,5% para 28%.

24 A "carreira" oferecida aos operários é sem dúvida experimentada, em primeiro lugar, como *o avesso da carreira negativa* que conduz ao subproletariado; o que conta, nas "promoções", é, com as vantagens financeiras, as garantias adicionais contra a ameaça, sempre presente, da recaída na insegurança e na miséria. (A potencialidade da "carreira negativa" é tão importante para se considerar as disposições de operários qualificados quanto a potencialidade da promoção o é para se compreender as disposições de funcionários de empresa e executivos intermediários.)

25 A proporção de sindicalizados passou de 23% entre os trabalhadores pouco qualificados para 29% entre os operários especializados e 30% (incluindo 24% da Confederação Geral do Trabalho) entre os operários qualificados, caindo para 18% entre os supervisores e técnicos. A relação entre o nível de escolaridade e a taxa de sindicalização é obscurecida pelo fato de que os supervisores, que são

mais instruídos, também são menos sindicalizados (ver ADAM, G.; BON, F.; CAPDEVIELLE, J.; MOURIAUX, R. *L'ouvrier français en 1970*. Paris: Armand Colin, 1971).

26 Os 10,5% dos operários especializados e trabalhadores pouco qualificados e 17% dos pequenos comerciantes citam Rousseau entre os pintores em comparação com, por exemplo, 6% dos operários qualificados, 3% dos professores e técnicos e 0% dos executivos intermediários (parece que o nome de Braque, que é citado por 10,5% dos operários especializados e trabalhadores pouco qualificados em comparação com 4% dos operários qualificados é objeto de conhecimento *ex auditu*, tendo a enquete coincidido com a morte de Braque, que tinha sido objeto de inúmeros comentários na televisão e no rádio).

27 Os efeitos da diferença de idade e da diferença de grau de instrução se unem de forma a produzir diferenças bastante marcantes no gosto musical, com contramestres e operários qualificados tendendo para os cantores mais velhos e mais estabelecidos, mas também os mais bem colocados na hierarquia dos valores culturais: Piaf, Bécaud, Brel, Brassens, enquanto os operários especializados e trabalhadores pouco qualificados citam Johnny Hallyday e Françoise Hardy.

Os usos dos bens

Mary Douglas
Baron Isherwood

Redefinindo o consumo

Convém abrir o tema com uma definição antropológica do consumo.* Falar de maneira sensível sobre o consumo aqui, na sociedade industrial, em termos que também se apliquem, sem distorções, a distantes sociedades tribais que mal viram o comércio, quanto mais o capitalismo, é de fato um desafio. Porém, a menos que façamos a tentativa, não haverá uma antropologia do consumo. Precisamos, de alguma maneira, extrair a essência do termo, ignorando os efeitos locais potencialmente enganadores. Uma fronteira pode ser traçada por uma ideia essencial à teoria econômica: isto é, a de que o consumo não é imposto; a escolha do consumidor é sua escolha livre. Ele pode ser irracional, supersticioso, tradicionalista ou experimental: a essência do conceito de consumidor individual do economista é que ele exerce uma escolha soberana. Outra fronteira pode ser traçada pela ideia, central para a contabilidade nacional, de que o consumo começa onde termina o mercado. O que acontece aos objetos materiais quando deixam o posto varejista e passam para as mãos dos consumidores finais é parte do processo de consumo. Essas duas fronteiras levantam vários problemas e casos-limite para a economia, e não constituem uma definição inteiramente satisfatória. Em conjunto, supõem que o consumo seja um assunto privado. O consumo do governo como parte de seu funcionamento não é propriamente parte do consumo. O aquecimento central ou as xícaras de chá tomadas em repartições públicas contam como parte do custo da administração, da mesma maneira que as xícaras de chá e o aquecimento central das empresas contam como custos de produção, não como produto, quando elas fazem suas declarações de imposto de renda. Quanto ao fato de o consumo não ser imposto, essa também não é uma questão simples. Quando uma cidade é declarada por lei zona

---

* Fragmento de *O mundo dos bens: para uma antropologia do consumo*. Trad. Plínio Dentizien. Rio de Janeiro: Editora UFRJ, 2004 [1979].

livre de fumaça, os donos das casas não têm a liberdade de fazer fogueiras de lenha quando querem; nem os compradores de carros podem ignorar as disposições governamentais sobre segurança, ruído, e assim por diante. Mas, em geral, as duas fronteiras captam a essência da ideia e seu detalhamento é uma questão de convenção. Assim, se definirmos o consumo como um uso de posses materiais que está além do comércio e é livre dentro da lei, temos um conceito que viaja extremamente bem, pois é adequado a usos paralelos em todas aquelas tribos que não têm comércio.

Sob esse aspecto, as decisões de consumo se tornam a fonte vital da cultura do momento. As pessoas criadas numa cultura particular a veem mudar durante suas vidas: novas palavras, novas ideias e maneiras. A cultura evolui e as pessoas desempenham um papel na mudança. O consumo é a própria arena em que a cultura é objeto de lutas que lhe conferem forma. A dona de a casa com sua cesta de compras chega em casa: reserva algumas coisas para a casa, outras para o marido e para as crianças; outras ainda são destinadas ao especial deleite dos convidados. Quem ela convida para sua casa, que partes da casa abre aos estranhos e com que frequência, o que lhes oferece como música, bebida e conversa, essas escolhas exprimem e geram cultura em seu sentido mais geral. Da mesma forma, os juízos do marido sobre quanto de seus ganhos lhe entrega, quanto guarda para gastar com os amigos etc. resultam na canalização dos recursos. Vitalizam uma ou outra atividade. Não serão limitados se a cultura for viva e estiver em evolução. Em última análise, são juízos morais sobre o que é um homem; o que é uma mulher; como o homem deve tratar seus velhos pais; quanto deve dar a seus filhos e filhas para começarem a vida; como ele mesmo deve envelhecer, elegante ou deselegantemente, e assim por diante. Quantos de seus tios, tias e sobrinhos órfãos espera-se que ele sustente? As obrigações familiares o impedem de migrar? Deve contribuir para o sindicato? Fazer seguro contra doença? E para o funeral? São escolhas de consumo que podem envolver custos elevados e que, uma vez feitas, podem determinar a evolução da cultura.

Na maioria das culturas conhecidas no mundo, há certas coisas que não podem ser vendidas e compradas. Um caso óbvio para nós é a carreira política (que não deveria ser comprada); quanto a vender, um homem que é capaz de vender sua honra, ou mesmo sua avó, é condenado pelo clichê. Em toda parte, há pelo menos uma noção de alguma área de escolha individual desimpedida. Se qualquer tirano local pudesse invadir sua casa, expulsar seus amigos ou forçar você a acrescentar nomes que você não escolheu à lista de convidados, dizer-lhe com quem poderia ou não falar e a quem deveria ignorar, a liberdade e a dignidade pessoais estariam perdidas. Se o fizesse através da lei, com ameaça armada, por ameaça de perda das condições de sustento, seria provavelmente julgado mais imoral do que o homem rico que tentasse comprar seu apoio político. De fato, tivemos sucesso em definir o consumo como uma área de comportamento cercada por regras que demonstram explicitamente que nem o comércio nem a força se aplicam a essa relação, que é livre.

Essa é, sem dúvida, a razão pela qual, em nossa sociedade, a linha que separa o dinheiro do presente é tão cuidadosamente traçada. É correto mandar flores para uma tia no hospital, mas nunca mandar o dinheiro que elas custariam com um bilhete dizendo "vá comprar flores"; é certo oferecer um almoço ou uma bebida, mas nunca o preço do almoço ou da bebida. Os anfitriões podem chegar a extravagâncias para atrair e agradar seus convidados – até o limite de oferecer dinheiro para que venham a uma festa. As sanções sociais protegem os limites. Uma fabulosa anfitriã nova-iorquina dos anos 1890, visivelmente preocupada em superar sua rival, que tinha por hábito dar a cada convidado uma joia valiosa, ficou ainda mais preocupada com o desprezo dos convidados quando, chegada a sua vez, enrolou uma nota de cem dólares estalando de nova em cada guardanapo. O direito de dar dinheiro é reservado à intimidade da família. Aqui, outra vez, há detalhes a arrumar. Mas em geral é correto dizer que, em torno do campo do consumo, temos uma fronteira espontânea e operativa entre duas espécies de serviço: os profissionais, pagos com dinheiro e a serem classificados como comércio, e os pessoais, recompensados em espécie e de nenhuma outra maneira. Dentro do campo dos serviços pessoais, oferecidos e retribuídos livremente, exerce-se o julgamento do valor das pessoas e das coisas. Isso estabelece a primeira etapa de uma teoria cultural do consumo.

Um universo feito de mercadorias

Em vez de supor que os bens sejam em primeiro lugar necessários à subsistência e à exibição competitiva, suponhamos que sejam necessários para dar visibilidade e estabilidade às categorias da cultura. É prática etnográfica padrão supor que todas as posses materiais carreguem significação social e concentrar a parte principal da análise cultural em seu uso como comunicadores.

Em todo estudo de tribo faz-se um relato das partes materiais da cultura. Como nós, os membros de uma tribo têm equipamento fixo, casas, jardins, celeiros, e, como nós, têm coisas duráveis e não duráveis. O antropólogo em geral dedica algum espaço a reunir a evidência para decidir, a partir do ponto de vista da tecnologia, se, por exemplo, o cruzamento do gado é eficiente, o conhecimento do camponês sobre os solos e as estações é preciso, as precauções higiênicas e a quantidade de comida, adequadas etc. As posses materiais fornecem comida e abrigo, e isso deve ser entendido. Mas, ao mesmo tempo, é evidente que os bens têm outro uso importante: também estabelecem e mantêm relações sociais. Essa é uma abordagem utilizada há muito tempo e é frutífera em relação ao lado material da existência, alcançando uma ideia muito mais rica dos significados sociais do que a mera competitividade individual.

Um caso conhecido é a narrativa de Evans Pritchard sobre o lugar do gado na vida nuer:

> A rede de laços de parentesco que liga os membros das comunidades locais é posta em movimento pela operação de regras de exogamia, frequentemente formuladas em termos de gado. A união do casamento é efetuada pelo pagamento em gado e cada fase do ritual é marcada por transferência ou abate de gado. O status legal dos parceiros é definido por direitos e obrigações em gado.
> O gado é das famílias. Quando o chefe da casa é vivo, tem plenos direitos de disposição sobre o rebanho, embora suas mulheres tenham direito ao uso das vacas e seus filhos sejam donos de alguns bois. À medida que cada filho, em ordem de senioridade, atinge a idade de casamento, casa-se usando vacas do rebanho. O próximo filho terá de esperar até que o rebanho retorne a seu tamanho anterior antes que, por sua vez, possa se casar. (...) O vínculo através do gado entre irmãos continua até muito depois de cada um ter sua própria casa e filhos, pois, quando a filha de qualquer um deles se casa, os outros recebem grande parte de sua "riqueza de noiva". Os avós, tios maternos, tias paternas e maternas e parentes

ainda mais distantes também recebem uma parte. O parentesco é habitualmente definido pela referência a esses pagamentos, sendo mais claramente visível no casamento, quando os movimentos do gado de curral para curral são equivalentes a linhas num mapa genealógico. É também destacado pela divisão da carne de sacrifício entre parentes agnáticos e cognatos (...). Os nuer tendem a definir todos os processos e relações sociais em termos de gado. Seu idioma social é um idioma bovino.[1]

Todos concordam a respeito dessa abordagem dos bens, que sublinha o duplo papel de provedores da subsistência e de marcadores das linhas das relações sociais; ela é praticamente axiomática entre os antropólogos como via para um entendimento apropriado de por que as pessoas precisam de bens. Mas há alguns problemas em relação à transferência dessa percepção para nossa etnografia de nós mesmos.

Cada ramo das ciências sociais tem patinado até traçar uma linha de demarcação entre o nível de comportamento humano que suas técnicas são capazes de analisar e todos os outros. Durkheim, por exemplo, requeria a identificação de "fatos sociais" em suas regras do método.[2] Cada uma dessas separações de parte ou camada do processo social é uma ordem que nega a si mesma, uma austeridade praticada a fim de aprender a não fazer perguntas que não podem ser respondidas. Certamente, sempre há uma perda de riqueza, que os ganhos em clareza devem compensar. Muito antes de Durkheim, os economistas tinham delineado uma esfera de "fatos econômicos" desconsiderando os fins da atividade humana e concentrando-se em problemas de escolha. A história da antropologia tem sido uma história de desembaraço contínuo dos campos teóricos da intromissão de suposições do senso comum. Em cada caso, o esclarecimento seguiu-se a uma decisão de ignorar os níveis fisiológicos da existência que sustentavam o comportamento em questão. Para interpretar bizarras terminologias de parentesco, primeiro se supôs que a chave para o uso dos termos "pai" e "mãe" estaria em algum arranjo, há muito abandonado, para casamento e procriação. Nenhum avanço foi conseguido até que a terminologia do parentesco foi libertada de seus óbvios significados biológicos e ele passou a ser visto como constituindo um sistema de organização das relações sociais – um sistema fundado nas metáforas do engendramento e da criação. Por sua vez, Lévi-

-Strauss tomou posição semelhante quando ridicularizou a ideia de que a origem do totemismo era algum critério gastronômico que reservava as comidas mais deliciosas para as pessoas mais privilegiadas. Animais tabu são escolhidos, ele disse, não porque são bons para comer, mas porque são bons para pensar. E assim foi capaz de revelar uma relação sistemática entre as espécies naturais e as humanas como a base típica do pensamento primitivo.[3] Noutro exemplo, da religião comparada do século XIX, o materialismo médico impedia a interpretação de ideias sobre a natureza contagiosa da magia. Os pesquisadores eram desviados por sinais ocasionais do benefício médico que se seguia aos rituais de purificação. Mas é possível argumentar que esses ritos são mais bem entendidos como dedicados a tornar visíveis as fronteiras entre categorias cognitivas do que como a patogenia num sentido médico estrito.[4] Estamos, agora, tentando o mesmo exercício com os bens de consumo, pondo entre parênteses, por enquanto, seus usos práticos. Quando se diz que a função essencial da linguagem é sua capacidade para a poesia, devemos supor que a função essencial do consumo é sua capacidade de dar sentido. Esqueçamos a ideia da irracionalidade do consumidor. Esqueçamos que as mercadorias são boas para comer, vestir e abrigar; esqueçamos sua utilidade e tentemos em seu lugar a ideia de que as mercadorias são boas para pensar: tratemo-las como um meio não verbal para a faculdade humana de criar.

Individualismo teórico

O tempo está maduro para essa nova abordagem. Teorias individualistas do conhecimento e do comportamento tiveram seus dias. Aqui e ali, seus postos avançados ainda têm tripulação. Talvez Peter Blau seja um dos mais importantes expositores da tradição do século XVIII (de que a economia como um todo é herdeira). A visão benthamita da psicologia humana começa e termina com o agente individual. Outras pessoas só aparecem na medida em que podem ajudar ou atrapalhar seu projeto de vida. Ele pode usá-las ou ser usado por elas, mas elas sempre espreitam na sombra projetada por sua consciência egocêntrica. A teoria da estrutura social de Blau tentou construir uma sociedade a partir das relações mais simples entre os indivíduos. Blau admite que a maioria dos prazeres tem suas raízes na vida social: "Há algo de patético sobre a pessoa que deriva suas principais satisfações da comida e da bebida como tais, pois isso revela necessidade excessiva ou avidez excessiva, o indigente... o glutão".[5] De qualquer modo, não há processos simples nas relações entre indivíduos. Elas podem ser arbitrariamente postuladas e, assim, o foco de Blau sobre o poder é, ele mesmo, uma restrição arbitrária e tendenciosa:

> A satisfação que um homem tira de exercer o poder sobre os outros requer que eles suportem a privação de serem submetidos ao poder dele (...) os indivíduos se associam entre si porque todos ganham com a associação. Mas não necessariamente ganham igualmente, nem compartilham igualmente o custo de fornecer os benefícios...

E assim segue para uma teoria da troca social individualista. Blau está numa posição de baixa grade/baixo grupo,[6] na qual a visão de um mundo organizado como um jogo competitivo de busca do poder entre indivíduos tem uma correção *a priori*. Sua obra é um trabalho de resgate, resgate de uma abordagem cujas reverberações apelam automaticamente para outros pensadores que compartilham o mesmo ponto de vista. Mas o antropólogo pode reconhecer essa abordagem como um exemplo de um viés cultural enraizado num certo tipo de experiência social. Outros vieses culturais derivam de outras formas sociais. Em última análise, nossa tarefa é encontrar procedimentos interpretativos que revelem cada viés e desacreditem suas reivindicações de universalidade. Isso feito, o século XVIII poderá ser formalmente encerrado, e uma nova era que está rondando há muito tempo poderá ser oficialmente reconhecida.

O ser humano individual, despido de sua humanidade, não tem utilidade como base conceitual para, a partir dela, fazer um retrato da sociedade humana. Nenhum ser humano existe senão fixado na cultura de sua época e lugar. O indivíduo falsamente abstraído tem sido tristemente enganador no pensamento político ocidental.[7] Mas agora podemos começar de novo num ponto para o qual convergem as principais linhas de pensamento, no outro extremo, no fazer da cultura. A análise cultural vê a tapeçaria inteira como um todo, o retrato e o processo da tecelagem, antes de prestar atenção aos fios individuais.

Pelo menos três posições intelectuais hoje em desenvolvimento encorajam tal abordagem. Uma, o movimento filosófico da fenomenologia, que começou considerando seriamente a questão do nosso conhecimento sobre outras pessoas. Ela coloca o indivíduo diretamente num contexto social, tratando o conhecimento como um empreendimento de construção conjunta. O conhecimento nunca é uma questão de aprendizado do indivíduo solitário sobre uma realidade exterior. Os indivíduos interagindo impõem suas construções à realidade: o mundo é socialmente construído.[8]

O estruturalismo é um movimento convergente, cuja teoria implícita do conhecimento transcende os esforços do pensador individual, e enfoca os processos sociais do conhecimento. Em suas muitas formas, a análise estrutural moderna, aparentada com o computador, oferece possibilidades de interpretar a cultura e de relacionar as formas culturais e sociais, possibilidades que ultrapassam qualquer abordagem que obstinadamente comece pelo indivíduo.[9]

E, finalmente, mais próximo de nossa tarefa, o movimento sociológico californiano chamado de etnometodologia. Ele dá por assente que a realidade é socialmente construída e também que a realidade pode ser analisada como estruturas lógicas em uso. Focaliza os procedimentos interpretativos para os métodos de verificação usados pelos ouvintes, para os métodos de demonstração de credibilidade usados pelos narradores e para todo o sistema explicativo que opera na vida cotidiana.[10] Sua abordagem do teste e da confirmação da informação começa a partir da ideia de que o significado está entranhado e de que ele nunca é facilmente apanhado na superfície da comunicação. A fala é apenas um canal, e a própria fala não tem sentido a menos que seja adequada à informação buscada pelo ouvinte a partir do físico e do entorno do falante – espaçamento, temporalidade, orientação, roupas, comida e assim por diante. E, é claro, isso tem de incluir os bens. Embora no presente focalize os procedimentos de interpretação, para seu desenvolvimento futuro, essa abordagem certamente precisará voltar-se para a análise cultural. Pois a cultura é um padrão possível de significados herdados do passado imediato, um abrigo para as necessidades interpretativas do presente.

Fixando significados públicos

Mas o que é o significado? Ele flui e anda à deriva; é difícil de captar. Quando aplicado a um conjunto de pistas, se transforma. Uma pessoa percebe um padrão e outra, outro completamente diferente, a partir dos mesmos acontecimentos; vistos um ano mais tarde, assumem um aspecto mais uma vez diferente. O principal problema da vida social é fixar os significados de modo que fiquem estáveis por algum tempo. Sem modos convencionais de selecionar e fixar significados acordados, falta uma base consensual mínima para a sociedade. Tanto para a sociedade tribal, quanto para nós, os rituais servem para conter a flutuação dos significados. Os rituais são convenções que constituem definições públicas visíveis. Antes da iniciação, havia um menino, depois dela, um homem; antes do rito do casamento, havia duas pessoas livres, depois dele, duas reunidas em uma. Antes da internação no hospital, o atestado médico da doença; antes do atestado de óbito, o morto é considerado vivo; antes do encontro do cadáver, impossível a acusação de assassinato; sem testemunho formal, a calúnia não é calúnia; sem uma assinatura com testemunhas, o testamento não é válido. Viver sem rituais é viver sem significados claros e, possivelmente, sem memórias. Alguns são rituais puramente verbais, vocalizados, não registrados; desaparecem no ar e dificilmente ajudam a restringir o âmbito da interpretação. Rituais mais eficazes usam coisas materiais, e podemos supor que, quanto mais custosa a pompa ritual, tanto mais forte a intenção de fixar os significados. Os bens, nessa perspectiva, são acessórios rituais; o consumo é um processo ritual cuja função primária é dar sentido ao fluxo incompleto dos acontecimentos.

Daqui, é um passo curto para a identificação do objetivo global que – supõe-se – os seres racionais, por definição, consideram. Sua própria racionalidade deve pressioná-los a dar sentido a seu ambiente. O objetivo mais geral do consumidor só pode ser construir um universo inteligível com os bens que escolhe. Como opera essa construção cognitiva? Para começar, um universo social precisa de uma dimensão temporal demarcada. O calendário deve ser subdividido em períodos anuais, semestrais, mensais, semanais, diários e outros ainda mais curtos. A passagem do tempo é então carregada de significado. O calendário estabelece um início para a rotação dos deveres, para o estabelecimento de precedência, para a revisão e a renovação. Outro ano passou, um novo começo; vinte e cinco anos, um jubileu de prata; cem, duzentos anos, uma celebração de centenário ou bicentenário; há um tempo de viver e um tempo de morrer, um tempo de amar. Os bens de consumo são usados para marcar esses intervalos. Sua variação de qualidade surge a partir da necessidade de estabelecer uma diferenciação entre o ano do calendário e o ciclo da vida.

Esse argumento não nega que exista o gozo privado. Ele é desenvolvido para afirmar uma reta necessidade analítica de reconhecer como o gozo é estruturado e quanto ele deve à padronização social. Aqueles que prezam a vida simples, apenas com os bens suficientes para uma subsistência modesta, devem tentar imaginar uma refeição padronizada, digamos o desjejum, servida em todos os momentos de refeição nos dias de semana, em todas as refeições da semana, em todas as semanas do ano, e em todas as datas, inclusive no Natal e no dia de Ação de Graças. A comida é um meio de discriminar valores, e quanto mais numerosas as ordens discriminadas, mais variedades de comida serão necessárias. O mesmo quanto ao espaço. Atrelado ao processo cultural, suas divisões são carregadas de significado: casa, tamanho, o lado da rua, a distância de outros centros, limites especiais – todos são categorias conceituais. O mesmo quanto à roupa, transporte e saneamento; permitem conjuntos de marcações dentro de um referencial de espaço e de tempo. A escolha dos bens continuamente marca certos padrões de discriminação, superando ou reforçando outros. Os bens são, portanto, a parte visível da cultura. São arranjados em perspectivas e hierarquias que podem dar espaço à variedade total de discriminações de que a mente humana é capaz. As perspectivas não são fixas, nem são aleatoriamente arranjadas como um caleidoscópio. Em última análise, suas estruturas são ancoradas nos propósitos sociais humanos.

Ao ouvir isso, o economista normalmente pergunta: E o que acontece com o consumidor solitário? Dificilmente se poderá dizer que o homem que come sozinho sustenta um universo de significados; o homem que lê ou ouve música a sós, dá uma caminhada a sós, que dizer de seu consumo de livros e sola de sapatos? A resposta vem em três partes. Certamente há uma categoria da refeição solitária, em que a pessoa devora sua comida, provavelmente em pé diante da geladeira e vestindo o sobretudo; isso faz parte de uma higiene privada, da mesma maneira que o uso do sabonete e da escova de dentes. A higiene privada é provavelmente um item muito pequeno na soma de bens de consumo. Mas se é assim, se uma pessoa normalmente escolhe seu sabonete e corta as unhas por razões inteiramente não sociais, a indústria da propaganda está redondamente enganada. As caminhadas solitárias também contam como higiene privada, enquanto o caminhante não compartilhar sua experiência falando ou escrevendo sobre ela. Mas a música é outra questão.

O amante da música provavelmente sabe muito de música e está atento à fina discriminação e às mudanças de prática que são a história da música; pode mesmo julgar (embora no âmbito privado) se uma performance é melhor do que outra. Ele compartilha um processo intensamente social e cultural. Assim também aquele que come a sós, mas, sem pensar, adota as regras e categorias sequenciais da sociedade mais ampla; o homem que usa a faca de manteiga quando está só, mesmo que não se vista para jantar. Ele nunca inverterá a sequência convencional, começando com o pudim e terminando com a sopa, nem comerá mostarda com carneiro ou hortelã com a carne de boi. Podemos considerar sua observância das regras seguidas por outros consumidores como uma maneira de manter-se em forma, ou talvez como um ritual comemorativo. Se os sucos gástricos fluem melhor quando a refeição é bem construída, bem servida e desfrutada em boa companhia, o consumidor solitário pode estar ajudando sua própria digestão ao adotar os critérios sociais. E está certamente ajudando a mantê-los. Em geral, o caso do consumidor solitário é um caso fraco contra o argumento de que a atividade de consumo é a produção conjunta, com os outros consumidores, de um universo de valores. O consumo usa os bens para tornar firme e visível um conjunto particular de julgamentos nos processos fluidos de classificar pessoas e eventos. E agora o definimos como uma atividade ritual.

Mas o indivíduo precisa de companheiros aquiescentes para ter sucesso na mudança das categorias públicas, reduzindo sua desordem e tornando o universo mais inteligível. Seu projeto de criar inteligibilidade depende muito deles. Ele deve assegurar que os outros frequentarão seus rituais e o convidarão para os deles. Pela livre presença deles, obtém um julgamento da adequação da escolha que fez dos bens de consumo para celebrar ocasiões particulares e também o julgamento de sua própria posição como julgador, assim como um julgamento da adequação da ocasião a ser celebrada. Dentro do tempo e do espaço disponíveis, o indivíduo usa o consumo para dizer alguma coisa sobre si mesmo, sua família, sua localidade, seja na cidade ou no campo, nas férias ou em casa. A espécie de afirmações que ele faz depende da espécie de universo que habita, afirmativo ou desafiador, talvez competitivo, mas não necessariamente. Ele pode conseguir, através das atividades de consumo, a concordância de outros consumidores para redefinir certos eventos tradicionalmente considerados menos importantes como mais importantes, e vice-versa. Na Inglaterra, o Guy Fawkes Day ocupa o lugar do que era o Halloween. O Natal supera o Ano-Novo na Inglaterra, mas não na Escócia, e o Dia das Mães ainda espera por reconhecimento. O mesmo pode ser dito sobre a decoração da casa e também sobre a composição de uma refeição. O consumo é um processo ativo em que todas as categorias sociais estão sendo continuamente redefinidas.

Para os antropólogos, a palavra *potlatch* resume essa característica de dar festas, convidar pessoas e competir pelas honras da hospitalidade. Há muitas variantes do potlatch descritas na etnografia da Costa Noroeste dos EUA. Um índio skagit descreveu o potlatch como "um aperto de mãos de maneira material". Para esses índios de Puget Sound,

> as atividades do ciclo alimentar e da estação social de um único ano são postuladas na teoria sociorreligiosa. Os sucessos e fracassos cumulativos de muitos anos são expressos nas cerimônias de inverno. Embora uma aldeia usualmente próspera possa ter tido um verão tão pobre que o chefe não consiga se dar a extravagâncias no inverno seguinte, seu sucesso em invernos passados será de qualquer maneira comemorado nos potlatches, com a atitude de que sua má sorte é apenas temporária e que se recuperará das dívidas na próxima estação. Só a desgraça repetida, de vários anos consecutivos, poderá reduzir sua posição o suficiente para alterar o comportamento potlatch em relação a ele. Ele adia a realização do potlatch e, com sorte, evita a perda de status anunciando suas obrigações publicamente. Embora sua atitude não transmita embaraço ou humildade, suas palavras o fazem, exprimindo uma atitude culpada, quase servil, em relação à sua má sorte. Em linguagem grandiloquente, ele, ou mais comumente um porta-voz contratado, exalta a generosidade dos convidados e a compara com seus próprios esforços, insuficientes, embora bem-intencionados, de agir como eles. Como a fonte da má sorte é invariavelmente o mau comportamento, e como os homens bons são homens honestos, é necessário que ele se confesse publicamente e então prometa se reformar. Mas as confissões e resoluções de um líder do potlatch usualmente são disfarçadas com generalidades. Ele meramente alude a um delito que pensava ser conhecido por todos em sua audiência. Não especifica quem fez o quê, ou exatamente o que, como chefe, fará em relação ao caso. E suas palavras humildes são pontuadas por oratória ainda mais elaborada lembrando aos presentes o brilho de seu passado e de seus ancestrais. A *performance* é a máxima expressão de dignidade de classe alta diante da

adversidade. Uma boa reputação, meras palavras de condescendência e uma atitude defensiva poderiam sustentar até mesmo uma carreira periclitante entre os skagit por alguns bons anos.

Enquanto os homens de classe alta perdiam status gradativamente como resultado de uma série de revezes econômicos, os chefes de aldeias formadas recentemente, descendentes do povo, só eram admitidos, com relutância, como convidados importantes a um ou outro círculo de potlatch. Em especial, se tivessem enriquecido repentinamente, eram vistos como arrivistas vulgares, sem direito a tal sorte. Sua riqueza era ignorada nas distribuições de parentes patrocinadas por anfitriões da velha guarda, que, com desprezo, os identificavam com sua situação anterior de anônimos. E quando os arrivistas pretensiosamente faziam um potlatch, seus superiores, a elite que fazia a diferença, não compareciam. Um potlatch desses era um fiasco. A etiqueta do potlatch tornava quase que impossível que pretendentes não testados a uma posição alta se intrometessem na sociedade dos skagit de sangue azul. A menos que uma aldeia nova tivesse crescido firmemente em números e prosperidade por uma ou duas gerações, tempo durante o qual seus líderes deveriam manter um arremedo de servilidade em ocasiões públicas, nunca viria a ser aceita pelas aldeias mais antigas e influentes como rival digna desse nome. Uma maneira pela qual os skagit exprimiam, publicamente, respeito por outras famílias ou comunidades era permitindo que competissem em pé de igualdade. Segundo as racionalizações skagit sobre o comportamento das classes sociais, a confiança em pessoas de linhagem estabelecida e provada, e o desprezo e temor dos recém-chegados tinham uma sólida base social. Os *nouveaux riches* interessados no potlatch não tinham treinamento para a manipulação da riqueza e eram capazes de provocar, intencionalmente ou não, situações embaraçosas. Isto é, poderiam insultar o orgulho de seus augustos convidados, que seriam obrigados a vingar-se, sem que isso constituísse vantagem social ou econômica para ninguém. Não se devia confiar neles como princípio geral. A maioria tinha reputação de impiedade filial, porque sua liderança era de origem recente e se devia à deslealdade de um ancestral (há várias gerações) e à sua própria ruptura com a aldeia paterna para fundar a nova aldeia.[11]

Seguramente, podemos ver um paralelo com a maneira em que nós mesmos fixamos ou contrariamos os significados públicos.

Notas

1. EVANS-PRITCHARD, E. E. The Nuer. In: *The Political Institutions of a Nilotic People*. Oxford: Clarendon Press, 1940. p. 17-19.
2. DURKHEIM, E. *The Rules of Sociological Method*. CATLIN, E. G. (org.). Chicago, III.: University of Chicago Press, 1950.
3. LÉVI-STRAUSS, C. *Totemism*. Londres: Merlin Press, 1962.; *The Savage Mind*. Londres: Weidenfeld & Nicolson, 1966.
4. DOUGLAS, Mary. *Purity and Danger: An Analysis of Concepts of Pollution and Taboo*. Londres: Routledge & Kegan Paul, 1966.
5. BLAU, Peter. *Exchange and Power in Social Life*. Nova York: John Willey, 1964.
6. N.O.: Por "grade" os autores definem um ambiente criado pela interação recíproca de indivíduos. Em um plano cartesiano no qual o eixo y é a "grade" e o eixo x é o "grupo", o ponto mais alto da grade significa que ela é mais "forte", criando impedimentos contra a livre transação entre indivíduos do grupo. Em sociedades em que "grade" e "grupo" são fracos, o que se impõe sobre os indivíduos não são os valores do grupo, mas a sua responsabilidade pessoal cristalizada no triângulo de honra, vergonha e sorte.
7. DUMONT, Louis. The Modern Concept of the Individual: Notes on its Genesis and that of Concomitant Institutions. *Contributions to Indian Sociology*, n. 8, p. 13-61, 1965.
8. BERGER, P.; LUCKMAN, T. *The Social Construction of Reality: a Treatise in the Sociology of Knowledge*. Garden City, N.1: Doubleday, 1966.
9. LÉVI-STRAUSS, C. *Anthropologie Structurale*. Paris: 1958. (Tradução inglesa: *Structural Anthropology*. Londres: Allen Lane, 1968).
10. CICOUREL, A. *Cognitive Sociology*. Harmondsworth: Penguin Books, 1973.
11. SNYDER, Sally. Quest for the Sacred in Northern Puget Sound: an Interpretation of Potlatch. *Ethnology*, v. 14, n. 2, p. 154-156.

III

Televisão, publicidade e cultura para consumo

Muniz Sodré*

A característica essencial da fase a que chamamos "industrial-monopolista" é sua direta participação no modelo brasileiro de acumulação capitalista.** Esclarecemos: a partir dos anos 1950, com o processo de substituição de importações – que consiste em atender à procura interna de bens de consumo com os recursos do sistema produtivo nacional –, a imprensa começa a sofisticar-se tecnologicamente e, assim, a voltar-se para o discriminatório e acumulativo mercado de consumo de massa.

Para isso, concorre, em primeiro lugar, o fenômeno da ampliação, desde o início da década de 1960, do número de agências de publicidade norte-americanas, atraídas pela prestação de serviços e clientes multinacionais, que por sua vez afluíam ao Brasil com uma nova atitude – a do investimento industrial direto. "Devido ao seu alto nível de sofisticação e inovação criativas", diz um pesquisador,

> As agências estabelecem mais ou menos os critérios pelos quais medem a produção e os serviços de propaganda num país. As agências nacionais latino-americanas não apenas são obrigadas a fornecer os mesmos serviços das agências multinacionais, tais como marketing e pesquisas de audiência, como devem reproduzir a qualidade e o estilo da publicidade multinacional, para permanecerem competitivas (Fejes, 1980: 43).

A vinda das agências norte-americanas ajustava-se, portanto, a um quadro econômico caracterizado por uma concorrência em "mercado aberto" estimulada pela transferência de tecnologia e de capitais externos – e por uma diversificação sofisticada dos padrões de consumo.

O mercado de concorrência aberta, em que têm um papel relevante as economias de escala, pauta-se por uma maior racionalização do capital técnico e por uma produção e consumo de massa, capazes de oferecer maior

---

* Professor emérito da Universidade Federal do Rio de Janeiro.
** Fragmentos de *A máquina de Narciso: televisão, indivíduo e poder no Brasil*. São Paulo: Cortez, 1984, p. 96-100; 107-113. A quarta edição de *A máquina de Narciso* foi publicada em 2021 pela Mauad.

segurança aos investimentos das grandes empresas. A publicidade moderna tem uma afinidade de estrutura com esse mercado, na medida em que também busca públicos de massa.

Os meios de informação que se expandem, principalmente, à base de publicidade, tendem, por sua vez, a homogeneizar suas mensagens, a fim de conquistar públicos cada vez mais amplos. Isto significa que os *mass media* têm uma função altamente estratégica na difusão das inovações (tanto ao nível de bens duráveis e semiduráveis de consumo ou ainda de alimentos, como da vulgarização de conhecimentos) capazes de produzir os efeitos de homogeneização necessários ao processo acumulativo. A despolitização ao nível dos conteúdos das mensagens é corolário do sistema informativo-publicitário, uma vez que o fenômeno político se revela anti-homogeneizante, por implicar a expressão do conflito entre grupos divergentes e a escuta de minorias com seus gostos e tendências particulares.

No jornal, o fenômeno político tem encontrado tradicionalmente uma chance de manifestar-se, porque a economia deste meio o obriga a levar em conta a opinião do público leitor, mesmo quando busca receitas publicitárias. Num meio como a televisão comercial, inexiste esse relacionamento com a audiência. A preocupação é determinar a melhor fórmula de programação para aumentar a eficácia dos anúncios e, consequentemente, das vendas de um produto, do prestígio de uma marca, da influência de uma instituição etc. O sistema vai basear-se, portanto, em índices de audiência, a serem avaliados por pesquisas ou sondagens. A vendagem de tempo aos anunciantes será em função do número e do nível de vida dos telespectadores potenciais.

As agências norte-americanas traziam todo um novo *know-how* de sistema informativo-publicitário, que provocaria reorganizações empresariais ao nível dos meios de informação, dando um impulso especial à televisão e às revistas do tipo *magazine*. Estas, cuja economia está estreitamente associada ao mercado capitalista moderno, têm conhecido – com as evidentes marchas e contramarchas para alguns títulos e empresas – um desenvolvimento notável nos últimos 20 anos.

Quanto à televisão, chegara ao Brasil logo no primeiro ano da década de 1950, trazida por Assis Chateaubriand. Diferentemente do rádio, cuja técnica também foi pioneiramente pesquisada (Roquette Pinto) em território brasileiro, a TV entrou no país como um dos tantos equipamentos e novidades que se importavam febrilmente no período de pós-guerra. Embora já fosse uma mídia amplamente comercializada nos Estados Unidos, aqui não passava de uma novidade tecnológica incorporada ao império de jornais, rádios e revistas constituído pelos Diários Associados.[1] Durante todo um decênio, a televisão permaneceu praticamente à margem do mercado publicitário, sendo financiada principalmente por verbas de origem política, captadas tanto pela influência pessoal de Chateaubriand como pelo poder jornalístico de seu império.

A administração dos Associados era, porém, anacrônica em face de um meio baseado em tecnologia avançada (seja a revista-magazine, seja a televisão), porque não se preocupava em reinvestir no setor de equipamento, não reorganizava em bases empresariais modernas a sua gestão interna nem previa o eventual estancamento das fontes de patrocínio político.

Nesse estado de coisas, se imporia o *know-how* mercadológico das agências de publicidade – estrangeiras e nacionais – que passaram a comandar o processo de expansão dessa mídia tão sensível ao condicionamento tecnológico externo. Até meados da década de 1960, a programação televisiva era estabelecida, numa proporção de meio a meio, pelos diretores de estação e pelos anunciantes. Os "enlatados" (seriados estrangeiros) foram impostos por firmas alienígenas, como a Gessy-Lever, que trouxe o primeiro deles (*Bonanza*). As telenovelas foram igualmente introduzidas por uma agência estrangeira (Lintas, inglesa), desejosa de atingir donas de casa.

Mas o *know-how* norte-americano só foi decisivo no setor de gestão empresarial da mídia. A organização em sistema de rede (network), praticada com toda amplitude nos Estados Unidos, é fundamental à indústria televisiva. E toda a competição entre as diferentes empresas brasileiras (TV Rio, Record, Tupi, Excelcior, Globo e outras) nos anos 1960 – desenvolvida através de uma programação que buscava eficiência cada vez maior em termos publicitários – viria a ser decidida pelo estabelecimento de uma rede, gerida em bases empresariais modernas.

O *know-how* norte-americano em gestão de rede contribuiu particularmente para os êxitos da TV Excelcior e da TV Globo. Estas duas empresas detinham as condições estruturais para a implantação de uma rede nacional. Mas só a Globo – signatária de um controvertido acordo de cooperação técnica com o grupo Time-Life, que assegurava financiamento, assistência técnica, operações e gestão – atingiria a meta de uma network nacional (por volta de 1973), com absoluta hegemonia na captação de verbas publicitárias e uma notável autossuficiência técnica tanto na manutenção e no controle de equipamentos quanto na produção de programas.[2] Desde o final da década de 1970, a programação da TV Globo passou a ser comercializada no exterior e a receber prêmios internacionais – enquanto em 1980, fechava as portas, melancolicamente, a TV Tupi.

***

Já tivemos ocasião de acentuar a violência intrínseca da relação televisiva pela distância que instaura entre falante e ouvinte (o falar *às* pessoas e não *com* as pessoas), por seu projeto cultural de irreversibilização dos termos polares da comunicação, homólogo à moderna divisão radical entre produção e consumo, dirigente e executante.[3] A este enunciado já se fizeram muitas objeções. A mais interessante que conhecemos provém de um habitante do Morro da Mangueira (Rio de Janeiro): "Não acho violenta a televisão. Violência aqui quem pratica é a polícia, quando entra atirando nos barracos e arrebentando os aparelhos de TV".

Certo. Violência é sempre a resultante da força pura e simples. Para o habitante do morro, para o operário, para o pequeno-burguês, enfim para a crescente maioria das populações, a televisão é o contrário da violência, é um fascinante conforto: diverte, informa e instrui a preços e esforços mínimos. Violência será, para eles, a violação imediata de valores ou leis (que acompanha as altas taxas de criminalidade) e não a coisificação, pouco visível, das consciências, por dispositivos de mercado. O que sensibiliza é o *ato* de violência e não qualquer situação institucional ou cultural que pudesse ser caracterizado como um *estado* de violência.

Isto não quer dizer que inexistem juízos críticos ao nível das massas. Veja-se, por exemplo, a fala de um morador da favela de Nova Holanda (Rio de Janeiro) a uma repórter de jornal:

> Isso aqui nunca esteve pior não, dona. O mundo é consequência do que nós vivemos. Tua identidade hoje não vale nada, tua carteira de trabalho não serve pra nada. Então o mundo não foi pior, não. Tá piorando agora. A atualidade que tá vindo, as modas, as ondas, artistas, televisão, tudo

isso é que tá piorando o nosso mundo! Porque as mentalidades, eu creio, continuam as mesmas. Mas minha filha tá nascendo agora e tá vendo uma juventude pela televisão. Meu filho mais velho tá vendo os vizinhos com uma bicicleta, uma empolgação, coisa e tal. Alguma coisa eu posso suprir eles. E quando eu não posso?[4]

A crítica, como se vê, existe, mas termina se dirigindo à insuficiência ou às discriminações do consumo. De fato, não teria sentido, não passaria de um moralismo cultural incitar as massas a se afastarem do televisivo consumo cultural, ou mesmo do "consumismo" em geral. Puramente beatas serão também exortações como a do papa João Paulo II (África, fevereiro de 1982) no sentido de que estudantes e trabalhadores evitassem "precipitar-se nos abismos de uma sociedade materialista de consumo". A reprodução da força de trabalho urbana atravessa hoje determinadas condições de mercado, geradoras de "necessidades", às quais se submetem, com maior ou menor grau de "alienação", as consciências correspondentes aos diversos estratos sociais.

***

Em face da hegemonia do mercado de massa, todo mundo é virtualmente pequeno-burguês – da classe média ascendente ao operário (mesmo o sindicalista, que faz greve) ou ao habitante do morro, estruturalmente excluído do *socius*. Todo consumidor de cultura é em potencial um Bouvard ou um Pécuchet. Realmente, se *Os Buddenbrook*, de Thomas Mann, é a descrição perfeita – como vira Lenin – do advento da burguesia, *Bouvard e Pécuchet*, de Gustave Flaubert, constitui o grande romance da chegada da pequena burguesia cultural (mais do que *Madame Bovary*, que também oferece um perfil clássico do consumidor cultural, mas especificamente do folhetim); é um texto antecipador da era do consumo da cultura em massa, do "teleconsumidor".[5]

Relembremos um pouco de *Bouvard e Pécuchet*. Aposentados, insatisfeitos com a vida que levavam, decidem alargar seus horizontes, estudando e praticando horticultura, filosofia, química, física, pedagogia, medicina etc. Tropeçam em sucessivos fracassos. O drama de *Bouvard e Pécuchet* – o que torna engraçada a sátira magistral de Flaubert – é o mesmo da pequena burguesia: sua mais completa intransitividade cultural. Explicamo-nos:

nas variadas apropriações de saberes operados pelos dois heróis pequeno-burgueses, falta sempre o princípio fundamental do conhecimento produtivo, que é o ajustamento das práticas teóricas e experimentais a partir de um trabalho conceitual transitivo, transformador de objetos. *Bouvard e Pécuchet* vêm de manuais vulgarizadores. O resultado é que lidam com efeitos de saber, um jogo retórico capaz de produzir apenas ilusão de conhecimento, por melhor que seja a qualidade do espetáculo montado. Cultura torna-se aí um mero produto, que não deixa ver as condições reais de sua produção.

Essa intransitividade vai das ciências e às artes às obras literárias. Estas, reduzidas a um puro material de consumo informativo, servem de instrumentos, como sonhava Bouvard, para "instruir-se, avançar mais ainda no conhecimento dos costumes". Assim, os dois heróis

> decoraram os diálogos mais famosos de Racine e Voltaire e declamavam-nos no corredor. Bouvard, como se estivesse no Teatro Francês, caminhava com a mão no ombro de Pécuchet, parando de vez em quando e, revirando os olhos, abria os braços, acusava o destino. Soltava belos gritos de dor em Philoctète, de La Harpe, um lindo soluço em Gabrielle de Vergy e, quando fazia as vezes de Dionísio tirano de Siracusa, reproduzia o modo de tratar o filho, proferindo um "monstro, digno de mim", verdadeiramente terrível... (Flaubert, 1981: 121).

Um outro personagem do romance, Vaucorbeil, resume a questão, apontando o objeto de toda arte: "melhorar as massas!".

O texto de Flaubert expõe, em meados do século XIX, as raízes ideológicas do atual sistema de difusão cultural comandado pela televisão. O projeto declarado da cultura industrializada é também "melhorar as massas", divertindo-as e instruindo-as. Será sempre esta a motivação presente nos discursos organizadores, pouco importando a) que as massas permaneçam indiferentes, hoje como no passado, à dita grande cultura; b) que de fato se produza apenas uma ilusão de comunicação cultural. O consumo de "cultura e informação" define-se como um direito do homem pós-moderno, devendo sua reivindicação ser feita, portanto, por todo sujeito de civilização, seja ele o favelado ou o felizardo da classe média ascendente. Será experimentado como uma violência todo e qualquer ato que contrarie esse direito, daí a citada resposta do habitante da Mangueira.

São excessivamente intelectualizados, para serem aceitos por alguém além dos membros de um círculo especializado, argumentos que apontem para a aludida intransitividade da divulgação de conhecimento ou de sorte, acentuando a perda da possibilidade de produzir, o pagamento ao sentido do processo ou produção em favor de significações espetacularmente modeladas. Tudo isso faz parte de um jargão crítico-teórico que se complica (e dificulta o seu entendimento por parte das massas) à medida que se torna tecnologicamente mais complexo o processo criticado. No jogo público, a espessura teórica perde para a transparência dos discursos imediatamente claros e simples da cultura de massa. "A essência de toda boa estratégia é a simplicidade", sentencia um dos personagens romanescos de Eric Ambler. Até mesmo pensadores de espírito crítico, arrastados pela ilusão pedagógica de poderem outorgar consciência crítica às massas, costumam aderir às concepções difusionistas. Para eles, um conteúdo informativo ou artístico inovador que seja recebido pelo grande público cumpre, pelo mero fato de sua recepção, uma função transformadora e, por que não dizer, "revolucionária".[6]

Torna-se, portanto, difícil fazer ver que o conhecimento ou a arte veiculados pelos meios de informação de massa cumprem uma função diferente da ideologia burguesa clássica. Não se trata de falta de talento estético nem de inteligência por parte dos criadores da indústria cultural, como poderia levar a crer uma crítica intelectualista e pedante. Pelo contrário, sobram talento e inteligência. A questão é que os conhecimentos artísticos e científicos efetivamente mobilizadores do real pressupõem posições simbólicas do sujeito como produtor e consumidor, sem nenhuma escotomização de um desses termos, o que implica regiões da Ética ou do Espírito – e não simplesmente da Estética ou da Retórica.

Heidegger comenta essa transformação moderna do Espírito em inteligência. Entenda-se: a transformação das possibilidades de totalidade do que existe (o ente) na simples habilidade, "no cálculo e na avaliação das coisas dadas, com vistas a uma possível transformação, reprodução e distribuição em massa" (Heidegger, 1966: 72). Sustenta o filósofo: "Todo literatismo e estetismo são apenas uma consequência ulterior e uma degenerescência do Espírito falsificado em inteligência" (idem). Como o mecanismo básico dessa instrumentalização da inteligência é a *repetição*, a esta também se opõe o Espírito. É o que diz Valéry: "... Há no Espírito não sei que horror (eu ia dizer fobia) à repetição. O que se repete em nós não pertence nunca ao Espírito" (Valéry, 1957: 1026).

Tal primazia do engenho, da inteligência pela inteligência, da repetição, não é de modo nenhum característica exclusiva da criação na esfera da indústria cultural. A cultura dita elevada – de produção e circulação acadêmicas ou elitistas – também conhece esses instantes de desfiguração do Espírito em favor de um mero instrumentalismo, que pode se pôr a serviço do Estado, de oligarquias culturais ou mesmo de instituições pedagógicas.

Mas o processo de criação no interior da cultura de massa (assentada numa grande mecânica repetitiva) é acionado por um fenômeno típico que já foi identificado como *talentismo*. Talento designa normalmente o conjunto de meios de que dispõe um indivíduo para cumprir uma função determinada. Já o "talentismo" é a transformação do talento – que é meio – num fim. O objetivo do talentismo é manifestar-se enquanto produção talentosa, enquanto resultante daquela inteligência instrumentalizada de que fala Heidegger, e a serviço de uma repetição conservadora.

Este fenômeno é incentivado pela burocratização da sociedade contemporânea, da produção cultural na ordem pós-moderna. Usamos a palavra burocracia na acepção weberiana, como um conceito de organização funcional de níveis significativos na sociedade industrial. É o conceito da prevalência dos meios, das grandes máquinas de organização ou gestão na esfera da cultura. Na verdade, no interior das máquinas da indústria cultural, a cultura (por nós entendida como movimento ambivalente e agonístico de relacionamento do homem com o real) converte-se em culturalismo, ou seja, a cultura é instrumentalizada e tornada uma multiplicação indiscriminada de sinais de elevação do Espírito, como se tivesse um valor em si mesmo. O culturalismo é a burocratização da cultura e do Espírito.

Vale registrar:

a) Uma superabundância de produtos de nível técnico-cultural apreciável. Por exemplo, canções, novelas, espetáculos, jornalismo, artes gráficas, imagens eletrônicas etc.

b) Uma ilusão de transformação do real por meio dessa pletora de produtos (quando, na realidade, essa quantidade já é um sinal de desconhecimento do ponto crucial na questão da cultura).
c) Reconhecimento autoritário pela indústria cultural da validade de sua própria produção. "Autoritário" significa: sem discussão crítica, pela bênção pura e simples dos números, das estatísticas. Deste modo, 1) é obra de arte o que a indústria deseja. Se antes havia um desafio para o objeto tornar-se arte, com a indústria cultural acaba o desafio, o difícil é não ser arte, pois tudo o que a mídia quiser, assim será; 2) um criador (artista, autor) não é discutido porque é bom, mas é bom por ser discutido.
d) Um narcisismo dirigido (ou tecnonarcismo), historicamente exemplificado no relato da criação da revista *Seleções* do *Reader's Digest*. A essência da ideia, a descoberta básica de DeWitt Wallace era a de que "essa revista expressava realmente, por um espelho mágico, o próprio leitor. É por isto que se chama o digesto do *leitor*" (Boorstin, 1962: 142). A fórmula da revista consiste na adulação do leitor, numa ilusão de fazer passar o conhecimento de um texto original através de seu resumo ou digesto. O espelho demagógico, que oferece ao consumidor apenas a sua própria imagem, assume as formas – variadíssimas – de revistas, livros (*best-sellers*), discos, filme, programas de televisão.

Por trás de todo estetismo de todo o jogo retórico da indústria cultural, encontra-se na verdade uma política que não ousa dizer o seu próprio nome. Tudo isto não deixa de evocar a Grécia do início do século V, quando as decisões de poder se transferem da oligarquia para os *demoi*, onde deveria tornar-se soberana, através do discurso e do voto, a palavra pública. E aí surge a necessidade de uma técnica para melhor controlar os interesses do poder. A ela deu-se o nome de retórica – uma técnica *política* de linguagem.

Hoje, na democracia ensejada pela organização de mercado, os meios de informação se impõem, retoricamente, como dispositivos técnicos de gestão da vida social por meio da sedução, da persuasão, da motivação. Assim como no passado, essa técnica implica poder de governo para quem a domina. Ela é, portanto, essencialmente política.

Referências

BOORSTIN, Daniel. *The Image*. Londres: Pelican, 1962.

FLAUBERT, Gustave. *Bouvard e Pécuchet*. Rio de Janeiro: Nova Fronteira, 1981.

HEIDEGGER, Martin. *Introdução à metafísica*. Rio de Janeiro: Tempo Brasileiro, 1966.

SODRÉ, Muniz. *O monopólio da fala*. Petrópolis: Vozes, 1977.

STRAUBHAAR, Joseph Dean. *The Transformation of Cultural Dependences: the Decline of American Influence on the Brazilian Television Industry*. Fletcher School of Law and Diplomacy (Tese de doutorado), EUA, 1981.

VALÉRY, Paul. Études quasi politiques. In: *Œuvres*, tome I. Paris: Bibliothèque de la Pléiade, 1957.

Notas

1 Sobre a ascensão da TV no Brasil, vide o nosso *O monopólio da fala* (Sodré, 1977) e *The Transformation of Cultural Dependence* (Straubhaar, 1981).

2 Com base numa análise regressiva de diversas variáveis realizada em 50 países, Varis e Nordenstreng observaram que quase metade da autossuficiência em programação se explica por três fatores: tamanho da população, número de aparelhos receptores por 1000 habitantes e cota de exportação do PNB (nessa ordem de importância). Quanto maior a população, maior o número de aparelhos e maior a cota de exportação do PNB (isto é, quanto maior for a importância do mercado interno para os produtores nacionais, mais autossuficiente tende o país a ser em sua atividade de televisão) (cf. *Television Traffic, a One-Way Street? Reports and Papers on Mass Communication*. Paris: Unesco (70), 1974). É preciso observar, porém, que cerca de metade dos programas exibidos no Brasil ainda tem origem estrangeira.

3 Cf. Sodré, 1977.

4 Cf. *Jornal do Brasil*, Rio de Janeiro, 27 de junho de 1982.

5 Vale a pena destacar o fato de que neste romance (nas páginas em apêndice), Flaubert introduz a expressão "literatura industrial". Em 1941, Adorno cunharia a expressão "indústria cultural".

6 A massificação cultural provoca, sem dúvida, algumas mudanças ao nível da consciência do público. Mas não deixa jamais claro, por exemplo, que a arte massificada se apresenta deslocada de seu contexto próprio e que já não é mais a mesma coisa usufruída pelas elites de outrora. Esconde também o fato de que não são mais as mesmas as condições históricas de relacionamento com o real, nas quais foi a arte um caminho privilegiado.

Publicidade e razão prática:
uma discussão de produção e consumo

Everardo Rocha*

O que será estudado neste capítulo é o papel desempenhado pelo sistema publicitário como algo que se situa entre as esferas da produção e do consumo.** Em outras palavras, entre os dois domínios fundamentais do circuito econômico – o domínio da produção e o domínio do consumo – encontra-se um espaço que é ocupado pela publicidade. Midiatizando a oposição, desfazendo e conciliando a interação existente entre estes dois domínios, a publicidade recria a imagem de cada produto. Pela atribuição de identidade, ela os particulariza e prepara para uma existência não mais marcada pelas relações de produção. Agora, pelas marcas do mundo dentro do anúncio, o produto vive em meio a relações humanas, simbólicas e sociais que caracterizam o consumo.

Quando analisamos os aspectos marcantes da produção e do consumo podemos perceber que em cada um conjugam-se elementos substancialmente diversos. Estas duas fases da trajetória social de um produto são essencialmente marcadas por caracteres distintos. Na produção, o mundo se efetiva em meio a materiais e máquinas. O produto do trabalho é múltiplo, é indistinto, é impessoal. Ali, o anonimato e a serialidade estão presentes. A existência da marca do humano, do jeito e do traço que o trabalhador individual poderia imprimir ao produto fica suspensa. Num certo sentido, o processo de produção coloca o "humano" em quarentena. As máquinas através das quais a Revolução Industrial transformou o modo de produção estabeleceram, de forma incisiva, a separação entre o trabalhador e o resultado de seu trabalho. A organização da produção se autonomiza, adquirindo completa independência da especificidade da força humana que nela opera:

---

* Professor titular da PUC-Rio. Bolsista de Produtividade em Pesquisa do CNPQ e Cientista do Nosso Estado da Faperj.
** Capítulo da dissertação de mestrado *Magia e capitalismo: um estudo antropológico da publicidade*, de Everardo Rocha, defendida no PPGAS/Museu Nacional/UFRJ, em 1982. Uma versão revista deste trabalho foi publicada como livro pela editora Brasiliense.

Ela (a máquina-ferramenta) transforma completamente a relação entre o trabalhador e os meios de produção. O colocar em marcha os meios de trabalho já não depende mais da aptidão pessoal do trabalhador. A organização da produção passa a ser completamente independente das características da força humana de trabalho (Haenecker, s/d.: 55).

Tendo como característica a restrição – no limite, supressão – do espaço possível do trabalhador, o processo de produção retira a dimensão humana do que é produzido. Por ser dissociado das marcas da força humana de trabalho, o modo de produção capitalista coloca-se numa dimensão particular, como algo para além de processos produtivos outros que incorporavam o "humano" aos seus produtos. E, desta maneira, assume características de um domínio que se quer desumano (no duplo sentido): o significado do processo de produção já não se define pela virtual potencialidade de um conjunto de operários. Agora, inversamente, ele se define pelo desempenho possível de um conjunto de máquinas capaz de receber qualquer operário (Haenecker, s/d.: 55).

Podemos pensar que a disposição de "receber qualquer operário" é, ela própria, um "não operário", na medida em que a marca do humano é, por excelência, uma marca de particularidade, de diferenciação. No processo da produção, nos moldes que acabamos de examinar, perde-se a propriedade distintiva da "humanização". Torna-se cada vez mais impossível determinar qual o papel que desempenha o trabalhador individual na produção do produto final. O produto final é algo em que, tanto do ponto de vista lógico quanto do ponto de vista sensível, o "trabalhador individual", o mundo "humano" é o grande ausente.

Existe um anúncio de televisão que ilustra muito bem essa questão. Trata-se de um produto para ser adicionado ao leite no café da manhã. Neste anúncio do produto "novo *milk*", bonecos vestidos de operários trabalham manipulando máquinas de brinquedo reproduzindo uma fábrica de fantasia. Na fábrica, os "bonecos-operários", num primeiro momento, colocam morangos numa máquina misturadora. Em seguida, vão acionando o processo de produção. Finalmente sai pronto, após rolar por diferentes esteiras e aparelhos, o produto aparecendo na versão do seu "sabor morango". O processo se repete para o "sabor laranja", "chocolate" e "banana". Tudo acompanhado por uma canção e uma dança da produção. Os "bonecos-operários" apenas tocam em máquinas para, no último momento, então, pintarem cuidadosamente o rótulo do produto. Já, agora, o "novo *milk*" nomeado, particularizado, pronto para o consumo. Note-se ainda que, nos primeiros movimentos do filme, não conseguimos perceber qual o produto que sairá das máquinas de brinquedo, dada a indiferenciação que se faz presente. Poderia sair dali tanto um chiclete quanto um bolo, um refrigerante ou uma geleia. Apenas os morangos colocados no início indicam a área dos alimentos. Dessa "fábrica de encantar" algumas lições importantes podem ser retiradas.

Em primeiro lugar, a produção é ali representada claramente como "coisa de máquinas". Como um universo composto de esteiras, ligas, rolamentos, trituradoras e alavancas. Como um mundo onde apenas se coloca uma fruta no início de um grande caminho mecânico e este cumpre a tarefa de realizar as múltiplas e sucessivas operações transformadoras que criarão o produto. Em segundo lugar, no anúncio destaca-se o fato de que os "bonecos-operários" são simplesmente feitos de lata no mais puro estilo do boneco do filme *O Mágico de Oz* (EUA, 1939). São bastante diferentes do indivíduo que pinta os rótulos, que é caracterizado como um pintor de pincel, espátula e bigode. Em terceiro lugar, na "fábrica" do anúncio, o produto só se apresenta nomeado, particularizado, definido na sua identidade de "novo *milk*" quando saído da produção e pronto para entrar no consumo. Da indiferenciação da produção à marca (em todos os sentidos) do consumo.

Esta passagem da produção ao consumo pode ser também vista como metáfora do nascimento. Assim, o pão "Pullman Baby" foi apresentado num anúncio parecido com o do "novo *milk*". A principal diferença era que quando o pão ficava pronto, depois de passar pelas máquinas, aparecia um som "em off" imitando um choro de neném, marcando o "nascimento" do "Pullman Baby". Podemos, ainda, perceber o domínio da produção como algo "não humano", na medida em que nos próprios rótulos de certos produtos aparecem dizeres do tipo "embalado a vácuo" ou "produzido sem contato manual" por oposição ao *hand-made*, que caracteriza o fabrico pretensamente "artesanal" dos objetos caros e sofisticados.

O domínio da produção como um domínio de onde o "humano" se ausenta, onde o trabalhador acha-se alienado, fica claro ainda na crítica que Marx (1980 [1867]) faz do modo de produção capitalista. Nesse modo de produção, o processo de trabalho é, a um só tempo, um processo de criação de mais-valia e é onde o operário não utiliza seu instrumental de trabalho. Antes, pelo contrário, é por ele utilizado e, diante deste instrumental, torna-se um elemento substituível. O ritmo, a ordem, o caráter e o movimento do processo de trabalho são dados pelo conjunto da maquinaria e não pelo trabalhador que a serve. No domínio da produção, o mecanismo da fábrica retira a marca humana do produto e transforma o homem trabalhador em força motriz. Para Marx (1980 [1867]: 428), quando o homem começa a ser limitado ao papel de força motriz substituível, sua atuação deixa de se fazer sobre o objeto do seu trabalho. Neste sentido, a força muscular humana passa a ser meramente acidental no processo. Podem substituí-la o vento, a água, o vapor etc. Neste circuito, a marca do humano se neutraliza.

A crítica de Marx ainda é mais incisiva. Além de projetar a expulsão do trabalhador do processo produtivo, o modo de produção capitalista transforma o instrumento de trabalho em máquina e esta se torna concorrente do próprio trabalhador (Marx, 1980 [1867]). A evidência da automatização do humano, o caminho da alienação no trabalho e o desvelar, enfim, do processo produtivo são também o tema que se tornou imortalizado na clássica cena de Chaplin. O riso e a poesia inesquecível que nos traz a imagem de Carlitos se ajustando na linha de montagem e sendo, cruelmente, ajustado em seus movimentos pelas máquinas da fábrica dos *Tempos Modernos* (EUA, 1936).

A percepção das características do domínio da produção como aquele que exclui a marca humana é uma questão central na obra de Marx e no seu exame da economia burguesa. O trabalho individual, por força da máquina, inexiste. O controle do produto final não está ao alcance de nenhum trabalhador, mas na organização dos meios de produção e no capital. O homem se conforma, assim, à máquina, neste jogo de rodas, engrenagens, óleo e escravidão (Marx, 1978 [1848]: 99 ss):

> Devido ao uso intensivo da máquina e à divisão do trabalho, o trabalho proletário perdeu seu caráter individual e, por conseguinte, todo seu atrativo. O produtor tornou-se um apêndice da máquina, e só requer dele a operação mais simples, mais monótona e mais fácil de aprender. (...) Não são escravos exclusivos da classe e do Estado burgueses, mas diariamente e a cada hora são escravos da máquina, do contramestre e, sobretudo, do próprio dono da fábrica.

O domínio da produção se caracteriza claramente como um espaço de onde o homem se encontra alienado. O produto final não é o atestado de compromisso entre o trabalhador e sua criação. É, na perversa inversão, uma criação comprometida com a ausência da marca humana.

Mas, produtos seriados, impessoais e anônimos deverão ser consumidos por seres humanos particulares. Deverão ser introduzidos em segmentos sociais descontínuos, incorporados em singularidades várias. Deverão ter face, nome e identidade para que tenham lugar no fluxo de vidas específicas.

O domínio do consumo é pois, neste sentido, o oposto do domínio da produção. Se, por um lado, é na complementaridade destes dois domínios que se fecha e se renova o processo econômico, por outro, existe um claro descompasso entre características de um e outro. O domínio da produção evidencia a ausência do humano, ao passo que o consumo é onde a sua presença é uma constante. Há um claro contraste no domínio do consumo, pois o homem é "rei", como diz a publicidade. No domínio da produção é "escravo", como diz Marx. Daí que o discurso da publicidade é o de omitir sistematicamente os processos objetivos de produção e a história social do produto. Através dela, o produto encontra o homem numa instância lúdica de um imaginário gratificante de onde se ausentam a sociedade real e suas contradições. No estudo que fez da publicidade, Jean Baudrillard (1973) constata a dissociação entre trabalho e produto na sociedade industrial. Ainda mais, procura entender que a publicidade é o coroamento deste processo de separação. A publicidade, como motor da compra, faz deste momento uma linguagem que cala o produto e fala do bem de consumo. O produto calado em sua história social se transforma num objeto imerso em fábulas e imagens. Em suas palavras:

> Numa sociedade industrial, a divisão do trabalho já dissocia o trabalho de seu produto. A publicidade coroa este processo, dissociando radicalmente, no momento da compra, o produto do bem de consumo: intercalando entre o trabalho e o produto do trabalho uma vasta imagem maternal, faz com que o produto não seja mais considerado como tal (com sua história etc.), mas pura e simplesmente como bem, como objeto (Baudrillard, 1973: 184).

De fato, o domínio do consumo é aquele em que homens e objetos são postos em contato. É pelo consumo e em seu interior que algumas das mais humanas das práticas encontram espaço de realização. O domínio do consumo é o da compra, da venda, das escolhas, dos negócios. É por excelência, um "negócio" humano. Nele, a palavra fundamental é a troca. Homens, objetos, valores e dádivas são trocados, adquiridos e retribuídos. Na esfera do consumo, homens e objetos adquirem sentido, produzem significações e distinções sociais. Pelo consumo, os objetos diferenciam-se diferenciando, num mesmo gesto e por uma série de operações classificatórias, os homens entre si. O consumo é, no mundo burguês, o palco das diferenças. O que consumimos são marcas. Objetos que fazem a presença e/ou ausência de identidade, visões de mundo, estilos de vida. Roupas, automóveis, bebidas, cigarros, comidas, habitações, enfeites e objetos os mais diversos não são consumidos de forma neutra. Eles trazem um universo de distinções. São antropomorfizados para levarem aos seus consumidores as individualidades e universos simbólicos que a eles foram atribuídos. No consumo, o objeto se completa na sua vocação classificatória. A trajetória do produto começa na "compreensão" do modo de sua produção e se completa na "sensibilização" do seu modo de consumo. Da multiplicidade, serialidade e indistinção do seu produzir à particularidade, singularidade e peculiaridade do seu consumir. Da dura pragmática da produção à alegre ilusão da sua posse, o objeto cumpre seu percurso em domínios distintos. Mas, a trajetória da produção se complementa e continua como produção de valores de uso. O objeto não se esgota como produto fora do domínio do consumo. O seu sentido e significação não acontecem no vazio. O consumo é sua contrapartida e viabilidade: "Sem o consumo, o objeto não se completa como um produto: uma casa desocupada não é uma casa" (Sahlins, 1979: 188).

Assim, se por um lado, no domínio da produção, a dimensão do humano, da "(...) produção como valores de uso", pode ser afastada das consciências particulares, por outro, o objeto só vai se completar enquanto produto no domínio do consumo. Vai ser nesse domínio, nas relações de consumo, que o seu valor de uso, sua utilidade, seu sentido para o mundo humano se dão a conhecer plenamente. É no consumo que homens e objetos se olham de frente, se nomeiam e se definem de maneira recíproca. A constante determinação de valores de uso faz de um tipo de produto genérico uma idiossincrasia. Da construção, o lar. Do vinho, a cerimônia. Da roupa, a identidade. Da comida, a refeição. Um processo social permanente de seres humanos definindo-se num espelho de objetos e a estes num espelho de homens (Sahlins, 1979: 188).

Os múltiplos sistemas de classificação operam de fato em nosso cotidiano comunicando, desenvolvendo e articulando um conhecimento, uma lógica, uma visão de mundo que se fixa no corpo social. Essa discussão remete-nos diretamente ao problema da presença do chamado "totemismo", redescoberto no seio da *pensée bourgeoise*, tida sempre, basicamente para e por si própria, como o grande reduto da razão prática. Mas é aí mesmo nesse pensamento burguês que a "lógica do sensível" e a "operação classificatória" encontram espaço para uma existência efetiva. Esta perspectiva está bem nítida também para Marshall Sahlins (1979: 196):

> É verdade que Lévi-Strauss escreve como se o totemismo se houvesse limitado, em nossa sociedade, a uns poucos locais marginais ou práticas ocasionais. E com razão – na medida em que o "operador totêmico", articulando diferenças na série cultural com diferenças na espécie natural, não é mais um elemento principal do sistema cultural. Mas deve-se questionar se não foi substituído por espécies e variedades de objetos manufaturados, os quais como categorias totêmicas têm o poder de fazer mesmo da demarcação de seus proprietários individuais um procedimento de classificação social.

De fato, tudo isto parece ser absolutamente verdadeiro. A questão que coloco é quanto à existência de um lugar privilegiado onde é possível localizar de maneira assustadoramente clara todo este "totemismo" presente em nosso cotidiano. Vejam a publicidade e suas tarefas. O lugar intermediário – entre a produção e o consumo – que ocupa no processo econômico. A sua função "nominadora". A bricolagem que preside sua criação. As operações classificatórias que desempenha. O volume e a extensão do "mundo de ideias" que espalha. Creio que estamos olhando de frente para aquele sistema que é, por excelência, o "operador totêmico" do pensamento burguês. Senão, vejamos: quem nomeia, climatiza, pessoaliza as "(...) espécies e variedades de objetos manufaturados (...)" que, como diz Sahlins (1979: 196), podem ser os substitutivos do "operador totêmico"? Quem, ainda, capta e atribui sistematicamente significado aos contrastes e distinções que aí aparecem? De fato, em nossas sociedades industriais e capitalistas, o espaço institucional onde melhor se retratam estas questões é o do discurso publicitário.

Assim, podemos perceber o sistema publicitário atribuindo conteúdos, representações, nomes e significados ao universo dos produtos. O fluxo constante de serviços, produtos e bens a que somos submetidos é fundamentalmente categorizado para nós pela publicidade. Muitos deles não fariam sequer sentido se não lhes fosse colada uma informação constante do sistema publicitário. A catalogação da produção, as hierarquias do mundo do objeto, o posicionamento dos artigos, a significação dos serviços são, fundamentalmente, traçados e articulados dentro dos quadros que compõem o universo dos anúncios. Ali, temos um mapa de nomes. Uma sinalização de posições. Um roteiro de sentidos que emprestam conteúdos aos gêneros de produtos, fazendo deles marcas específicas dotadas de nome, lugar, significado. É esse sistema publicitário que funciona transmitindo a informação básica que sustenta um conhecimento sobre o produto. É dessa maneira que ele se constitui num instrumento seletor e categorizador do mundo. E na forma com que introduz nuances e particularidades no domínio da produção e, reciprocamente, diferencia grupos de homens, situações e estados de espírito no domínio do consumo, do humano.

Este "operador totêmico" tem como função fundamental a nomeação, a individuação. É através do nome que o produto se pessoaliza e passa a integrar uma rede de relações composta de outros produtos. É quando adquire personalidade, "começa a viver" enquanto objeto. O seguinte diálogo que mantive com dois informantes publicitários deixa clara a questão:

> Publicitário 1: – Há a fase de lançamento, onde realmente o produto é a coisa mais importante, mostrar o produto.
> Publicitário 2: – A partir deste lançamento, de uma forma ou de outra, você criou uma personalidade pra ele. Os estágios subsequentes são em função desta personalidade criada.
> Publicitário 1: – E você pode chegar a um estágio muito alto, muito adiantado de nem sequer botar o logotipo do produto.
> Publicitário 2: – A partir das relações humanas a gente pode explicar isso, extrapolar isso. Quando eu sou apresentado a você, minha primeira apresentação dispensa qualquer predicado da minha pessoa. O que

interessa no caso sou eu, fato físico. A partir do momento em que já há esta apresentação, eu tenho que me vender através do que eu sou, de atuações etc.

Publicitário 1: – A partir do lançamento, o produto já tem uma personalidade própria, o produto já tem uma característica, você pode diminuir o índice da presença física dele, muito evidente.

Pesquisador: – No caso do Guaraná Taí, que você falou, quem deu o nome? Fez a garrafa? Etc...

Publicitário 2: – A agência, a partir de dados de mercado, a agência deu o nome. Se não fica uma coisa totalmente absurda, né? Ela fica desvinculada.

Publicitário 1: – A Coca-Cola, por exemplo, é um cliente muito criterioso, muito rígido nas coisas. E ele só admite que um produto tenha personalidade depois de um período muito grande. Tanto que nós fizemos uma campanha de sustentação do Guaraná, que era muito de clima, pressupondo que o Guaraná Taí já tá na coisa. Agora o cliente acha que o produto tem uma personalidade depois de um lançamento feito há 5 ou 6 anos. Então, só depois de 5 ou 6 anos é que a gente pode tirar o nome Guaraná da marca. Publicitariamente, você não vai ouvir, antes disso, ninguém falar Taí, sempre você vai ouvir falar Guaraná Taí.

Uma das primeiras coisas que, nesse diálogo, chama a atenção é a comparação feita pelo publicitário, em que a apresentação de pessoas serve como exemplo e suporte para a apresentação e o lançamento de produtos. A relação aí estabelecida é evidente. No lançamento de um produto e na apresentação de pessoas é, como diz o informante: "O que interessa no caso sou eu, fato físico". Daí então, feitas as apresentações, nós, consumidores, começamos a nos relacionar com aquelas "personalidades", aqueles "climas" e "características" dados aos produtos. Assim, de todas as gasolinas que me foram apresentadas, todas rigorosamente produzidas no mesmo sistema, consumirei aquela mais próxima da minha "personalidade". Esso, Petrobras, Shell, Ipiranga, Texaco têm suas próprias identidades e, por elas, diferenciam-se entre si e, num mesmo gesto, me diferenciam dos consumidores das outras gasolinas-personalidades. O produto é tratado como marca com base na analogia da pessoa. A identidade de um produto é a posse de uma psicologia, é a entrada garantida numa "história". O produto, agora bem de consumo, não mais se desintegrará no anonimato coletivo do domínio da produção. Ele entrará no jogo da troca com os homens que o consomem. Destes homens será discípulo, testemunha, patrimônio, imagem. Incorporar-se-á numa rotina de vida, na definição desta vida, na imagem dos corpos, nos projetos de trabalho. Homens e produtos irão se definir reciprocamente.

Toda esta argumentação deixa claro o papel classificatório desempenhado pelo sistema publicitário. Tal como no totemismo, cuja missão é articular as diferenças entre uma série natural com as diferenças de uma série cultural, no sistema publicitário o nome, a identidade e a imagem do produto estabelecem diferenças que se articulam com outras tantas entre os diversos grupos sociais. Não é por acaso que a questão do nome se torna fundamental no trabalho em publicidade: a publicidade é neste sentido um "grande batistério" (Péninou, 1974: 95). Nela, o projeto mais importante é a fixação de um nome. A sua imposição no mundo do consumo. As mais díspares produções, venham de onde vierem, atravessam o sistema publicitário e dele retiram sua identidade.

A publicidade é o "passaporte", "visto de saída" da produção e de "entrada" no consumo. A imagem de um produto, o lugar de que dispõe entre os outros são o resultado de um jogo de diferenças e contrastes. A publicidade cria uma imagem do produto procurando diferenciá-lo dos outros de um mesmo tipo. A imagem é criada, segundo um publicitário entrevistado, pelo que o produto possui de "diferente", "característico". Como diz um publicitário entrevistado:

> É assim que se cria a imagem do produto; estudando o produto e vendo quais são as suas características, o que ele tem, em que ele pode ser diferente do outro, ele é o que vai poder dizer o que o outro não vai poder dizer, né? O que ele vai poder dizer primeiro. Às vezes, o outro também pode dizer a mesma coisa, mas ele diz primeiro e fica sendo o dono daquele elogio que se faz a ele.

Assim, cria-se o contraste como forma de individuação. A diferença como artífice da homologia entre a produção e o consumo. O sistema de nominação na publicidade corresponde a uma passagem da economia de produção à economia de mercado. Esta passagem também é a do nome da matéria produzida ao nome próprio da marca pessoalizada. O produto recebe pela marca um tratamento antropomórfico. A publicidade vai fazê-lo entrar no circuito da pessoa, no simbólico (Péninou, 1974). A intercambiabilidade que se instaura entre pessoas e produtos encontra paralelo na intercambiabilidade de espécies naturais e grupos sociais própria do totemismo cuja tarefa é traduzir mensagens de um e outro nível. Comparando o sistema do sacrifício com o sistema do totemismo, Lévi-Strauss indica com clareza a forma pela qual entende o segundo:

> O totemismo se baseia numa homologia postulada entre duas séries paralelas – a das espécies naturais e a dos grupos sociais – dos quais, não o esqueçamos, os termos respectivos não se parecem dois a dois; apenas a relação global entre as séries é homomórfica: correlação formal entre dois sistemas de diferenças, dos quais cada um constitui um polo de oposição (Lévi-Strauss, 1970: 258).

A lógica de correlacionar as séries natural e cultural, de passar da espécie ao indivíduo, do grupo social ao homem particular é aquela que preside o sistema totêmico. É, também, a forma reguladora das conjunções operadas pelo sistema publicitário. Um dos informantes, publicitário, fala de imagens, pessoas, grupos, marcas e produtos num depoimento bastante esclarecedor:

> A mesma coisa com automóveis. Do mais potente ao mais econômico. O mais bonito e o mais confortável. Às vezes você combina estas qualidades, às vezes você só tem uma. Por exemplo: não dá para vender o Volkswagen como sendo o automóvel mais bonito, pelo contrário, ele é o mais feio. Mas, dá para vendê-lo posicionando de outra forma: como sendo o mais econômico, o que tem manutenção mais barata, mais fácil. Também é outro enfoque, outro posicionamento, outra imagem. Aí você tem a marca Volkswagen, quer dizer, uma coisa é a imagem do produto, outra coisa é a imagem da marca, a gente precisa dividir estas coisas. A imagem Volkswagen é uma imagem que é usada pelo Passat, pelo Brasília, pelo Gol. Cada um com uma proposta diferente. Claro, porque as pessoas não vão comprar o Gol pela mesma razão por que comprariam o Passat, mesmo porque elas já são pessoas diferentes; uma quer um carro menor e mais econômico, a outra quer um carro maior e mais possante, mais bonito. Então tem essa combinação de marca e produto que precisa ser também toda direcionada e criada a partir da propaganda. A propaganda faz, ela constrói isso.

O discurso do informante mostra como o sistema publicitário classifica dentro de uma marca em questão o produto particular como espécie num gênero. Fala ainda das diferenças de grupos de pessoas como traduzidas em diferenças entre produtos. Dentro de uma marca, que poderia se opor a outras dentro de uma categoria mais abrangente de bens de consumo, temos as espécies de produtos. Estes se opõem a outros da mesma marca. Finalmente, a unidade última é o produto concreto, individuado, que (no caso de carros, por exemplo) ainda carregaria oposições quanto às cores e aos acessórios. Esta série de diferenças em cada nível tem sua correspondência nas diferenças entre consumidores que se identificam com as "personalidades", "nomes", "identidades", "imagens" que se colam aos produtos.

Jean Baudrillard (1973: 198), citando P. Martineau, discute também a forma pela qual as marcas dos produtos classificam categorias de compradores em uma espécie de interação entre personalidades de pessoas e personalidades de produtos. Mostra a vocação classificatória do sistema publicitário, que envolve simbolicamente o produto, usando o exemplo dos carros. As relações entre categorias de produtos e categorias de pessoas não são nada simples. As combinações de motivos de compra e escolha dos produtos acontecem de diversas maneiras. Mas esta complexidade é de alguma forma a expressão de um processo de identificação com a diferença que incide simbolicamente sobre os produtos.

Todas as imagens que a eles são acopladas acabam por traduzir impressões diversas. Tanto podem ser "conservadoras" quanto "avançadas", "austeras" ou "arrojadas", "na moda" ou "clássicas". O universo dos carros, como disse o informante, se presta bem a essas diferenciações. O "bom senso" do Fusca, a "questão de requintes" do Del Rey ou a "emoção forte" do Gol. As categorias de objetos são um tipo de policiamento do sentido social. Elas falam de categorias de pessoas e, nesse processo, controlam várias dimensões do significado. Assim, do *continuum* indiferenciado da produção de automóveis, dividem-se estes nas marcas Volkswagen, Ford, Fiat etc... No interior dessas marcas, e tomando uma delas apenas, temos o Gol, o Passat, o Fusca, a Brasília e a Kombi. Ainda mais, dentro desses grupos temos seus tipos, modelos e cores. Esta passagem do geral ao particular corresponde à passagem do não nomeado, do indiferenciado ao nomeado, ao identificado. Mais além, na mesma operação lógica das classificações, grupos de homens, estilos de vida e personalidades têm o seu sistema de diferenças convertido no sistema de diferenças dos objetos. Esse não é outro senão o trabalho do "operador totêmico" e, se as demonstrações levadas a efeito durante todo este capítulo foram convincentes, é, também, o trabalho do sistema publicitário.

Referências

BAUDRILLARD, Jean. *O sistema dos objetos*. São Paulo: Difel, 1973.

HAENECKER, Marta. *Conceitos elementais do materialismo histórico*. s.n.t.

LÉVI-STRAUSS, Claude. *O pensamento selvagem*. São Paulo: CEN/EDUSP, 1970.

MARX, Karl. *O manifesto comunista*. Rio de Janeiro: Zahar, 1978 [1848].

_____. *O capital: crítica da economia política*. Livro I, vol. 1. Rio de Janeiro: Civilização Brasileira: 1980 [1867].

PÉNINOU, George. O sim, o nome e o caráter. In: *Os mitos da publicidade*. Petrópolis: Vozes, 1974.

SAHLINS, Marshall. *Cultura e razão prática*. Rio de Janeiro: Zahar, 1979.

Unidades Diderot e efeito Diderot: aspectos culturais negligenciados do consumo

Grant McCracken*

As "unidades Diderot" são complementaridades altamente consistentes de bens de consumo.** O "efeito Diderot" é uma força coercitiva que as mantém. A unidade e o efeito, aqui nomeados por causa do filósofo iluminista francês Denis Diderot, são instrumentos-chave com os quais a cultura controla o consumo. O efeito Diderot é particularmente interessante porque é capaz de operar de duas maneiras totalmente diferentes. Pode compelir o/a consumidor/consumidora a permanecer dentro de seus padrões de consumo existentes. Mas, em uma segunda modalidade, pode forçar o/a consumidor/consumidora a transformar esses padrões de consumo para além de qualquer reconhecimento. Como o capítulo precedente, este detalha de que maneira o consumo é conduzido e constrangido por considerações totalmente culturais. Neste caso, o fator cultural não é o deslocamento do significado, mas a gestão de sua consistência diretamente através do conjunto de comportamentos de compra do indivíduo. Este capítulo contempla as unidades Diderot, o efeito Diderot e as implicações das unidades e do efeito para nossa compreensão da publicidade, do estilo de vida e dos mecanismos de demanda de consumo.

A unidade e o efeito Diderot: visão preliminar

A primeira pessoa a documentar a unidade e o efeito Diderot considerados aqui foi Denis Diderot (1713-1784). Como principal editor e autor da *Encyclopedie*, Diderot fez importante contribuição à codificação e ao avanço do conhecimento na França do século XVII. A tradição filosófica e o próprio temperamento de Diderot levaram-no a tratar pesadas questões de um modo espirituoso e leve (Bowen, 1964: viii). É, portanto, característico tanto

---

* Doutor em Antropologia pela Universidade de Chicago. Lecionou na Universidade de Cambridge, MIT e Harvard Business School. É consultor de empresas e autor de diversos livros acadêmicos e de pesquisa aplicada.

** Capítulo de *Cultura e consumo: novas abordagens ao caráter simbólico dos bens e das atividades de consumo*. Trad. Fernanda Eugênio. Rio de Janeiro: Mauad, 2003 [1988].

do acadêmico quanto de seu tempo que Diderot tenha apresentado a descoberta com a qual no momento nos ocupamos aqui em um pequeno e bem-intencionado ensaio intitulado "Lamentações sobre meu velho robe".[1]

Este ensaio começa com Diderot sentado em seu gabinete, confuso e melancólico. De algum modo, esta sala de estudos sofreu uma transformação. Fora uma vez abarrotada, despretensiosa, caótica e feliz. Agora era elegante, organizada, belamente ordenada e um pouco severa. Diderot suspeitava que a causa desta transformação era sua nova veste.

Esta transformação, nos conta Diderot, ocorreu gradualmente e por estágios. Primeiro, a veste chegou, presente de um amigo. Deliciado com sua nova posse, Diderot permitiu que ela substituísse seu "esfarrapado, humilde, confortável e velho roupão". Este revelou-se o primeiro passo em um complicado e por fim angustiante processo. Uma ou duas semanas depois da chegada da nova veste, Diderot começou a pensar que sua escrivaninha não estava totalmente à altura do padrão e a substituiu. Então a tapeçaria na parede da sala de estudos pareceu um tanto surrada, e uma nova teve de ser encontrada. Gradualmente, o gabinete inteiro, incluindo suas cadeiras, gravuras, estantes de livros e relógio, fora julgado, descoberto insuficiente e substituído.

Tudo isso, conclui Diderot, era o trabalho de um "imperioso robe escarlate [que] forçou tudo o mais a se conformar com seu próprio tom elegante" (1964: 311). Diderot olhava para trás com ternura e lamentação para sua antiga veste, e sua "perfeita concordância com o restante do pobre bricabraque que preenchia meu aposento". Ele havia perdido sua veste, seu bricabraque e, mais importante, a própria harmonia. "Agora a harmonia está destruída. Agora não há mais consistência, não há mais unidade, e não há mais beleza" (1964: 311). Esta revelação infeliz constitui o que é provavelmente o primeiro reconhecimento formal de um fenômeno cultural aqui chamado de "unidade Diderot" e de "efeito Diderot".[2]

A unidade Diderot e o significado das coisas

As transtornadas observações de Diderot ajudam a sugerir que os bens de consumo, de alguma maneira complementares, são ligados por uma certa comunalidade ou unidade. Sugerem que essas coisas têm uma espécie de harmonia ou consistência e de algum modo, portanto, "andam juntas". Podemos chamar esses padrões de consistência de "complementaridade de produtos" e, em honra a seu observador, de "unidades Diderot".

As unidades Diderot são bem conhecidas e diariamente exploradas pelos publicitários, pelos designers de todo tipo e, claro, pelos consumidores individuais, mas são menos compreendidas pelos cientistas sociais. Como argumentam Solomon e Assael (1986), muito mais atenção foi dada à substancialidade dos produtos que à sua complementaridade. De acordo com a teoria microeconômica, por exemplo, o produto tem valor isoladamente (em seu feixe de utilidades) e pode ser substituído por outros produtos (que representem feixes de utilidades mais ou menos comparáveis).[3]

Solomon e Assael, fazendo uma abordagem "gestáltica" à consistência simbólica, estão entre os poucos cientistas sociais a remeter diretamente a esta questão.[4] Eles sugerem que as constelações de produtos ocorrem porque estes, assim unificados, carregam em seu todo informações sobre papéis. Seguindo um importante trabalho anterior de Solomon (1983) sobre esta questão, os autores sugerem que os bens são usados para garantir sucesso no desempenho societário de papéis e que este sucesso não é possível sem que os bens sejam usados em sua configuração adequada. As constelações existem, argumentam eles, porque os indivíduos precisam se utilizar da total complementaridade de produtos para desempenhar as partes que lhes cabem no drama da vida social. Por mais útil que seja este argumento, ele foge à questão de por que, a princípio, existem constelações de produtos ou unidades Diderot.[5] No tocante a este ponto, Solomon e Assael afirmam apenas que os consumidores "leem" o significado de um produto específico a partir daqueles que o acompanham.

Deixe-nos examinar por que alguns bens de consumo parecem "andar juntos". Deixe-nos considerar por que certos complementos desses bens têm consistência cultural. Há três aspectos correlacionados nesta questão. A consistência cultural dos bens de consumo reflete 1) a natureza do significado contido nas coisas, 2) o modo pelo qual este significado adentra nas coisas, 3) a maneira através da qual o significado das coisas é comunicado pelo "código objeto".

Como foi sublinhado no capítulo 5,[6] o significado dos bens de consumo deriva da posição que ocupam em um sistema de bens e da relação deste sistema com um sistema de categorias culturais. Por exemplo, o relógio Rolex retira seu significado de sua relação com todas as outras marcas de relógio e do modo pelo qual este conjunto de produtos corresponde (e, portanto, representa) a categorias culturais de pessoa, lugar, tempo e ocasião. O Rolex é associado com categorias culturais específicas de classe, sexo, idade e ocasião, por causa da correspondência mais ampla entre o sistema de relógios e o sistema de categorias culturais.[7]

É esta correspondência entre as categorias culturais e os bens de consumo que ajuda a determinar quais serão os bens que vão andar juntos. Todas as categorias de produtos são organizadas a fim de corresponder ao mesmo conjunto de categorias culturais. Isto significa, forçosamente, que todas as categorias de produtos devem também corresponder umas às outras. É possível, portanto, tomar cada uma das categorias culturais e alinhá-las com cada uma das categorias de produtos, e assim suas distinções internas figurarão em paralelo. Quando isto é feito, o equivalente estrutural de uma marca em uma categoria se torna evidente em todas as outras. Torna-se possível combinar, por exemplo, o sistema de relógios com o sistema de carros, e assim determinar, de um modo geral, quais relógios "se dão" com quais carros. Quando o conjunto de produtos relógios é posto lado a lado com o dos carros, torna-se aparente que o Rolex e o BMW são equivalentes estruturais. Ambos ocupam a mesma posição relativa em suas respectivas categorias de produtos. Têm, nesta medida, um significado aproximadamente comparável. O sistema de correspondências que organiza a relação entre cultura e bens de consumo estabelece um esquema no qual o Rolex e o BMW figuram como equivalentes estruturais e, assim, "andam juntos".

A segunda parte da resposta ao mistério das unidades Diderot deriva do modo como os significados se introduzem nas coisas. Um dos modos pelos quais o significado adentra nas coisas é através da publicidade e do sistema da moda.[8] A fim de depositar significado nas coisas, os diretores de criação e os designers de produto e de moda descobrem equivalentes estruturais e os reúnem dentro dos limites de um anúncio para demonstrar que o significado inerente ao anúncio é inerente também ao produto em questão. Quanto a nós, somos os cuidadosos estudantes dessas mensagens comerciais e, como resultado, estamos constantemente sendo instruídos tanto nas correspondências entre as categorias de produtos quanto nas unidades que delas decorrem. Deste modo, a publicidade e o sistema da moda primeiro partem das consistências do código-objeto, e em seguida contribuem para forjá-las.

Um segundo e de algum modo mais interessante aspecto do processo de atribuição do significado é o papel desempenhado pelos grupos inovadores. Grupos tais como os *hippies*, os *yuppies* e os *punks* inevitavelmente se engajam nos atos criativos de seleção e de combinação do consumo, quando revisitam o mundo consumista em busca de sua própria e altamente característica complementaridade de bens de consumo. Ao fazê-lo, ajudam a criar novos padrões de consistência de produtos.

Antes dos *yuppies*, não havia conexão forçada entre o Rolex e o BMW. No sistema geral de correspondências, eles apareciam como locações aproximadamente comparáveis na correspondência entre bens e categorias culturais de classe. Desta maneira, embora se pudesse dizer que eles "andavam juntos", ainda assim inexistia qualquer senso de associação inevitável ou de que se pressupunham mutuamente de um modo particular. Os *yuppies* (e, ironicamente, a mídia que tão rotineiramente escarneceu deles) conferiram ao Rolex e ao BMW esta mutualidade, e os agruparam em uma complementaridade de produtos específica. Por meio dos esforços dos *yuppies* e da mídia, o Rolex e o BMW são agora bens que andam juntos com especial intimidade.[9]

A parte final da resposta à consistência cultural dos complementares de consumo pode ser encontrada na natureza da comunicação operada pela cultura material. Como nota o capítulo 4 deste livro, as mensagens da cultura material são mais bem-sucedidas quando são formadas por "elementos altamente redundantes, que se pressupõem mutuamente", e menos quando consistem em combinações novas. Isto está na natureza mesma da comunicação não linguística, de acordo com Jackobson (1971), e se aplica igualmente para o vestuário, a habitação, os carros e todos os bens de consumo. Parece ser o caso de que os bens de consumo não se comunicam bem quando existem isoladamente ou em grupos heterogêneos. O significado de um bem é melhor (e, em alguns casos, somente) comunicado quando este bem é cercado pela complementaridade de outros bens que carregam a mesma significação. Dentro desta complementaridade, há redundância suficiente para permitir ao observador identificar o significado do bem. Em outras palavras, as propriedades simbólicas da cultura material são tais que as coisas devem significar juntas se pretendem significar de modo absoluto. A complementaridade dos produtos determina as associações provedoras dos acompanhantes de qualquer bem específico, as quais ajudam a tornar seu significado claro. A natureza da comunicação entre os produtos é, portanto, outro fator que estimula as coisas a "andarem juntas".[10]

Assim, há pelo menos três boas razões pelas quais deve haver complementos de bens de consumo unificados por uma consistência cultural. A natureza, as origens e a comunicação do significado cultural dos bens de consumo, tudo isso ajuda a encorajar esta consistência. Os bens "andam juntos" em grande medida porque suas propriedades simbólicas os agrupam. São os aspectos culturais significativos dos bens que contribuem para lhes conferir suas harmonias secretas. Resta considerar a força cultural que ajuda a preservar essas harmonias nas vidas individuais. As seções que se seguem analisarão a lógica do efeito Diderot e suas implicações para a vida na sociedade de consumo.

As unidades Diderot e o conceito de estilo de vida

O conceito de estilo de vida tem sido provocativo e improdutivo quase que nas mesmas proporções. Como observaram Kassarjian e Sheffet (1975) na metade dos anos 1970, o conceito gerou uma grande quantidade de estudos, mas boa parte desta definha em trabalhos acadêmicos e sob a forma de manuscritos não publicados. Uma década mais tarde, Anderson e Golden colocam a questão mais seriamente, observando que (depois de Talarsk) se todas as pessoas que fazem pesquisa sobre estilo de vida fossem enfileiradas de ponta a ponta, elas a) nunca chegariam a uma conclusão e b) apontariam para todas as direções ao mesmo tempo (Anderson e Golden, 1984: 406).

O apelo da ideia de estilo de vida na pesquisa do consumidor é bastante claro. Aqui estava uma ideia que prometia superar a insuficiência da segmentação de mercado. Era também um modo de lidar com um fenômeno aparentemente guiado pela "classe" sem ter de se defrontar com os problemas operacionais e de definição que assolam esta noção (por exemplo, Myers e Gutman, 1974; Rainwater, Coleman e Handel, 1959). Além disso, era uma maneira de perseguir questões acerca da "personalidade" sem ter de abarcar todos os pressupostos do modelo de personalidade (por exemplo, Wells, 1974). Finalmente, era também uma forma de capturar certos detalhes etnográficos que o paradigma positivista e quantitativo tendia a excluir da explicação (por exemplo, Plummer, 1971).

Talvez o aspecto apelativo mais poderoso da ideia de estilo de vida era que ela permitia ao observador conceber o consumo como um "fenômeno padronizado inter-relacionado" (Wells e Cosmas, 1977: 301). Isto era central. Lazer (1963), Levy (1963), Moore (1963) e Plummer (1971), todos reconheceram que o conceito de estilo de vida permitia ao observador reunir dados que normalmente eram tratados em separado e vislumbrar padrões de inter--relação de outro modo imperceptíveis. Havia uma forte convicção de que esta visão mais global, e somente ela, poderia capturar verdades fundamentais sobre o consumo. E uma esperança ainda mais ambiciosa era alimentada aqui. Lazer se perguntava se "os estudos sobre estilo de vida poderiam fomentar a unificação de descobertas e teorias relacionadas ao consumo" (Lazer, 1963: 132).

Por que, então, o conceito deveria se revelar tão improdutivo? Foi-nos dado o vislumbre de um paraíso no qual os dados são inter-relacionados e todas as teorias integradas, mas a estrada para este paraíso ainda está longe de ser clara.[11] Parte do problema é, claramente, que não dispomos das ferramentas teóricas necessárias com as quais acessar a natureza e a complexidade dos dados sobre estilo de vida. Mais especificamente, não temos a teoria necessária com a qual capturar a natureza inter-relacionada dos fenômenos de estilo de vida.

Pode-se, de fato, argumentar que grande parte da metodologia e da teoria formulada para o estudo do estilo de vida tem figurado como uma barreira positiva à compreensão da natureza inter-relacionada destes fenômenos. Métodos e teorias convencionais têm o irônico efeito de negligenciar e frequentemente de fragmentar a unidade dos dados. Este é precisamente o efeito, por exemplo, da metodologia AIO (isto é, Atitudes, Interesses e Opiniões) que ainda é extensamente utilizada. Centenas de detalhes da vida e da experiência do entrevistado são fisgados pela rede AIO, mas o método torna impossível avaliar sua interconexão e peso relativo. As peças do estilo de vida são obtidas de uma forma que garante que sua unidade ficará completamente obscurecida ao olhar analítico. De modo típico, é o analista quem tenta juntar as peças disparatadas dos dados, especulando sobre os princípios que as unificam.

Parece que importantes ferramentas metodológicas para capturar as unidades do estilo de vida estão sendo agora desenvolvidas e mais extensamente adotadas no campo da pesquisa do consumidor.[12] O que não é tão óbvio é se o necessário trabalho teórico foi empreendido. Com as distintas exceções de acadêmicos tais como Assael, Holbrook, Moore e Solomon, não há virtualmente nenhum trabalho realizado nesta área. Isto é particularmente estranho quando se compreende que foi precisamente para capturar padrões unificados de dados que o conceito de estilo de vida foi desenvolvido a princípio.

Deixe-nos iniciar esta pesquisa com a compreensão de que as unidades de estilo de vida são, em parte e pelo menos, unidades Diderot. Podemos capturá-las utilizando teorias estruturais do significado. As coisas andam juntas por causa de sua consistência cultural interna. Os produtos trafegam em complementos porque a cultura lhes confere as mesmas propriedades simbólicas. Essas teorias da cultura podem ser usadas para entender o caráter inter-relacionado do estilo de vida. Uma compreensão das unidades Diderot ajuda a esclarecer os tijolos que constroem um estilo de vida. Uma compreensão do efeito Diderot ajuda a esclarecer como esses tijolos mantêm sua consistência interna.

Da maneira como é atualmente conduzido, o estudo do consumidor sobre estilo de vida é quase que puramente empírico. Observamos que há feixes de atitudes, atividades, bens de consumo e padrões familiares, e estamos preparados para rotular e descrever estes feixes como estilos de vida. Mas não dispomos de um meio sistemático para compreender por que os conteúdos desses feixes andam juntos, e isto porque não temos nenhuma teoria acerca da natureza da unidade e nenhum senso sobre o princípio Diderot que parece protegê-la. Há, talvez, algo a aprender com a especulação de um esplendidamente adornado sr. Diderot.

O efeito Diderot: como funciona

Para propósitos formais, o efeito Diderot pode ser definido como "uma força que estimula o indivíduo a manter uma consistência cultural em sua complementaridade de bens de consumo". Em seu ensaio *"Dressing Gown"*, Diderot nos apresenta o efeito Diderot sob uma forma insólita e, portanto, especialmente conspícua. Nesta ocasião, Diderot se viu forçado a tirar significado cultural de um *novo bem* (isto é, a veste) enquanto portador de significado privilegiado, e tornar todo o restante de suas posses consistente com ele. Normalmente, contudo, o efeito Diderot trabalha para preservar a significação cultural do conjunto *existente* de bens, e para barrar a entrada de bens como o "intruso escarlate" de Diderot. Com efeito, se Diderot tivesse sido regulado pela operação convencional do efeito Diderot, ele nunca teria usado a nova veste, escrito *"Regrets on Parting my Old Dressing Gown"*, ou tido seu nome usado para os presentes objetivos de nomenclatura.

O que é, então, o efeito Diderot? Ele opera de três formas. Em sua manifestação mais constante, ele trabalha para prevenir que um estoque existente de bens de consumo seja invadido por um objeto que carregue significação cultural inconsistente com a do todo. Em uma segunda modalidade, mais radical, ele opera como o fez no caso da veste de Diderot, para forçar a criação de um novo conjunto inteiro de bens de consumo. Em uma terceira atuação, o efeito Diderot é deliberadamente manipulado, explorado pelo indivíduo com objetivos simbólicos. Deixe-nos examinar cada uma dessas formas por vez.

O efeito Diderot: implicações para a continuidade

Em seu modo convencional, o efeito Diderot protege os indivíduos da intrusão de objetos desestabilizadores em suas vidas. Protege-os de qualquer objeto que traga ideias radicalmente novas à sua experiência e ameace remodelar esta experiência de acordo com seu próprio "plano de ação". Nesta medida, o efeito Diderot contribui para a manutenção das consistências culturais do mundo material e, indiretamente, para as continuidades da experiência e do autoconceito dos indivíduos.

As posses que pertencem a um indivíduo constituem o correlativo objetivo de seu mundo emocional. Figuram como uma substanciação deste mundo, prova de sua veracidade, demonstração de sua realidade. Como coloca Robert Hass, em um poema intitulado "House":

> I am conscious of being
> Myself the inhabitant
> Of certain premises:
> Coffee & bacon & Handel
> & upstairs asleep my wife.[13]
> (Hass, 1973: 54-55)

Hass está certo em sugerir que as premissas da existência de alguém são inevitavelmente as premissas da existência de algo (e vice-versa). Rodeado por nossas coisas, estamos constantemente instruídos acerca de quem somos e do que aspiramos a ser. Rodeados por nossas coisas, estamos protegidos de muitas forças que nos desviariam para novos conceitos, práticas e experiências. Essas forças incluem nossos próprios atos de imaginação, as construções alheias, o choque de uma tragédia pessoal, e o simples esquecimento. Como sugeriu Arendt, as coisas são o nosso lastro. Elas nos estabilizam, lembrando-nos de nosso passado, tornando este passado uma parte virtual substancial de nosso presente.

O efeito Diderot funciona para preservar a função de fazedores-de-continuidade das coisas, providenciando para que nenhum intruso, ninguém que as desdiga, nenhuma retórica de outros significados sejam autorizados a deslizar para dentro da experiência de um indivíduo e a sugerir novas possibilidades, como a veste de Diderot fez com ele. O efeito Diderot ajuda a nos proteger de chegadas virulentas que possam infectar a economia doméstica com novas e perigosas noções. Ajuda a nos proteger de um presente "cavalo-de-Troia" que traga às nossas vidas significados sediciosos que assumirão o controle furtiva e sagazmente. Se as coisas da vida de um indivíduo ajudam constantemente a retornar esta vida a ela mesma, a trazê-la de volta a si, então é o efeito Diderot que trabalha para mantê-las capazes de assim fazê-lo, assegurando que somente os signos mais puros e cristalinos se achegarão às nossas posses.

O efeito Diderot e a transformação da complementaridade de produtos

Quando o efeito Diderot atua como o fez no caso de Diderot, sob sua forma radical, tem consequências completamente diferentes. Aqui ele tem o poder de transformar totalmente a existência de alguém. A partir do momento de sua introdução, um novo bem começa a demandar novos bens acompanhantes. O indivíduo que consente com a primeira demanda descobre que esta é seguida por centenas de outras. A busca por consistência, força motivadora do efeito Diderot, é insaciável. Não se satisfaz até que todos os bens acompanhantes ao seu redor tenham sido substituídos por novos que sejam, por assim dizer, "macacos de imitação", que homenageiam seu mestre arremedando-o.

Há, claro, um quebra-cabeça aqui. Como a força que normalmente preserva uma complementaridade de produtos subitamente se converte no agente de sua transformação? Por que o efeito Diderot muda de uma força conservadora para uma inovadora?

A resposta a esta questão se concentra na natureza especial de certos atos de compra e de certas categorias de produto. Aparentemente, há determinadas aquisições nas quais os indivíduos fazem o que é às vezes chamado de compra por "impulso" (Kollat e Willett, 1967; Rook e Hoch, 1985). Este conceito se revelou problemático, e ao seu redor diversas questões ainda se revolvem sem resposta. Alguns definem a compra por impulso como aquela que não é planejada. A dificuldade com esta definição é que é possível argumentar que o planejamento na verdade ocorreu, mas o fez abaixo do limiar da clareza consciente. Uma outra definição da compra por impulso a trata como a aquisição que não apresenta o cálculo usual de custo e benefício. De acordo com este esquema, o consumidor normalmente age com perfeita racionalidade, cuidadosamente calculando o que ganhará e perderá em cada transação. Quando esta racionalidade é subitamente "abandonada" (como na compra de um carro esportivo quando se buscava uma *station wagon*), a aquisição é declarada uma "compra por impulso".[14] Mas esta definição é sujeita a uma objeção similar: que a decisão por impulso é uma decisão racional processada em um nível suficientemente profundo para que não possamos perceber o que a faz sistemática e previsível. Em qualquer um dos casos, há bases para duvidar – e, assim, para corromper o conceito – se há alguma coisa genuinamente "impulsiva" na compra por impulso.

Talvez seja mais útil, para os presentes propósitos, chamar esta categoria de ação de "compra divergente". Para identificar a compra divergente é necessário apenas determinar se o consumidor se desviou de seu padrão usual de consumo, a cargo da unidade Diderot. Qualquer compra que não tenha precedentes entre os complementos existentes de bens de consumo se qualifica como um ato de compra divergente. A questão que surge, então, é o que move um consumidor a fazer uma compra divergente.

Fatores tais como anúncios sofisticados, *merchandising*, desenvolvimento dos produtos, e design podem servir como estimulantes para a compra divergente (Rook e Hoch, 1985). Claramente, a maquinaria do marketing trabalha constantemente para instigar "compras divergentes" e este é um ponto ao qual retornaremos abaixo. Mas é também verdade que o efeito de deslocamento discutido no capítulo anterior tem a consequência de encorajar esta categoria de compras. Quando o indivíduo está procurando por um esconderijo seguro para seus ideais, o bem de consumo apropriado será frequentemente um que não exista em sua atual complementaridade de produtos. Um indivíduo também pode ser levado a uma compra divergente por novos eventos e circunstâncias. Sua progressão ao longo do ciclo de vida, a mudança de um emprego para outro, um divórcio, perdas pessoais e todos os tipos de transtornos podem funcionar como novos contextos nos quais a compra divergente parece plausível e, talvez, até mesmo obrigatória.

Mas uma das maiores oportunidades para o surgimento de um efeito Diderot radical é o recebimento de um presente. Isto é, claro, precisamente o que ocorreu na vida de Diderot. A veste radicalmente desestabilizadora não foi comprada, mas ganha. "Presentes divergentes" são, portanto, uma categoria importante a ser considerada aqui. Argumenta-se agora (McCracken, 1983a; Schwartz, 1967) que os presentes são frequentemente ofertados com o objetivo consciente ou inconsciente de manipular o receptor. A intenção é a de que o presente aporte novos significados à complementaridade de produtos do receptor, para que aí atuem sub-repticiamente como novos padrões de consumo. O doador do presente espera que uma transformação desta complementaridade forjará uma transformação daquele que é seu dono. O doador do presente espera que um efeito Diderot radical vá precipitar-se sobre a vida do receptor.

Como uma última questão, vale perguntar se há categorias específicas de bens que sejam especialmente suscitadoras de oportunidades para compras divergentes. Seriam algumas categorias de bens de consumo especialmente boas em se esgueirar por entre as defesas do efeito Diderot, invadindo a complementaridade de produtos e conduzindo-a a uma rebelião interna? Teriam os carros, o vestuário, os equipamentos de entretenimento, o mobiliário ou os cosméticos uma especial habilidade nesta área? Teriam alguns bens um potencial Diderot mais radical que outros? Tenderiam alguns grupos sociais a adotar certos bens ou, mais especificamente, certas marcas, como seu bem divergente de escolha? Não há pesquisa nesta área.[15]

O efeito Diderot e a experimentação pessoal

Em *Lucky Jim*, Kingsley Amis descreve um homem chamado Beesley e seu "curvo cachimbo niquelado, ao redor do qual ele estava tentando exercitar sua personalidade, como uma trepadeira se enroscando treliça acima" (Amis, 1954: 33). Esta é uma observação romanesca do terceiro modo pelo qual o efeito Diderot opera em certas vidas. Aparentemente, alguns indivíduos violam alegremente o efeito Diderot, e buscam constantemente bens de consumo nos quais residam significados potencialmente disruptivos. Eles o fazem como parte de um processo de experimentação pessoal, no qual novos conceitos de si e do mundo são contemplados, testados, adotados ou dispensados. Para estes indivíduos, a compra divergente é experimental, constitui uma oportunidade para tirar licença momentânea do mapa de coordenadas de suas experiências e contemplar outros mapas totalmente diferentes. Outros vão além da simples contemplação e fazem compras divergentes na esperança de que esses novos bens acionarão uma profunda transformação em suas complementaridades de produtos e em suas vidas. Estes indivíduos são os *bricoleurs* do mundo do consumo, constantemente adotando elementos de significado que se tornam disponíveis para eles e acolhendo-os em novas configurações. Eles esperam que uma nova compra – um cachimbo, um relógio ou um carro – opere uma revolta no interior de suas complementaridades de produtos. Sua esperança é de que tal revolta transforme seu mundo material e seu *self*, conferindo a ambos propriedades simbólicas inteiramente novas. Em uma cultura que acredita que existe um "eu inteiramente novo" a ser descoberto em opções de consumo ainda não experimentadas, esta tentativa deliberada de explorar o efeito Diderot é uma possibilidade poderosamente apelativa. Dá um pouco a medida do individualismo e do caráter ímpar das sociedades ocidentais modernas o fato de que acionemos voluntariamente em nossas vidas uma força tão poderosamente transformadora e tão potencialmente alienante.

O efeito Diderot e o movimento ascendente da expectativa do consumidor

É possível que exista uma versão "rolante" do efeito Diderot. Nesta versão, o efeito atua por incrementos, pressionando o nível de expansão constantemente para cima. O efeito Diderot rolante tem as seguintes características. Quando um indivíduo faz uma nova aquisição em qualquer categoria de produto, ele se descobre (quando o salário permite) comprando no topo de sua complementaridade de produtos, ou talvez um pouco além. (Constrangido pelo efeito Diderot sob sua forma convencional, ele tenderia a ficar dentro dos limites de sua complementaridade existente, mas dirigido por estímulos de marketing ele se alça além dela.) O bem assim comprado pode, então, atuar de acordo com o efeito Diderot sob sua forma radical, forçando as coisas ao seu redor a se conformarem com seu tom elevado. O bem divergente exerce uma espécie de força gravitacional sobre seus complementos, de sorte que, quando a compra seguinte é feita, é escolhida de modo a se combinar com o tom da compra anterior. Deste modo, toda a complementaridade de produtos, conforme é substituída peça por peça, vem a se alinhar à primeira compra. Uma vez que este estágio é alcançado, uma nova compra divergente pode ser feita e o ciclo se reinicia.

Este é o efeito Diderot rolante sob sua forma passo a passo. Ele pode, entretanto, se manifestar sob uma versão ainda mais dinâmica, "espiral". Sob esta forma espiral, o efeito Diderot atua em *cada* compra, conduzindo os complementos sempre para cima. Nesta versão, cada nova compra é posicionada acima da anterior, de modo que nunca há um período no qual a complementaridade pode ser "fisgada" por completo a partir da compra divergente inicial. Neste padrão, cada compra compõe um novo modelo, o qual é repudiado pela compra seguinte, e o consumidor fica preso em uma espiral sempre ascendente de consumo.

O efeito Diderot e o efeito de catraca

Sob suas formas radicais e rolantes, o efeito Diderot tem claramente implicações de "catraca" para as despesas consumistas. Ele contribui para conduzir o padrão de consumo ascendentemente e para evitar um movimento descendente de retorno. É este poder de funcionar como uma catraca que ajuda a explicar a queixa comum entre os consumidores de que o padrão de consumo parece sempre exceder o poder de compra, mesmo quando este poder continua a aumentar progressivamente. Reclamamos que não há satisfação em obter um nível de consumo que, apenas um ou dois anos atrás, considerávamos que nos faria alegremente exultantes. Tão logo estabelecemos este nível, nos descobrimos aspirando a um nível ainda mais alto.

Scitovsky (1976: 152) explicou este processo como um artefato de nossa confusão entre o conforto e o prazer. Níveis mais e mais elevados de consumo são vistos como os *loci* do prazer, quando na realidade oferecem apenas um conforto entorpecido e entediante. Estamos inevitavelmente infelizes e buscando os novos prazeres prometidos por mais consumo, somente para ficarmos mais uma vez desapontados. Esta brilhante descrição deve explicar parte das insatisfações e do padrão catraca da "economia sem alegria", mas talvez seja também verdade que somos inclinados a consumir insatisfações porque somos cativos do efeito Diderot. Este efeito, sob suas formas radical e rolante, proíbe a obtenção da satisfação no consumo. Insiste em que tal coisa não existe, a suficiência de bens, uma complementaridade de produtos que uma vez obtida pode ser considerada acabada. Às vezes são vestes, às vezes são carros, às vezes um novo cachimbo, mas continuamente admitimos objetos em nossas vidas que irão modificar radicalmente o conjunto de nossos complementos de produtos, e nos forçar na direção de novos níveis de gasto. Em determinados momentos, alcançaremos neste processo um nível de gasto que nos trará uma nova felicidade. Mas, tão frequentemente quanto, é provável que terminemos como Diderot, rodeados por uma nova complementaridade de bens que não carrega nenhuma relação necessária com nossos conceitos de *self* e do mundo. O efeito Diderot, sob suas formas radical e rolante, pode nos alienar de nós mesmos.

Conclusão

A unidade e o efeito Diderot são curiosos fenômenos culturais. Para o consumidor individual, possuem implicações tanto conservadoras como radicais. Podem ajudar a conservar a vida, protegendo-a da mudança e da ruptura. Fazem-no substanciando pensamentos e emoções interiores, fornecendo-lhes um lastro. Isto é algo muito positivo quando o indivíduo é vítima de uma tragédia pessoal e subitamente torna-se vulnerável a novas definições do *self*. Mas é claramente menos positivo quando o indivíduo se descobre membro de um grupo étnico, racial, religioso ou de gênero que lhe impôs um conjunto de autodefinições estereotipadas e subordinantes. Para este indivíduo, a geração de continuidade proporcionada pela unidade e pelo efeito Diderot aprisiona-o e frustra seus esforços para se redefinir. Para aqueles que encontram seu status subordinado expresso no mundo material, a unidade e o efeito Diderot podem funcionar como uma espécie de jaula.

Mas as unidades e os efeitos Diderot podem ser também mecanismos que ajudam a transformar uma vida, tornando-a irreconhecível. Fazem-no quando atuam, como no caso da nova veste de Diderot, para exigir que cada bem de consumo na complementaridade de produtos seja substituído por outro. Isto também tem implicações estranhamente opostas. Quando alguém meramente deseja, como Diderot, ser deixado à sua presente definição do mundo e ao seu senso familiar das coisas, o efeito Diderot radical é destruidor e alienante. Contudo, para aqueles que se sentem aprisionados (ou apenas limitados) por seu *mainstream* e por seus próprios autoconceitos, o efeito Diderot é uma espécie de presente, um modo de gerar as autodefinições pelas quais se anseia. Sob sua forma mais benigna, o efeito Diderot carrega o potencial para a continuidade em face da ruptura, e para a liberação em face da opressão. Sob sua forma menos benigna, carrega o potencial para o rompimento com o familiar, e para o refreamento do oprimido.

Para o sistema de marketing, as implicações também são notáveis e, aqui também, dualistas. A unidade e o efeito Diderot podem funcionar como uma oportunidade para mudar gostos e preferências e gerar novos padrões de consumo. Uma vez que o consumidor tenha sido persuadido a fazer uma compra divergente inicial, todo um conjunto de compras bem pode se seguir. Os esforços do marketing da década de 1950, por exemplo, parecem ter criado padrões de consumo nos quais cada compra superava a anterior e o consumidor se afastava delirantemente de um senso familiar das coisas com cada nova aquisição.

Mas também é verdadeiro que o efeito Diderot pode atuar para isolar o consumidor das influências do marketing. Isto ocorre quando as unidades e os efeitos Diderot estimulam um padrão de consumo consistente e imutável. O indivíduo plenamente governado pelo efeito Diderot, plenamente cativo das unidades Diderot, está seguro mesmo em relação às mais astutas e sofisticadas tentativas de encorajar novos padrões de compra. Este indivíduo, deliberadamente ou não, é simplesmente impenetrável.

Em suma, as revelações do estudo de Diderot têm certa utilidade para o estudo do consumo. Elas sugerem que as posses de cada indivíduo têm uma consistência interna derivada de seu significado cultural. Sugerem, ainda, que a complementaridade de produtos é governada por um efeito que funciona ou para preservar seu significado existente ou para transformá-lo radicalmente. As unidades Diderot e o efeito Diderot merecem um lugar no inventário de ideias de que agora nós utilizamos para compreender as propriedades culturais do consumo. Prometem lançar luz bem além do estudo do sr. Diderot.

Referências

AMIS, Kingsley. *Lucky Jim*. Nova York: Penguin Books, 1954.

ANDERSON, Paul F. On Method in Consumer Research: A Critical Relativist Perspective. *Journal of Consumer Research*, 13, 2 set., p. 155-173, 1986.

ANDERSON, W. Thomas; GOLDEN, Linda L. Lifestyle and Psychographics: A Critical Review and Recommendation. *Advances in Consumer Research*, p. 405-411, 1984.

ATLAS, James. Beyond Demographics: How Madison Avenue Knows Who You Are and What You Whant. *The Atlantic Monthly*, 254, 4 out., p. 49-58, 1984.

BELK, Russel W. Yuppies as Arbiters of the Emerging Consumption Style. *Advances in Consumer Research*, v. 13, ed. Richard J. Lutz. Provo, UT: Association for Consumer Research, p. 514-519, 1986.

BOWEN, Ralph H. Introduction. In: DIDEROT, Denis. *Rameau's Nephew and Other Works by Denis Diderot*. Trad. Jacques Barzun e Ralph Bowen. Nova York: Bobbs-Merrill, 1956. p. vii-xviii.

DIDEROT, Denis. Regrets on Parting with My Old Dressing Gown. In: _____. *Rameau's Nephew and Other Works by Denis Diderot*. Trad. Jacques Barzun e Ralph Bowen. Nova York: Bobbs-Merrill, 1964.

HASS, Robert. *Field Guide*. New Haven: Yale University Press, 1973.

HIRSCHMAN, Albert O. Humanistic Inquiry in Marketing Research: Philosophy, Method, and Criteria. *Journal of Marketing Research*, 23, 3 ago., p. 237- 249, 1986.

HOLDBROOK, Moris B.; MOORE, William L. Feature Interactions in Consumer Judgements of Verbal versus Pictorial Presentations. *Journal of Consumer Research*, 8, 1 jun., p. 103-113, 1981a.

_____; _____. Cue Configurability in Esthetic Responses. In: HIRSCHMAN, Elizabeth C.; HOLBROOCK, Morris B. (eds.). *Symbolic Consumer Behavior*. Ann Arbor, MI: Association of Consumer Research, 1981b. p. 16-25.

_____; DIXON, Glen. Mapping the Market for Fashion Complementarity in Consumer Preferences. In: SOLOMON, Michael R. (ed). *The Psychology of Fashion*. Lexington, MA: Lexington Books, 1985. p. 109-126.

JAKOBSON, Roman. Language in Relation to Other Communication Systems. *Selected Writings of Roman Jakobson*, v. 2. The Hangue: Mouton, p. 54-82, 1971.

KASSARJIAN, Hal; SHEFFET, Mary Jane. Personality and Consumer Behavior: One More Time. *1975 AMA Combined Proceedings*, série n. 37. Chicago: American Marketing Association, p. 197-201, 1975.

KOLLAT, David T.; WILLETT, Ronald T. Customer Impulse Purchasing Behavior. *Journal of Marketing Research*, 4, 1 fev., p. 21-31, 1967.

LAZER, William. Life Sytle Concepts and Marketing. In: GREYSER, Stephen A. (org.). *Toward Scientific Marketing*. Chicago: American Marketing Association, 1963. p. 13-139.

LÉVY, Sidney J. Symbolism and Lifestyle. In: GREYSER, Stephen A. (org.). *Toward Scientific Marketing*. Chicago: American Marketing Association, 1963. p. 140-150.

MCCRACKEN, Grant. The Exchange of Tudor Children. *Journal of Family History* (4, Inverno), p. 303-313, 1983.

_____. Qualitative Methods and the Study of Consumer Behaviour: A Model of and for Inquiry. *Working Paper*, p. 87-103, University of Gelph, Departamento de Estudos do Consumidor, University of Guelph, Série *Working Paper*, 1987.

_____; ROTH, Vitor J. Does Clothing Have a Code? Empiric Findings and Theoretical Implications in the Study of Clothing as a Means of Communications. *Working Paper*, p. 86-101, University of Guelph, Departamento de Estudos do Consumidor, University of Guelph, Série *Working Paper*, 1986.

MITCHEL, Arnold. *The Nine American Lifestyles*. Nova York: Warner Books, 1983.

MOORE, D. G. Lifestyles in Mobile Suburbia. In: GREYSER, Stephen A. (org.). *Toward Scientific Marketing*. Chicago: American Marketing Association, 1963.

MURPHY, Robert F. Social Distance and the Veil. *American Anthropologist*, 66, p. 1257-1274, 1964.

MYERS, James H.; GUTMAN, Jonathan. Lifestyle: The Essence of Social Class. In: WELLS, William D. (org.). *Life Style and Psychographics*. Chicago: American Marketing Association, 1974. p. 235-256.

PLUMMER, Joseph T. Life Style Patterns and Commercial Bank Credit Card Usage. *Journal of Marketing*, 35, abr., p. 35-41, 1971.

RAINWATER, Lee; COLEMAN, Richard P.; HANDEL, Gerald. *Workingman's Wife: Her Personality, World and Life Style*. Nova York: Macfadden Books, 1959.

ROOK, Dennis W.; HOCH, Stephen J. Consuming Impulses. In: HIRSCHMAN, Elizabeth C.; HOLBROOK, Morris B. (orgs.). *Advances in Consumer Research*, vol. 12. Provo, UT: Association for Consumer Research, 1985. p. 23-27.

SCHWARTZ, Barry. The Social Psycology of the Gift. *American Journal of Sociology*, 73, jul., p. 1-11, 1967.

SCITOVSKY, Tibor. On Differing Social Meanings of Consumption. *Journal of Market Research Society*, v. 18, n. 4, p. 211-213, 1976.

SOLOMON, Michael R. The Role of Products as Social Stimuli: A Symbolic Interactionism Perspective *Journal of Consumer Research*, 10, dez., p. 319-329, 1983.

_____; ASSAEL, Henry. The Product Constellation: A Gestalt Approach to symbolic Consumption, manuscrito não publicado. Graduate School of Business Administration. New York University, 1986.

WELLS, William D. Lifestyle and Psychographics: Definitions. Uses and Problems. In: _____. (ed.). *Lifestyle and Psychographics*. Chicago: American Marketing Association, 1974. p. 317-363.

_____; COSMAS, Stephen C. Lifestyles. In: *Selected Aspects of Consumer Behavior*. Washington: National Science Foundation, 1977. p. 299-316.

Notas

1 N.O.: Ensaio que figura como o primeiro texto desta coletânea.

2 Um exemplo mais recente do efeito Diderot é relatado aqui para sugerir que o efeito opera compelindo o consumo moderno tanto quanto o fez com o consumo do século XVIII. Em uma conversa casual, um professor na Universidade de Chicago me contou que ele dirigia um Volvo pelas mais práticas das razões. Sugeri que havia, talvez, razões culturais, simbólicas, para sua escolha. Para provar meu ponto sugeri como alternativa para seu Volvo um carro que eu compraria, faria o seguro e manteria, de modo que não lhe custaria absolutamente nada usá-lo. Ele prontamente concordou que esta escolha seria a mais racional a ser tomada por ele. Eu então insisti em pequenas mudanças cosméticas no carro, mudanças que afetariam sua aparência, mas não sua utilidade. Estas incluiriam suas iniciais em painel entre as janelas traseira e lateral, revestimento de pele para os bancos e para o painel, um enfeite de capô que mostrava um cavalo com as patas dianteiras levantadas e um dado para o espelho retrovisor. Depois de um momento de reflexão, ele concordou que essas mudanças superficiais tornariam o carro "menos útil para mim" e declinou minha hipotética oferta. A consistência dos complementos do produto e o efeito Diderot são duas coisas que proíbem professores da Universidade de Chicago de aceitar presentes deste tipo.

3 O afastamento de uma definição da significação do produto com base em uma relação de um para um entre produtos e seu significado se assemelha ao desenvolvimento posto em andamento na linguística por Saussure, que insistiu em que o significado advém não de uma relação de um para um entre significante e significado, mas de sistemas de relações nos quais tais termos se apresentam. Solomon e Assael não compreendem este ponto, e afirmam que a tradição semiótica preocupa-se com a relação entre o signo e o seu simbolismo.

4 Ver Holbrook e Moore (1981a, 1981b) e Holbrook e Dixon (1985) para outras importantes contribuições ao estudo dos produtos em sua combinação. Ver especialmente Holbrook e Moore (1981b) para uma revisão de uma proeminente literatura psicológica.

5 Há, talvez, alguns problemas lógicos aqui. É de conhecimento geral que os papéis sociais de um indivíduo frequentemente não são consistentes entre si e que o indivíduo às vezes descobre-se encurralado entre eles. Já foi sugerido que produtos isolados podem ser usados para proteger o indivíduo deste conflito de papéis (Murphy, 1964), mas Solomon e Assael não dão qualquer indicação de exatamente como *constelações de produtos* refletem e acomodam estas confusões de papéis.

6 N.O.: O autor faz diversas referências a outros capítulos do seu livro *Cultura e Consumo*, de onde extraímos o presente texto.

7 Este ponto foi abordado mais detalhadamente no capítulo 4.
8 Este ponto também foi examinado mais detalhadamente no capítulo 4.
9 Esta situação por si mesma impõe uma questão: por que os *yuppies* escolheram esses bens em particular, e não outros, para criar sua complementaridade de produtos? A resposta parece ser que os *yuppies* eram conduzidos pela preocupação com princípios culturais específicos (ver capítulo 4 para uma definição e uma explicação deste termo), tais como uma tradição conservadora, status do dinheiro antigo, sucesso profissional, gosto "refinado" e cultivo do corpo e, portanto, escolheram bens que melhor pudessem dar voz a esses princípios. A preocupação com o status levou-os à categoria dos relógios de alto preço, mas a escolha específica de um Rolex foi estimulada por sua associação com os esportes e com a satisfação com a aparência física. A mesma inquietação conduziu-os a uma certa categoria de carros, mas foi a preocupação com o gosto e com a elegância que os instigou a escolher o BMW. Ver Belk (1986a) para outra maneira de dar conta da relação ente o estilo de vida *yuppie* e a complementaridade de consumo.
10 Esta discussão tem como suporte uma recente pesquisa feita por McCracken e Roth (1986). Vale observar que Solomon e Assael (1986) também defendem que o significado dos produtos depende da presença de produtos associados. Esta afirmação deriva de princípios psicológicos sociais mais que de linguísticos/antropológicos e fornece base interdisciplinar para o argumento.
11 Alguns poderiam argumentar que o trabalho do Instituto de Pesquisa Stanford e seu Projeto VALS (Mitchell, 1983) é a fina-flor (e a justificativa) da abordagem ao estilo de vida, mas isso não pode ser verificado enquanto porções substanciais de as descobertas da pesquisa permanecerem um patrimônio inacessível à análise acadêmica. Há também o problema adicional gerado pelos objetivos morais deste empreendimento (Atlas, 1984) e de suas tipologias de estilo de vida, o que colabora para diminuir sua veracidade etnográfica.
12 No campo da pesquisa do consumidor, novos interesses e métodos são evidentes no trabalho de Anderson (1986), Hirschman (1986b) e McCracken (1987d), entre outros.
13 "Tenho consciência de ser/ eu mesmo o habitante/ de certas premissas:/ café & bacon & Handel/ e subindo as escadas minha mulher adormecida."
14 Deixo de lado qualquer observação acerca de como este conceito tem a especial vantagem de descartar dados anômalos que o modelo do homem racional de outra maneira acharia problemáticos.
15 Esta pesquisa bem pode chegar a conclusões muito estranhas. Um BMW pode se revelar como sendo a "compra divergente" vital para a eventual aquisição de um Rolex. É de fato concebível (ainda que um pouco contraintuitivo) que seja mais útil para a Rolex fazer propaganda do BMW do que de seus próprios relógios.

Confusão conspícua?
Uma crítica à teoria do consumo conspícuo de Veblen

Colin Campbell*

Embora não seja verdade que o trabalho de Thorstein Veblen foi inteiramente negligenciado por sociólogos, poucos de seus conceitos ou teorias aparecem em debates correntes ou são empregados em pesquisas.** Em parte, isso pode ser atribuído ao uso extensivo que faz de um arcabouço evolucionista combinado a uma psicologia instintivista, que parecem muito antiquados no contexto do pensamento sociológico contemporâneo. A principal razão, porém, é provavelmente que sua reputação repousa, sobretudo, em seu papel como crítico e comentarista social, não como teórico social. Assim, C. Wright Mills (1957), provavelmente o herdeiro mais óbvio de seu manto, descreveu Veblen como "o melhor crítico da América que a América já produziu" em vez de o melhor sociólogo; outros nomes que seguiram os passos de Veblen, como Max Lerer (1957) e David Riesman (Riesman, Glazer e Denny, 1950) também parecem ter uma dívida mais profunda com seu estilo irônico e radical de crítica social do que com sua teorização sociológica.

Seja qual for o motivo, é provável que poucos sociólogos contemporâneos sejam capazes de identificar a contribuição significativa ou característica de Veblen para a teoria sociológica; a exceção inequívoca é seu conceito de consumo conspícuo. Porém, esse termo que Veblen inventou não é familiar apenas para a maior parte dos sociólogos; tornou-se parte da linguagem cotidiana. Apesar disso, estranhamente, a teoria a ele relacionada é pouco discutida na sociologia. Logo, a influência de Veblen como um teórico tem sido mais prevalente na economia, onde o termo "efeito Veblen" tem um lugar estabelecido no vocabulário teórico. Essa persistente negligência é difícil de compreender dada a importância conferida ao consumo e ao comportamento do consumidor nos debates contemporâneos sobre a "sociedade pós-moderna" e a "condição pós-moderna" (ver, por exemplo, Baudrillard,

---

*   Professor emérito do Departamento de Sociologia da Universidade de York.
** Originalmente publicado como "Conspicuous Confusion? A Critique of Veblen's Theory of Conspicuous Consumption". *Sociological Theory*, v. 13, n. 1, p. 37-47, 1995. Tradução de Marina Frid.

1975, 1988; Featherstone, 1991; Jameson, 1987), assim como sobre o uso generalizado da teoria de Veblen por historiadores.[1]

Embora o termo de Veblen seja frequentemente usado em um sentido descritivo vago para se referir a qualquer forma de consumo não utilitária ou simplesmente àquilo que é julgado extravagante, luxuoso ou esbanjador, alguns autores parecem considerar que Veblen oferece uma teoria que pode ser usada para explicar padrões distintivos de comportamento de consumo. O problema com essa visão é que tal uso sugere que um conjunto coerente de proposições amplamente aceitas existe; que, de fato, uma teoria acordada do consumo conspícuo existe. Porém, apesar da posição extraordinariamente dominante da teoria de Veblen na consciência tanto popular quanto acadêmica, é preciso admitir que a teoria em si não foi objeto de muitas discussões e debates, muito menos tópico de investigação empírica. De fato, parece ter havido apenas um esforço mais intensivo de avaliar a teoria como um todo (Mason, 1981) que, significativamente, é trabalho de um economista, não de um sociólogo. Enquanto isso, ninguém fez uma tentativa sistemática de verificar a teoria em si. Assim, embora alguns aspectos da teoria geral de Veblen tenham sido considerados de tempos em tempos (por exemplo, Adorno, 1967; Davis, 1944), a teoria do consumo conspícuo ainda não foi examinada criticamente. Consequentemente, o objetivo deste texto é menos focar em um teórico negligenciado do que em uma teoria negligenciada e focar, particularmente, em duas questões cruciais. A primeira: O que é exatamente a teoria de Veblen e seria esta clara e inequívoca o suficiente em sua conceptualização para permitir uma concordância em torno de suas proposições centrais? A segunda questão, derivada da primeira, é se pode a teoria ser formulada de tal forma que possa ser testada.

O uso popular generalizado do termo consumo conspícuo, acompanhado da falta de avaliação acadêmica, combinou para criar alguma confusão sobre a natureza precisa do conceito de Veblen. Dessa forma, embora possamos achar definições do termo em enciclopédias e dicionários populares e especializados de ciências sociais (Bullock e Stallybrass, 1977; Gould e Kolb, 1964), estas costumam se referir a visões de senso comum desse fenômeno e não ao uso do próprio Veblen. Portanto, parece sensato avançar pela tentativa de identificar a teoria que está realmente contida em *The Theory of the Leisure Class* (*A teoria da classe ociosa*). Infelizmente, é mais fácil falar do que fazer, porque o tom irônico e satírico de Veblen, juntamente com sua rejeição deliberada do estilo acadêmico convencional, leva o leitor a trabalhar duro para determinar precisamente o que ele tinha em mente. Os problemas mais sérios, entretanto, tendem a emergir das ambiguidades que são inerentes à abordagem funcionalista de Veblen.

O consumo conspícuo como algo caracterizado por uma intenção, motivo ou instinto

Uma forma comum de descrição do consumo conspícuo é apresentá-lo como um padrão de conduta que pretende realizar o objetivo de manter ou melhorar a posição social de um indivíduo (ver, por exemplo, as inserções em Bullock e Stallybrass, 1977 e em Gould e Kolb, 1964). Essa visão aparentemente é fortalecida por uma interpretação casual de *The Theory of the Leisure Class*. Tal interpretação tende a dar ao leitor a impressão de que a teoria do consumo conspícuo diz respeito a uma forma particular de conduta racional e intencional em que considerações de status predominam, porque Veblen (2018 [1899]: 125) sugere, de modo geral, que indivíduos conscientemente buscam "distinção no estatuto pecuniário" para "merecer a estima e inveja" de seus semelhantes. Certamente, ele fala de maneira repetida como se indivíduos estivessem constantemente competindo entre si ou envolvidos em uma batalha para alargar cada vez mais a distância que os separa do padrão pecuniário médio.

 Assim, a impressão é que, nessa versão hobbesiana da existência social, todos os atores estão conscientes da natureza da disputa em que estão envolvidos e não teriam dificuldade para reconhecer, no relato de Veblen, uma descrição verdadeira de sua conduta. Consequentemente, a conclusão seria que o consumo conspícuo é uma atividade caracterizada pelos esforços deliberados e conscientes do indivíduo para alcançar um fim particular. Embora esse objetivo seja descrito diversamente, o tema comum parece ser que os indivíduos buscam 1) notabilizar-se em sua manifestação de capacidade pecuniária ou força pecuniária a fim de 2) impressionar outros e, desse modo, 3) obter sua estima ou inveja. A partir desse tema, seria razoável concluir que o consumo conspícuo é uma categoria de ações intencionais em que o objetivo é gerar uma melhora nas opiniões que os outros têm sobre nós.

Uma leitura mais atenta de Veblen, porém, sugere uma compreensão um tanto diferente do fenômeno do consumo conspícuo na qual se poderia dizer que os motivos subjacentes à conduta são enfatizados mais fortemente que os objetivos ou intenções formulados. É claro, por exemplo, que Veblen (2018 [1899]: 114) coloca uma ênfase especial sobre o que chama de propósito emulativo, afirmando repetidas vezes que "O motivo na origem da propriedade é a emulação". Mas não fica inteiramente claro o que Veblen quer dizer ao chamar emulação de "motivo", pois o verbo emular apenas sugere uma forma de ação que é guiada pela intenção de se igualar ou superar alguém; não sugere necessariamente coisa alguma sobre o motivo de tal conduta.

Para complicar ainda mais, Veblen iguala emulação à realização de comparações invejosas. Aparentemente, acredita que uma coisa sempre implica a outra, ainda que a realização de comparações, como a emulação, não seja um motivo no sentido normal da palavra. Entretanto, uma emoção associada, como a inveja, poderia ser um motivo.[2] Veblen, porém, parece ter acreditado que fazer tais comparações inevitavelmente levaria à emulação. Ele escreve, "a emulação [é] o estímulo de uma comparação discriminatória que nos leva a querer superar aqueles em cuja classe temos o hábito de nos incluir" (Veblen, 2018 [1899]: 237). A partir dessa perspectiva, o consumo conspícuo é aquela conduta que emerge do motivo da emulação, que Veblen (p. 247) julga ser "de tempos remotos [e] um traço dominante da natureza humana". De fato, acredita que, depois do instinto de autopreservação, é "o mais forte, vigoroso e persistente dos motivos econômicos" (p. 248). Como sugerem as citações acima, Veblen parece ter entendido emulação mais como um "instinto" do que como um motivo propriamente dito. Tal posição pode ajudar a explicar como o consumo conspícuo pode ser visto como intencional (no sentido de ser determinado), embora não voluntário – isto é, semelhante aos instintos em animais e pássaros como uma prática pré-programada e comum a uma espécie.

Naturalmente, se o consumo conspícuo emergiu de um instinto nesse sentido, indivíduos podem não ter consciência de até que ponto sua conduta assumiu essa forma. Logo, poderiam ser facilmente convencidos a pensar que estão agindo por outras razões quando, na realidade, a "lei do desperdício conspícuo" está determinando suas ações. De fato, essa também parece ter sido a posição de Veblen (2018 [1899]: 235) ao observar que o "consumo dissipador" não é "um esforço consciente para se distinguir pelo preço elevado do seu consumo visível, mas sobretudo um desejo de corresponder ao padrão convencional de respeitabilidade na quantidade e no grau dos bens consumidos". Assim, a lei do desperdício conspícuo orienta o consumo, "moldando os cânones do gosto e da decência" (p. 339). De acordo com Veblen, enquanto pessoas direcionam seus esforços para corresponder a um certo "ideal de respeitabilidade" e exibem um padrão de vida que aprenderam a considerar como "correto e bom", estão exemplificando, na verdade e sem saber, a lei do desperdício conspícuo. Portanto, segundo essa versão da teoria, existe um contraste nítido entre as intenções conscientes de consumidores, que são direcionadas para a realização do "ideal de consumo" que está além do seu alcance, e o "motivo" (ou "instinto") da emulação, que está de fato impelindo tal conduta.

Em uma interpretação alternativa, o consumo conspícuo é uma forma de conduta marcada por "motivos" conscientes específicos. Isso não pode incluir realmente a emulação, porque a emulação, em tal circunstância, pareceria menos um motivo do que o resultado de um motivo. De fato, pelo menos três motivos possíveis para a conduta emulativa podem ser discernidos na discussão de Veblen. O primeiro destes é a proteção ou o aumento da estima. Um dos argumentos mais claros de Veblen sobre o mecanismo psicológico subjacente à atividade de consumo conspícuo é o seguinte: a riqueza confere honra; indivíduos são respeitados proporcionalmente à riqueza que possuem, enquanto a autoestima de um indivíduo depende da estima concedida pelos outros. Segue-se que a flutuação na riqueza percebida de um indivíduo levará a mudanças em sua autoestima. Logo, para proteger ou aumentar a autoestima, um indivíduo considerará necessário exibir "força pecuniária" considerável. Mas, Veblen também sugere outros motivos, um tanto diferentes, para tal conduta. Indica, por exemplo, a "satisfação" que temos com um "intervalo pecuniário" ampliado em relação àqueles em cuja classe temos o hábito de nos incluir e a "gratificação" que sentimos em "possuir mais do que os outros". Interessantemente, esses motivos, diferentemente do motivo de estima mencionado acima, não dependem de forma alguma da reação dos outros. Finalmente, Veblen menciona o desejo de merecer "(...) inveja dos outros membros da comunidade" como um motivo para o empenho em consumir conspicuamente.[3]

Agora podemos concluir que não menos do que três diferentes versões parecem se encaixar sob o único título da teoria interpretativa de Veblen do consumo conspícuo. Primeiro, está a forma em que as intenções conscientes são cruciais; segundo, aquela em que motivos inconscientes (ou forças motivadoras, como instintos) são cruciais; terceiro, aquela em que motivos conscientes são cruciais. As duas dimensões de contraste aqui são: 1) motivos *versus* intenções e 2) deliberadamente proposital *versus* ações inconscientemente incitadas.

O consumo conspícuo como algo caracterizado por uma consequência, resultado ou função

Quase tão comum quanto essas definições de consumo conspícuo expressas em termos de um dado objetivo, intenção ou propósito são aquelas expressas em termos de uma consequência ou função distintiva (para um exemplo famoso desse uso, ver Merton, 1957). De acordo com essa formulação, o consumo conspícuo não é marcado por nenhum estado subjetivo especial em indivíduos, mas por estados objetivos "no mundo". A forma mais óbvia de ver o consumo conspícuo nesses termos é como uma conduta que resulta em outros impressionados pela força pecuniária do ator. Como observamos acima, porém, Veblen apresenta mais do que um relato do resultado crítico. Seria impressionar os outros realmente crucial ou seria o próprio processo de alargar o "intervalo pecuniário" e, logo, a "distinção no estatuto pecuniário" suficientes em si mesmos? Seria o objetivo aumentar o status ou prestígio? Finalmente, o consumo conspícuo é uma conduta que impressiona os outros ou uma conduta por meio da qual o consumidor conspícuo acredita ter impressionado os outros? Para considerar essas (e outras) questões, será proveitoso examinar, a partir deste ponto, um dos poucos exemplos fornecidos por Veblen.

Embora Veblen afirmasse que havia bastante evidência para apoiar sua teoria (na forma tanto de pesquisa acadêmica quanto de observação pessoal direta), apresentou quase nenhum exemplo prolongado em seu livro. De toda forma, sua discussão é entremeada com algumas sugestões provocadoras; uma dessas pode ser proveitosamente examinada para mostrar como ilumina suas afirmações mais gerais e abstratas. Como um exemplo de consumo conspícuo entre as classes trabalhadoras da América no final do século XIX, Veblen cita a prática de beber álcool em excesso, particularmente a de oferecer bebidas,[4] que prevalecia entre artesãos e tipógrafos. Comenta sobre a mobilidade geográfica, que era um aspecto tão importante da vida desses trabalhadores; eles, como resultado, regularmente passavam muito tempo de suas vidas viajando de cidade em cidade. Uma consequência é que tipógrafos eram postos constantemente em contato com novos grupos de pessoas com quem estabeleciam relações transitórias ou efêmeras, mas cuja "boa opinião" valorizavam mesmo assim durante o período de convívio. Buscavam essa "boa opinião" através da prática de pagar bebidas para os novos colegas de trabalho, uma atividade que Veblen sugere ser uma forma de "consumo conspícuo".

Alguns pontos importantes podem ser notados a respeito desse exemplo (seguramente, um tanto vago). Certamente, é compreensível que um tipógrafo pudesse ser tentado a gastar livremente com bebidas quando empurrado pela primeira vez para o meio de novos colegas e a aproveitar extensivamente as rodadas de bebidas. É também razoável afirmar, como faz Veblen, que o trabalhador faça isso no espírito de boa camaradagem, além do desejo de se exibir. Mais difícil, porém, é aceitar a suposição de que seus companheiros de bebida irão necessariamente perceber sua generosidade como prova de sua elevada posição pecuniária ou riqueza, como requer a teoria do consumo conspícuo. Embora esse resultado seja possível, parece mais provável que seus companheiros simplesmente atribuam sua conduta a um desejo de receber deles uma "boa opinião" e até mesmo presumam que estaria disposto a contrair uma dívida considerável em busca desse objetivo. Mas, não importa as conjeturas que possam fazer sobre a origem do dinheiro que o trabalhador gasta, parece mais provável que seus companheiros enxergarão sua conduta mais como indicação de seu caráter do que de suas circunstâncias financeiras. Isto é, sua ação de pagar bebidas para seus novos colegas de trabalho será julgada como um sinal de que é uma pessoa generosa e sociável, alguém que gosta de se divertir e é um "bom companheiro" em todos os sentidos. Logo, embora sua conduta possa, de fato, render-lhe grande estima de seus novos colegas, isso não é tanto porque reconhecem seu elevado estatuto pecuniário, mas sim porque valorizam tais qualidades pessoais.

Veblen, porém, não apenas deixa de reconhecer que a estima pode ser concedida por tais razões como também não faz a distinção crucial entre a estima e a deferência concedidas aos indivíduos por causa de qualidades pessoais tais como generosidade, bravura, gentileza, sabedoria e estilo, e a que recebem como ocupantes de posições sociais prestigiosas e não por causa de suas características pessoais. Entretanto, no exemplo dado acima, o tipógrafo provavelmente não afetou seu estatuto social geral de forma alguma através de sua prática de pagar bebidas: embora ele agora seja popular entre seus colegas de trabalho, é improvável que sua posição aos olhos de seu senhorio, de seu empregador ou até de sua própria família tenha mudado de qualquer maneira.

Outro ponto igualmente importante pode ser tirado do exemplo acima com relação ao relacionamento entre o consumidor e aqueles que ele ou ela deseja impressionar. Veblen parece supor que o tipógrafo obteve a estima de seus novos amigos ao impressioná-los com sua riqueza, quando qualquer observador neutro certamente concluiria que uma tal estima foi meramente "comprada". Existe uma diferença significativa entre aquelas situações em que observadores são impressionados pelos gastos ostentosos de alguém, embora não se beneficiem deles, e aquelas em que a boa opinião dos outros está relacionada ao fato de que usufruíram da riqueza de alguém. Claramente, não faz parte da teoria de Veblen sugerir que a riqueza possibilita que indivíduos comprem honra e estima. Ao contrário, alega que a riqueza é intrinsicamente honorífica e, logo, confere status ao seu possuidor não importa como seja gasta; a única condição é que seja despendida de maneira ostentosa e conspícua. O exemplo citado acima é, portanto, inapropriado, porque descreve uma situação em que a relação entre o consumidor e o seu público é confundida com aquela entre o pagador e o beneficiado. Essa confusão, porém, provavelmente não é acidental, porque diversas práticas apresentadas como exemplos excelentes de consumo conspícuo, ao serem examinadas, frequentemente acabam por incluir essa dimensão adicional. Isso mais obviamente vale para o potlatch, a festa ritual de povos indígenas da América do Norte que Diggins (1978: 104) afirma ter sido a inspiração original de Veblen para a ideia de consumo conspícuo. Também se aplica às instâncias de consumo conspícuo sugeridas por Aryeh Spero (1988). Nesses exemplos, o consumidor conspícuo também é o anfitrião do banquete; pode buscar não somente impressionar seus convidados, mas também os constranger com o tamanho do endividamento que o costume os obriga a retribuir.

Visto sob essa luz, impressionar por meio de ostentação se torna apenas uma de um conjunto de razões para participar na conduta em questão; essas razões incluem as obrigações normais da hospitalidade, o desejo de ser considerado generoso e as vantagens de incorrer em dívida com outros. Mais pertinentemente, torna-se impossível determinar, nesses casos, quanto da estima resultante conferida ao consumidor realmente deriva do elemento de consumo conspícuo por oposição, digamos, ao grau de generosidade demonstrado ou ao sucesso geral no desempenho do papel de anfitrião. Se qualquer exemplo convincente de consumo conspícuo pode ser encontrado, este deve se relacionar a situações em que não há relações complicadoras adicionais entre o consumidor e o público.

Para dar seguimento a esse ponto, vale considerar a natureza desse público mais de perto e decidir exatamente quem pode ser impressionado pelo consumo conspícuo e sob quais circunstâncias. Nessa conexão, podemos notar que a discussão de Veblen confere um papel fundamental para os outros de duas formas diferentes. Em primeiro lugar, o impulso de se engajar em consumo conspícuo deriva, de acordo com Veblen, de um processo no qual indivíduos se comparam com outros (a chamada "comparação invejosa" ou "emulação"). Em segundo lugar, o sucesso ou fracasso do ato de consumo conspícuo é julgado em termos da reação dos outros. Infelizmente, os comentários de Veblen sobre esses dois grupos de outros (comparadores e público) são um tanto vagos em ambos os sentidos: não está claro se considera que os dois se sobrepõem ou mesmo se um deles ou ambos devem ser considerados idênticos ao grupo do próprio consumidor conspícuo. Quanto à questão da comparação, Veblen se refere a um indivíduo que busca possuir tantos bens quanto os "outros membros da classe em que está acostumado a incluir-se" (Veblen, 2018 [1899]: 123) e à tendência geral das pessoas de buscar "superar aqueles em cuja classe temos o hábito de nos incluir" (p. 238). Logo, sugere uma identidade não apenas entre membros e grupos de referência como também entre comparadores e competidores. De fato, sabemos pelas pesquisas sobre comportamento de grupos de referência que indivíduos podem se comparar com grupos sociais diferentes (ou categorias ou modelos) por variados propósitos e que esses grupos podem ou não coincidir com o grupo de que faz parte ou com aqueles que consideram ser seus competidores por status social e prestígio (ver Merton, 1957: 281-384). A situação só é um pouco menos confusa no que diz respeito aos grupos de público. Frequentemente, Veblen apenas se refere a indivíduos que buscam obter a estima e a inveja de seus semelhantes ["*fellowmen*"], embora, em geral, a impressão é que presume que são todos membros do mesmo grupo. Mas, Veblen não é consistente nesse ponto e sua discussão deixa a questão confusa em dois aspectos cruciais.

O primeiro diz respeito ao público-alvo. Consumidores conspícuos são pessoas que revelam seu consumo ostentoso para toda e qualquer pessoa, simplesmente exibindo força pecuniária indiscriminadamente para quem quer que esteja presente para testemunhá-la? Ou será que tomam cuidado para garantir que sua ostentação seja visível precisamente para aquelas pessoas que desejam impressionar? O exemplo do tipógrafo itinerante sugere a segunda opção, pois este supostamente teria uma ideia clara de quem iria agradar. Além disso, Veblen diz, em determinado momento, que o consumo conspícuo normalmente "concentra-se nas linhas que estão mais patentes aos observadores cuja boa opinião se quer alcançar" (2018 [1899]: 251); essa observação certamente sugere direcionamento. Em outros momentos, porém, Veblen escreve sobre consumidores conspícuos como se o interesse destes fosse conseguir impressionar qualquer um que eventualmente encontrassem, não importa quão transitória a interação ou quão desconhecido o observador.[5]

Esse ponto, por sua vez, leva à segunda pergunta relacionada ao público. Este consiste apenas de pessoas conhecidas dos indivíduos em questão e com quem habitualmente interagem ou podem abarcar observadores de sua conduta que são anônimos e desconhecidos?

De fato, Veblen reconhece a importância desse contraste, identificando-o com a mudança da sociedade tradicional para a moderna. Observa que, na sociedade moderna, nossos "vizinhos não são, tecnicamente, nossos vizinhos do ponto de vista social, nem sequer nossos conhecidos" (2018 [1899]: 211). Sendo assim, comparada a sociedades tradicionais, que são caracterizadas por uma maior intimidade e conhecimento pessoal com os outros, na sociedade moderna, uma maior parte do público potencial para o consumo de alguém consiste em indivíduos anônimos. Como Veblen nota, não se trata apenas de desconhecer seus vizinhos: "Na comunidade moderna são também mais frequentes as grandes reuniões de pessoas que desconhecem por completo a vida cotidiana umas das outras, em lugares como igrejas, teatros, salões de baile, hotéis, parques, lojas e outros" (2018 [1899]: 212). Veblen conclui a partir dessas observações que, como, em um encontro passageiro e impessoal, tudo o que um estranho pode saber sobre alguém é baseado no que é visível, a força pecuniária deve ser exibida clara e inequivocamente através da aparência. Na frase explícita de Veblen, para impressionar os observadores em grande parte anônimos da vida cotidiana, a marca do poder pecuniário deve ser escrita em caracteres que até aquele que corre possa ler (1934 [1899]: 87). O problema com esse argumento é simplesmente que parece implorar por uma pergunta bem importante: Por que alguém iria querer impressionar essa massa sempre mutável e anônima de observadores em potencial?

O argumento original de Veblen era que o consumidor conspícuo buscava impressionar os outros com sua riqueza para ganhar a estima deles e, assim, esperava manter ou melhorar seu status social. Mas é difícil ver como esse argumento poderia se aplicar a instâncias em que a conduta de alguém é examinada momentaneamente por uma série de observadores desconhecidos: não importa a impressão que consiga formar nas mentes desses observadores, é difícil saber como isso afetaria seu próprio status social. Na ausência da interação regular e contínua de que indivíduos precisam para se conhecerem, qualquer julgamento feito sobre o consumidor, seja considerado individualmente ou em conjunto, tem pouca consequência. Portanto, por que alguém deveria se preocupar em marcar sua força pecuniária através da aparência? Aliás, pode-se perguntar como, em todo caso, o consumidor saberia que os outros foram capazes de "ler" essa marca ou mesmo que foram adequadamente impressionados.

Essa última questão é também bastante crucial para a teoria de Veblen como um todo; porém, ele não a aborda. Ao longo da discussão, enfatiza que o consumo conspícuo é uma conduta dirigida aos outros com a intenção específica de impressioná-los e, se possível, provocar neles inveja. Mas, não considera como os consumidores conspícuos sabem que foram bem-sucedidos nesse propósito. Nessas instâncias supracitadas, em que os observadores são desconhecidos do consumidor e a interação efetivamente inexiste, pareceria que o indivíduo simplesmente não consegue saber. Mas, não fica claro que a situação é muito diferente com relação àquelas pessoas que o ator conhece bem. Como, por exemplo, o tipógrafo sabe que impressionou seus colegas de trabalho? Como alguém que compra e exibe um item caro sabe que o público pretendido está de fato impressionado? Comentários positivos e elogiosos não podem ser aceitos sempre como genuínos. Etiqueta, costume e as normas de polidez podem todos servir para ocultar os verdadeiros pensamentos e sentimentos do público. Aliás, mesmo que a admiração seja real, pode não ser fácil estabelecer que esta deriva diretamente de uma avaliação da riqueza da pessoa, inferida a partir dos produtos exibidos, e não de alguma outra fonte. Parece, assim, que consumidores conspícuos enfrentam dificuldades quase intransponíveis para determinar se alcançaram seu objetivo.

Essa conclusão é importante porque revela que o consumo conspícuo é uma forma de conduta com dois conjuntos de consequências diferentes: aquelas mudanças, se existentes, que ocorreram nas atitudes e opiniões dos outros e aquelas que o consumidor conspícuo aspirante imagina terem ocorrido. Esta segunda categoria é crucial porque é provável que determine a conduta subsequente do consumidor. Se o consumo conspícuo é visto como um padrão de atividade contínuo, tal conduta presumivelmente será repetida apenas se julgada bem-sucedida. Mas, será que um padrão de conduta persistirá se os indivíduos em questão não conseguirem determinar se foram bem-sucedidos ou não? Poderíamos pensar que não, o que significaria que há um problema não resolvido com relação ao mecanismo que perpetua os esforços de indivíduos para consumir conspicuamente.

Todos esses problemas emergem diretamente do funcionalismo de Veblen e constituem algumas das deficiências mais conhecidas desse método. Em 1968, Arthur K. Davis foi capaz de descrever o método de Veblen como "notavelmente moderno", afirmando: "Ele praticava, sem assim nomear, a análise de funções latentes ou não intencionais de fenômenos sociais" (Davis, 1968: 306). De fato, Robert Merton, em sua famosa análise de funções latentes e manifestas, cita a teoria do consumo conspícuo de Veblen como um exemplo clássico de análise funcional (Merton, 1957: 65). A distinção de Merton, entretanto, não é tão fácil de aplicar na prática, como o próprio sugere em sua discussão. Como diversos analistas observaram (Giddens, 1976; Helm, 1971; Isajiw, 1968; Levy, 1952; Spiro, 1961; Sztompka, 1974), a intenção e o reconhecimento podem variar independentemente um do outro, enquanto a lógica subjacente à distinção também é questionável (ver Campbell, 1982). Os indivíduos não apenas podem reconhecer que ações têm consequências que nunca pretenderam, como podem até imaginar essas consequências. Da mesma forma, uma pessoa que gasta abundantemente pode reconhecer que outros talvez fiquem impressionados por sua "força pecuniária"; mas, isso não significa que este era seu intento. Por outro lado, uma pessoa que gasta abundantemente com a intenção expressa de impressionar os outros pode não conseguir fazê-lo; "impressionar os outros" é um resultado que é mais provável de acontecer, como observa Elster (1983: 66-70), como um subproduto de uma conduta empreendida por outras razões.

Essas questões são centrais para identificar um conjunto claro de proposições que podem constituir uma teoria do consumo conspícuo satisfatória. Pois se, como sugere Merton, essa forma de comportamento representa uma "função latente" no sentido de um resultado não intencional e não reconhecido de uma ação realizada por outras razões, então se torna necessário especificar não apenas o motivo da conduta realizada, mas também como as intenções conscientes dos atores estão relacionadas a esse resultado particular. É extremamente importante especificar (mas difícil visualizar) os processos de retroalimentação que levam o ator a repetir o ato. A solução de Veblen para esse problema particular, que foi invocar um "instinto" emulativo, provavelmente não convenceria muitos sociólogos contemporâneos. Se o consumo conspícuo é definido, entretanto, como uma forma de conduta empreendida consciente e intencionalmente, com o objetivo explícito de impressionar os outros com a própria riqueza, então ainda é necessário, para se ter uma teoria do consumo conspícuo adequada, especificar claramente quem deve ser considerado o público-alvo, o que motiva o indivíduo a realizar essa ação, como ele ou ela sabe se a ação foi bem-sucedida e exatamente de que forma o sucesso ou fracasso leva a atos repetidos do mesmo tipo. Como vimos, Veblen não aborda essas questões.

Conclusão

O objetivo deste texto era focar em uma teoria negligenciada em vez de um teórico negligenciado, fazendo isso pelo exame de como o consumo conspícuo é definido. Isso exigiu uma leitura atenta do texto de *The Theory of the Leisure*

Class e o desembaraço de diferentes linhas de argumentação. O que podemos concluir agora como resultado da consideração dessas linhas? Seja individualmente ou juntas, constituem estas uma base suficiente para uma definição adequada do fenômeno? Uma que possa ser empregada, por exemplo, como a base de um programa de pesquisa para testar a natureza e a extensão do consumo conspícuo na sociedade contemporânea? A resposta dificilmente seria um "sim" sem restrições, porque dificuldades sérias foram observadas.

Quanto a ver o consumo conspícuo como um comportamento que leva a consequências específicas (ou que cumpre certas funções), encontram-se naturalmente todos os problemas familiares associados ao método funcionalista. Logo, naturalmente se excluem condutas que fracassam em seu objetivo, embora marcadas por tais intenções, enquanto se incluem condutas que não foram motivadas por tal intenção, embora marcadas por um resultado bem-sucedido. Além disso, não permite que outros meios alcancem o mesmo objetivo (isto é, alternativas funcionais). Logo, não seria razoável supor que só porque a conduta de um indivíduo efetivamente impressiona os outros, aumentando seu status, pode ser atribuída à atividade de consumo da pessoa (muito menos à manifestação de "força pecuniária") a não ser que alternativas (como a manifestação de qualidades pessoais) sejam consideradas.

Por comparação, a abordagem interpretativa que trata o consumo conspícuo como manifestação de estados subjetivos específicos parece ser, à primeira vista, relativamente persuasiva. Mas dificuldades também foram notadas aqui. Em especial, não está claro se o critério de definição crucial é uma intenção (como "superar" os outros ou "distinção em estatuto pecuniário") ou um motivo (como "inveja" ou a "gratificação" de saber que tem mais que os outros). Adicionalmente, é incerto se os motivos e as intenções operacionais deveriam ser vistos como conscientes, subconscientes, "instintivos" ou simplesmente incorporados em práticas habituais. Finalmente, as formulações subjetivas e funcionalistas envolvem suposições altamente problemáticas sobre a natureza do "público" para essa atividade, e os processos de retroalimentação precisos por meio dos quais o alcance do efeito desejado nesse público faz com que o ator repita o ato de consumo conspícuo.

Esses problemas sugerem que o conceito mais famoso de Veblen é insuficientemente claro em sua formulação para permitir uma concordância geral sobre sua definição. Nesse caso, pareceria haver poucas chances de que sociólogos concordassem em um conjunto de proposições que constituem uma "teoria" do consumo conspícuo. Por exemplo, se considerássemos que indivíduos não têm consciência de seus próprios motivos e intenções, como saberíamos quais informações coletar a fim de determinar que sua conduta conta como consumo conspícuo? Por outro lado, se essa forma de conduta é entendida como o produto de motivos ou intenções conscientes, quais das diversas possibilidades discutidas justificam inclusão nessa designação? Talvez se essa última dificuldade pudesse ser resolvida e se uma clara concepção da natureza subjetiva do ato de consumo conspícuo pudesse ser determinada, poderíamos, através de entrevistas atentas e perceptivas, estabelecer o contexto e a extensão de sua ocorrência na realidade.

Um problema final, porém, parece impedir o prosseguimento até mesmo dessa estratégia de pesquisa limitada. De acordo com Mason, o consumidor conspícuo, "ansioso por demonstrar riqueza e obter prestígio, raramente ou jamais irá admitir explicitamente tais intenções" (1981: 42). Portanto, mesmo se concluirmos que o consumo conspícuo pode ser definido pela presença de intenções conscientes específicas, o pesquisador pode muito bem descobrir que nenhum informante está disposto a admitir que corresponde a essa definição.

Referências

ADORNO, Theodor W. *Prisms*. Letchworth, Herts.: Neville Spearman, 1967.

BAUDRILLARD, Jean. *The Mirror of Production*. St. Louis: Telos, 1975.

_____. Consumer Society. In: POSTER, Mark (org.). *Jean Baudrillard: Selected Writings*. Oxford: Polity, 1988, p. 29-56.

BULLOCK, Alan; STALLYBRASS, Oliver (orgs.). *The Fontana Dictionary of Modern Thought*. Londres: Fontana/Collins, 1977.

BURKE, Peter. *The Historical Anthropology of Early Modern Italy*. Cambridge, UK: Cambridge University Press, 1987.

CAMPBELL, Colin. A Dubious Distinction? An Inquiry into the Value and Use of Merton's Concepts of Manifest and Latent Function. *American Sociological Review*, 47, p. 29-44, 1982.

_____. *The Romantic Ethic and the Spirit of Modern Consumerism*. Oxford: Blackwell, 1987.

_____. Re-examining Mills on Motive: a Character Vocabulary Approach. *Sociological Analysis*, 52, p. 89-98, 1991.

DAVIS, Arthur K. Veblen on the Decline of the Protestant Ethic. *Social Forces*, 22, p. 282-286, 1944.

_____. Thorstein Veblen, In: SILLS, David L. (ed.). *The International Encyclopedia of the Social Sciences*. Nova York: Macmillan, 1968, p. 303-308.

DIGGINS, John P. *The Bard of Savagery: Thorstein Veblen and Modern Social Theory*. Brighton, RU: Harvester, 1978.

ELSTER, Jon. *Sour Grapes: Studies in the Subversion of Rationality*. Cambridge, RU: Cambridge University Press, 1983.

FEATHERSTONE, Mike. *Consumer Culture and Postmodernism*. Londres: Sage, 1991.

GIDDENS, Anthony. Functionalism: après la lutte. *Social Research*, 43, p. 325-366, 1976.

GOULD, J.; KOLB, W. L. (orgs.). *A Dictionary of the Social Sciences*. Londres: Tavistock, 1964.

HELM, Paul. Manifest and Latent Functions. *Philosophical Quarterly*, 21, p. 51-60, 1971.

ISAJIW, Wsevolod W. *Causation and Functionalism in Sociology*. Londres: Routledge and Kegan Paul, 1968.

JAMESON, Frederic. Postmodernism and Consumer Society. In: FOSTER, Hal. *Postmodern Culture*. Londres: Pluto, 1987, p. 5-32.

LERNER, Max. *America as a Civilization*. Nova York: Simon and Schuster, 1957.

LEVY, Marion J. *The Structure of Society*. Princeton: Princeton University Press, 1952.

MASON, Roger S. *Conspicuous Consumption: A Study of Exceptional Consumer Behaviour*. Farnborough, Hants: Gower, 1981.

MCKENDRICK, N., BREWER, J.; PLUMB, J. H. *The Birth of a Consumer Society*. Londres: Europa, 1982.

MERTON, Robert K. *Social Theory and Social Structure*, edição revisada e ampliada. Nova York: Free Press, 1957.

MILLS, C. Wright. Situated Actions and Vocabularies of Motive. *American Sociological Review*, 5, p. 904-913, 1940.

_____. Introduction. In: VEBLEN, Thorstein. *The Theory of the Leisure Class: An Economic Study of Institutions*. Londres: Unwin, 1957, p. v-xxi.

PERKIN, Harold. *The Origins of Modern English Society*. Londres: Routledge and Kegan Paul, 1968.

RIESMAN, David; GLAZER, Nathan; DENNY, Reuel. *The Lonely Crowd: A Study of the Changing American Character*. New Haven: Yale University Press, 1950.

SCOTT, Marvin B.; LYMAN, Stanford M. Accounts. *American Sociological Review*, 33, p. 46-62, 1970.

SEMIN, G. R.; MANSTEAD, A. S. R. *The Accountability of Conduct: A Social Psychological Analysis*. Londres: Academic Press, 1983.

SPERO, Aryeh. *Conspicuous Consumption* at Jewish Functions. *Judaism*, 37, p. 103-110, 1988.

SPIRO, Melford. Social Systems, Personality, and Functional Analysis. In: KAPLAN, Bert (org.). *Studying Personality Cross-Culturally*. Nova York: Harper and Row, 1961, p. 93-128.

STONE, Lawrence. *The Crisis of the Aristocracy 1558-1641*. Oxford: Clarendon, 1965.

SZTOMPKA, Piotr. *System and Function: Toward a Theory of Society*. Nova York: Academic Press, 1974.

VEBLEN, Thorstein. *The Theory of the Leisure Class: An Economic Study of Institutions*. New York: Modern Library, 1934 [1899].

_____. *A Teoria da Classe do Lazer*. Trad. Patrícia Xavier. Lisboa: Actual, 2018 [1899].

WEATHERILL, Lorna. *Consumer Behaviour and Material Culture in Britain 1660-1760*. Londres: Routledge, 1988.

WEBER, Max. *The Theory of Social and Economic Organizations*. Nova York: Free Press, 1964.

Notas

1 Por exemplo, Lawrence Stone (1965) empregou o conceito de consumo conspícuo de Veblen em seu estudo da aristocracia inglesa entre 1558 e 1641, assim como Peter Burke (1987) em seu estudo do início da Modernidade na Itália. Enquanto isso, houve um extenso debate sobre o papel de teorias ao estilo Veblen da emulação social na compreensão da "revolução do consumo" na Inglaterra do século XVIII (ver Campbell, 1987; McKendrick, Brewer e Plumb, 1982; Perkin, 1968; Weatherill, 1988).

2 A qual aspecto da realidade (se há algum) o termo motivo se aplica é uma questão de debate entre sociólogos. Embora Weber (1964) tenha usado a palavra para se referir às razões para agir e às forças emotivas que podem impelir indivíduos à ação, outros escritores, seguindo a linha de argumentação iniciada por C. Wright Mills (1940), tentaram restringir seu significado a "palavras" (Scott e Lyman, 1970; Semin e Manstead, 1983). A posição adotada aqui é que esse vocabulário da tradição de motivos não se relaciona com a compreensão de como a conduta de indivíduos é realmente iniciada e levada a cabo (Campbell, 1991). Logo, para fins desta discussão, assume-se que um motivo é uma experiência subjetivamente significativa, composta de pensamentos e emoções que incitam o indivíduo à ação.

3 Veblen nota que pode haver outros motivos além do consumo para a acumulação de riqueza. Menciona o conforto e a proteção contra a necessidade, mas considera que esses motivos são "insignificantes" quando comparados à emulação.

4 N.T.: "*Treating*" é a expressão usada por Veblen, citada por Campbell, para se referir à prática de pagar bebidas para colegas de trabalho.

5 Mason presume que o verdadeiro consumidor conspícuo é alguém que tem um público-alvo nítido em mente, a saber, "o grupo social ao qual o indivíduo aspira ou do qual é membro" (1981: 34).

Marx vai às compras

Daniel Miller*

"Gostaria de vir para a cozinha e tomar uma xícara de chá? A chaleira acaba de ferver."** Seria difícil você realizar um trabalho de campo etnográfico sobre a vida doméstica na Zona Norte de Londres se não gostasse de chá ou, pelo menos, de café. Passei um ano inteiro em um projeto exatamente assim, sentado, bebericando xícaras de chá com membros de 76 lares de uma única rua no norte de Londres e seu entorno. Não contei nada, não tentei nenhuma análise sistemática e conversei, principalmente, sobre algo que até mesmo esses moradores consideravam trivial, o tópico das compras. Também passei tempo indo às compras com eles, carregando sacolas para pensionistas, empurrando carrinhos para mães, mas, sobretudo, conversando e observando.

Bem, esse pode ser precisamente o estilo de pesquisa que não é visto como totalmente sério em alguns círculos, o tipo de coisa que talvez dê má fama a acadêmicos. Paga com o dinheiro de contribuintes, não verificável. Esse tipo de coisa.

Durante a próxima hora, quero convencê-los de que o ano não só foi bem aproveitado como foi uma das tarefas mais relevantes em que qualquer acadêmico poderia esperar se envolver hoje. Argumento a favor de sua importância em três níveis: primeiro, para o estudo da cultura material e, em seguida, para o estudo do consumo e da antropologia econômica de modo mais geral. Finalmente, tentarei persuadi-los de que tal trabalho é um meio apropriado e eficiente para buscar algo um tanto mais ambicioso: ressuscitar, no espírito de Karl Marx, uma abordagem à economia política, que pode iniciar o que considero um desafio essencial para a economia atual. Argumento que, se a intenção é emular Marx dessa forma, passar um ano fazendo compras em uma rua indefinida do norte de Londres é um caminho para garantir a produção de um relato com efeitos positivos, que está constantemente consciente de suas consequências para as vidas das pessoas, em vez de

---

*   Professor de antropologia da University College London.
** Aula inaugural proferida pelo autor em 1995 ao assumir a cátedra em antropologia. Tradução de Marina Frid.

mais uma intervenção destrutiva a partir de uma modelagem alta ou abstrata de algum mundo virtual.

Começar com a ligação entre trabalho de campo e estudos de cultura material (*material culture studies*) é situar meu trabalho firmemente no contexto do Departamento de Antropologia da University College London (UCL). Recentemente, Leslie Aiello enfatizou, em sua aula inaugural, a contribuição única de uma subdivisão dentro de nosso amplo departamento, a antropologia biológica. Irei me voltar agora para outra subdivisão. Nos últimos dez anos, sob a liderança de Michael Rowlands, um grupo composto por Barbara Bender, Chris Tilley, Suzanne Kuechler, John Gledhill e por mim (e prestes a receber Howard Morphy) criou o que pode ser considerado o principal centro no mundo para o estudo da cultura material, como evidenciado pelo sucesso imediato de nossa revista coletiva, *Journal of Material Culture*, e muitas de nossas publicações relacionadas. Um triunfo, sobretudo, de uma atmosfera de estreita colaboração e cooperação entre um grupo de acadêmicos comprometidos, que uniram suas habilidades e descobertas.

O trabalho que ocorre dentro dessa rubrica é variado e dinâmico. Muito dele é associado à interpretação de materiais arqueológicos, a questões de patrimônio, paisagem, antropologia da arte e da memória. Trabalhei em diferentes momentos sobre diversos aspectos desses interesses, da etnoarqueologia na Índia à paisagem nas Ilhas Salomão até escrever sobre novelas e carros em Trinidad. Mas, minha principal contribuição tem sido no sentido do desenvolvimento de um estudo das mercadorias e da interação com outras disciplinas, como o design e os estudos de mídia. Os estudos de cultura material estão agora firmemente estabelecidos na UCL. É difícil imaginar um grupo mais notável de alunos de pós-graduação que os 25 doutorandos que atualmente supervisionamos, gerando pesquisas excelentes.

Não surpreende, portanto, que o projeto sobre compras teve uma forte ênfase material. A etnografia foi realizada em parceria com uma aluna de pós-graduação, Alison Clarke. Um dos nossos métodos foi indicar objetos em salas e cozinhas para extrair histórias sobre como foram comprados e dispostos. Grande parte da vida britânica moderna se passa dentro do espaço privado da casa. Se, como faria a maioria das disciplinas, tentássemos aprender sobre relações domésticas perguntando às pessoas diretamente sobre seus cônjuges ou filhos, suas respostas seriam constrangidas pela justificação e o que consideram ser formas legítimas de discutir seus relacionamentos. Diferentemente, ao desfiarmos histórias sobre a briga de um casal em torno do porquê um enfeite feio, recebido como um presente do sogro, precisava ser colocado em lugar de destaque na sala de estar, ou como um *souvenir* evoca um tempo ideal que um casal já viveu, se um plano de projeto coerente deve prevalecer sobre as contingências da posse, um quadro bem mais profundo e complexo de como os lares se constroem pode emergir. Repetir isso em muitos lares pode levar a mais padrões gerais, revelando, por exemplo, que a ascensão do "faça você mesmo" recria dentro da casa uma série de diferenças de gênero que se pensava que o feminismo havia reduzido. O estudo da cultura material desponta como uma rota altamente eficaz para a análise social.

Nosso trabalho teórico se encontra além de tais estudos de objetos situados. Está na concepção de uma teoria da objetificação que insiste em superar um dualismo de pessoas *versus* coisas, criando, em vez disso, uma teoria da cultura através da qual possamos examinar o papel do ambiente físico na forma como pessoas são socializadas, entendem e criam a si mesmas e seus relacionamentos em termos da miríade de formas culturais. Não usarei esta aula para refletir sobre tais estudos da cultura material, mas essa continua a ser a base da minha contribuição acadêmica.

O segundo contexto dentro do qual reivindico a importância dessa pesquisa é como uma contribuição para a antropologia do consumo e da vida econômica. A etnografia das compras realizada por mim e Alison é parte de um programa de pesquisa mais amplo que incluiu dois geógrafos, Nigel Thrift e Peter Jackson, um antropólogo, Michael Rowlands, e uma assistente de pesquisa, Beverley Holbrook. Dentro desse programa, estávamos muito cientes do valor de combinar informações obtidas através de diferentes técnicas de pesquisa, incluindo, nesse caso, grupos focais e dados mais sistemáticos baseados em questionários, em um espírito de colaboração interdisciplinar.

Alguns podem pensar que, dado o enorme interesse por compras, do comércio, de economistas, do marketing e assim por diante, não haveria necessidade de acrescentar mais um estudo nesse tópico. No entanto, mesmo as conclusões iniciais do nosso trabalho parecem derivar de um mundo diferente de boa parte da pesquisa sobre compras existente. Economistas justificam muitos de seus modelos, por exemplo, aquele do livre mercado, em termos do consumidor. Mas, como é um consumidor para economistas? Seu consumidor costuma ser um agente de otimização individual, que faz escolhas racionais baseadas em uma avaliação completa das funções de utilidade de mercadorias. Basta não mais que um momento de autorreflexão sobre nossas últimas expedições de compras para dispensarmos esse modelo específico.

Nos últimos dez anos, a sociologia produziu uma discussão igualmente notável dentro da rubrica de um debate sobre um item da moda chamado pós-modernismo, inventado, creio eu, quase inteiramente por acadêmicos. Conceberam seu próprio consumidor pós-moderno, que vem completo com uma nova subjetividade, resplandecente com desejo e interesses materialistas, e ocupa um novo mundo de lazer e prazer dentro de uma profusão de signos e ilusões ao estilo Disneylândia. Bem, é verdade que há muita fantasia por aí hoje, mas suspeito que a maior parte dela esteja nas mentes desses sociólogos e teóricos da cultura. O mundo de compras que meus informantes ocupam envolve, principalmente, lojas da Boots e WH Smiths, onde achar uma vaga de estacionamento livre acaba sendo a fantasia dominante.

O terceiro e consideravelmente vasto corpo de textos estabelecidos vem da pesquisa comercial. Isso está bem se quiser saber por quanto tempo as pessoas se lembram de rótulos, seus meios de transporte, o caminho que percorrem na loja e, especialmente, se quiser classificá-las em categorias de estilo de vida imaginativas, às vezes não muito diferentes do tipo que poderia investigar fazendo um teste da revista *Cosmopolitan*. Você sabe que se continuar a marcar a resposta B descobrirá ser um sedentário viciado em televisão, com visão de curto prazo e um toque de romantismo. Mas, esses fragmentos raramente formam indivíduos complexos, frequentemente, contraditórios, que reconheceríamos como uma caracterização mais profunda de nós mesmos. Além disso, tal pesquisa é quase totalmente dedicada a vender coisas, enquanto a nossa se volta para as consequências das compras para consumidores.

Então, como são nossos compradores? Obviamente, uma rua no norte de Londres, mesmo uma escolhida, como esta foi, para refletir uma renda média, é altamente diversificada em termos da proveniência das pessoas por classe, etnia e vários outros parâmetros. Só o gênero já representa uma clivagem crucial em atitudes e experiências de compra. Também as compras que investigamos variaram dos shopping centers de Brent Cross e Wood Green, às lojas de ruas e supermercados, *car boot sales*[1] e catálogos. Portanto, todas as generalizações que farei aqui se dissolverão no relatório mais completo. Mas, no geral, nossos estudos revelam um retrato um tanto ordinário da vida cotidiana, um mundo onde pessoas imaginam as compras como uma atividade de lazer, mas quase nunca têm tempo para, de fato, ir às compras a não ser para abastecer a dispensa, um mundo onde quase todas as decisões de compras são tomadas com referência a interesses sociais em vez de individuais em que, de longe, o ponto de referência mais importante continua a ser a família ou o cônjuge. Um mundo em que guardar dinheiro e ter parcimônia são vastamente mais importantes do que materialismo, já que compras são entendidas muito mais em termos de dinheiro economizado do que dinheiro gasto. Um mundo quase inteiramente centrado sobre uma poderosa economia moral, que tem incrivelmente pouco a ver com a utilidade em si.

O retrato de hedonistas autocentrados que domina a sociologia e boa parte da literatura, especialmente o jornalismo, pode ser razoável para alguns adolescentes obcecados com uma preocupação sobre como são vistos pelos outros, além do eventual lar abastado. Nessa rua, porém, a maioria das compras é uma atividade altamente marcada pela rotina. Em seu cerne, é uma visita regular, geralmente, semanal, a um grande supermercado para comprar comida e materiais domésticos. A maior parte das compras de roupas é baseada na reposição explícita de itens ou nas necessidades de uma ocasião particular, como um trabalho, casamento, ou uniforme escolar para uma criança. A maior parte das compras para o lar é entendida como a mobília necessária para a casa com o que são considerados itens funcionais básicos como máquinas de lavar e sofás. Muitos dos itens decorativos vêm na forma de presentes ou lembranças de pessoas, feriados e ocasiões sociais. Na maioria dos casos, a preocupação não está em maximizar utilidades individuais, mas em expressar a responsabilidade para com outros. O comprador mais comum era uma mulher em trabalho de meio expediente que se vê, de todo modo, como responsável pelas tarefas domésticas. Elas podem ler revistas de estilo de vida, mas se consideram, em grande parte, abnegadoras com muita razão. Ao acompanhar esses compradores, notei constantemente o refinamento de uma habilidade para ler e monitorar os desejos de outros.

Não apenas satisfazendo esses desejos, mas tentando, ao mesmo tempo, educar e moldar esses desejos para que se encaixem na imagem de como deveria ser o outro indivíduo com quem o comprador se importa.

É possível documentar como diferentes gêneros de bens representam diferentes formas de cuidado que, juntas, constituem a dinâmica do lar: o sofá de três lugares e a constância rotineira de marcas, como a sopa de tomate Heinz, que representam a estabilidade da família; a jovem mulher que escolhe roupas íntimas relacionadas ao desejo por certo tipo de parceiro que ela não admite sentir em suas roupas de sair; a refeição da Marks and Spencers's na sexta-feira à noite que evoca as saídas para jantar que cessaram quando o bebê nasceu. O item novo ou extra que pede para ser reconhecido como um sinal de que o comprador se dedicou mais a essa atividade do que simplesmente seguir uma lista. Durante o século XX, o trabalho de preparação de comida e vestimentas declinou, mas foi substituído pelo trabalho de escolha. O que acredito que mudou é a complexidade e a variedade de emoções e os elementos mais sutis e transitórios de um relacionamento que pode ser marcado por escolhas dentro de uma gama cada vez maior de bens. Assim como para um romancista, cada elemento acrescenta à riqueza de detalhes por meio da qual a natureza nuançada e contraditória de relacionamentos pode ser representada e influenciada, embora muito da sutileza possa ser pouco apreciada pelos destinatários dessa habilidade. Não vejo motivo para ver essas artes como mais superficiais do que o controle cuidadoso sobre colares de concha ou proas de canoa na criação e no monitoramento de relações com parentes e espíritos que antropólogos documentaram em outros lugares.

Estatísticas por si só falam sobre o crescimento de lares de uma pessoa, ou compras de jantar para uma pessoa, e há uma florescente literatura nas ciências sociais sobre esse novo indivíduo. Mas, uma etnografia revela que morar sozinho não é o mesmo que a autossuficiência percebida. Uma das principais causas desse aumento de lares unipessoais é a crescente importância de pensionistas, que desempenharam, portanto, um papel importante na minha pesquisa. Pensionistas são bastante semelhantes a donas de casa no sentido de que costumam se esforçar para orientar o que fazem para os outros, porém, devido à sua realidade de solidão e isolamento, também precisam desenvolver estratagemas complexos para conferir a si próprios a sensação de abnegação que desejam. Por exemplo, podem viver com um baixo nível de consumo que causa sofrimento e escassez para si próprios a fim de dar um grande presente para um descendente que quase nunca veem e pouco aprecia a dádiva, mas de algum modo representa o conceito de continuidade da família para o pensionista. Portanto, as compras não precisam ser para os outros, pois uma noção dos outros ainda determina as compras para si. Muito do meu texto será sobre tópicos como o amor e a persuasão expressos por meio de compras. Não sugiro que essas sejam as únicas preocupações. Você pode encontrar medo nas compras, egoísmo nas compras; de fato, a julgar pelos alimentos que algumas pessoas compram, até mesmo sadomasoquismo. Mas, principalmente, trata-se de monitorar e alterar os relacionamentos que realmente importam para o comprador.

A questão não é só que o indivíduo quase nunca é a unidade relevante para a compreensão de um ato de compra, mas sim que poucos estudos acadêmicos sobre compras demonstram algum interesse por qualquer unidade além do indivíduo.

Um exemplo disso é a habilidade extraordinária que muitos compradores demonstram de transformar um ato de dispêndio em uma experiência de economia. Graças às constantes promoções de lojas e marcas próprias, aos descontos e ofertas especiais de supermercados, não faltam oportunidades para os consumidores criarem essa transformação. Por comparação, a publicidade apareceu como quase irrelevante em termos de afetar preferências de compras, exceto entre crianças. Compradores da classe trabalhadora na Kwiksave e da classe média em brechós exemplificam essa preocupação. Mas, para a minha surpresa, mesmo aqueles que compram na Harrods me explicaram que fazer isso é, de fato, uma forma de economia, visto que seus bens vão durar muito mais e, logo, acabarão sendo muito mais baratos do que o tipo de lixo que, claramente, eu tendia a comprar para mim mesmo.

Como essa parcimônia não está relacionada à renda, não acredito que seja uma atividade econômica em si mesma, mas sim que seja, mais frequentemente, outra tentativa de criar ação moral e construir relações de cuidado e preocupação a partir do que seria diferentemente considerada uma atividade meramente utilitária ou materialista.

Nesse contexto, quaisquer atos específicos de hedonismo, como se dar mimos, podem ser experimentados como especiais. Aquela pequena barra de chocolate que nos oferecemos por termos feito as compras ou dado um pulo na Dillons e aquele romance que compramos para compensar uma banca examinadora excessivamente longa, ao constituírem uma categoria especial de compras autoindulgentes, que é a ideia de "um mimo", também ajudam a definir o restante das compras como algo dedicado a outras pessoas.

Para a parcimônia, também para as despesas. Em um estudo separado da relação entre compras e Natal, observei a interpretação dominante do Natal como um festival religioso agora corrompido pelo materialismo e hedonismo. A partir de dados históricos e etnográficos, mostrei que, embora o Natal seja de fato um festival hoje voltado, especialmente, para o materialismo, seu efeito principal é demonstrar as maneiras pelas quais mercadorias abstratas, cuja compra, de outro modo, seria vista como um mero ato de materialismo, podem ser convertidas em presentes dentro de um contexto ritual que vê a ressantificação anual dos valores da família.

As compras, como um processo avaliativo, fazem muito mais que simplesmente expressar relações sociais. O estudo das compras, tanto quanto um tratado filosófico sobre comunidade ou teorias psicológicas do *self*, pode contribuir para uma compreensão mais profunda do que queremos dizer com o termo relação social. Em nosso questionário sobre shopping centers, menos de 2% de compradores queria realmente ir às compras com seus cônjuges e filhos. No entanto, esses são frequentemente objetos-chave de preocupação nas compras. Essa e outras evidências sugerem que as compras são usadas para criar objetos idealizados a partir de parentes concretos. Em geral, um ato de compra é simultaneamente uma expressão do que gostariam que um determinado membro da família fosse e uma intervenção material na tentativa de fazê-lo se encaixar nessa imagem.

Em outro artigo, foquei nas relações entre mães e bebês em um grupo de compradoras de classe média que fazem parte do *National Childbirth Trust*. Uma periodização característica desse relacionamento emergiu. Mulheres, muitas vezes provenientes de uma sólida formação acadêmica feminista, quando renascem, por assim dizer, como mães, de repente renunciam a toda a autonomia pela qual lutaram para objetificar seus bebês como os produtos puros do parto natural e da alimentação natural. Efetivamente, as mães narcisisticamente renascem como natureza. Segue-se uma série de derrotas inevitáveis em questões como o acesso de bebês a doces e biscoitos, depois a bonecas Barbie e armas de brinquedo e mais à frente ainda a várias formas de jogos e imagens midiáticas. Essas são experimentadas como batalhas da natureza como o vínculo mãe-bebê contra o materialismo experimentado como uma influência corruptora externa. Analiso cada um desses estágios e interpreto as derrotas como momentos na aceitação da separação e, portanto, um mecanismo para permitir que um relacionamento mais maduro se desenvolva.

Uma faceta dessa luta é o contraste entre o desejo de projetar esses bebês como naturais e as manifestações, às vezes bastante agressivas, de materialismo dos bebês durante as compras. Isso provou ser apenas um exemplo da tensão, particularmente, para mulheres de classe média, sobre o conceito de natureza e a experiência de comprar como atos de materialismo. Os milhões de libras gastos pelos shopping centers que estudamos, para permitir que a chamada luz natural entre, fazem muito mais sentido quando entendidos em termos da dinâmica dos sistemas de valor contemporâneos e da resolução de contradições percebidas na ideologia.

Mas, não há motivo para ver esse componente crítico da imaginação ou fantasia em relações sociais como um produto da mercantilização ou do pós-modernismo recentes. De fato, minhas conclusões se aproximam bastante de alguns trabalhos recentes na antropologia, como, por exemplo, a análise de Gudeman sobre o papel da parcimônia na criação da casa como objeto de ação moral na sociedade camponesa. Também um estudo ainda mais atual de Hugh Jones e Carsten, que dão sequência a algumas sugestões de Lévi-Strauss sobre o parentesco em sociedades tribais, mostra como a objetificação da casa e do grupo familiar como ideais complementa parentes concretos na criação dos objetos primários de preocupação avaliativa.

Quero usar um último exemplo para examinar o padrão mais abrangente de formação da identidade, dessa vez, usando os próprios locais de compras. Muitos compradores de Brent Cross conferiram grande ênfase a uma loja em particular, John Lewis. Essa loja é constantemente usada para marcar um conceito de valor bom baseado em uma negociação entre qualidade e preço e numa noção de racionalidade chata, mas funcional. Como um aparte, os resultados do tipo de educação que oferecemos na UCL são geralmente muito claros. Esses consumidores, munidos com uma cópia de *Which?* em uma das mãos e um assistente de vendas da John Lewis na outra, transformam as compras em um processo de pesquisa claramente derivado de anos de redação de artigos. De fato, quando mostrarem seu novo aparelho de CD para seus amigos, provavelmente citarão as referências.

Em contraste direto, observei que Wood Green assume seu caráter de uma série de lojas temporárias que geralmente tem nomes como as Elite Superstore ou Quids In, conhecidas no meio como *cheapjacks*[2] e mais facilmente identificadas porque todas parecem vender uma variedade de porta-retratos de plástico e escrever seus preços com marcadores em estrelas de cartolina amarela e rosa. Em geral, essas são lojas de final de contrato de aluguel, onde a promoção de inauguração é logo seguida pela de fechamento. Para muitos compradores, nenhuma visita a Wood Green é completa sem a procura por pechinchas baseada na ideia de que essas caíram da carroceria de um caminhão em algum momento e que, logo, estamos todos conspirando em um processo ligeiramente antiestabelecimento de economia merecida. O que me interessou foi a maneira como, muitas vezes, as mesmas pessoas visitavam cada um desses centros por vez e claramente os usavam para, por assim dizer, praticar conjuntos de valores opostos. Aqui, as compras não refletiam tanto origens de classes diferentes quanto ajudavam a constituir o significado e valor de classe para uma ampla gama de compradores. Isso foi ainda mais claro na minha pesquisa anterior sobre compras em Trinidade, que tem um sistema de classe menos desenvolvido, em parte graças à turbulência da expansão e da recessão do petróleo, e onde o comportamento no supermercado é mais bem compreendido como um tipo de treinamento em comportamento de classe potencial.

Obviamente, não posso fazer mais do que mencionar algumas das descobertas feitas através dessa pesquisa. O vultoso material, que inclui estudos de etnicidade e shopping, um estudo sobre a loja Argos e saques, questões de medo e segurança, relações imaginadas e reais com lojas de rua e comentários sobre políticas governamentais e comerciais, será publicado ao longo dos próximos anos. Mas, espero que esses breves exemplos tenham sido suficientes para demonstrar como uma etnografia das compras em Londres não é tão diferente de uma etnografia de banquetes na Nova Guiné ou da agricultura na África Oriental. Se você está preparado para observar com paciência e analisar no contexto, vai encontrar lá toda a gama de parentesco, moralidade, lógica de troca e alienação, especulações cosmológicas sobre a natureza e o sacrifício.

Karl Marx

Agora, o que tudo isso tem a ver com Karl Marx e economia política? Meu título vem da observação de um de meus colegas, Murray, de que Marx morava em Kentish Town quando a segunda loja da Sainsbury's, a partir da qual a rede de supermercados começou, foi inaugurada nas imediações. Esse foi um período de mudança na vida de Marx. Anteriormente, teve uma experiência e observação mais direta da pobreza e opressão e um envolvimento mais filosófico com os problemas da alienação. Mas, enquanto em Kentish Town, a ênfase de Marx se deslocou para a biblioteca do British Museum e o desenvolvimento do que se tornou em *Das Kapital* uma visão muito mais abstrata e economicista, uma lógica universalizante do funcionamento do capital. Minha especulação não é que Marx foi às compras no Sainsbury's, mas é extremamente provável que sua esposa tenha ido, dado que a família morava em uma rua praticamente adjacente. Meu argumento adicional, entretanto, é que se Marx, em vez de sua esposa, tivesse realmente passado mais tempo envolvido com o consumo cotidiano e o abastecimento da casa, isso poderia tê-lo ajudado a não se afastar da complexidade da diversidade humana para a construção de modelos ao estilo de leis.

Então, minha tarefa nesta aula é ressuscitar Marx milagrosamente do cemitério de Highgate, felizmente não muito distante (vou poupá-los da piada óbvia sobre o túmulo de Marx estar a poucos metros de uma Spencer's), levá-lo a um Sainsbury's contemporâneo e refletir sobre o resultado provável. Podemos esperar que seu radicalismo agora já incluísse o feminismo de modo que ele não relutaria muito para assumir um pouco das compras. Ainda assim, suspeito que as lojas Sainsbury's de hoje seriam um choque. Marx viu um mundo regido pela manufatura, cuja principal preocupação era encontrar mercados, isto é, vender os produtos da Revolução Industrial. O motor da história eram as relações de produção. Acredito que Marx não apenas ficaria impressionado pela sua primeira visão da Sainsbury's, mas perceberia que houve uma mudança fundamental na vanguarda da história.

Hoje, diz-se que, se lojas como a Tesco e a Sainsbury's não venderem certa coisa, não tem sentido fazê-la. Varejistas modernos se tornaram a vanguarda do capitalismo. Sua tecnologia de ponto de venda oferece informação instantânea sobre as demandas de consumidores, especialmente graças aos novos cartões fidelidade. Nomes de marcas, grandes símbolos das primeiras firmas capitalistas, estão se mostrando vulneráveis aos produtos de marca própria de varejistas. Marx enfrentaria mais de 8 mil linhas de marca própria no Sainsbury's. É uma competição entre varejistas que espreme os ganhos de produtores, exerce controle cada vez maior sobre distribuidores e, graças aos novos sistemas de estoque *just in time*, praticamente elimina atacadistas.

    O fato de que as coisas mudaram não significa de forma alguma que tenham todas mudado para melhor. A questão central colocada por Marx não é mais claramente respondida no Sainsbury's de hoje do que nas firmas capitalistas de sua época. Ao examinar os produtos nas gôndolas do supermercado, a primeira pergunta de Marx poderia ser sobre a relação desses bens com seu contexto de trabalho. Mas, o que poderíamos dizer a ele? Quais produtos são feitos por noruegueses abastados que após o trabalho podem buscar seus filhos em creches bem equipadas? Seriam essas flores de corte do Quênia produzidas através de enormes quantidades de pesticida que destroem a paisagem tropical e esse açúcar vindo de cana ainda cortada por camponeses que têm dívidas vitalícias com os proprietários das plantações? A amargura da exploração ainda não deixa gosto residual. Alguns geógrafos estão tentando agora rastrear essas linhas do abastecimento até sua fonte. Mas, Marx provavelmente só observaria com alguma tristeza que, depois de todo esse tempo, o que ele se esforçou para revelar se tornou cada vez mais opaco no momento da compra. Diferentemente, antropólogos que trabalham no mundo em desenvolvimento sabem muito bem a conexão entre como uma cadeia de supermercado pode abaixar o preço do café e a fome na área produtora ou a ligação entre hospitais para pessoas com deficiência e o comércio de minas que parecemos tão relutantes a abolir. Levar Marx ao Sainsbury's pode surpreender Marx, mas há muitas coisas que ele ainda teria que nos ensinar.

    De fato, embora não esteja sugerindo que a loja Sainsbury's esteja esperando uma visita do Marx no futuro próximo, fico feliz em observar que esta se tornou, na semana passada, a primeira grande loja britânica a introduzir um código de ética de manufatura para a sua própria marca.

    O jovem Marx tinha um quê de antropólogo, preocupado com questões mais amplas da identidade da humanidade e as diferentes formas pelas quais a sociedade é constituída em determinados períodos históricos. Mas, isso aponta para o meu principal motivo para levar Marx às compras. Como mencionei, quando morava em Kentish Town, Marx estava construindo algo muito diferente. Ao tentar, por assim dizer, superar a economia política, estava, na verdade, juntando-se a ela, colocando os toques finais no que se tornou a base do marxismo. Minha imitação de Marx busca reter suas intuições antropológicas da fase anterior sem segui-lo rumo ao tipo de economia pseudocientífica que veio a desenvolver.

Mas, para chegar a imitar Marx, é necessário primeiro erguer nossos olhos da rua e observar de uma perspectiva mais elevada, que foi chamada a grande narrativa da história humana. Essa não se limitará a tópicos específicos, como compras, mas busca entender os fenômenos em termos de uma espécie de tentativa de totalidade. Essa tradição da grande narrativa foi vigorosamente criticada pelos pós-modernistas. Porém, enquanto o estudo do pós-modernismo se concentra em fragmentos, fora desses estudos sociais é a totalidade que triunfa. Com o Acordo Geral de Comércio e Tarifas (GATT), as instituições de Bretton Woods estão penetrando nos últimos vestígios da economia global que lhes haviam sido negados. O movimento verde agora proclama responsabilidade coletiva por todo o planeta.

Antropólogos têm verificado que as últimas tradições culturais forjadas em autonomia relativa estão sendo destruídas ou integradas em articulação com a Modernidade. Diante dessa realidade, a ciência social ocidental deu meia volta e fugiu. Com um medo impressionante, abandonou a tradição da grande narrativa no momento preciso da história humana em que uma teoria totalizante finalmente se tornou verdadeira para o mundo.

A tradição da grande narrativa está particularmente relacionada ao legado do filósofo Hegel. E acredito que ainda não haja guia melhor para nos mostrar o caminho de volta para essa tradição do que Hegel, embora aqui seja reduzido a uma apresentação de dois minutos. Sua base está em uma crença de que todos os fenômenos culturais são processos inerentemente contraditórios, uma contradição que cria seu próprio sujeito. A humanidade sucessivamente estabelece novas formas e instituições objetivas. Essas, podemos pensar na lei ou no dinheiro, por um lado, criam a possibilidade de novos conceitos abstratos e universalistas, enquanto, ao mesmo tempo, geram diferenças mais particulares. A cada ciclo, alcançamos um ponto em que tais formas e instituições se tornam tão independentes de nós, seus criadores, tão movidas por sua própria lógica, que se tornam altamente opressoras e perigosas. Precisamos, portanto, retornar a um entendimento, que Hegel via como um entendimento filosófico, de que essas são de fato nossas próprias criações e que potencialmente podemos nos expandir ao trazê-las de volta para nós, transcendendo, dialeticamente, a distância entre universalidade e particularidade, transformando-as naquilo que fortalece em vez de enfraquecer nossa humanidade. (Reconheço que a brevidade aqui pode ter sido mais a alma da obscuridade do que astúcia, mas tenham paciência comigo.)

Marx exemplificou essas ideias, mas deslocou o foco da filosofia para uma série de mudanças materiais na história que haviam de fato alcançado novas formas de abstração, por um lado, e particularidade, por outro. Dentre as quais, o exemplo mais extremo se tornou o capital. Marx focou no crescimento de uma lógica autônoma ao capitalismo baseada na alienação original da natureza como propriedade privada. O capital havia se tornado uma força incansavelmente abstrata, dedicada à sua própria expansão, ameaçando destruir todas as tradições culturais e despedaçar a sociedade nessa jornada. Produziu um sistema em que mercadorias, como criações humanas, não eram reconhecidas como tais, mas haviam se tornado escravas da lógica autônoma do capital em expansão. Marx assim exemplifica o modelo de instituições de Hegel que nos ajudaria a expandir nossas possibilidades, mas que depois se desenvolve a um nível tão abstrato e autônomo que nos oprime.

Marx tinha incrivelmente pouco a dizer sobre as implicações do consumo em geral, menos ainda sobre as compras, em sua análise do mundo. Quando publiquei, em 1987, um livro sobre consumo, o objetivo não era apenas criticar os estudos do consumo feitos até então, mas também repensar onde o consumo poderia se encaixar no arcabouço fornecido pelo jovem Marx. Também fui influenciado pela perspicácia de antropólogos como Pierre Bourdieu e Mary Douglas, que, enquanto trabalhava no Departamento de Antropologia da UCL, defendeu a potencial contribuição da antropologia para uma crítica da economia através do estudo do consumo.

Defendi que a razão pela qual tanto acadêmicos quanto não acadêmicos se iludem sobre o consumo é precisamente por presumirem que tais atividades devem refletir o que consideram ser o espírito da época. O consumo seria meramente um reflexo do materialismo e do desejo hedonista inculcados em nós como uma fantasia da mercadoria por aqueles que querem nos vender bens. Se vivemos sob o capitalismo, presume-se que as compras devem refletir o capitalismo. Acadêmicos e, particularmente, os marxistas pensavam estar imitando Marx ao criar uma crítica do consumo como um símbolo do capitalismo.

Meu argumento foi precisamente o oposto. Sim, todos vivemos no capitalismo, mas experimentamos a escala do empreendimento comercial moderno, assim como de outras instituições modernas, como o Estado, como um vasto e muitas vezes distante conjunto de forças em relação às quais nos sentimos alienados e frequentemente menosprezados. Diante dessa sensação de anonimato e irrelevância, recorremos ao consumo não para expressar essas forças, mas enfrentá-las, e usamos o consumo para recriarmos em nós uma sensação de identidade e particularidade. Pegamos a mercadoria anônima e a transformamos na posse ou dádiva altamente específica, conferindo significado a esses bens e, logo, a nós mesmos dentro dessa vastidão. O consumo se torna uma batalha infindável para criar através da seleção e da apropriação; criar um *self*, um lar ou um relacionamento de especificidade considerável.

Imagine uma situação em que você pode partir de uma extremidade da Oxford Street e, apesar de passar por literalmente centenas de exemplos de, digamos, papéis de parede ou saias, ou seja lá o que estiver procurando, emerge na outra extremidade da rua decidindo que nada realmente lhe serve. Bem, uma quase sim, "mas não fazem exatamente o modelo que estava procurando". Isso é bastante estranho, mas faz sentido dentro de um quadro analítico em que tais experiências são de fato uma das principais razões do consumo moderno, isto é, a afirmação não de uma nova subjetividade, mas de uma particularidade negada, embora esta não precise ser sempre tão individualista, sendo bem mais fácil comprar sua entrada em um grupo que veste jeans azul, por exemplo.

Longe, portanto, de simplesmente completar as forças da produção e distribuição, o consumo age para negá-las. É isso que cria a preocupação intensa com a moralidade e a produção de relações sociais através das compras que encontramos em nosso recente estudo. É igualmente verdade para a resposta a bens e serviços provenientes do Estado, do serviço de saúde ou do conselho local, onde novamente a especificidade do pequeno grupo social se constrói através de um sentido de superação do anonimato e da falta de cuidado de grandes instituições. O consumo se tornou o principal meio pelo qual a sociedade se apropria da economia ou do Estado e, por assim dizer, os torna sociais. O comércio, evidentemente, fica muito feliz em contribuir e, assim, lucrar com a satisfação desses desejos, mas o desejo em si não é a criação de empresas capitalistas; ao contrário, é uma resposta a elas.

Portanto, diferentemente de Marx, mas no espírito do que vi em Hegel, compreendo o consumo como uma negação ao capitalismo no sentido de que transforma o capital altamente abstrato em atos de apropriação notavelmente particulares. Esse argumento foi publicado em 1987 e minhas pesquisas subsequentes do consumo em Trinidade e na Grã-Bretanha pretenderam fundamentar essas ideias em estudos empíricos detalhados.

Mas, uma das principais críticas feitas à minha teoria do consumo foi que, se Marx havia ignorado o consumo, eu havia em grande medida ignorado a produção e a distribuição. Para responder a essa crítica, realizei um estudo do comércio em Trinidade. O livro que resultou desse estudo está no prelo. Meu ano de pesquisa envolveu conseguir permissão para uma variedade de investigações, desde visitas aos escritórios de empresas transnacionais como a Coca-Cola, a Nestlé e a Unilever até conversas com varejistas sobre seus clientes.

A imagem do comércio que emergiu não guarda mais relação com teorias econômicas ou modelos de gestão do que nosso retrato das compras. Também não se relaciona bem com as imagens do capitalismo de estudos marxistas. A lucratividade, por exemplo, embora não ausente era notavelmente modesta, como uma variável relevante. Um motivo para isso é que, quando o lançamento de um produto falha, há tantos candidatos possíveis para culpar, do produto à embalagem, à publicidade, ao consumidor. Cada subseção da empresa culpa a outra e continua a seguir sua própria agenda. Além disso, a maioria das grandes marcas continua a dominar por muitas décadas bastante alheias às mudanças econômicas, que, no caso de Trinidade variavam de expansões espetaculares do petróleo a recessões profundas, refletindo menos a eficiência do produtor do que o legado histórico que confere significado às marcas para consumidores. Dentro disso tudo, a tomada de decisão micro é muitas vezes altamente protegida de suas consequências medidas em termos de lucratividade.

Encontrei um comércio tão obcecado com seus concorrentes que tinha tão pouco tempo para consumidores reais quanto consumidores tinham para ele. (A experiência etnográfica foi de executivos assediados inventando uma nova imagem para bebidas à base de leite de soja, não preocupados com consumidores, mas morrendo de medo de que a empresa rival divulgasse seus anúncios primeiro, enfrentando profissionais criativos da agência de publicidade, que não se importavam nem um pouco se os produtos vendiam ou não, mas queriam ganhar prêmios pela qualidade artística de seus anúncios.) Ao revelar a prática concreta ao invés de modelos abstratos de operações de negócios, a etnografia logo se envolve com fatores mais significativos de reputação, classe, etnicidade, fofoca e as coisas que fazem uma diferença material nas decisões que são efetivamente tomadas.

Claramente, então, não foi só o consumo que mudou radicalmente desde o tempo de Marx. O capitalismo também mudou.

Verifiquei que o capitalismo envolvido na produção e na distribuição de mercadorias tinha desenvolvido muitas raízes em contextos sociais e culturais específicos, um capitalismo cuja diversidade cultural não mais reflete o papel abstrato e autônomo do capital descrito por Marx. É improvável que Marx, diante do desenraizamento implacável da Revolução Industrial, tenha previsto, por exemplo, a indústria social-democrata escandinava dos anos 1960. Naquela década, forças como o Estado, sindicatos e responsabilização democrática haviam produzido novas configurações em que os lucros eram compatíveis com Estados de bem-estar social e em que uma força de trabalho comparativamente rica tinha se tornado um mercado-chave para os produtos da indústria. Keynes e outros economistas haviam demonstrado que questões sociais, como o pleno emprego, poderiam ser um objetivo do capitalismo e não apenas uma restrição.

Virtualismo

Na Escandinávia dos anos 1960, tornou-se evidente que algo da natureza opressora do capitalismo, um sintoma, como demonstrado por Marx, seguindo Hegel, do grau de sua abstração, poderia se tornar progressivamente melhor, pelo menos no Ocidente (embora, claramente, ainda não nos países em desenvolvimento), e que fatores-chave nessa transformação foram o restabelecimento do comércio na cultura e a negação do capitalismo através do consumo que estudo.

Com base nessas observações, tanto de negócios quanto de consumo, é que proponho uma agenda de estudos adicionais e a fundação para uma nova crítica. A história não ficou parada e os anos 1990 não cumpriram a promessa da social-democracia dos anos 1960, acredito que por causa do surgimento de uma nova forma de abstração. Suspeito que, no futuro, as pessoas podem vir a entender nosso mundo contemporâneo como o momento que marcou o fim do capitalismo como a forma primeira de abstração dentro de uma grande narrativa. Creio que o capitalismo atualmente esteja sendo substituído nessa sequência histórica. Segue-se que, se estiver correto sobre o consumo ser uma negação do capitalismo, então essa nova força abstrata se tornará, por sua vez, o que pode ser chamado de a negação da negação.

Por ora, chamarei essa nova fase de virtualismo, já que é fundamental na modelação abstrata de mundos virtuais. Minha primeira imagem desse virtualismo apareceu para mim quando estava trabalhando em Trinidade na forma do Fundo Monetário Internacional e do Banco Mundial. Diante dos meus olhos, por assim dizer, Trinidade estava sendo, relutantemente, forçado a ingressar em um sistema de ajuste estrutural. Sob exame, isso se mostrou ser constituído em larga medida de modelos abstratos da teoria econômica atualmente em voga baseada em um ideal de mercados puros. Comparado com o capitalismo real na forma das companhias transnacionais que estava estudando, com suas estratégias complexas e contextualização social relativa, o impacto desses economistas surge como um modelo muito mais abstrato do mundo. De fato, era evidente na própria linguagem que usavam que quase tudo o que eu tinha visto como contexto social era percebido, por esses economistas, apenas como uma série de distorções do modelo que desejavam promulgar. Sua missão inequívoca era remover tantas dessas distorções quanto fosse possível, forçando tanto o capitalismo quanto o Estado a cada vez mais se conformarem ao seu modelo virtual de economia. Em simetria com o comunismo, o Banco Mundial proclamava como sua missão a eliminação da pobreza, mas se tornou uma das principais causas da pobreza no mundo contemporâneo ao repudiar o contexto local para seguir as prescrições de um mercado modelo.

Talvez porque Trinidade é um Estado tão pequeno é que fosse possível ver o que pode ser uma nova fase na história com uma clareza particular. Uma fase em que a modelagem econômica estava adquirindo poder para demolir um capitalismo hoje comparativamente contextualizado com o intuito de fazer com que tanto o Estado quanto o comércio se ajustassem mais exatamente em seus próprios modelos. Mesmo economias do tamanho da Alemanha e do Japão, que alcançaram sucesso econômico no pós-guerra em larga medida pela recontextualização do capitalismo e o adaptando às suas normas culturais, estão agora sendo confrontadas pelo crescente poder dessas abstrações.

Ao lado desses modelos econômicos altamente abstratos vieram formas mais abstratas do capital. Um exemplo é o crescimento de formas altamente esotéricas de crédito fictício que existem em fluxos *offshore* e em locais virtuais sem Estado. No desejo de escapar do risco e dos impostos, esse tipo de crédito não mais se atrela à produção atual, mas se relaciona a uma série de crenças e esperanças nas possibilidades de produção, comércio e, sobretudo, especulação do futuro. Perdeu o contato com as mercadorias para se tornar uma preocupação intelectual com as emoções humanas, como o risco, o medo e a confiança. Novamente, isso pode ser altamente destrutivo. Mike Davis e Sharon Zukin mostraram a ironia no modo como fundos de pensão, que pessoas constroem para proteger seu bem-estar, tornam-se formas abstratas de capital que destroem os ambientes urbanos que compunham o estoque de moradias desses mesmos pensionistas.

No nível global, organizações como o Banco Mundial, NAFTA e o substituto do GATT tentam recriar o mundo inteiro como um gigante mercado competindo para produzir bens com custos mais baixos. A política deve supostamente criar igualdade, oferecendo trabalho às áreas mais pobres com as taxas salariais de trabalho mais baixas. No entanto, isso é altamente implausível dado o surgimento de economias de elevado investimento em ciência de ponta, com técnicas como engenharia genética e outras tecnologias biomédicas. O resultado mais provável sob o atual sistema é uma força de trabalho que não está mais na equação e, portanto, não mais tem qualquer demanda legítima sobre recursos econômicos, como já estão descobrindo os pobres do mundo.

O que mais me preocupa é que quase tudo isso é feito em nome dos consumidores. A justificativa para muitos desses desenvolvimentos parece repousar perversamente sobre os ombros desses mesmos compradores com quem estive no ano passado. De fato, existe um ponto no qual esse modelo de competição global se articula com os interesses e as preocupações de consumidores reais. Ao detalhar os achados do nosso estudo, percebi a importância da parcimônia que, juntamente com uma preocupação geral com preços baixos, é um imperativo extremamente comum no consumo. Isso é importante para a economia, porque, traduzida ao nível de demanda global, é a mesma busca incessante por preços baixos que justifica os piores excessos da organização econômica internacional, demolindo sistemas de bem-estar social e cortando custos trabalhistas para que os Estados possam competir com base nos mesmos preços baixos.

Mas, o que a etnografia mostra ser a causa dessa parcimônia? Não guardar dinheiro só por guardar. Essas economias são, sobretudo, usadas para expressar uma moralidade de abnegação em nome de mundos pequenos, geralmente, domésticos, que devem ser preservados diante do que são consideradas instituições vastas e alienantes, como o próprio mercado. A ironia é que a economia funciona não porque as pessoas se comportam da maneira prevista, mas porque o comportamento das pessoas é direcionado para negar os efeitos dos economistas. Há uma gigante contradição no nosso mundo em que o sofrimento é cada vez mais o resultado da nossa ação, não em nome da ganância e do materialismo, mas em nome de valores e preocupações domésticas altamente morais. Nossa parcimônia se traduz na parcimônia dos economistas e às vezes em nossos salários baixos.

Pelo menos desde Adam Smith, estamos cientes de que a economia alcançou um nível de complexidade tal que intenções e subjetividades simplesmente não são a maior fonte de consequências. Gostamos de acreditar em um mundo simples onde é a ganância e o materialismo que causam sofrimento. Ao contrário, é nossa moralidade e nosso cuidado que agora levam ao sofrimento em outros lugares. Em suma, se a economia começou com a observação de que o vício privado poderia ser virtude pública, chegamos agora ao estado em que a virtude privada se tornou vício público.

A resposta da academia a esses desenvolvimentos importantes é extraordinariamente insípida. É mais bem exemplificada pela mudança nos últimos cinco anos em que o termo "capitalismo" tem sido crescentemente substituído pelo termo "mercado". Em vez de avançar, isso retorna para uma espécie de essencialismo pré-marxista. A palavra mercado implica um tipo de condição natural de troca, embora, como Dilley e outros antropólogos mostraram, essa lógica quase nunca seja encontrada no mundo real. Pelo menos o termo capitalismo sugeria as condições históricas sob as quais era formado e seu contexto mais amplo em relações sociais. Em comparação, a palavra mercado é de uma banalidade terrível. O mercado frequentemente não implica um crescimento do capitalismo, mas sua substituição por um capitalismo virtual simplificado fora da história para se tornar um elemento de construção de modelo econômico.

Agora, e quanto à negação da negação? O virtualismo ameaça não apenas o comércio contextualizado, mas também a contextualização do consumo. Descrevi anteriormente a emergência do poder do consumo em oposição à produção. Um visionário como Marx poderia ter observado rapidamente que a evidência para isso vai bem além do varejo e pode ser encontrada na própria linguagem do poder hoje. Vivemos numa época em que o consumidor parece ter se tornado o único lugar legítimo de autoridade. Consumidores não apenas compram bens materiais. Estudantes agora são consumidores, pacientes agora são consumidores e, como as discussões sobre carne bovina na Europa mostraram nesta semana, eleitores também em breve o serão. Afinal, é apenas como consumidores que podemos determinar onde escolas devem ser situadas e que instituição deve sobreviver. Não há outra fonte de autoridade legítima.

Mas a imagem que isso pinta de um aumento do poder do consumidor é, em si, enganosa. Consumidores reais estão simultaneamente sendo substituídos pelo surgimento do que pode ser chamado de consumidor virtual. Minha insistência sobre a importância do consumidor se tornou uma retórica demasiado familiar que emana de uma fonte muito diferente. Se há uma pessoa que se tornou identificada com o ideal da soberania do consumidor, com certeza foi Margaret Thatcher. O vento em minhas pequenas velas foi levado pela insistência estrondosa no papel positivo de consumidores. Basta olhar para o Novo Trabalhismo para ver que isso não é um elemento político-partidário, mas um slogan disputado por todos os políticos contemporâneos.

É apenas da perspectiva do que estou chamando de crítica do virtualismo que a diferença essencial entre minha afirmação do consumo e aquela promulgada por Margaret Thatcher pode ser delineada. Embora ambas defendessem uma nova importância da soberania do consumidor, o consumidor de Thatcher era dado essencialmente pelos modelos econômicos neoclássicos, enquanto o meu surgiu da oposição a esses mesmos modelos. A economia depende consideravelmente de uma certa imagem do consumidor. De fato, a soberania do consumidor se tornou axiomática em boa parte do pensamento econômico. A legitimidade da ideia do mercado puro repousa em larga medida sobre seu suposto benefício para o consumidor que otimiza e obtém a melhor escolha pelo preço mais barato.

O problema é que o consumidor imaginado em tal retórica é um agregado de indivíduos "otimizadores", que fazem análises de custo-benefício para maximizar suas escolhas. São esses consumidores imaginários que nunca tiveram a mínima relação com consumidores reais que são transmutados através da política no consumidor virtual. Como são esses consumidores virtuais? Bem, o mais comum é que tomem a forma de um auditor ou gestor. Onde consumidores reais são diversos e inconsistentes, um auditor pode entregar a legitimidade moral oferecida pelo modelo do consumidor agregado muito mais efetivamente que os consumidores reais. Em quase toda instituição, o desenvolvimento de uma nova retórica sobre o consumo produziu um enorme crescimento nos números de auditores e gestores, sejam esses sistemas de saúde, serviços públicos ou educação. A retórica do poder do consumidor que supostamente direciona os praticantes para a base – alunos de escola, pacientes ou o governo local –, na verdade, redireciona sua atenção para o topo dos gestores e do governo central, frequentemente reduzindo o abastecimento para consumidores reais.

Expressei esses últimos argumentos em poucas palavras, visto que são mais um apelo para pesquisas e teorias futuras do que a conclusão de qualquer projeto finalizado. Mas, para chegar a construí-los, tive que justapor uma visão do mundo baseada na etnografia das compras como micro-observação com uma tradição de grande narrativa baseada em uma macroperspectiva extrema sobre a história. É apenas através da justaposição que essas contradições emergem claramente. Meu objetivo tem sido, por um lado, recuperar aquele sentido geral de movimentos no mundo contemporâneo estabelecidos por Hegel e Marx, mas, por outro lado, não acabar no mesmo nível de generalidade que alcançou Hegel na filosofia e Marx com o marxismo. Acredito que essas generalidades são apenas feitas com segurança quando retêm suas conexões com aquela arena antropológica de trabalho qualitativo que Marx abandonou, suponho eu, ao ignorar comércios como a loja Sainsbury's em sua imersão na biblioteca do British Museum. Pelo mesmo motivo, os estudos de cultura material, como um ramo da antropologia, devem defender a etnografia como uma espécie de humilhação ritual da teoria pela experiência antes de sua necessária reconstrução como generalização abstrata. Em um mundo de testes de hipóteses e agregados, a etnografia é talvez uma das últimas práticas de pesquisa que insistem em formas qualitativas e difusas de observação, a submersão paciente nos mundos de outras pessoas, onde não se pode escapar facilmente do sentido de sua humanidade. De lá, subimos de volta para a política e a teoria. Por exemplo, é da rua que se podem ver os limites do consumo verde, já que é possível observar como os compradores usam o consumo especialmente em relação a moralidades domésticas de pequena escala e esperam impingir o fardo principal da responsabilidade por tais questões globais a instituições de maior escala. O que também fica claro, quando visto da rua, é que as mesmas preocupações verdes dependem da criação de informação sobre as consequências de mercadorias específicas que apenas burocracias imensas, como as de Bruxelas, podem fornecer. Como nós, compradores individuais, poderíamos garantir que uma afirmação feita por uma empresa sobre os ingredientes usados ou a não exploração da mão de obra empregada são verdades? Depender do consumidor individual é adotar a mesma filosofia da soberania do consumidor da teoria econômica. Faz do indivíduo atomizado a única autoridade a determinar nosso futuro.

A sociedade civil relaciona indivíduos com responsabilidade a instituições civis de larga escala. Portanto, não estou tentando destruir a economia, mas domesticá-la. Como argumentou Hegel, as mesmas instituições que podem nos ferir, se livres para seguir sua própria lógica, podem nos ajudar, se reconhecermos que são criações nossas pelas quais temos responsabilidade. O objetivo, então, não é colocar os gênios modernistas abstratos, como a economia ou mesmo os gestores, de volta em suas garrafas, mas, como Aladim, pelo menos na versão Disney, trazê-los para trabalhar para nós.

***

Para concluir, comecei falando que meu objetivo era justificar um ano que passei bebendo chá e fazendo compras (e usando essa gravata, talvez). Meu problema inicial era que pessoas consideram o tópico das compras trivial. Tente pensar sobre programas como *Supermarket Sweep* ou *The Price is Right* sem dar uma risada ou, ao menos, fazer uma zombaria. A seriedade de ocasionalmente escolher governos em eleições é contrastada com a trivialidade de escolhas cotidianas feitas em supermercados com relação a galinhas caipiras ou hambúrgueres subitamente muito baratos. No entanto, como tentei demonstrar, escolhas políticas se tornam cada vez mais impotentes contra as forças que foram liberadas em nome das compras agregadas como demanda. Acredito que o poder esteja cada vez mais localizado no mundo doméstico que estudo.

Dessa imersão nas compras pode surgir um chamado às armas, um apelo aos acadêmicos para que criem uma economia política que reproduza Marx, mas seja sensível às ruas. Acredito que precisamos generalizar a crítica do capitalismo em uma crítica do virtualismo, que pode ser aplicada aos economistas do Banco Mundial, que esmagam os pobres para supostamente ajudá-los, até a planos de previdência, que destroem cidades do interior em nome do cuidado com os idosos, e a auditores que tiram recursos dos consumidores que deveriam representar.

Mas, uma nova economia política deveria evitar se tornar o tipo de pseudociência de *O capital* de Marx. Suas generalizações precisam manter o respeito ao pluralismo e à diversidade da sociedade humana expressos em atividades como as compras e novas formações de identidade. A ênfase deveria ser na viabilidade bem como na teoria, em acadêmicos assumindo responsabilidade pelas implicações de suas sugestões, não na transformação revolucionária abstrata ou na completa irresponsabilidade da virada desconstrucionista.

Em última análise, essa planta baixa não é minha visão, no sentido de que não a reivindico, mas simplesmente afirmo que, como uma visão, ela reivindica a mim, como espero que o faça com outros que também sentem o imperativo irresistível de criar uma nova grande narrativa progressiva para o nosso mundo e, finalmente, uma nova política. Acredito que a cultura material pode ter um papel particular a desempenhar nessa tarefa, mas depende de uma colaboração muito mais ampla como uma ambição maior. Há trabalhos surgindo de muitas áreas, como a geografia humana, os estudos culturais, a história econômica, a sociologia e a psicologia social que, em diferentes formas, ecoam tais preocupações e oferecem resultados de pesquisa que começam a lançar as bases. De fato, algumas das críticas mais importantes e incisivas vieram dos próprios economistas, alguns dos quais claramente convictos de que trabalhos atuais precisam ser redirecionados ou, pelo menos, complementados por outra coisa.

Nossa contribuição particular à antropologia é forçar algoritmos e modelos abstratos de volta para a diversidade moral e social de uma vida que podemos atestar porque participamos dela constantemente, não apenas depois do trabalho, mas através do nosso trabalho como acadêmicos. Portanto, eu, meus colegas e alunos vamos até onde a ação acontece, olhando para instituições globais, mas cada vez mais incluindo a esfera privada, tentando estar com as pessoas enquanto assistem a novelas, trocam fraldas, sentem-se sem tempo para nada em uma etapa da vida até quando o tempo se arrasta com a solidão a outra etapa da vida. Vamos ler Marx, mas ir às compras com sua esposa e documentar as mudanças nas ideologias e valores que constantemente transformam o contexto e, logo, o significado de nossas ideias. E, enquanto o *Economic and Social Research Council* (ESRC) nos permitir, carregaremos sacolas e beberemos litros e litros de chá. Porque somente assim podemos ter certeza de que temos em mente o provável impacto e as consequências do nosso trabalho. Afinal, como seus avós podem ter sugerido, talvez ler folhas de chá seja um meio mais apropriado de fazer previsões do que ler economia.

Notas

1 N.T.: As *car boot sales* são eventos em que pessoas se reúnem para vender coisas que possuem e não querem mais, geralmente, das malas de seus carros.
2 N.T.: Lojas de R$ 1,99.

O mana da publicidade de massa

William Mazzarella*

O que *mana*, uma palavra melanésia que denota poderes sobrenaturais, poderia ter a ver com publicidade de massa – com anúncios, propaganda, liderança carismática e outras formas de persuasão de massa?**[1] O que podemos aprender sobre nossas vidas mediadas pela comunicação de massa ao revisitar textos antropológicos clássicos sobre ação mágica e ritual? Minha aposta neste ensaio é que temos muito a ganhar com a reconsideração de debates que aconteceram durante o meio século que compreendeu aproximadamente o período de 1870-1920, que chamo aqui de "o momento mana". Minha reavaliação do momento mana não é de forma alguma um exercício nostálgico (embora, sem dúvida, oferecerá ao fetichista alguns prazeres antiquários incidentais!). Também não se trata de um apelo reacionário pelo retorno aos "fundamentos antropológicos".

Diferentemente, o que me motiva é um sentido de contemporaneidade inesperada. Com Walter Benjamin, acredito que elementos dos nossos passados, uma vez que os liberamos do fardo historicista de precisarem culminar em nosso presente, podem, como faíscas que saltam no tempo, iluminar ressonâncias inusitadas entre o então e o agora. Se o momento mana, por um lado, acabou há cerca de um século, por outro, talvez só agora esteja se tornando inteligível. Assim como Benjamin certa vez escreveu para seu amigo e patrocinador Max Horkheimer sobre suas tentativas contínuas de fazer as galerias da Paris do século XIX liberarem sua iluminação profana em seu presente histórico, escrevo agora na convicção de que o mana "tem algo a nos dizer somente porque está contido no tique-taque de um relógio cujo badalar da hora acaba de alcançar *nossos* ouvidos" (Benjamin, 1994: 509, grifo do original).

Mas, o que o mana tem a nos dizer? De maneira geral, mana fala do estímulo, da contenção e da mobilização de energias coletivas. Essas energias – em outras partes invocadas como afeto e estética – são inextricáveis

---

* Cátedra Neukom Family de professor de antropologia e ciências sociais, Universidade de Chicago.
** Tradução de Marina Frid.

de algumas das questões mais básicas, porém, também mais persistentes nas ciências sociais. O que "energiza" a autoridade? O que em nós responde a ela? Qual é a relação entre carisma e desejo? Por que alguns lugares e práticas parecem mais intensos em relação à vida monótona, e como essa sensação de força, prestígio ou aura excedente ao mesmo tempo perturba e alimenta hierarquias de poder? Em suma, o que faz a diferença entre significado e significado que importa?

O breve livro para o qual esse ensaio é um prelúdio é uma obra de teoria especulativa, um exercício de preparação de terreno para uma antropologia revitalizada da vida pública (Mazzarella, 2017). Ao tomar como título "O mana da publicidade de massa", espero desestabilizar nosso pensamento sobre essa expressão, "vida pública". Em particular, quero sugerir que, apesar de entendermos muito sobre a *publicidade* da vida hoje, temos sido menos bem-sucedidos para pensar coerentemente sobre o caráter público da *vida*, a vitalidade da publicidade.[2] É aí que entra o mana.

Então, para começar: o que é, ou era, o mana?

O que era o mana?

É compreensível que respondam a essa pergunta com "o que *não* era o mana?". Mana, ao que parece, era todas as coisas para todo mundo. Uma espécie de força eficaz, às vezes sagrada, às vezes profana, que permeava todas as coisas, assegurando não apenas fertilidade e vida, mas também o prestígio dos poderosos e o sucesso de empreendimentos que iam da agricultura à guerra. Mas até colocá-lo nesses termos é controverso. Para cada sugestão de que o mana era uma força, pronunciável como um substantivo, outras alegavam que o mana era algo mais próximo de uma condição: uma pessoa, lugar, situação ou objeto não exatamente teria o mana, mas estaria em um estado de mana. O mana era notoriamente móvel. Tinha de ser ritualmente acumulado, poderia ser transmitido – seja deliberadamente ou por um acidente (às vezes violento) – e poderia ser totalmente perdido. Como uma substância sutil, se é isso que era, o mana era invisível, mas palpável. Sua presença e ação tinham de ser inferidas a partir de seus efeitos excepcionais.

Mana logo ganhou o status de um conceito geral. Entre diversas outras noções de eficácia sobrenatural às quais era frequentemente conectado – por exemplo, concepções como *orenda*, *wakan* e *manitou* de povos indígenas da América do Norte –, o mana se tornou um nome para a classe da qual também era membro. No nível mais geral, mana era "a força atuante sempre presente nas coisas" (King, 1892: 140), uma força física bem como moral (Durkheim, 1996 [1912]), uma "potência psíquica divina" (Handy, 1927: 28), um princípio de verdade como eficácia (Hocart, 1914), "um estado de eficácia, sucesso, verdade, potência, bênção, sorte, realização" (Keesing, 1984: 138) – ou talvez apenas a diferença entre o horticultor que obtém uma safra abundante depois de usar exatamente os mesmos insumos e técnicas que seu vizinho que não:

> Tendo feito a parte que os humanos precisam fazer para vencer guerras, pegar peixes, cultivar taro, oferecer banquetes bem-sucedidos, curar doentes e realizar divinações, esperavam para ver se os deuses e espíritos fariam o que deveriam fazer – o complemento invisível do que os humanos fazem. (...) A pedra ou poção que magicamente "funciona" parece igual a uma pedra ou poção comum. A diferença é invisível, uma *potencialização* pelos espíritos (Keesing, 1984: 148, grifo adicionado).

O missionário etnólogo Robert Codrington, que introduziu o mana no *corpus* etnográfico em 1891, apresentou o termo como um nome melanésio para uma espécie de eficácia onipresente e sobrenatural que se materializaria em pessoas e coisas e só poderia ser conhecida por resultados que, de outra forma, seriam inexplicáveis:

> A mente melanésia é inteiramente possuída pela crença em um poder ou influência sobrenatural chamado quase universalmente de *mana*. Trata-se do que opera para efetuar tudo o que está além do poder ordinário dos homens, fora dos processos comuns da natureza; está presente na atmosfera da vida, liga-se a pessoas ou coisas, e é manifestada por resultados que só podem ser atribuídos à sua ação. Quando alguém o tem, pode usá-lo e dirigi-lo, mas sua força pode irromper em algum ponto novo; sua presença é garantida por prova (Codrington, 1891: 118-119).

Quando Marcel Mauss e Henri Hubert publicaram seu *Esboço de uma teoria geral da magia* em 1902-3, mana não era apenas a força impulsionadora da religião e da magia e (Codrington [1891: 191] já havia descrito o mana como "a força ativa em tudo o que [os melanésios] fazem e acreditam que seja feito na magia, branca ou negra") – era um tipo de substância vital universal, residindo imanentemente em tudo.

> Esse acréscimo é o invisível, o maravilhoso, o espiritual e, em suma, o espírito no qual residem toda eficácia e toda vida. Ele não pode ser o objeto de experiência, pois em verdade absorve a experiência; o rito acrescenta-se às coisas, e ele é da mesma natureza que o rito. Codrington julgou poder afirmar que ele era o sobrenatural, mas noutro momento afirma, com mais exatidão, que é sobrenatural *in a way*; é que ele é, ao mesmo tempo, sobrenatural e natural, já que está espalhado em todo o mundo sensível, ao qual é heterogêneo e no entanto imanente (Mauss e Hubert, 2003 [1902-03]: 143).

Uma década após Mauss, seu tio Émile Durkheim descreveu o mana em sua *magnum opus*, *As formas elementares da vida religiosa*, como a expressão palpável da energia social *tout court*. De uma maneira a um só tempo mais concisa e, se possível, ainda mais maximalista, Durkheim escreveu, a respeito do mana, que "não há enumeração capaz de esgotar essa noção infinitamente complexa. Não se trata de um poder definido e definível, o poder de fazer isto ou aquilo; trata-se do Poder, de uma maneira absoluta, sem epíteto nem determinação de espécie alguma" (Durkheim, 1996 [1912]: 195).

Inevitavelmente, a consequência acadêmica para uma inflação tão sublime foi uma série de argumentos cada vez mais prosaicos sobre especificação. Para Bronislaw Malinowski, o homem hoje reconhecido por ter estabelecido os padrões modernos do trabalho de campo etnográfico, "o mana fino, fluido, onipresente" nunca foi mais do que evidência da gagueira metafísica mais primitiva e certamente nada parecido com a força vital universal "tão brilhantemente defendida e tão irresponsavelmente administrada" por autores como Mauss, Durkheim e R. R. Marett (Malinowski, 1948 [1925]: 24, 78). Outros conferiam ao mana mais jogo, mas discordavam sobre detalhes. Era natural, sobrenatural ou social, secular ou sagrado? Seria uma "concepção verdadeiramente primitiva" (Webster, 1913) ou talvez um desenvolvimento filosófico posterior? Poderia originar-se em seres humanos ou estes só e temporariamente o incorporariam e cultivariam? Os melanésios e polinésios – ou, de fato, outros que usavam termos similares – o empregavam como um substantivo, adjetivo ou verbo? Seria mana uma substância, qualidade ou relação? Seria uma força inerentemente moral ou, o contrário, anterior ou além de toda moralidade? A perpetuação do mana exigia reuniões rituais regulares ou seria mana o poder que, em primeiro lugar, levava as pessoas a se reunirem?

O momento mana

Um conceito ressoa porque atualiza potenciais situados historicamente; expressa urgências incipientes que podem, em determinado momento e lugar, soar como disposição e pavor. De fato, no sentido mais amplo, o cronotopo do mana trouxe questões de potencialização, intensidade e emergência para o primeiro plano, questões que cavaram um buraco de minhoca entre ação mágica e ritual, por um lado, e práticas da publicidade de massa, por outro.

Na antropologia, o momento mana foi uma fase limiar, um período de transição entre paradigmas dominantes. O paradigma evolucionista do século XIX de E. B. Tylor, James Frazer e outros ainda era forte, mas começava a desmoronar à medida que uma ciência de campo mais orientada empiricamente dava seus primeiros passos na forma da expedição do Estreito de Torres de 1898 que partiu de Cambridge. E, no entanto, o paradigma de trabalho de campo totalmente desenvolvido, cujo manifesto Bronislaw Malinowski veio a fornecer na forma da introdução do *Argonautas do Pacífico Ocidental* (1922), ainda não estava em vigor. Sociologicamente, o período testemunhou uma transformação diabólica da vida urbana no mundo euramericano. Foi a época durante a qual a energética ambígua das *massas*, oscilando tensamente entre a multidão volátil e o público racional, tornou-se de uma só vez o monograma e o estigma da Modernidade: habitação de massa, trabalho de massa, publicidade de massa, sufrágio em massa, produção em massa de tudo, de roupas a alimentos até a arte e o entretenimento.

O sensório urbano da Europa durante o momento mana foi, ao mesmo tempo, metafórica e concretamente atrelado a novas selvagerias, sem contar uma nova onda acelerada, vorazmente extrativista, de colonização europeia, especialmente na chamada disputa pela África. Em tais circunstâncias, não era de surpreender que as narrativas confiantes e lineares do progresso civilizacional, que haviam sido tão centrais na imaginação do século XIX, deveriam se tornar tanto mais urgentes quanto mais implausíveis. "Atavismo", uma palavra-chave do momento mana, traduzia, nos termos horripilantes da selvageria, a perspectiva ansiosa de que energias de massa não seriam adequadamente aproveitadas e canalizadas em projetos de melhoria do progresso: a produtividade industrial da massa de trabalhadores, com certeza, mas também, através do que Robert Nye (1995) chama de nova "estética pragmática" do romantismo épico e da oratória política emocional, identificações mítico-nacionalistas do corpo patriótico e a absorção populista, sob líderes carismáticos, da massa enquanto substância democrática soberana. As multidões urbanas, a matéria-prima humana de todos esses projetos, pareciam, ao mesmo tempo, definitivamente modernas e essencialmente selvagens: "a Modernidade das multidões do *fin-de-siècle* residia em seu status como atavismos, fenômenos selvagens em uma civilização urbana excessivamente refinada e exausta" (Nye, 1995: 43).

O momento mana foi também, é claro, uma época que se precipitava para o cataclismo decisivo da Primeira Guerra Mundial e, como tal, um período preocupado com o problema das ambiguidades de uma forma de progresso industrial que gerava, muitas vezes em confusa proximidade, tecnologias pela melhoria da vida e para a produção em massa de morte. Igualmente, foi um período preocupado com a relação incerta entre capacidade sensível, experiência estética e racionalidade técnica. Em texto extensamente lido, do último e exausto ano da Primeira Guerra Mundial, Georg Simmel (1997 [1918]) olhou para o "conflito da cultura moderna" que, ao final do século XIX, tinha dado luz a vários cultos de vitalismo. Todos esses projetos – nas artes, na filosofia, na ética interpessoal, na religião – surgiram de um sentimento palpável de disjunção entre energias vitais da civilização europeia e as formas institucionais que se mostravam inadequadas à demanda vital. O resultado foi uma preocupação que deu ao início do século XX europeu seu tom característico, a busca, em modos tanto apocalípticos quanto afirmativos, de uma "revelação direta da vida". Assim, sugere Simmel, o expressionismo na pintura, o pragmatismo na filosofia, a ética libertina e uma virada para vários modos ocultos de comunicação com espíritos, todos oscilando à beira do corretivo mais carismático para o que Weber chamou de "jaula de ferro" da razão burocrática: o êxtase voluptuoso da guerra, fundindo o Eros máquina e o Tânatos máquina, como na estetização efervescente da tecnoviolência de Marinetti e os futuristas.

A fascinação estética e filosófica do momento mana com o outro primitivo era parte constitutiva da fome pela "revelação direta da vida", sem a suposta mediação desvigorada de conceitos. Lévy-Bruhl, cujo livro *As funções mentais nas sociedades inferiores* há muito é tomado como exemplo dos excessos mais prejudiciais da fase especulativa na antropologia, não tinha ilusões sobre a atração periodicamente poderosa desses vitalismos: "prometem o que nem a ciência positiva pura nem as outras doutrinas filosóficas podem se gabar de conseguir: o contato íntimo e imediato com o ser, pela intuição, pela interpenetração, pela comunhão recíproca do sujeito e do objeto, pela plena participação, em uma palavra, aquilo que Plotino descreveu sob o nome de êxtase" (Lévy-Bruhl, 1995 [1910]: 453).

A inflação especulativa do mana durante esses anos, portanto, tinha tudo a ver com a fascinação pelo conceito que parecia capaz tanto de mediar quanto de encurtar a distância entre ordem social e energia vital, entre o primitivo e o civilizado, e entre participação e representação. Esse era o mana em sua forma mais carismática, descrito por Mauss e Hubert (Mauss e Hubert, 2003 [1902-03]: 145) como "uma eficácia pura, que, no entanto, é uma substância material localizável, ao mesmo tempo que espiritual, que age a distância e no entanto por conexão direta, quando não por contato, móvel e movente sem mover-se, impessoal e assumindo formas pessoais, divisível e contínua".

O assentamento empirista

Enquanto a Europa lutava para emergir dos escombros da Grande Guerra, o momento mana teve seu *dénouement* na forma do que chamarei de assentamento empirista.[3] Por volta de 1920, o assentamento empirista transformou a antropologia em uma ciência baseada em trabalho de campo empírico prolongado, ideal e tipicamente em e sobre um único ambiente social de pequena escala. Os herdeiros de Malinowski, na Grã-Bretanha, e de Franz Boas, nos Estados Unidos, desmantelaram os castelos de nuvem que autores como Edward Tylor e James Frazer teceram no final do século XIX com base em fragmentos de evidências anedóticas reunidas, desordenadamente, a partir das mais diversas localidades e fontes. Como aluno e sucessor de Malinowski, Raymond Firth vigorosamente declarou: "Muito da obscuridade e confusão surgiu através do fato de que discussões teóricas elaboradas foram construídas com base em dados factuais inadequados" (Firth, 1940: 483). Em retrospecto, a moda mana parecia o último suspiro da ânsia romântica de achar universais místicos por trás do desfile vasto e matizado da diferença humana.

Um tom de realismo sobriamente sardônico substituiu as sublimidades. Firth, por exemplo, observou que mana, como um conceito comparativo na antropologia da religião e da magia, havia se distanciado tanto de qualquer base empírica que guardava pouca relação com o uso nativo. Tendo incansavelmente "martelado" seus informantes de Tikopia em busca de evidência do mana como um conceito geral, Firth emergiu de mãos abanando: "todas as minhas buscas pelo *Ding an sich* resultaram em nada" (Firth, 1940: 497). Ao que parecia, o mana simplesmente não existia no sentido de uma espécie de "força impessoal – uma concepção quase metafísica" (Evans-Pritchard, 1965: 33) que havia animado Mauss, Marett e Durkheim. Em vez disso, os Tikopia sempre e somente falavam do mana como um aspecto de coisas particulares – "o mana da chuva, o mana da colheita" – ou como um modo de expressar a eficácia incomum de uma pessoa – "grande era seu mana (...) ele pedia chuva – chovia naquele momento" (Firth, 1940: 502).[4] Quanto ao tão preocupante enigma metafísico sobre como o mana poderia ser de uma só vez uma substância impessoal e uma propriedade pessoal, Firth sugeriu que não era, na verdade, muito mais complicado que ser capaz de falar, em inglês, que alguém pode *ser* bem-sucedido e *ter* sucesso.

A reação antiespeculativa reduziu consideravelmente discussões subsequentes do mana a exercícios escolásticos de especificação cultural e linguística, que, embora impressionantemente cultos e fascinantes, tendiam a exemplificar a observação espirituosa de Marshall Sahlins sobre a antropologia ser "exegese talmúdica para não crentes" (Sahlins, 2012: ix).[5] Escrevendo em 1908, Marett ainda conseguiu zombar sutilmente da perspectiva de suas especulações evolucionárias serem desafiadas por "algum apoiador cético do concreto" (Marett, 1914 [1908]: 101). Marett estava operando com a então comum suposição de que o pensamento primitivo era, por si só, incapaz de abstração e generalização. Consequentemente, cabia ao estudioso auxiliar no nascimento de conceitos nativos como mana, desenvolvendo seus potenciais imanentes para a conceptualização. De forma quase hegeliana, Marett via sua tarefa como a simulação de uma situação em que o pensamento nativo poderia ter se abstraído e logo "de alguma forma acelerado para a autoconsciência e autoexpressão" (p. 104). Inquestionavelmente, as aspirações universais do mana como um conceito comparativo frequentemente sugeriam, se não uma ciência especulativa da base comum da experiência humana, uma espécie de ideal platônico. Por exemplo, um aluno de Boas, A. A. Goldenweiser, defendeu o uso generalizado do termo mana alegando que, ainda que palavras como mana, *wakan, orenda* e assim por diante não se referissem, de fato, à exata mesma coisa, a prevalência desses conceitos em contextos etnográficos vastamente diferentes sugeria, de todo modo, uma "noção pura", amplamente prevalente em sociedades primitivas, "contendo o cuidado comum" desses vários conceitos – e o mana era, de acordo com Goldenweiser, um nome legítimo para essa noção (Goldenweiser, 1915: 636, nota 5).

Para ser justo, a consciência dos perigos da tradução incorreta fez parte de algumas das primeiras discussões sobre o mana (Codrington, 1891: 118). E Malinowski (1948 [1925]), ainda que creditado como o fundador de uma ciência de campo antropológica rigorosamente empírica, dificilmente hesitava ao se lançar dos particulares minuciosamente documentados da vida do povo das Ilhas Trobriand para afirmações universalizantes sobre a natureza humana. A consolidação do que estou chamando de assentamento empirista pode ter exigido que antropólogos prestassem bastante atenção ao ponto de vista nativo. Mas também instalou, como Dominic Boyer e Cymene Howe indicam, uma oposição estrutural, mediada por antropólogos, entre centros metropolitanos geradores de teorias de autoridade acadêmica e os mundos da vida íntima dos campos que os antropólogos minam. O credo autoproclamado dos empiristas etnográficos era, aparentemente, localista. Mas, de fato, como qualquer acadêmico sabe, o prestígio intelectual depende de alcançar o que Boyer e Howe chamam de transparticularidade, "um estudo que fala com outros estudos, um estudo que opera como uma chave criptológica para um conjunto maior de informações ou que repadroniza a luz e a sombra em torno de algum problema mais abrangente" (Boyer e Howe, 2015: 16).

Uma antropologia comprometida em fundamentar todas as proposições em fatos e nada mais que fatos sempre, e por motivos óbvios, iria considerar as tendências metodológicas especulativamente transparticulares do momento mana problemáticas. Mas, a total veemência, a intensidade afetiva aparentemente desproporcional com que antropólogos do assentamento empirista rejeitaram o momento mana, deixa algo a ser explicado. A verve violenta do ataque de Evans-Pritchard (1965: 5) ao outrora influente livro de F. B. Jevon (1896), *Introduction to the History of Religion*, é em si mesma uma espécie de pequena lenda acadêmica. Mas, talvez igualmente significativa seja a proclamação, do outro lado do assentamento empirista, de incompreensão direta.

Ao revisitar o momento mana nos anos 1980, Edmund Leach pondera que "toda a discussão sobre a especificação adequada de uma religião original inteiramente hipotética, que perdurou por quase setenta anos, é estranhamente irreal" (Leach, 1985: 235) e, algumas páginas adiante, declara ser "óbvio que Tylor, Jevons, Frazer e os demais estavam inteiramente preocupados com trivialidades superficiais" (p. 248). Evans-Pritchard e Leach evidentemente acharam que valia a pena escrever relatos extensos e detalhados de uma história intelectual de onde poderiam recuperar quase nada de valor. Uma incredulidade desdenhosa escorre das recapitulações de ambos só de pensarem que qualquer das ideias que estão descrevendo poderia ter sido levada a sério por pessoas inteligentes. Não é preciso ser partidário da antropologia de gabinete para ter uma sensação incômoda de que essas narrativas, frequentemente mordazes, parecem tratar Tylor, Frazer e seus contemporâneos com a mesma arrogância intelectual e falta de empatia antropológica dos acusados.

Pode-se dizer que o mana se impõe como o ponto sintomático desconfortável em um ritual de memória acadêmica que, de outra forma, equivale a açoitar um cavalo já morto. Sua primeira aparição ocorre relativamente cedo no relato de Evans-Pritchard, permitindo-lhe lamentar os "resultados desastrosos" de antropólogos que adotaram o termo em seus vocabulários conceituais com pouca consideração pelo que realmente significava para os melanésios com quem haviam aprendido (Evans-Pritchard, 1965: 33). O termo, então, reaparece próximo ao final, quando Evans-Pritchard, ao fazer sua síntese, sente a necessidade de destacá-lo mais uma vez para atenção especial como uma fonte intolerável de desorientação: "Apenas chamarei atenção novamente para a névoa de confusão espantosa, que durou por muitos anos e ainda não se dissipou inteiramente, sobre o (...) conceito de mana" (p. 110).

Portanto, mesmo décadas após seus anos de glória, o mana ainda estava fazendo bagunça, apesar de seu contexto intelectual aparentemente estar, na frase francamente evocativa de Evans-Pritchard, "mortinho da silva".[6] Como devemos interpretar a vitalidade zumbi do mana, sua recusa em se deitar e ficar quieto? E por que estou alimentando o morto-vivo de modo tão imprudente?

Alimentando o morto-vivo: uma desculpa metodológica

Em seu livro *Primitive Culture*, o grande antropólogo vitoriano Edward Tylor buscou traçar uma linha nítida entre os mortos e os vivos, o passado e o presente. Por meio de uma imagem supreendentemente cirúrgica, Tylor decreta que, por razões éticas, antropólogos deveriam se ocupar apenas dos cadáveres das culturas passadas em vez de tentar lidar com as demandas complicadas de pacientes vivos: "O curso do etnógrafo, novamente, deveria ser como aquele do anatomista que conduz seus estudos, se possível, em sujeitos mortos em vez de vivos; vivissecção é um trabalho perturbador, e o investigador humano odeia infligir dor desnecessária" (Tylor, 1871: 157). Mas, por que a vivissecção é tão perturbadora? Seria porque o paciente pode não estar mesmo morto? Tão logo Tylor declarou uma triagem ética entre mortos e vivos, passou a justificar todo o exercício em nome de uma espécie de eterno retorno: "A coisa que foi será; e devemos estudar selvagens e antigas nações para aprender as leis que, sob novas circunstâncias, estão funcionando para o bem ou para o mal em nosso desenvolvimento" (p. 159).

O assentamento empirista tinha pouco tempo para tais especulações cosmicamente sintéticas. Leach não mede suas palavras: "Grandes generalidades do tipo impressionista favorecidas por Frazer e seus sucessores não têm valor algum. Se a antropologia pode contribuir com alguma coisa para a nossa compreensão da religião, deve ser com base na pesquisa sobre especificidades locais, não com base em palpites" (Leach, 1985: 252). A questão inevitavelmente surge: ao insinuar conexões entre o mana e a publicidade de massa, não seria eu culpado precisamente do tipo de comparação especulativa, baseada em ressonâncias superficiais e justaposições oportunistas, que antropólogos jogaram na lixeira da história intelectual de um século atrás?

Minha resposta, claro, é um decidido não. Mas, por que e de que formas, então, podemos esperar que os debates do momento mana iluminem qualquer coisa sobre o mundo que habitamos hoje?

Uma maneira de começar a responder essas questões é relembrar a prescrição capciosamente franca de Evans-Pritchard para a antropologia depois do assentamento empirista: "temos que explicar fatos religiosos (ou quaisquer outros antropológicos) em termos da totalidade da cultura e da sociedade em que se encontram, tentar compreendê-los em termos do que os psicólogos da *Gestalt* chamaram de *Kulturganze*, ou o que Mauss chamou de *fait total*" (Evans-Pritchard, 1965: 112). Mas, o que é, no caso do mana, essa "totalidade"? Aparentemente, ficamos apenas com duas respostas possíveis, uma errada (entendimentos humanos de eficácia extraordinária considerada em termos universais) e uma certa (as ordens socioculturais circunscritas nas quais "nativos" usam e entendem a palavra em seus próprios termos).

Mas, e se a "totalidade da cultura e da sociedade" realmente em jogo aqui for o espaço transnacional da tecnologia, império e antropologia que estou chamando de momento mana? E se os "nativos" tentando explorar e explicar os poderes sobrenaturais fossem, igualmente, os contemporâneos e compatriotas euramericanos dos estudiosos do final do século XIX e início do XX para quem essa palavra elusiva, mana, parecia brilhar tão misteriosamente? Minha hipótese aqui não é que o mana fosse "realmente" só sobre preocupações internas ao mundo euramericano vitoriano e eduardiano que passava por uma série de transformações dolorosas. Ao contrário, minha hipótese é que a vitalidade do mana durante o momento mana e sua longa vida após a morte zumbi são sintomáticas de um fato que os antropólogos que lideraram o assentamento empirista reconheceram, mas, por razões de demarcação disciplinar, foram incapazes de coerentemente incorporar em seu ferramental metodológico, a saber, que, como comentam Jean e John Comaroff (2012: 6): "a Modernidade foi, quase desde o princípio, uma colaboração norte-sul – de fato, uma produção mundial-histórica – embora agudamente assimétrica" (ver também Dussel, 1995 [1992]; Trouillot, 1991). Quero sugerir que o contestado mana do "mana" é um sintoma dessa colaboração desconfortável, assimétrica e apenas intermitentemente reconhecida. Para invocar um termo do léxico psicanalítico de Jacques Lacan, o mana marca a "extimidade" (a externalidade e intimidade simultâneas – ver Miller,

2008; Žižek, 1999) da relação entre uma emergente "civilização" euramericana mediada pela comunicação de massa e seus outros "primitivos".

Mas, qual é a evidência para essa extimidade?

O mana da publicidade de massa

Na linguagem cotidiana, assim como em materiais promocionais de interesses publicitários, deparamo-nos frequentemente com frases como "a magia da publicidade" ou "a magia da oratória". A presunção aqui geralmente é, acredito, que o termo "magia" está sendo usado analogicamente para sugerir que tais formas são tão poderosas que funcionam *como* mágica. Mas, e se tomássemos a analogia literalmente?

Até onde sei, Malinowski foi, em meados dos anos 1930, o primeiro antropólogo a traçar uma comparação direta entre magia "primitiva" e publicidade de massa.[7] Em *Coral Gardens and Their Magic*, chama a publicidade "o campo mais rico da magia verbal moderna" e observa que "Os anúncios de especialistas em beleza modernos, especialmente os da magnitude de minha conterrânea Helena Rubinstein ou de sua rival, Elizabeth Arden, dariam leituras interessantes se colacionadas com a fórmula mágica de beleza dos nativos de Trobriand". Notavelmente, a comparação não tem a intenção de ser lisonjeira para ninguém. Malinowski caracteriza o projeto de pesquisa comparativa que poderia ser empreendido sobre essas questões como uma investigação de "paralelos entre as selvagerias moderna e primitiva" (Malinowski, 1935: 237). De fato, sua aversão pelo que implicitamente considera remanescências arcaicas na comunicação de massa moderna é totalmente convencional (embora compreensível, dado o clima político europeu da época). As dimensões mágicas da comunicação de massa são tidas nesse contexto como ferramentas de hipnose em massa energizadas pelo frenesi da multidão e, portanto, como inerentemente inimigas do florescimento da democracia liberal:

> (...) a oratória política moderna provavelmente renderia uma rica colheita de elementos puramente mágicos. Alguns dos menos desejáveis dos modernos pseudoestadistas ou *policanti* gigantescos ganharam títulos de feiticeiros ou enfeitiçadores. Grandes líderes como Hitler ou Mussolini alcançaram sua influência, primeiramente, pelo poder da palavra com-

binada ao poder da ação, que é sempre dado àqueles que sabem como elevar os preconceitos e as paixões da multidão. Além disso, o estado socialista moderno, seja pintado de vermelho, preto ou marrom, desenvolveu os poderes da publicidade a um nível extraordinário. A propaganda política, como é chamada, tornou-se uma gigantesca agência de publicidade em que declarações meramente verbais se destinam a hipnotizar tanto estrangeiros quanto cidadãos para que acreditem que algo realmente grande foi alcançado (Malinowski, 1935: 238).

Logo adiante, terei oportunidade de refletir sobre os paralelos ambíguos entre "os preconceitos e as paixões da multidão" como uma preocupação pejorativa persistente de cientistas sociais do momento mana e o poder generativo, vitalizante e sustentador da "efervescência coletiva" no trabalho de Durkheim. Malinowski reconhece (e, geralmente, menospreza) a importância de energias coletivas. Mas o efeito mágico é para Malinowski inteiramente uma função de uma espécie de uso da linguagem que chama de "místico" ou "mágico" e que podemos hoje chamar de performativo: ocasionar um estado de coisas, invocando-o pela fala. Para Malinowski (1935), o uso de tais técnicas mágicas na publicidade de massa moderna é regressivo no sentido de que novamente confunde as funções "mágica" e "pragmática" da linguagem que a longa marcha da selvageria para a civilização supostamente separou. Estamos aqui, é claro, na presença de um discurso normativo que ainda hoje prevalece: a suposição de que as dimensões afetivas e miméticas da comunicação de massa são, se não realmente selvagens, então certamente incompatíveis com a cidadania soberana. Mas, existem formas não preconceituosas de pensar a magia e a publicidade de massa juntas?

Em seu estudo sobre Eros e magia no Renascimento europeu, o historiador da religião Ioan Couliano escreveu:

> (...) tenderíamos a dizer que (...) o mágico e o profeta verdadeiros agora desapareceram. É mais provável, porém, que tenham simplesmente se camuflado em disfarces sóbrios e legais (...). Hoje em dia, o mágico se ocupa com relações públicas, propaganda, pesquisa de mercado, questionários sociológicos, publicidade, informação, contrainformação, desinformação, censura, espionagem e até criptografia – uma ciência que no século XVI era um ramo da magia (Couliano, 1987 [1984]: 104).

Como os mágicos da Antiguidade e renascentistas, sugere Couliano, o profissional de publicidade moderno requer uma compreensão excelente dos potenciais para a criação de ressonâncias e vínculos entre pessoas, imagens e coisas que residem na forma de ressonâncias potencialmente constitutivas em qualquer mundo social. Permitam-me uma pausa para enfatizar as palavras *ressonância constitutiva* aqui – uma frase que peguei de Peter Sloterdijk (2011 [1998]: 559). Dois pontos precisam ser ressaltados.

Primeiramente, Couliano sugere que o trabalho do profissional de publicidade, como aquele do mágico, envolve identificar potenciais latentes que são imanentes às relações entre pessoas, imagens e coisas; potenciais que, quando ativados, podem disparar desejo e identificação. Como tal, a ideia de ressonância constitutiva toca de perto no que antropólogos durante o momento mana identificaram, frequentemente de forma preconceituosa, como uma tendência entre povos primitivos de pensar em termos de participação concreta e sensorial e não em termos de representação abstrata e conceitual. A direção tomada por debates antropológicos sobre essas questões durante e após o momento mana tende à preocupação com problemas de racionalidade, crença e causalidade (Wilson, 1991 [1970]; Stambach, 2000; Tambiah, 1990). Seria a magia simpática uma forma incipiente de ciência? Seria a racionalidade culturalmente relativa? Como podemos entender a persistência da magia e da divinação em face das evidências empíricas que parecem refutar sua eficácia agentiva e explicativa? Nesses debates, as dimensões estéticas da experiência – aquelas relacionadas à ressonância constitutiva sensorialmente palpável – sempre ocuparam um lugar excepcional e, em última análise, subsidiário. Mas, como técnicos especialistas de ressonância constitutiva, mágicos e profissionais da publicidade de massa, na definição de Couliano, estariam preocupados, precisamente, com o trabalho do mana: isto é, com a atualização de potenciais vitais e, como tal, com a ativação e a demarcação de mundos experienciais.

Em segundo lugar, estar atento a potenciais de ressonância constitutiva não é a mesma coisa que gerações mais recentes de antropólogos, inclusive alguns que conseguiram traduzir sua expertise em empregos mais ou menos rentáveis no setor de publicidade, entenderiam pela frase "conhecer a cultura" dos indivíduos ou grupos visados por feitiços, pelo discurso sobre o Estado da União, ou pelo anúncio. Ainda há muito a ser esclarecido sobre a profunda afinidade eletiva – alguns diriam a cumplicidade – entre a antropologia culturalista, particularmente em seu modo estruturalista dos anos 1970, e a ciência do marketing de posicionamento. No projeto mais amplo, para o qual o presente artigo é uma introdução, busco fazer um pouco desse esclarecimento (Mazzarella, 2017). Aqui, sugiro apenas um dos resultados mais importantes dessa afinidade eletiva; a saber, a maneira paradoxal como esta obscureceu, precisamente, a importância decisiva da afinidade eletiva para o trabalho do mana de produzir cultura e fazer mercados. Pois o que são as afinidades eletivas? Max Weber adaptou a frase de Goethe para capturar não equivalências preestabelecidas ou relações de causa-efeito diretas, mas sim simpatias contingentes, porém, germinais que, de modo emergente, permitem que ambas as partes na relação ressonante se tornem elas mesmas através uma da outra, de forma que apenas retroativamente criam a impressão de um "padrão de cultura".

Couliano observa que, embora o desenvolvimento da ciência natural moderna tenha em larga medida superado tentativas mágicas de controlar o mundo não humano, "nada substituiu a magia em seu próprio terreno, aquele das relações intersubjetivas" (Couliano, 1987 [1984]: 104). As ciências aspirantes desse terreno da ressonância constitutiva, particularmente ao se aplicarem à persuasão no nível da mediação de massa – categorização socioeconômica, classificação psicográfica e assim por diante – permanecem lamentavelmente cruas e imprecisas comparadas às prescrições esotéricas minuciosamente elaboradas de mágicos da Antiguidade e do início da Modernidade. No entanto, argumento que é aí que as explorações das ciências sociais durante o momento mana abrem possibilidades tentadoras. Como colocou Marett (1914 [1908]: 106), um dos significados da pessoa com mana é "o homem que pode exercer a magia da persuasão".

A "comunicação" não assumiu seu significado moderno, como demonstrou John Durham Peters (2001), até as duas últimas décadas do século XIX – em outras palavras, com o início do momento mana. E o conceito, ligado como é às nossas noções de comunhão e comunidade, carregou para o seu atual espaço semântico uma carga densa de ressonâncias místicas e mágicas. Peters nota que, no século XVII, "comunicação" geralmente se referia ao que filósofos escolásticos chamavam *actio in distans*, um problema central na filosofia natural: como um corpo pode influenciar outro sem tocá-lo.

O que poderia ser uma melhor definição mútua de magia e comunicação de massa que ação a distância? Conforme a descrição de ação mágica de Mauss e Hubert (2003: 141): "(...) distância não impede o contato, as figuras e os desejos são imediatamente realizados". Assim são também os sonhos de proximidade que prosperam no coração da comunicação de massa: "o evangelizador Oral Roberts pediu aos seus ouvintes que colocassem as mãos em seus aparelhos de rádio, enquanto escutavam de longe em seus salões, para que rezassem com ele e recebessem uma bênção especial que enviaria, tocando no microfone através do qual transmitia seu sermão" (Morgan apud Immergut e Kosut, 2014: 281).

À primeira vista, a imagem-chave de Durkheim (1996 [1912]) da produção de mana – a energia social que emerge quando pessoas se reúnem em grupos, cara a cara, corpo a corpo – pareceria ter a ver com proximidade, não com influência a distância. Para Durkheim, tudo o que reconhecemos como sociedade – na verdade, tudo o que reconhecemos como humanos – é baseado na mediação ritual dessa energia coletiva sob condições de "efervescência geral". Pode-se dizer que mana em Durkheim é um nome para essa potencialização sensorial do social e, ao mesmo tempo, o modo em que o social, em toda a sua sublimidade imensurável, faz-se não apenas sensorialmente palpável, mas "estimulante" e "tonificante" – isto é, vital.

Crucialmente, para Durkheim, mana não é uma propriedade primitiva apenas. É, mais precisamente, um fenômeno elementar que se manifesta de diferentes formas em todas as sociedades: na "hiperexcitação" do *corroboree* dos aborígenes australianos, mas também no entusiasmo que possibilita sacrifícios sem precedentes durante eventos revolucionários nas sociedades industriais e no excedente de forças que tendem a transbordar de líderes carismáticos. O refrão persistente de Durkheim é que mana, em todos esses cenários, é um nome que damos às "energias passionais" que surgem de um coletivo social e permitem a uma pessoa ou a um objeto assumir a aura, o dinamismo que confere ao grupo como tal – do contrário, uma abstração – vida encarnada e singular.

A Revolução Francesa é o exemplo recorrente de Durkheim de efervescência coletiva moderna e democrática: um tempo não somente de energias coletivas extraordinárias, mas também de novos deuses, ainda que, no fim das contas, passageiros. Vincent Crapanzano ilumina a conexão:

Em seu livro *O suicídio*, Durkheim usa *efervescência*, "*excitement*" na tradução em inglês, (...) para descrever o "*déchainement des désirs*" e as "paixões" que chegam com a industrialização e a extensão indefinida do mercado – quando o cliente do produtor se torna o mundo inteiro. Também usa *efervescência* para descrever a intensidade emocional da multidão ritual em [*As formas elementares da vida religiosa*]. (...) O paralelo entre a excitação da era industrial – através do mercado, na multidão – e a experiência ritual primitiva é digno de nota. Ambos estão, para Durkheim, no limite do controle – e da ordem (Crapanzano, 1995: 391, nota 2).

É certo que Durkheim, na verdade, não teoriza explicitamente formas de efervescência coletiva mediadas pela comunicação de massa (isto é, não presenciais). Seus exemplos de entusiasmo moderno são, como suas contrapartes primitivas, cenários de presença simultânea: a revolucionária assembleia ou multidão, a audiência apaixonada do orador de inspiração carismática. Certamente, é tentador traçar analogias entre a leitura de Durkheim do totemismo e a vida aurática de marcas de consumo modernas. Mas, quaisquer que sejam os méritos ou perigos de tais comparações, os exemplos que Durkheim realmente nos dá certamente *implicam* a eficácia do mana em públicos de mediação em massa: os novos ideais da Revolução Francesa – "a Pátria, a Liberdade, a Razão" –, "seus dogmas, seus símbolos, seus altares e suas festas" (p. 220) e, é claro, a aura de bandeiras nacionais pelas quais soldados estão prontos para morrer (p. 227). E devemos lembrar que diversos contemporâneos e rivais de Durkheim, estudiosos cujos trabalhos ele conhecia bem, estavam, durante esses anos, refletindo sobre correntes de mediação em massa de entusiasmo contagiante e a "atmosfera móvel" de públicos da imprensa (Tarde, 1969 [1901]: 284; ver também Le Bon, 2002 [1895]).

O ensaio de Mauss e Hubert sobre magia, assim como *As formas elementares* de Durkheim, manifestamente se preocupa com práticas primitivas. Como Durkheim, Mauss e Hubert assumem que o mana está na raiz tanto de sentimentos religiosos quanto da eficácia mágica, tanto da moralidade coletiva quanto do carisma pessoal. Mas, a discussão de Mauss e Hubert é maravilhosamente sugestiva no que diz respeito à relação entre a possibilidade do trabalho do mágico e as marés e os potenciais da opinião pública.

O que acontece aqui é muito diferente da imagem de manipulação hipnótica unidirecional da teoria da multidão padrão do momento mana – a imagem ecoada por Malinowski em sua interpretação da "selvageria moderna" de alguns de nossos "modernos pseudoestadistas ou *policanti* gigantescos".

Para começar, a relação entre o carisma pessoal aparentemente inerente do mágico e os investimentos e compromissos de sua clientela – que Mauss e Hubert denominam, significativamente, de seu público – é dialética. Por um lado, o mágico parece singularmente poderoso em sua própria pessoa. Ele é o que Gabriel Tarde (1903 [1890]), recorrendo a uma terminologia mesmerista mais antiga, chamou de *magnetizador*. Mauss e Hubert (2003, [1902-03]: 70) escrevem: "Suas palavras, seus gestos, seu piscar de olhos, seus pensamentos mesmos são forças. Toda a sua pessoa transmite eflúvios, influências, aos quais curvam-se a natureza, os homens, os espíritos e os deuses". E, porém, essa inerência do poder do mágico provém da extimidade – depende dos potenciais do público que são exteriores ao mágico e, no entanto, atualizados somente através da sua mediação: "É a opinião [pública], portanto, que cria o mágico e as influências que ele libera. É graças à opinião [pública] que ele sabe de tudo, que ele pode tudo" (p. 77).

Durkheim traça uma distinção rígida entre a religião, que entende como um fim em si mesmo, expressiva do status *sui generis* do coletivo social, e a magia, que caracteriza como um negócio inteiramente instrumental, um meio para um fim mundano. Em Mauss e Hubert, a relação entre o instrumental/profano e o coletivo/sagrado é mais ambígua. Para eles, crucialmente, mágicos só podem fazer sua magia pela apropriação das forças coletivas da sociedade (p. 125) – ou o que, no lugar do comprometido termo "cultura", chamarei de *arquivo mimético*. Se um mágico manipula, então também é, como Mauss e Hubert colocam, vítima de si próprio. Não apenas seu trabalho magnetizante precisa atualizar potenciais que residem nas "forças coletivas da sociedade", mas também responde, seja cínica ou sinceramente, à demanda esmagadoramente pública: "(...) o mágico não pode ser concebido como um indivíduo que age por interesse, a seu favor e por seus próprios meios, mas como uma espécie de funcionário investido, pela sociedade, de uma autoridade na qual ele próprio é obrigado a crer. (...) é sério porque é levado a sério, e é levado a sério porque se tem necessidade dele" (p. 131).

Matéria escura

Então, como seria uma redenção especulativa do mana, atenta às tensões produtivas entre sua articulação clássica e os tempos em que vivemos? Quais são os riscos, quais são os ganhos potenciais? Talvez o mana não seja nada mais que a matéria escura de nossa imaginação teórico-social – o lugar, como insistiu Lévi-Strauss (2003 [1950]) contra Mauss – onde depositamos um significante flutuante metamórfico, porque simplesmente não sabemos o que está acontecendo? Talvez a grande conveniência – e o grande vazio – do mana seja que vemos nele o que queremos ver, mas não conseguimos bem reconhecer, uma imagem de nós mesmos disfarçada ao ponto de se tornar ir/reconhecível em um *mise-en-scène* primitivo, e, porém, ao mesmo tempo, recuperada através de analogias familiares?

Certamente, essa tem sido uma linha de crítica frequente (e uma que, mais recentemente, tem muitas vezes sido direcionada às teorias do afeto [*affect theory*], em relação às quais os debates do mana têm mais que uma leve semelhança e relevância). Quando o momento mana chegou ao fim – quando, por assim dizer, o "mana" perdeu seu mana –, os partidários do assentamento empirista se digladiaram para demonstrar que o mana era nada mais que uma projeção etnocêntrica de interesses industriais sobre a figura do primitivo. A obsessão do momento mana em usar metáforas e símiles eletromagnéticos facilitou isso. Marett o fez para enfatizar a extensão do mana, do cotidiano ao sagrado, e sua volatilidade, seu "poder de abençoar ou detonar" (Marett, 1914 [1910]: 193): "O *mana* é sempre *mana*, poder sobrenatural, que difere em intensidade – em voltagem, por assim dizer – mas nunca em essência" (Marett, 1914 [1908]: 119) e "lá opera, em todas as fases da vida [primitiva], uma força espiritual de corrente alternante; a energia fluindo não apenas do polo positivo [mana], mas também do polo negativo [tabu], por sua vez" (Marett, 1914 [1910]: 200-201). Durkheim o fez para transmitir tanto a compulsão física palpável da moralidade coletiva como os perigos igualmente viscerais da transgressão contra a consciência coletiva. A eletricidade aqui se tornou uma forma de fazer analogias com uma força que Durkheim insistia ser demasiado real:

> Quando dizemos desses princípios [como o mana] que são forças, não tomamos a palavra numa acepção metafórica: elas agem como verdadei-

ras forças. São inclusive, num certo sentido, forças materiais que engendram mecanicamente efeitos físicos. Se um indivíduo entra em contato com elas sem ter tomado as precauções necessárias, recebe um choque que pode ser comparado ao efeito de uma descarga elétrica (Durkheim, 1996 [1912]: 191-192).

A analogia também permitiu que Durkheim transmitisse a intensidade da efervescência coletiva no calor da assembleia ritual: "Ora, o simples fato da aglomeração age como um excitante excepcionalmente poderoso. Uma vez reunidos os indivíduos, sua aproximação libera uma espécie de eletricidade que os transporta rapidamente a um grau extraordinário de exaltação" (p. 221-222). Ninguém elaborou o tropo de forma tão extravagante quanto E. S. Craighill Handy. Como Marett, Handy traduziu o mana, ao longo de diversas páginas de seu *Polynesian Religion*, em polos positivo e negativo, imaginou mitos de criação polinésios em termos de uma impregnação primordial de carga do polo negativo pelo positivo, escreveu sobre a necessidade de isolamento ritual do transmissor e reservatório (o chefe sagrado ou padre, por exemplo) para a sua própria proteção, caracterizou alimentos, roupas e outros meios físicos como "condutores", distinguiu mana "cinético", "estático" e "latente", e sugeriu que qualquer indivíduo, enquanto transmissor, poderia ser "o centro de um campo de influência magnética psíquica" (Handy, 1927: 28-29).

Como Ulf Hannerz observa, "sempre que alguém embarca em um passeio intelectual por uma metáfora, é essencial que saiba quando desembarcar" (Hannerz, 1992: 264). Os supercarregados teóricos do mana, aparentemente, não aprenderam a lição, passeando na metáfora até seu terminal e transformando o mana em uma substância semelhante a uma coisa. Já vimos que Firth comicamente confessou, em 1940, ter "martelado" seus informantes Tikopia em vão em busca de evidências do *Ding an sich*. Em 1963, Rodney Needham argumentou que a dependência de Durkheim de metáforas eletromagnéticas veio do desejo de emprestar gravidade científica à sua teoria social, um argumento posteriormente ecoado pelo biógrafo de Durkheim, Steven Lukes (Lukes, 1972; Needham, 1963). Pouco depois, insistiu em que as metáforas materializadoras de escritores do momento mana – "um linguajar científico derivado da física: eletromagnetismo, hidráulica, mecânica" – marcaram uma incapacidade, por parte da geração de antropólogos não obrigados a garantir que suas teorias fossem verificáveis por evidências etnográficas e linguísticas, de transcender figuras do pensamento que permeiam a experiência cotidiana de "civilizações tecnológicas" (Needham, 1976: 82).

A delimitação empirista culminou em um artigo de 1984 de Roger Keesing, que, como Needham, sugeriu que a ideia de que o mana seria uma substância ou uma coisa foi "uma invenção de europeus, inspirados em suas próprias metáforas populares de poder e em teorias da física do século XIX" (Keesing, 1984: 148). Expandindo o argumento em termos explicitamente culturalistas, Keesing explicou:

> O erro europeu foi inferir um meio semelhante a uma substância, o mana, o elemento invisível que espíritos e deuses davam ou retinham, o meio universal de poder e sucesso. Ilhéus do Pacífico sabiam que o que fazia uma pedra mágica mana não era o mesmo que aquilo que fazia uma canoa de guerra mana ou uma expedição de pesca mana: diferentes ancestrais ou deuses transmitiam diferentes poderes para pessoas diferentes em formas diferentes (embora desconhecidas). Mas, com poucas exceções, os ilhéus do Pacífico foram malsucedidos ao explicar isso para os europeus de inclinação teológica, presos em suas próprias metáforas convencionais de poder, noções de um universo explicado universalmente, e modelos físicos de eletricidade e hidráulica. Não entendemos que essa condição mana representava uma *qualidade* comum de eficácia ou sucesso, retrospectivamente interpretada, não um *meio* universal para ela (Keesing, 1984: 149-150).

Há, é claro, uma espécie de atratividade antropológica *a priori* no argumento de Keesing. Mas, e se suspendêssemos, por um momento, a prioridade de descobrir o que o mana "realmente significa" entre as pessoas de quem originalmente aprendemos a palavra?

Para começar, podemos observar um ponto já colocado por Durkheim: que as próprias metáforas ocidentais de força, agora convencionalmente atribuídas ao léxico da física, se originam no uso religioso de onde migraram para discursos da ciência ocidental (Pickering, 1984: 210). E ainda há o problema de reversibilidade metafórica. A crítica etnográfica sempre pressupõe que a metáfora, sendo usada pelos escritores do momento mana, incorpora a imposição unidirecional de um significante de uma "cultura" estável e preexistente (o "ocidental", o "europeu", e assim por diante) sobre outro, aquele do informante "nativo". Mas, o trânsito sempre já flui para os dois lados. Pois, se Marett, Durkheim, Handy e os demais traduziram mana em eletricidade – o meio dinâmico de uma emergente vida industrial de mediação em massa –, também a eletricidade, ondas de rádio e outras forças novas de vida e comunicação, durante o momento mana, foram frequentemente metaforizadas como mágicas e sobrenaturais.

Durkheim pode ter imaginado a eletricidade fluindo pelo corpo social do *corroboree* australiano. Mas, igualmente, os teóricos da multidão daqueles anos tipicamente buscavam metáforas de selvageria para tratar das energias desenfreadas e imprevisíveis das multidões urbanas (Borch, 2013; Jonsson, 2013; Mazzarella, 2010; Schnapp e Tiews, 2006). Se o mana parecia uma espécie de substância mística para os antropólogos do momento mana, então era porque a eletricidade e o que esta possibilitou em casa já eram mágicos. Como John Durham Peters observa: "a recepção popular tanto do telégrafo quanto do telégrafo sem fio ou rádio [no final do século XIX e início do XX] mostra a persistência do sonho de que a eletricidade pode interligar almas. (...) Mesmerismo e telegrafia se baseiam em um projeto cultural comum: a conexão elétrica entre indivíduos distantes" (Peters, 2001: 94).

A conexão telégrafo-mundo espiritual, argumenta Peters (2001: 94), era bastante literal: "O espiritualismo, a arte da comunicação com os mortos, modelou-se explicitamente na habilidade do telégrafo de receber mensagens remotas". Pensa-se aqui, também, na agora clássica análise de Michael Taussig (1993) de momentos desorientadores do encontro mágico-técnico no mundo colonial e o regresso infinito de fascinações: "nós" somos fascinados pela fascinação "deles", "eles" são fascinados pela "nossa" fascinação com a fascinação "deles"... e assim por diante, descendo o ralo fetichista (ver também Jones, 2010).

A questão é que a acusação de etnocentrismo, enquanto etnograficamente válida em um sentido estreitamente local, perde o ponto mais amplo: as metáforas em jogo não são veículos muito mais ou menos adequados de tradução entre mundos culturais estáveis, mas meios de ressonância constitutiva, de afinidade eletiva emergente em um campo que só começa a aparecer como uma "zona de contato" em sua inscrição como, por exemplo, a relação entre (na linguagem do momento mana) o selvagem e o civilizado ou (na linguagem do assentamento empirista) mundos socioculturais circunscritos. A vitalidade extraordinária e mutável do conceito mana durante seu apogeu tinha a ver, quero sugerir, com a maneira que se tornou um meio de uma ressonância duplamente constitutiva – um termo buraco de minhoca que ao mesmo tempo faz e desfaz os limites entre espírito e tecnologia, entre o mágico e o moderno. O mana é como a eletricidade, que é como a publicidade de massa, que é como o mana. Como colocado na apresentação do novo negócio de J. Walter Thompson (apud Lears, 1994: 217) em 1925: "a publicidade é uma força não moral que, como a eletricidade, não apenas ilumina, mas eletrocuta".

Ordem e emergência no arquivo mimético

O momento mana, então, combinou elementos de evolucionismo desencantador com projetos românticos de reencantamento (Pels, 2003). Mana apareceu como um nome para a força transcendente garantindo uma ordem moral, uma ordem simbólica, uma ordem cultural. Mas, também sempre foi uma marca de excesso, do sobrenatural, da sobreabundância, da "sobrecarga" (Handy, 1927: 27). Era a eficácia que excedia e transbordava requisitos básicos. E, no entanto, de alguma forma, essa mesma excessividade, essa forma pela qual o mana sempre parecia incorporar "algo mais" no cerne de qualquer ordem social dada, tornou-o tanto instrumental quanto esteticamente indispensável. É essa propriedade emergente no cerne da ordem que liga o mana a noções de publicidade de massa, tanto no registro da política carismática (não apenas Durkheim, mas também Weber [1968 (1920): 400] fez essa conexão explicitamente) quanto no registro da estética diferentemente aurática de obras de arte e da publicidade comercial (Horkheimer e Adorno, 2002 [1944]: 14; Benjamin, 2008 [1936]).

Em *As formas elementares*, Durkheim (1996 [1912]: 217) fala sobre o mana: "Assim, [concebemo-lo], corretamente, sob a forma de uma força moral que, embora nos sendo imanente, representa em nós algo mais que nós (...)". Em um nível, a declaração de Durkheim pode ser lida simplesmente como "o mana é a forma como vivenciamos a existência íntima da sociedade em nós". Isso já significaria reconhecer a inquietante extimidade do social, como Durkheim a entende, seu anonimato peculiarmente íntimo. E se essa é uma das faces percebidas do mana, então este também nos é reconhecível como a estrutura da publicidade de massa enquanto comunicação pública: um anonimato íntimo que só se dirige a nós em nossa especificidade na medida em que também, e ao mesmo tempo, dirige-se a um número infinitamente aberto de outros.

Como argumentou Michael Warner (2002), sociabilidade pública é sociabilidade de estranhos. Mas, isso não significa simplesmente que a vida pública requer que saibamos como interagir com estranhos. Mais profundamente, significa que, na medida em que nossa autocompreensão é orientada, ao menos em parte, pela publicidade de massa, somos mais profundamente "nós mesmos" nos lugares em que nos sentimos alcançados juntamente com estranhos. Warner enfatiza a especificidade histórica e medial de como "A força extensiva dessas formas culturais [públicas] não pode ser entendida separadamente do modo como tornam normativa a relacionalidade de estranhos, remodelando as dimensões mais íntimas da subjetividade em torno do copertencimento com pessoas indefinidas em um contexto de ação rotineira" (2002: 57). Nesse sentido, é interessante notar que, embora Durkheim aparentemente esteja, em *As formas elementares*, lidando principalmente com sociedades presenciais, sua compreensão do que significa atingir a pessoalidade (por oposição à mera existência individual) não é menos dependente da pressuposição de uma identificação impessoal do que a linhagem da teoria crítica da esfera pública que vai desde Immanuel Kant (1999 [1784]), até Jürgen Habermas (1989 [1962]) e depois para Warner. De fato, Durkheim até fornece a base para pensar os totens como mídias incipientes de sociabilidade de estranhos, se não exatamente como nas comunidades imaginadas de Anderson: o clã totêmico, observa Durkheim (1996 [1912]), é unido pela prática ritual em vez de pela residência comum ou sangue.

Mas, novamente, o mana – seja do totemismo ou da publicidade de massa – marca não apenas uma relação consigo mesmo. Não é apenas a sensação da presença de extimidade, de algo constitutivamente anônimo no interior do sujeito. O que o produziu como um monograma do momento mana foi a necessidade de um modo de expressar a dependência de qualquer ordem social em rituais que incitam e contêm uma percepção palpavelmente aguçada da circunstância. Esses rituais podem ser marcados como sagrados e excepcionais e, às vezes, explicitamente chamados de "religiosos". Ou, podem ser sutilmente integrados às rotinas da vida cotidiana. Ainda que a publicidade e outros tipos de divulgação comercial tomem formas espetaculares e grandiosas, a operação corriqueira e capilar do mana depende da orquestração de energias carismáticas que são de tão baixa voltagem (para reciclar a celebrada metáfora) que se tornam quase imperceptíveis. Rastrear o mana da publicidade de massa significa estar atento ao jogo de intensidades emergentes que vão do protuberante ao subliminar.

Se o mana da publicidade de massa é uma maneira de falar sobre "a sempre presente força atuante nas coisas" (King, 1892: 140), então por qual modo essa atualização acontece? Sobre que substância, sobre quais potenciais opera? O modo, como já sugeri, é a ressonância constitutiva estrategicamente empregada através de um magnetizador que pode ou não ser humano e que pode ou não se tornar um fetiche – isto é, vir a corporificar a fonte carismática da ressonância. A substância é o nosso arquivo mimético coletivo: o resíduo é fixado não apenas nas formas explicitamente articuladas comumente reconhecidas como discursos culturais, mas também em nosso ambiente construído e em nossas formas materiais, na história concreta de nossos sentidos, e nos hábitos da nossa corporificação compartilhada. Esse resíduo é preservado em dois níveis. Em um nível, aparece como potencial incipiente. No outro nível, toma a forma de todas as formas discursivas e simbólicas explicitamente elaboradas através das quais potenciais do nosso arquivo mimético foram anteriormente atualizados, cada atualização então proliferando e devolvendo novos potenciais para o arquivo. Parte do arquivo é, evidentemente, textual ou significa de outras maneiras mais ou menos explícitas. Mas, de longe, a maior parte do arquivo existe virtualmente, ainda que de modo imanente, nas dimensões não significantes, mas palpavelmente sensoriais da vida coletiva. Se quisermos usar a linguagem deleuziana, podemos dizer que esses potenciais imanentes são "dobrados" como incipiência (Massumi, 2002). Ou, se quisermos empregar um léxico benjaminiano, podemos falar de sua "inervação" nas formas materiais da experiência cotidiana (Hansen, 2012).

O ponto é que a atualização sentida que poderíamos chamar de mana envolve, no nível da experiência subjetiva, uma duplicação que suspeito que a maioria de nós reconhecerá de momentos decisivos de iluminação, identificação e desejo. Uma sensação, por um lado, de que estamos na presença de algo novo e emergente. E uma sensação, por outro lado, de que a novidade da situação é, em certo sentido, a satisfação de uma necessidade eterna ou a culminação de um processo de uma vida inteira. É por isso que, não importa se o encontro envolve um parceiro íntimo, um líder político, uma iluminação espiritual, ou talvez, simplesmente, o par de jeans perfeito, podemos experimentar uma situação sem precedente como "aquilo que sempre quis" (embora não soubéssemos que queríamos isso até aquele momento) e, da mesma forma, experimentar uma nova sensação de nós mesmos como "quem sempre fui realmente" (mesmo que essa seja a primeira vez que nos encontremos sob essa luz). A simultaneidade da novidade e do reconhecimento, experimentada como um momento afetivamente intensificado de sintonização sujeito-objeto, é o que marca o trabalho do mana no arquivo mimético. Žižek (2012), a partir de Hegel, chama essa sensação retroativa de inevitabilidade de "postular as pressuposições". Mas, diferentemente de Žižek, cujos sujeitos cultivam uma história lacaniana crônica de carência, sugiro que a sensação do mana emerge de uma plenitude virtual e coletiva: a atualização de ressonâncias constitutivas que são imanentes ao arquivo mimético.

Então, quando Durkheim fala que o mana é "uma força moral que, embora nos sendo imanente, representa em nós algo mais que nós", pode-se ver que essa combinação de autoimanência e autoalteridade pode ser entendida de duas formas. Como seres autoimanentes, encontramo-nos através da atualização do arquivo mimético que aparece como uma espécie de plenitude "êxtima", um campo de experiência e potencial coletivamente "dobrados" do qual participamos. Como seres caracterizados pela autoalteridade, a dimensão da extimidade aparece, à primeira vista, sob uma luz mais "alienada": somente se renunciarmos ao que é "meramente" nós mesmos poderemos alcançar a completude impessoal da nossa "verdadeira" humanidade. Colocada dessa maneira, a ideia soa mística. Mas apenas estou ensaiando um tropo padrão do liberalismo iluminista que vem, desde a insistência de Kant de que, para participarmos da razão objetiva, devemos colocar de lado todas as nossas preferências e disposições puramente pessoais, até o argumento confessamente kantiano de Durkheim de que só realizamos nossa "pessoalidade" quando participamos do campo impessoal do coletivo social – e que é a força desse coletivo impessoal que o mana expressa. Uma das grandes virtudes da discussão de Durkheim em *As formas elementares* é que nos permite ver como – quer estejamos falando sobre totemismo ou sobre publicidade de massa – a plenitude "êxtima" do que chamo aqui de arquivo mimético e a impessoalidade "êxtima" do coletivo são, enfim, dois lados da mesma moeda.

Referências

BENJAMIN, Walter. *The Correspondence of Walter Benjamin, 1910-1940*. Chicago, IL: University of Chicago Press, 1994.

BLUST, Robert. Oceanic Mana Revisited. *Oceanic Linguistics*, v. 46, n. 2, p. 404-423, 2007.

BORCH, Christian. *The Politics of the Crowd: An Alternative History of Sociology*. Cambridge: Cambridge University Press, 2013.

BOYER, Dominic; HOWE, Cymene. Portable Analytics and Lateral Theory. In: BOYER, Dominic; FAUBION, James; MARCUS, George (orgs.). *Theory Can Be More than it Used to Be: Learning Anthropology's Method in a Time of Transition*. Ithaca, NY: Cornell University Press, 2015.

CODRINGTON, Robert. *The Melanesians: Studies in their Anthropology and Folklore*. Oxford: Clarendon Press, 1891.

COMAROFF, Jean; COMAROFF, John L. *Theory From the South: Or, How Euro-America is Evolving Toward Africa*. Boulder: Paradigm, 2012.

COULIANO, Ioan. *Eros and Magic in the Renaissance*. Chicago, IL: University of Chicago Press, 1987 [1984].

CRAPANZANO, Vincent. The Moment of Prestidigitation: Magic, Illusion, and Mana in the Thought of Emile Durkheim and Marcel Mauss. In: BARKAN, Elazar; BUSH, Ronald (orgs.). *Prehistories of the Future: The Primitivist Project and the Culture of Modernism*. Stanford, CA: Stanford University Press, 1995, p. 95-113.

DURKHEIM, Emile. *As formas elementares da vida religiosa*. São Paulo: Martins Fontes, 1996 [1912].

DUSSEL, Enrique. *The Invention of the Americas: Eclipse of the 'Other' and the Myth of Modernity*. Nova York: Continuum, 1995 [1992].

EVANS-PRITCHARD, E. E. The Morphology and Function of Magic: a Comparative Study of Trobriand and Zande Ritual and Spells. *American Anthropologist*, 31, p. 619-641, 1929.

_____. *Theories of Primitive Religion*. Oxford: Clarendon, 1965.

FIRTH, Raymond. The Analysis of *Mana*: an Empirical Approach. *The Journal of the Polynesian Society*, v. 49, n. 4, p. 483-510, 1940.

GELL, Alfred. Technology and Magic. *Anthropology Today*, v. 4, n. 2, p. 6-9, 1988.

GOLDENWEISER, A. A. Spirit, Mana, and the Religious Thrill. *The Journal of Philosophy, Psychology and Scientific Methods*, v. 12, n. 23, p. 632-640, 1915.

HABERMAS, Jürgen. *The Structural Transformation of the Public Sphere: An Inquiry into a Category of Bourgeois Society*. Cambridge, MA: MIT Press, 1989 [1962].

HANDY, E. S. Craighill. *Polynesian Religion*. Bernice P Bishop Museum Bulletin 34, 1927.

HANNERZ, Ulf. *Cultural Complexity: Studies in the Social Organization of Meaning*. Nova York: Columbia University Press, 1992.

HANSEN, Miriam Bratu. *Cinema and Experience: Siegfried Kracauer, Walter Benjamin and Theodor W Adorno*. Berkeley, CA: University of California Press, 2012.

HOCART, A. M. Mana. *Man*, 14, p. 97-101, 1914.

HOGBIN, H. Ian. Mana. *Oceania*, VI (3), p. 241-274, 1936.

HORKHEIMER, Max; ADORNO, Theodor. *Dialectic of Enlightenment: Philosophical Fragments*. Nova York, NY: Columbia University Press, 2002 [1944].

IMMERGUT, Matthew; KOSUT, Mary. Visualizing Charisma: Representations of the Charismatic Touch. *Visual Studies*, v. 29, n. 3, p. 272-284, 2014.

JONES, Graham. Modern Magic and the War on Miracles in French Colonial Culture. *Comparative Studies in Society and History*, v. 52, n. 1, p. 66-99, 2010.

JONSSON, Stefan. *Crowds and Democracy: The Idea and Image of the Masses from Revolution to Fascism*. Nova York: Columbia University Press, 2013.

KANT, Immanuel. What is Enlightenment? In: BEHLER, Ernest (org.). *Immanuel Kant: Philosophical Writings*. Nova York: Continuum, 1999 [1784], p. 263-269.

KEESING, Roger. Rethinking "mana". *Journal of Anthropological Research*, v. 40, n. 1, p. 137-156, 1984.

KING, John. *The Supernatural: Its Origin, Nature, and Evolution*. Londres: Williams and Norgate, 1892.

LEACH, Edmund. Anthropology of Religion: British and French Schools. In: SMART, Ninian et al. (org.). *Nineteenth Century Religious Thought in the West*, vol. III, 1985, p. 215-262.

LEARS, T Jackson. *Fables of Abundance: A Cultural History of Advertising in America*. Nova York: Basic Books, 1994.

LE BON, Gustave. *The Crowd: A Study of the Popular Mind*. Mineola, NY: Dover, 2002 [1895].

LÉVY-BRUHL, Lucien. *Les fonctions mentales dans les sociétés inférieures*. Paris: PUF, 1951 [1910].

LUKES, Steven. *Emile Durkheim: His Life and Work*. Nova York: Harper & Row, 1972.

MACCLANCY, Jeremy. Mana: an Anthropological Metaphor for Island Melanesia. *Oceania*, v. 57, n. 2, p. 142-153, 1986.

MALINOWSKI, Bronislaw. Magic, Science, and Religion. In: MALINOWSKI, Bronislaw. *Magic, Science, and Religion*. Garden City, NY: Doubleday Anchor, 1948 [1925].

_____. *Coral Gardens and Their Magic, Volume Two: The Language of Magic and Gardening*. Londres: George Allen & Unwin Ltd., 1935.

MARETT, R. R. The Conception of Mana. In: _____. *The Threshold of Religion*. Londres: Methuen & Co., 1914 [1908], p. 99-121.

_____. The Birth of Humility. In: _____. *The Threshold of Religion*. Londres: Methuen & Co., 1914 [1910], p. 169-202.

MASSUMI, Brian. The Autonomy of Affect. In: *Parables For the Virtual: Movement, Affect, Sensation*. Durham, NC: Duke University Press, 2002, p. 23-45.

MAUSS, Marcel; HUBERT, Henri. Esboço de uma teoria geral da magia. In: MAUSS, Marcel. *Sociologia & antropologia*. São Paulo: Cosac Naify, 2003 [1902-03], p. 47-182.

MAZZARELLA, William. The Myth of the Multitude, or, Who's Afraid of the Crowd. *Critical Inquiry*, v. 36, n. 4, p. 697-727, 2010.

_____. *Censorium: Cinema and the Open Edge of Mass Publicity*. Durham, NC: Duke University Press, 2013.

_____. *The Mana of Mass Society*. Chicago: University of Chicago Press, 2017.

MCCREERY, John. Malinowski, Magic, and Advertising: on Choosing Metaphors. In: SHERRY, John (org.). *Contemporary Marketing and Consumer Behaviour: An Anthropological Sourcebook*. New Delhi: Sage, 1995, p. 309-329.

MILLER, Jacques-Alain. Extimity. *The Symptom 9*, 2008. Disponível em: http://www.lacan.com/symptom/?p=36 (acesso em 21 de maio de 2015).

MONDRAGÓN, Carlos. Of Winds, Worms, and Mana: the Traditional Calendar of the Torres Islands, Vanuatu. *Oceania*, v. 74, n. 4, p. 289-308, 2004.

NEEDHAM, Rodney. Skulls and Causality. *Man* (New Series), v. 11, n. 1, p. 71-88, 1976.

NYE, Robert. Savage Crowds, Modernism, and Modern Politics. In: BARKAN, Elazar; BUSH, Ronald (orgs.). *Prehistories of the Future: The Primitivist Project and the Culture of Modernism*. Stanford, CA: Stanford University Press, 1995, p. 42-55.

PELS, Peter. Introduction: Magic and Modernity. In: MEYER, Birgit; PELS, Peter (orgs.). *Magic and Modernity: Interfaces of Revelation and Concealment*. Stanford, CA: Stanford University Press, 2003, p. 1-38.

PETERS, John Durham. *Speaking Into the Air: A History of the Idea of Communication*. Chicago: University of Chicago Press, 2001.

PICKERING, W. S. F. *Durkheim's Sociology of Religion: Themes and Theories*. Londres: Routledge & Kegan Paul, 1984.

SAHLINS, Marshall. J Prytz Johansen: Kant among the Maori. Introduction to New Edition of *The Maori and his Religion in its Non-Ritualistic Aspects*. Chicago: Hau Books, 2012.

SCHNAPP, Jeffrey; TIEWS, Matthew (orgs.). *Crowds*. Stanford, CA: Stanford University Press, 2006.

SHORE, Bradd. *Mana* and *Tapu*. In: HOWARD, Alan; BOROFSKY, Robert (orgs.). *Developments in Polynesian Ethnology*. Honolulu, HI: University of Hawaii Press, 1989.

SIMMEL, Georg. The Conflict of Modern Culture. In: FRISBY, David; FEATHERSTONE, Mike (orgs.). *Simmel On Culture*. Londres: Sage, 1997 [1918], p. 75-89.

SLOTERDIJK, Peter. *Spheres Volume 1: Bubbles – Microspherology*. Nova York: Semiotext(e), 2011 [1998].

STAMBACH, Amy. The Rationality Debate Revisited. *Reviews in Anthropology*, v. 28, n. 4, p. 341-351, 2000.

TAMBIAH, Stanley Jeyaraja. *Magic, Science, and the Scope of Rationality*. Cambridge: Cambridge University Press, 1990.

TARDE, Gabriel. *The Laws of Imitation*. Nova York: Henry Holt, 1903 [1890].

TAUSSIG, Michael. *Mimesis and Alterity: A Particular History of the Senses*. Londres: Routledge, 1993.

TROUILLOT, Michel-Rolph. Anthropology and the Savage Slot: the Poetics and Politics of Otherness. In: _____. *Global Transformations: Anthropology and the Modern World*. Londres: Palgrave Macmillan, 2003 [1991], p. 7-28.

TYLOR, Edward Burnett. *Primitive Culture: Researches into the Development of Mythology, Philosophy, Religion, Language, Art and Custom*. Nova York: Henry Holt and Company, 1874 [1871].

VALERI, Valerio. *Kingship and Sacrifice: Ritual and Society in Ancient Hawaii*. Chicago: University of Chicago Press, 1985.

WARNER, Michael. Publics and Counterpublics. *Public Culture*, v. 14, n. 1, p. 49-90, 2002.

WEBER, Max. Religious Groups (the Sociology of Religion). In: ROTH, Guenther; WITTICH, Claus (orgs.). *Economy and Society: An Outline of Interpretive Sociology*. Berkeley: University of California Press, 1968 [1920], p. 399-421.

WEBSTER, Hutton. Review of Emile Durkheim. *Les forms élémentaires de la vie religieuse*, *American Journal of Sociology*, v. 18, n. 6, p. 843-846, 1913.

WILSON, Bryan (org.). *Rationality*. Oxford: Blackwell, 1991 [1970].

ŽIŽEK, Slavoj. *The Ticklish Subject: The Absent Center of Political Ontology*. Nova York: Verso, 1999.

_____. Is It Still Possible to be a Hegelian Today? In: *Less Than Nothing: Hegel and the Shadow of Dialectical Materialism*. Londres: Verso, 2012, p. 193-240.

Notas

1 Repito aqui uma defesa do meu uso do modificador "massa" – comunicação de massa, publicidade de massa, mídia de massa e assim por diante – que primeiro apareceu em uma nota de rodapé do meu livro *Censorium*: "Muitos argumentariam que a época das massas (...) foi historicamente suplantada por estruturas políticas, de marketing e de mídia mais diferenciadas. Apego-me ao termo massa não por nostalgia por uma era mais homogênea, desaparecida, mas porque preserva o sentido de generalidade que acredito que ainda caracteriza a noção moderna de públicos" (Mazzarella, 2013: 223-224, nota 5).

2 N.T.: Vale mencionar que o autor usa o termo em inglês *"publicity"* que, como "publicidade" em português, tem tanto o sentido de qualidade do que é público quanto o de promoção de algo ou alguém.

3 N.T.: No original *"empiricist settlement"*. O autor usa o termo *settlement* em seu duplo sentido de acordo entre partes – no caso, entre os antropólogos empiristas – e de um espaço ocupado, que remete à questão da colonização com a qual a história da antropologia guarda relação.

4 Valeri critica veementemente a dependência exclusiva de Firth sobre referências verbais explícitas: "De fato, se há uma crítica que pode ser levantada contra o tratamento que Firth dá ao mana em Tikopia, é que usa como fontes de informação apenas declarações verbais sobre o mana. Presumivelmente, um ritual que envolve mana pode nos dizer muito sobre essa noção mesmo que a palavra correspondente nunca seja pronunciada durante a performance" (Valeri, 1985: 98).

5 Além de Firth (1940), ver, por exemplo, Blust (2007), Evans-Pritchard (1929), Hogbin (1936), Keesing (1984), MacClancy (1986), Mondragón (2004), Needham (1976), Shore (1989) e Valeri (1985). A crítica de Claude Lévi-Strauss (1950) à leitura que Mauss faz do mana, que discuto extensamente no projeto mais longo (Mazzarella, 2017), foi uma exceção importante e influente a essa tendência.

6 N.T.: A expressão idiomática empregada por Evans-Pritchard (1965: 110) é *"dead as mutton"*.

7 Gell (1980) e McCreery (1995) reconhecem e refletem diversamente sobre o gesto pioneiro de Malinowski. Tenho uma dívida profunda com as iluminações provocativas de Michael Taussig (1993) em *Mimesis and Alterity*.

É possível fazer história do consumo a partir da publicidade?

Jacqueline Dussaillant Christie*

Em junho de 1930, Gath y Chaves, na época a maior loja de departamentos do Chile, publicou vários anúncios na revista *Zig-Zag* para divulgar sua liquidação de inverno.** Um deles dizia que "é forçoso acabar com o estoque da temporada" e, para isso, proclamava que "não importa deixar de ganhar, mas sim vender muito". Além de ser um argumento inverossímil para uma empresa querer vender "sem ganhar", o que mais chama a atenção nesse anúncio é o parágrafo seguinte: "Compre ainda que não precise!". Se o ato de compra é essencialmente realizado para satisfazer alguma necessidade, como se interpreta esse convite a comprar sem precisar? Excluímos a possibilidade de tratar-se de um apelo destinado a estimular a economia do país duramente atingida após o colapso de Wall Street, entre outras coisas porque, nesse caso, o apelo teria sido mais explícito.[1] Portanto, podemos supor que fosse um convite a comprar para satisfazer uma nova necessidade do mundo moderno, o consumo como a "arte de viver"[2] motivado pela simples "posse" de bens.

Isso nos impele a refletir sobre duas velhas discussões. A primeira diz respeito à capacidade da publicidade de influenciar o consumo ao ponto de levar as pessoas a realizar atos de compra mesmo sem ter a necessidade de fazê-lo. Neste sentido, seria necessário avaliar se aquele apelo realmente teve algum impacto nos leitores do anúncio. A segunda, que é a discussão que nos interessa aqui, seria perguntar 1) se a publicidade reflete uma realidade social; 2) se reflete os desejos e aspirações dos consumidores, ou 3) os desejos e aspirações de seus criadores. Em outras palavras, seria realmente possível que o próprio consumo estivesse sendo vendido de forma tão explícita em 1930, nesse país latino-americano? Esta segunda discussão é particularmente relevante porque questiona as possibilidades que a publicidade oferece

---

* Pesquisadora do Centro de Investigación y Documentación (CIDOC) e professora associada da Escola de História, Universidad Finis Terrae.
** Tradução de Lucía Inés D'Albuquerque Donoso.

como fonte de informações para o historiador em termos gerais e, especialmente, para a história do consumo. Bem conhecida é a afirmação feita em 1926 pela agência de publicidade Ayer & Son de Nova York:

> Os historiadores do futuro não terão que depender das diminutas coleções dos museus, nem terão de vasculhar documentos obscuros e gravuras antigas para reconstruir uma imagem fiel de 1926. Dia a dia, uma imagem de nosso tempo é registrada completa e vividamente em anúncios de jornais e revistas americanos. Se todas as outras fontes de informação sobre a vida atual falhassem, a publicidade reproduziria para os tempos futuros, como o faz para os tempos atuais, a ação, a cor, a variedade, a dignidade e as aspirações da vida americana (Marchand, 1986: xv).

Quase quarenta anos depois, o filósofo canadense e teórico da comunicação Marshall McLuhan escreveu que "historiadores e arqueólogos um dia descobrirão que a publicidade da nossa época constitui a prova cotidiana mais rica e fiel que qualquer sociedade possa apresentar de toda sua diversidade de atividades" (McLuhan, 1989 [1964]: 286). Depois dele, o historiador britânico Peter Burke assinalou que as imagens usadas na publicidade "são as mais úteis que podem existir como fontes de informação para as atitudes do passado em relação aos bens de consumo" (Burke, 2005: 117). Alguns pesquisadores até mesmo a descrevem como "o álbum familiar da sociedade" (Belk e Pollay, 1985: 888) ou como uma "metáfora de época" (Myers, 1986: 151).

Convém, portanto, perguntar-se quão verdadeiras são as afirmações de tais teóricos. Especialmente a partir da década de 1990, a produção historiográfica sobre o consumo ganhou grande interesse na América Latina, particularmente no México, na Colômbia e na Argentina, seguindo algumas linhas temáticas e metodológicas das historiografias europeia e americana (Douglas e Isherwood, 1979; Appadurai, 1986; Miller, 1987; De Grazia, 1996; Trentmann, 2012) que incluem a relação do consumo com classe social, gênero e idade (Horowitz, 1998; Breward, 1999; Witkowski, 2018; Cook, 2012; Capuzzo, 2012). O consumo e a mensagem publicitária que lhe foi associada, como um intermediário comunicacional entre produtor e consumidor, permitiram a discussão extensiva de temas associados à natureza da Modernidade, do capitalismo e da cultura (Rocchi, 2006, 2017; Dussaillant, 2011; Pérez, 2017), abordando desde bens e práticas de consumo e suas dimensões políticas até a participação e a exclusão de seus atores individuais e coletivos. No início, tais estudos estavam fundamentalmente interessados na produção e na comercialização de bens, mas na última década acrescentaram-se estudos sobre sua dimensão política (French, 2012; Milanesio, 2014), sobre sua influência na expansão hegemônica de identidades estrangeiras (Villadiego, 2018; Cumplido, 2013), sobre os discursos de classe e gênero (Aguilar, 2016; Remedi, 2006; Rocchi, 2006; Dussaillant, 2011; Pérez, 2016, 2017) e sobre o papel da imprensa (Bontempo, 2011, 2014; Caldo, 2016; Pérez, 2012), entre outros.

Alguns desses estudos têm usado a publicidade como uma de suas fontes de informação, não apenas para reconstruir a cultura material de uma sociedade como também para se aproximar das "atitudes do passado em relação aos bens de consumo" (Burke, 2005: 117), especialmente no contexto do desenvolvimento de uma cultura capitalista em que o consumo e a modernidade tornaram-se bens em si mesmos. A publicidade também oferece discursos "sobre" os objetos e "através" dos objetos, convidando a reconstruir o que Schudson chama de "mapas da Modernidade" (Schudson, 1984). O objetivo deste capítulo é justamente indagar sobre as possibilidades que a publicidade oferece para a história do consumo, de forma que fundamentaremos nossa análise em argumentos teóricos e em nossa própria experiência de trabalho com a publicidade impressa na segunda metade do século XIX e na primeira do século XX, entendida tanto como objeto de estudo quanto, e principalmente, como fonte histórica. Organizamos o texto em três partes, começando com uma visão geral da relação entre consumo, publicidade e modernidade, para depois continuarmos com duas seções sobre o que a publicidade claramente expressa (e omite), finalizando com uma análise de tudo o que pode sugerir ao pesquisador.

Publicidade, modernidade e consumo

Ao longo do século XIX, especialmente em suas últimas décadas, e no início do século XX, grande parte do mundo ocidental seguiu pelo caminho que separa a economia predominantemente agrária e artesanal daquela industrial, urbana e mecanizada. O crescimento das cidades exigiu novas formas de comunicação entre seus habitantes e sistemas de transporte mais eficientes. A ferrovia expandiu suas redes, não só gerando a aproximação de pontos distantes, encurtando distâncias e agilizando o tempo, mas também facilitando o desenvolvimento do comércio e das comunicações. Por sua vez, as maquinarias modernas alteraram a natureza do trabalho e as escalas de produção, enchendo as vitrines dos estabelecimentos comerciais com produtos diversos, especialmente aquelas das grandes lojas de departamentos, que convidavam uma variedade e quantidade crescente de consumidores a passar momentos agradáveis ao redor do consumo. Esses produtos, embalados em papelão, vidro ou latão, deixavam espaço para a rotulagem e, assim, levaram várias marcas para dentro dos lares, principalmente aqueles das famílias de maior poder aquisitivo, e passaram a fazer parte do cenário de seu cotidiano.

As máquinas também revolucionaram a imprensa, tornando-a capaz de produzir tiragens maiores e páginas mais bem impressas, para as quais, aos olhos dos leitores, a incorporação de ilustrações e fotografias trouxe doses sem precedentes de "realismo" ao seu conteúdo. A imprensa conectou os leitores com os cronistas do cotidiano, com as notícias veiculadas por agências de diferentes partes do mundo e com outros leitores. Por meio da imprensa, empregadores e postulantes a emprego puderam contatar-se, bem como os produtores e distribuidores com os consumidores. O jornal moderno tornou-se, nas palavras de Gunther Barth, um "espelho dos assuntos da cidade" (1980: 62). As taxas de alfabetização aumentaram à medida que as editoras diversificavam suas ofertas, embora esse aumento se desse de forma desigual, tanto em termos geográficos como socioeconômicos e de gênero. Leitores com interesses diversos encontravam, nas páginas de jornais e revistas, notícias, crônicas, receitas, histórias, imagens e anúncios. No início do século XX, já era notória a relevância dos anúncios para o financiamento da imprensa moderna. A título de exemplo, consideremos que o jornal chileno *El Mercurio*, de Valparaíso, aumentou ligeiramente o espaço que dedicava aos anúncios de 48,4% em 1870 para 51,3% em 1920 (Dussaillant, 1993: 114) e com meros dez meses de existência, a *Zig-Zag*, uma das primeiras revistas publicadas na América Latina, já tinha 35% de seu espaço ocupado por publicidade. A essa altura, a maior parte da imprensa não apenas dispunha os preços da assinatura, mas também os de anúncios, o que demonstrava sua crescente relevância.

Os anúncios não só passaram a refletir a face da Revolução Industrial, a revolução do consumo, como se tornaram a fonte fundamental de financiamento da imprensa moderna: a imprensa e a publicidade adaptaram-se uma à outra (Eguizábal, 1998: 179; Barth, 1980: 76). Na medida em que os anúncios cresciam, os editores tiveram de enfrentar o desafio de mudar seus tamanhos, incorporar imagens e, assim, quebrar a clássica e rígida disposição em colunas. Dessa forma, o trabalho que antes era feito nas redações por editores e copidesques passou, por volta da virada do século, às mãos de agentes especializados em agências de publicidade que planejavam e desenhavam cada anúncio, introduzindo mudanças cada vez mais sofisticadas, diretas e agressivas nos desenhos, nas estratégias e argumentos persuasivos. As revistas foram o canal ideal para a inserção de anúncios maiores, mais bem impressos e em cores, dirigidos a públicos bem definidos. Na década de 1920, pelo menos nos Estados Unidos, a modernização estava intimamente ligada ao consumismo[3] (Witkowski, 2018: 143) e esse à publicidade. É também nessa época que o "consumidor" passa a ser mais amplamente reconhecido como uma nova categoria social que, para alguns, substituiu, ou pelo menos deslocou, aquela do cidadão (Witkovski, 2018: 157, 159).

Quando parte da propaganda deixou de ser meramente informativa para ser feita por agências especializadas, seus discursos tornaram-se mais complexos e desafiadores em termos hermenêuticos e metodológicos e, ao mesmo tempo, muito mais férteis e úteis para o atual pesquisador. Já nas próprias e óbvias diferenças entre os anúncios simples e informativos e os mais sofisticados e persuasivos, a propaganda é uma vigorosa fonte de informações para a história do consumo no mundo capitalista, seja quando trabalhada quantitativamente,[4] seja qualitativamente. Os anúncios enunciativos se centram no produto e em seus atributos, enquanto os que evoluem para a fase persuasiva focam mais no consumidor e nos benefícios associados ao que venha a consumir (Witkowski, 2018: 144; Pollay, 1983: 25). Ao utilizá-las como fonte, é necessário identificar e analisar as informações que a publicidade fornece de forma mais ou menos explícita em quanto ao *quê* (bens e serviços), a *quem* (consumidor potencial), ao *como* (estratégias e argumentos), aos *para quê e como* (frequência e contexto de uso) e aquelas que a publicidade entrega de forma menos óbvia, das quais é necessário inferir o *porquê* (motivações, valores, estilos de vida) subjacente àquilo que ela promove.

O que a publicidade expõe (ou omite)

No caso latino-americano, os anúncios cobriram boa parte da superfície de diversos jornais desde meados do século XIX, principalmente nas publicações de abrangência nacional, como o *El Mercurio*, no Chile, ou o *Jornal do Brasil*. Muitos desses eram anúncios europeus ou norte-americanos simplesmente traduzidos para o espanhol ou português e impressos com pouca ou nenhuma diferença na imprensa mexicana, argentina, chilena, colombiana e brasileira. As marcas e produtos promovidos na imprensa latino-americana, como Vichy Celestins, Farinha Láctea Nestlé, aspirina Bayer e diversos eletrodomésticos de fabricação americana, evidenciam a existência de um mercado internacional e contribuíram para a disseminação de comportamentos culturais estrangeiros. Embora transmitissem a mesma e idêntica mensagem a públicos e sociedades com características, tradições e costumes diferentes, é difícil avaliar como tal mensagem era assimilada pelos leitores e em que medida se incorporou às práticas habituais de consumo da sociedade local.

Por volta da década de 1870, alguns jornais passaram a distinguir entre os avisos "classificados" e aqueles que vinham acompanhados de logomarca ou ilustração que representava o produto em uso, sua embalagem ou algum elemento alusivo ao usuário. Na virada para o século XX, surgiram as primeiras agências de publicidade e, embora na época predominasse a propaganda enunciativa, já era possível observar tentativas de uso da persuasão, geralmente com foco nas virtudes do produto e apenas ocasionalmente com foco no consumidor. Já nas primeiras décadas do século XX, as receitas obtidas com a inserção de anúncios tornavam-se uma fonte de financiamento indispensável para a maioria dos jornais e revistas.

O fato de conhecermos a finalidade de tais anúncios – vender – é certamente uma vantagem no momento de utilizar-se a publicidade como fonte de informação para a pesquisa. Como os recursos para essa finalidade são múltiplos, porém, é necessário que sejam tomadas certas salvaguardas na sua utilização como documento de estudo da cultura e das práticas de consumo de determinados grupos sociais. A exemplo de outras fontes complexas do ponto de vista epistemológico, hermenêutico e metodológico, como cartas ou fotografias, no caso da publicidade é fundamental conhecer as convenções que regem ou predominam em cada época, caso contrário nos arriscamos a cometer erros de interpretação e atribuir características particulares a questões que nada mais são do que costumes ou tendências generalizados. Pelo mesmo motivo, é imprescindível levar em conta o grau de desenvolvimento da indústria da publicidade que deu origem aos anúncios – impressos, no caso –, seja este um anúncio muito simples, elaborado por um copidesque da redação do jornal ou um que fizesse parte de uma campanha desenhada em outro país por uma agência especializada. Um bom ponto de partida para esse fim é indagar sobre o que os contemporâneos entendiam por publicidade.

De particular interesse são alguns breves artigos que encontramos na imprensa colombiana e chilena, nos quais seus autores atribuem grande relevância aos anúncios no desenvolvimento comercial e admitem quão avançada estava a indústria da publicidade nos Estados Unidos. Um redator da revista *Colombia Ilustrada*, em 1890, notava que,

> (...) é bem conhecido o lucrativo resultado que os anúncios vêm dando constantemente a todo tipo de empresa. O povo norte-americano, prático por excelência, entendeu assim, e não é estranho ver naquele país, como na Europa, lojas poderosas e empresas que gastam milhares de pesos anualmente para dar a maior publicidade aos seus anúncios em todos os países e em todas as línguas (...) (X, n° 9 e 10, 15 de fevereiro de 1890).

Por sua vez, a revista ilustrada *La Lira Chilena* publicou, em 1904, uma coluna intitulada "O que é um anúncio?", na qual seu autor respondia que se tratava de "um pregoeiro que diz a todos: *compre, veja aqui o que você precisa, você vai encontrar tudo nesta ou naquela parte*" como um "judeu errante que cumprisse a lei eterna da oferta e da demanda" e que "socasse" os ouvidos dos que não frequentassem as lojas e se informavam por meio de cada anúncio. Ele destacava que, por um lado, isso permitia que o público soubesse "onde se vende melhor ou mais barato" e, por outro, que o negociante buscasse compradores. Como exemplo notável da utilidade que proporcionava ao comércio, o redator citava "os *ianques* [que] se convenceram dessa verdade [porque] publicam de tudo e, consequentemente, vendem de tudo". O artigo assegurava que nos "grandes centros comerciais de todas as partes do mundo" entende-se a grande utilidade dos anúncios para as vendas, de forma que "cada loja tem nas suas colunas de jornal uma vitrine para exibir seus produtos"; o artigo conclui dizendo que "a imprensa passa a ser a exposição permanente de todos os artigos comerciais".

Considerando-se o tipo de publicidade a que se referem os dois artigos, a publicidade informativa que predominou na imprensa até o início da Primeira Guerra Mundial, é preciso questionar sua utilidade como fonte para a história do consumo. A este respeito, pode-se dizer que a publicidade informativa fornece pelo menos quatro dados relevantes sobre a realidade social em que foi concebida: produtos ou serviços, lugares de venda, destinatários ou público-alvo, bem como estratégias, técnicas e argumentos publicitários.

Até a terceira parte do século XIX, era comum que os anúncios de jornal incluíssem longas listas de mercadorias que chegavam de navio ou que estavam à venda em determinado estabelecimento. Posteriormente, as grandes lojas de departamentos passaram a recorrer aos catálogos ilustrados para promover suas ofertas. Graças a essas listagens é possível identificar e classificar os artigos oferecidos de acordo com suas características, sua natureza e seus usos para reconstruir parcialmente o ambiente material de nossos antepassados e descobrir como vieram a satisfazer suas demandas de alimentação, lazer, vestimenta e outras.[5] Além disso, a embalagem, a rotulagem e outros detalhes – como a marca – expressam o grau de desenvolvimento do mercado de que faziam parte, enquanto a explicitação dos preços – aluguel de casas, mercearia, acessórios e equipamentos para o lar – fornece pistas sobre o custo de vida, especialmente se vinculado a índices de renda procedente de outras fontes.

Muitas vezes os anúncios fornecem referências espaciais, como o endereço dos estabelecimentos comerciais, dados com os quais é possível montar mapas da organização do espaço comercial no plano urbano. Este exercício, que fizemos para duas cidades chilenas, Santiago e Punta Arenas,[6] é muito útil para a história urbana, especialmente quando repetimos o teste na mesma cidade em períodos diferentes e os estabelecimentos cadastrados são tipificados segundo sua natureza: armazéns, lojas, drogarias, entre outros. Ao complementar esta informação com mapas, guias comerciais e sociais, fotografias ou outros, observam-se as alterações e permanências da distribuição do espaço urbano nos seus diversos usos – comerciais, residenciais, administrativos, desportivos, entre outros –, permitindo identificar circuitos que, em outros tempos, conectavam os habitantes no desempenho de suas múltiplas atividades, entre as quais o abastecimento.

Um terceiro tipo de informação diz respeito ao destinatário do anúncio. Embora este muitas vezes seja indefinido, principalmente até o início do século XX, com o tempo e na medida em que a atividade do publicitário se profissionalizava, os anúncios passaram a direcionar-se cada vez mais a um receptor específico – mulheres, jovens, homens, crianças –, ou seja, foram segmentados de acordo com gênero, faixa etária, nível socioeconômico e estilo de vida. Ao escolher uma categoria definida, como idade ou sexo, é possível conhecer os produtos que eram oferecidos para cada grupo e por meio de quais argumentos os anunciantes acreditavam chamar sua atenção e persuadi-lo a realizar a compra. Nos últimos anos, vários e interessantes estudos têm sido realizados nessa linha em toda a América Latina, sobretudo os que se referem a mulheres, crianças, e setores sociais altos e médios; sobre os setores populares, idosos e homens ainda há muito o que estudar.

Em quarto lugar, as estratégias e argumentos publicitários usados em cada anúncio fornecem informações sobre o estado de desenvolvimento da própria indústria da publicidade e, indiretamente, sobre a situação do mercado. Diferentes métodos podem ser descobertos para capturar a atenção do leitor, desde manchetes atraentes ou repetição de palavras e uso de ilustrações até o tamanho e *layout* do anúncio. Em alguns produtos ou marcas, é possível observar uma tal competição entre produtores ou distribuidores que desafiou a criatividade dos redatores e criadores publicitários. A mera existência dessa competição levanta questões para o atual pesquisador; tomemos, por exemplo, o caso dos "agressivos" anúncios de chá veiculados na imprensa chilena no final do século XIX e de azeite no início do século XX, ou de cigarros nos jornais argentinos da mesma época. Muitos desses anúncios, principalmente os mais complexos do ponto de vista discursivo, revelam determinados valores, atitudes e motivações de consumo dos públicos para os quais foram dirigidos, sendo esta, talvez, uma de suas contribuições mais sugestivas como fonte histórica, por fornecer dados ou pistas que são difíceis de encontrar em outros tipos de documentos.

Também devem ser ponderadas questões que a publicidade omite por diferentes motivos. A mais óbvia é que a publicidade não nos leva a conhecer os produtos "caseiros", ou seja, de elaboração ou produção doméstica, como também aqueles cuja demanda é "garantida" ou que são promovidos pelo "boca a boca". Na verdade, os pequenos estabelecimentos que vendem produtos básicos geralmente não anunciam na imprensa e resumem-se a colocar uma placa na entrada de suas lojas como toda publicidade. Lembremos também que uma parte importante dos bens que se consomem não é anunciada, pelo menos não especificamente: frutas e verduras, ovos, pão, serviços básicos (lenha, água),[7] e mesmo o vestuário, ao menos antes da massificação da roupa pronta, entre outras coisas. Por isso, não é apenas imprescindível ter em mente buscar o que quer que haja em termos de imprensa especializada para encontrar anúncios destinados a públicos-alvo mais bem definidos; de acordo com o período estudado, deve-se também avaliar a possibilidade de que o autoabastecimento (pomares, galinheiros) e a confecção própria (costura, marcenaria) atendessem a muitas necessidades. Nesse sentido, as "lacunas" ou "silêncios" constituem dados em si.

Finalmente, um dado muito importante a considerar no uso da publicidade como fonte informativa para a história do consumo é que ela não fornece informações sobre o quanto as pessoas consumiram deste ou daquele produto ou serviço promovido, nem com que frequência, em quais circunstâncias, ou quanto de seu orçamento foi destinado para tal compra. Esses dados, no entanto, são essenciais para conhecer os hábitos de consumo de qualquer grupo social, por isso é aconselhável recorrer a outros tipos de documentos, como livros contábeis, relatórios, cartas, ou ainda, para o estudo de sociedades contemporâneas, as entrevistas e pesquisas.

O que a publicidade sugere

Em 1934, Carlos Silva Vildósola, diretor do jornal chileno *El Mercurio*, escreveu que "estamos apenas começando a arte da propaganda ou publicidade no Chile. Até agora temos feito isso de uma forma primitiva, grosseira, e com um ou outro lampejo ocasional de inteligência aplicada a essa condição indispensável de todo comércio e indústria" (Bofill, 1955: 383). Naquela época, porém, já havia várias agências de publicidade na América Latina que olhavam de perto as técnicas norte-americanas. Foram ficando para trás as práticas tradicionais mais modestas dos primeiros escritórios, como a Agencia General de Anuncios de México (1865) ou a Agencia Universal de Negocios,

Comisiones y Publicidad de propriedade de J. Alabarta y Co., na Costa Rica, e começava a surgir um tipo de agência cujos próprios anúncios sugerem que a mera informação na hora de anunciar era insuficiente. É o caso de uma que afirmava fazer anúncios "científicos", no Chile, em 1908; ou a de Castaldi & Bennaton, no Brasil, ou ainda a de A.H. Garnier e Co., na Costa Rica, que oferecia "anúncios sistemáticos" com tal confiança que se permitia afirmar, em 1921, que "quando os negócios vão mal, há muitas maneiras de impulsioná-los". Esses representavam um estágio intermediário na modernização das agências, que seria superada com a influência dos norte-americanos.

A década de 1930 marcou com mais clareza uma fase de profissionalização da atividade publicitária na América Latina. De fato, a agência norte-americana J. Walter Thompson havia estabelecido subsidiárias em Buenos Aires e em São Paulo no final da década anterior, assim como sua concorrente Ayer & Son, também na capital argentina (Rocchi, 2017). Nas primeiras décadas do século XX, os publicitários latino-americanos aprenderam com seus pares americanos e passaram a ganhar confiança no domínio da atividade, embora, na perspectiva de um profissional norte-americano, as agências argentinas continuassem sendo "primitivas" (Rocchi, 2016: 47). O "magnata da publicidade mexicana", Luis Bossero, dizia então que o anúncio tinha de ser "atraente e conter uma ideologia clara e concisa", e não bastava apenas "despertar a curiosidade dos leitores" (Ortiz Gaitán, 2003: 51). Nesses mesmos anos, Carlos Bofill, criador de uma das primeiras agências de publicidade modernas no Chile, afirmava que "a publicidade foi e sempre será criadora de hábitos e de progresso (...) tudo o que desfrutamos de conforto e bem viver em nossa era moderna é produto da propaganda" (1955: 385). Esta última afirmação, no entanto, tem sido objeto de um longo debate no contexto do desenvolvimento das ciências do comportamento humano (Pollay, 1983b: 25), especialmente desde meados do século XX, e é relevante para o propósito deste texto.

Há quem confie, como Bofill, no poder da publicidade para moldar hábitos e modos de vida (Berger, 1972; Petersen, 1983), e até mesmo aqueles que a consideram responsável por promover o consumo como o primeiro valor da vida (Lasch, 1979), difundindo uma cultura que busca um objetivo material e não espiritual ou religioso (Lears, 1983) e na qual os consumidores constituem uma comunidade cujos laços se expressam em marcas, estilos e mercadorias (Boorstin, 1973). Para outros, por sua vez, a publicidade não tem o poder que lhe é atribuído porque, longe de "construir" uma realidade, apenas ecoa o que existe ou está latente na sociedade (Leiss et al., 1986; Brown, 1981; Petersen, 1975), de forma que não seria mais do que uma espécie de "espelho" no qual o social se reflete. Posições intermediárias sugerem que a propaganda tanto forma quanto reflete – dependendo do tipo de propaganda, produto e público-alvo –, reforçando ou estimulando valores que estariam adormecidos "logo abaixo da superfície" (Fox, 1984), de modo que só seria capaz de acelerar certas mudanças sociais (Belk e Pollay, 1985), mas não seria capaz de gerá-las.

A discussão que girou especificamente em torno da figura do "espelho" (Lantos, 1987; Pollay, 1986) é de particular interesse na consideração do valor ou da utilidade da publicidade como fonte histórica, especialmente para que se possam conhecer as práticas e motivações de consumo da sociedade para a qual tais anúncios eram dirigidos. Ou seja, implica que perguntemos em que medida os anúncios inseridos na imprensa do passado refletem ou não a cultura de consumo de seus leitores. Isso requer determinar se os anúncios representam uma "realidade", uma "representação", um "ideal" ou um "estereótipo". Isso porque a principal crítica que se pode fazer à publicidade como fonte reside em não estar determinado se ela constitui um reflexo "real" da sociedade ou, em vez disso, uma imagem distorcida, idealizada, alegorizada ou simplesmente enganosa dela. Em todo caso, se mais do que um reflexo fiel é um espelho distorcido (*distorted mirror*), o grau de deformação que os anúncios colocam na visualização do retratado é em si um dado relevante para o pesquisador no afã de conhecer a realidade da qual faz parte, desde que, claro, ele consiga perceber a deformação. Partimos do pressuposto de que uma distorção excessiva não é realmente um risco, pois em estudos anteriores verificamos que uma propaganda que se afasta abertamente da sociedade real, por não encontrar nela um eco, acaba se modificando ou desaparecendo. Por esse motivo, como toda mensagem veiculada na forma de discurso textual e visual que visa a expor ou a transmitir informações e, neste caso, convencer o receptor sobre seu conteúdo, consciente ou inconscientemente, "capta" certos traços característicos da sociedade em que ela se origina e para a qual é dirigida. Por isso, por exemplo, as agências de publicidade norte-americanas instaladas em Buenos Aires contratavam especialistas argentinos que conheciam as expressões de seus compatriotas (Mora, 2013: 57). Desse modo, é importante conhecer as práticas publicitárias, suas convenções e seus recursos desde uma perspectiva histórica para poder distinguir as formas de "fazer publicidade" de cada tempo e lugar.

Por sua vez, é preciso considerar que o anúncio não só é um meio de informação e promoção de produtos e serviços, mas também um instrumento de divulgação de discursos, modos de vida, objetos, usos, valores, modas e, consequentemente, se não é criador ou construtor – uma vez que tal está em discussão –, seria pelo menos um *difusor de cultura*. Portanto, mesmo que nem sempre pudesse se materializar em um ato de compra, cada anúncio divulgaria informações sobre os produtos, seus usos e as imagens a eles associadas, tornando-se assim parte da cultura e do dia a dia de muitos grupos sociais, especialmente os urbanos (Leiss et al., 1986). Nesse sentido, o anúncio teria o poder de "tocar" suas vidas (Lantos, 1987), o que se torna aqui relevante, uma vez que muitos dos produtos veiculados em jornais e revistas latino-americanos eram importados, bem como os clichês de suas propagandas e, portanto, não atendiam às particularidades de cada país ou sociedade. Em geral, eram anúncios simples, com logotipo ou ilustração e pouco texto, como os da Fosfatina Falières, O Vigor do Cabello do Dr. Ayer ou Oriental Pilules, embora outros, como os da aspirina Bayer ou das câmeras Kodak, apresentassem narrativas de maior complexidade, que apelavam à modernidade. Os leitores latino-americanos se familiarizaram com tais artigos, marcas e seus usos e, eventualmente, também com os argumentos usados em sua promoção. Eles foram, portanto, "aprendendo" a tratar uma dor de cabeça com aspirina Bayer, a alimentar seus filhos com "farinha láctea" da Nestlé ou a integrar nas suas rotinas de higiene pessoal o desodorante Odorono e o creme dental Colgate. Isso, porém, não significa que todos esses "aprendizados" tenham vindo exclusivamente dos anúncios, pois também podiam derivar-se de outras fontes, como o conselho de um amigo ou a receita de um médico. De qualquer forma, não há dúvida de que o discurso publicitário vem influenciando, direta ou indiretamente, as práticas de consumo de milhões de habitantes do mundo há mais de um século, talvez reforçando hábitos locais, mas principalmente ajudando a expandir as práticas de consumo globais.

Conclusão

Em suma, mesmo quando uma realidade social não pode ser inferida diretamente dos anúncios, por serem muito seletivos em sua caracterização do mundo (Pope, 1983), eles constituem uma fonte de grande riqueza para o estudo da cultura e das práticas de consumo de uma sociedade, especialmente se trabalhadas juntamente com outras fontes. Além disso, têm a vantagem – o que nem sempre acontece com as fontes históricas – de sabermos qual foi a intenção de quem desenhou e/ou publicou cada anúncio, o que permite entender que recorreram às melhores estratégias e argumentos de que dispunham. Nesse sentido, e apesar de sua dimensão "onírica" (Barthes, 2009), a linguagem publicitária é essencialmente pragmática, já que a eficácia persuasiva é seu princípio estruturante (Sánchez, 1997). Falando simplesmente, o anúncio não pode deixar de ser expresso em uma linguagem compreensível para seu destinatário. Ainda que sua elaboração ocorra em um contexto anterior à profissionalização da referida atividade e independentemente do sucesso que possa obter com o receptor, a intenção sugestiva do emitente é inegável e se confunde com o motivo da origem do anúncio. Consequentemente, acreditamos que, sem ser um reflexo perfeito do passado, é um espelho que com a sua própria natureza e linguagem – seletiva, hiperbólica, sugestiva, informativa – nos permite conhecer em parte as diferentes áreas do cotidiano dos nossos antepassados, seu ambiente material, suas aspirações e cultura de consumo, pois terá sido uma mensagem que pressupõe – ou deve pressupor caso se pretenda efetiva – "a capacidade interpretativa do receptor" (Sánchez, 1997).

Referências

AGUILAR RODRÍGUEZ, S. Industrias del hogar: mujeres, raza y moral en el México posrevolucionario. *Revista de Historia Iberoamericana*, v. 9, n. 1, p.10-27, 2016.

APPADURAI, A. (ed.). *The Social Life of Things*. Cambridge: Cambridge University Press, 2007.

BARTH, G. *City People. The Rise of the Modern City Culture in Nineteenth-Century America*. Oxford: Oxford University Press, 1980.

BARTHES, Roland. *La aventura semiológica*. Barcelona: Paidós, 2009.

BELK, R. W.; POLLAY, R. *Images of Ourselves*: The Good Life in Twentieth Century Advertising. *Journal of Consumer Research*, v. 11, n. 4, p.887-897, 1985.

BERGER, J.; BLOMBERG, S.; FOX, Ch.; DIBB, M.; HOLLIS, R. *Ways of Seeing*. Londres: British Broadcasting Company and Penguin Books, 1972.

BOFILL, C. A. La publicidad en Chile. *Medio siglo de Zig-Zag, 1905-1955*. Santiago: Zig-Zag, 1955.

BONTEMPO, P. Enseñando a las niñas a consumir. La revista infantil Marilú (1933-1937). *Avances del Cesor*, V, XII, n. 13, p. 107-132, 2015.

_____. Los niños de Billiken. Las infancias en Buenos Aires en las primeras décadas del siglo veinte. *Anuario del Centro de Estudios Históricos Prof. Carlos S. A. Segreti* 12, n. 12, p. 205-221, 2014.

BOORSTIN, D. J. *The Americans: The Democratic Experience*. Nova York: Random House, 1973.

BROWN, B. W. *Images of Family Life in Magazine Advertising: 1920-1978*. Nova York: Praeger, 1981.

BURKE, P. *Visto y no visto. El uso de la imagen como documento histórico*. Barcelona: Crítica, 2005.

CALDO, P. Revistas, consumos, alimentación y saberes femeninos. La propuesta de Damas y Damitas, Argentina, 1939-1944. *Secuencia*, n. 94, p. 210-239, 2016.

COOK, Daniel T. Children's Consumption in History. In: TRENTMANN, F. 2012, p. 585-600.

CUMPLIDO, M. J. American way of life. Cambios en las masculinidades en Chile a partir de la influencia norteamericana 1920-1925. *Punto de Género*, n. 3, p. 9-25, 2013.

DE GRAZIA, V. (ed.). *The Sex of Things*. Berkeley: University of California Press, 1996.

DOUGLAS, Mary; ISHERWOOD, Baron. *The World of Goods*. Londres: Routledge, 1996 [1979].

DUSSAILLANT CHRISTIE, J. *Breve historia de los avisos publicitarios en los principales periódicos chilenos*. Tesis para optar al grado de Licenciado en Historia. Santiago: Pontificia Universidad Católica de Chile, 1993.

_____. *Las reinas de Estado. Consumo, grandes tiendas y mujeres en la modernización de Santiago (1880-1930)*. Santiago: Ediciones Universidad Católica, 2011.

_____. La publicidad para la salud infantil en la prensa chilena (1860-1920). *Cuadernos de Historia*, n. 45, p. 89-115, 2016.

_____. Tiendas y consumo en Punta Arenas (1900-1917). Reflexiones sobre la publicidad como fuente histórica. *Magallania*, v. 47, n. 1, p.15-39, 2019.

_____. Entre la condena y la legitimación. La publicidad de productos de belleza en Zig-Zag, 1905-1945. In: DUSSAILLANT, J.; URZÚA, M. (eds.). *Concisa, original y vibrante. Lecturas sobre la revista* Zig-Zag. Santiago: Ediciones Universidad Finis Terrae, 2020.

EGUIZÁBAL, R. *Historia de la publicidad.* Madrid: Eresma & Celeste, 1998.

FOX, S. *The Mirror Makers: A History of American Advertising and Its Creators.* Illinois: University of Illinois Press, 1997.

FRENCH FULLER, K. *Consumerism and Its Discontents. A Cultural History of Argentine Development, 1958-1969.* Tese de Doutorado. Departamento de História. Duke University, 2012.

HOROWITZ, Roger; MOHUN, Arwen (eds.). *His and Hers. Gender, Consumption and Technology.* Virginia: University Press of Virginia, 1998.

LANTOS, G. Advertising: Looking Glass or Molder Marketing. *Journal of Public Policy & Marketing*, v. 6, p. 104-128, 1987.

LASCH, Ch. *The Culture of Narcissism: American Life in an Age of Diminishing Expectations.* Nova York: W.W. Norton, 1979.

LEARS, T. J. From Salvation to Self-Realization: Advertising and the Therapeutic Roots of the Consumer Culture, 1880-1930. In: FOX, R. W.; JACKSON, T. J. (eds.). *The Culture of Consumption: Critical Essays in American History, 1880– 1980.* Nova York: Pantheon, 1983, p. 3-38.

LEISS et al. *Social Communication in Advertising.* Nova York: Methuan Publications, 1986.

LIPOVETSKY, G. *La felicidad paradójica.* Barcelona: Anagrama, 2010.

LOZANO ARANGO, J. J. *Anuncios publicitarios ilustrados. Bogotá. 1910-1940. Utopía y diseño de la ciudad.* Tesis doctoral, Bogotá: Universidad Nacional de Colombia Facultad de Artes, 2018.

MARCHAND, R. *Advertising and the American Dream: Making Way for Modernity, 1920-1940.* Berkeley: University of California Press, 1985.

MCLUHAN, M. *La Comprensión de los medios como las extensiones del hombre.* México: Diana, 1989 [1964].

MILANESIO, N. *Cuando los trabajadores salieron de compras. Nuevos consumidores, publicidad y cambio cultural durante el peronismo.* Buenos Aires: Siglo XXI, 2014.

MILLER, D. *Material Culture and Mass Consumption.* Oxford: Basil Blackwell, 1987.

MORA CARVAJAL, V. El desarrollo de las agencias de publicidad y su relación con el caso costarricense (1900-1950). *Reflexiones*, v. 92, n. 2. Costa Rica: Universidad de Costa Rica San José, p. 43-63, 2013.

MYERS, K. *Understains; The Sense and Seduction of Advertising.* Nova York: Comedia Publishing Group, 1986.

ORTIZ GAITÁN, J. *Imágenes del deseo. Arte y publicidad en la prensa ilustrada mexicana.* México: Universidad Nacional Autónoma de México, 2003.

PÉREZ, I. Apuntes para el estudio del consumo en clave histórica. *Avances del Cesor,* V, XII, n. 13, p. 97-106, 2015.

_____. Consumo y género: una revisión de la producción historiográfica reciente sobre América Latina en el siglo XX. *Historia Crítica,* n. 65, p. 29-48, 2017.

PETERSON, Th. *Magazines in the Twentieth Century.* 2. ed. Urbana, IL: University of Illinois Press, 1975.

POLLAY, R. W. Measuring the Cultural Values Manifest in Advertising. *Current Issues in Research in Advertising,* v. 2, n. 1, p.71-92, 1983a.

_____. The Subsiding Sizzle: Shifting Strategies in Twentieth Century Advertising. *Historical Research in Marketing.* Lansing, MI: Michigan State University Press, p. 102-117, 1983b.

POPE, D. *The Making of Modern Advertising.* Nova York: Basic Books, 1983.

PRESBREY, F. *The History and Development of Advertising.* Nova York: Doubleday, Doran & Company, 1929.

¿QUÉ es un aviso? *La Lira Chilena,* VII, n. 2, 1 enero 1904, s.p.

REMEDI, F. Dime qué comes y cómo lo comes y te diré quién eres. Una historia social del consumo alimentario en la modernización argentina. Córdoba, 1870-1930. *Centro de Estudios Históricos "Prof. Carlos S. A. Segreti",* Córdoba, 2006.

ROCCHI, F. A la vanguardia de la modernización. E.I.A.L. *Estudios Interdisciplinarios de América Latina,* v. 27, n. 2, p. 47-76, 2016.

_____. La sociedad de consumo en tiempos difíciles: el modelo estadounidense y la modernización de la publicidad argentina frente a la crisis de 1930. *Historia Crítica,* n. 65, p. 93-114, 2017.

_____. Inventando la soberanía del consumidor, 1860-1940. In: DEVOTO, F.; MADERO, M. (orgs.). *Historia de la vida privada en Argentina.* Buenos Aires: Taurus, 1999.

SCHUDSON, M. *Advertising, the Uneasy Persuasion: Its Dubious Impact on American Society.* Nova York: Basic Books, 1984.

TRENTMANN, F. (ed.). *The History of Consumption.* Oxford: Oxford University Press, 2012.

VILLADIEGO, M.; BERNAL, P.; URBANCZYK, M. *Modernidad a la venta. Las narrativas ilustradas de la publicidad en Colombia, 1900-1950.* Bogotá: Pontificia Universidad Javeriana [eBook], 2018.

WITKOWSKI, T. H. *A History of American Consumption.* Nova York: Routledge, 2018.

Notas

1. Há referências na imprensa chilena de produtos que em seus anúncios, durante a década de 1930, apelavam para o consumo de produtos nacionais.
2. Gilles Lipovetsky (2010: 27), no que ele chama de fase I do consumo, considera a publicidade e as lojas de departamentos "os principais instrumentos de promoção do consumo, a arte de viver e o emblema da felicidade moderna".
3. De acordo com Witkovski, foi Samuel Strauss quem cunhou o conceito de "consumismo" em um artigo publicado no *The Atlantic Monthly* em 1924.
4. A contagem do número de avisos de acordo com diferentes critérios pode mostrar certas tendências relacionadas ao consumo. Veja este procedimento em Pollay para os Estados Unidos, Lozano para a Colômbia, Dussaillant para o Chile.
5. Para um exemplo dessa metodologia, ver Dussaillant Christie, 2019.
6. Ver Dussaillant Christie, 2011 e 2019.
7. Por outra parte, as empresas de gás e eletricidade inseriram anúncios em jornais e revistas, quer de forma geral, quer associados aos seus usos domésticos específicos.

Antropólogos no consumo, marketing e publicidade

Timothy de Waal Malefyt*

Este capítulo foca em movimentos antropológicos atuais nos campos do consumo, do marketing e da publicidade.** O texto discute mudanças em curso no marketing e na publicidade que demandam uma compreensão do consumo cada vez mais centrada no consumidor, o que é adequado às habilidades que antropólogos podem trazer para o campo. Muito mudou na forma como o consumo é visto, desde quando era percebido negativamente pelos teóricos culturais como uma forma de manipulação das massas até as discussões atuais sobre como o consumo é a base de relações sociais modernas. Antropólogos foram os grandes responsáveis por esse deslocamento de significado. Este capítulo também discute as direções futuras de um campo florescente chamado *Business Anthropology* (Antropologia dos Negócios), que chama mais antropólogos a se envolverem em atividades de marketing e publicidade que ajudem a orientar responsabilidades corporativas em práticas de marketing justas e equitativas para consumidores, além de refletir sobre as questões éticas que antropólogos podem enfrentar e as maneiras como podem moldar cada vez mais os discursos corporativos no sentido das melhores práticas para os consumidores hoje.

A publicidade, o marketing e suas influências no consumo

A publicidade é uma forma paga de promoção midiática de uma marca anunciante designada que busca converter mercadorias e serviços em imagens e narrativas simbólicas, que são valorizadas e adaptadas aos gostos específicos do público-alvo (Kotler e Armstrong, 2015). A publicidade também se apresenta como um sistema relacional continuamente em fluxo enredado nas correntes da política, da economia e da estética cultural. Assim como imagens e mensagens publicitárias moldam a cultura, pode-se dizer que a cultura, por sua vez, molda as imagens e mensagens publicitárias em uma relação de consumo e produção que está sempre em construção (Malefyt, 2012).

---

* Professor na Gabelli School of Business, Fordham University.
** Tradução de Marina Frid.

Assim, se a publicidade é avaliada pela gama de anúncios que produz, deve ser entendida também pela série de relações estratégicas que possibilita entre consumidores, clientes corporativos, fornecedores de mídia e agências rivais que, direta e indiretamente, auxiliam na elaboração de produtos culturais.

O marketing tem uma função maior do que a publicidade e é responsável pela comunicação geral, gestão e distribuição das relações entre uma empresa e seu mercado que criam valor para um produto, marca ou serviço, com o objetivo de persuadir consumidores a agir de uma determinada forma. Enquanto a publicidade é o agente comunicativo que converte mercadorias em imagens simbólicas com valor agregado, o marketing é o sistema mais amplo que circula e distribui tal valor de modo a criar e manter o engajamento com consumidores específicos por meio de várias formas simbólicas, materiais e promocionais. A circulação mais ampla leva em conta as materialidades específicas de um produto, os diversos canais de compra e locais de distribuição, a economia de preços e os aspectos promocionais do produto para fins de consumo dentro de ordens socioculturais mais abrangentes. Como observa o antropólogo e acadêmico do marketing John Sherry (2008: 85), "Para o bem e para o mal, o marketing se tornou talvez a maior força de estabilidade e mudança cultural em ação no mundo contemporâneo". As visões sobre a publicidade e o marketing discutidas neste capítulo exploram seu efeito na cultura do consumidor e no consumo e variam de perspectivas distópicas a utópicas.

Publicidade e marketing estão, de fato, intrinsecamente relacionados e são tratados neste capítulo como termos intercambiáveis. Do ponto de vista econômico e psicológico, publicidade e marketing são tradicionalmente concebidos como veículos para as empresas fornecerem aos consumidores quaisquer bens e serviços que supostamente desejam. Satisfazer as "necessidades" do consumidor é um caminho para o lucro de organizações e permite que as empresas desenvolvam relacionamentos de longo prazo com os clientes. Nesse sentido, marketing e publicidade são importantes canais culturais que mediam todas as contingências entre produção e consumo. Enquanto o marketing como um sistema opera amplamente circulando, sustentando e gerenciando valor em relação ao entendimento clássico dos "quatro Ps" – produto, preço, praça (ou distribuição) e promoção –, a publicidade gera valor em diversas formas semióticas e circula valor por meio de canais de comunicação midiáticos adequados para selecionar o público-alvo.

Tanto a publicidade quanto o marketing, Naomi Klein escreve, tornaram-se mais importantes em nossa era moderna de *branding*, em que seus papéis deixaram de apenas oferecer informações simples sobre o produto para construir uma imagem e estilo de vida em torno de uma versão de marca específica de um produto (Klein, 2000: 6). De fato, mesmo nas últimas duas décadas, desde que Klein notou a ascensão da marca, o marketing e a publicidade continuaram a passar por amplas mudanças. Com o surgimento da internet e do comércio digital, Twitter, Instagram, YouTube e aplicativos, as informações sobre produtos e marcas circulam em tempo recorde e os consumidores que compram produtos e marcas têm maior consciência de questões sociais. Consequentemente, consumidores possuem maior controle para se desligar ou se desconectar de marcas anunciadas e mensagens de marketing que não gostam. Antropólogos exploram as várias maneiras pelas quais o marketing e a publicidade são percebidos como uma força social, como o marketing foi inicialmente percebido como uma forma generalizada de manipulação na sociedade para criar falsas necessidades e desejos em consumidores, mudando esta visão para uma em que consumidores adaptam o marketing e a publicidade para atender aos seus próprios objetivos de encenar relacionamentos ou mesmo como uma maneira de inspirar formas de resistência e oferecer papéis alternativos para reforma cultural.

Visões de antropólogos sobre o marketing, a publicidade e o consumo

Fora dos limites teóricos usuais da economia e da psicologia, que tradicionalmente exploram os campos da publicidade, do marketing e do consumo, antropólogos investigam, diferentemente, as complexidades culturais e sociais subjacentes à produção e ao consumo. Longe da aparente segurança de operar na racionalidade científica e na certeza econômica, antropólogos observam que o marketing é uma prática caracterizada pela contingência, ambivalência, dúvida e inconclusividade. De acordo com Clayton Christensen, professor da Harvard Business School, mais de 30 mil novos bens de consumo são lançados a cada ano e 80% deles falham (Kocena, 2017). Antropólogos desvendam as ambiguidades e construções subjacentes do mercado consumidor em termos de explicações mais nuançadas, examinando os efeitos do marketing na cultura material, na semiótica e no comportamento humano, e desafiando suposições básicas sobre o consumismo e o consumo.

David Graeber (2011), por exemplo, questiona o uso amplo e irrefletido do termo "consumo" pelo marketing, que confere um sentido negativo e moralista de desperdiçar, queimar ou destruir totalmente algo que não precisava ser destruído. "Consumo", nesse sentido, minimiza as várias formas de relacionamento, expressão e prazer de pessoas com objetos materiais, como cozinhar o jantar, passar um delineador e até ficar sentado assistindo à televisão. A "sociedade de consumo" se torna equivalente a uma sociedade de desperdiçadores e destruidores. Além disso, Graeber critica a orientação binária de consumo *versus* produção como fomentando um falso dualismo, em que um existe em grande parte em oposição ao outro, como duas esferas de um mundo, de modo que, quando as pessoas não estão trabalhando, devem estar consumindo. Tais termos têm dificultado o avanço de investigações criteriosas do marketing como uma construção cultural complexa.

Outra antropóloga, Lauren Leve (2011), desafia a noção de marketing amplamente utilizada de "identidade" do consumidor como central para ideias de individuação no consumo. Ela sugere que a ascensão do individualismo progressivo ajudou a transformar os esforços do mercado de trabalho e do indivíduo em uma teoria aceita do eu, da cidadania e das relações sociais. Esse desenvolvimento teórico projeta uma continuidade do eu sobre o sentido de propriedade de objetos materiais, em si uma construção ocidental, e, portanto, exige que antropólogos desafiem tais noções de identidade com explicações sociais e culturais mais matizadas.

O antropólogo John Sherry (2008) também se afasta de um foco psicológico-econômico na identidade individual para descrever o marketing como um "empreendimento semiótico" que é negociado pelas empresas e pela cultura e que lida principalmente com a moeda do significado. Propõe que:

> o marketing imbui de significado tudo o que toca, fornece um campo projetivo que estimula consumidores a se tornarem cocriadores e promove uma construção particular da realidade que complementa e contradiz as de outras instituições sociais. Funciona tanto como uma panaceia quanto [como] uma pandemia. Como uma fonte de provisão mate-

rial e metafísica, [o marketing] resolve problemas. Como um princípio de ventilação cultural que inflama o desejo, o marketing aumenta a insatisfação e desperta a ansiedade, gerando, assim, problemas. O marketing dá e o marketing tira (Sherry, 2008: 88).

O marketing é, portanto, examinado neste capítulo não conforme a ideia de que representa um modelo econômico ou psicológico, fechado e preciso, no qual empresas eficientemente fornecem aos consumidores os bens e serviços exatos que querem e de precisam e, em troca, consumidores respondem com lealdade devocional. Em vez disso, antropólogos investigam a publicidade e o marketing como um processo semiótico mais complexo e matizado de intercâmbio instável em que os consumidores negociam, contestam e até resistem aos esforços corporativos.

Visões críticas ao marketing, à publicidade e ao consumo

Os críticos culturais Theodor Adorno e Max Horkheimer (1985 [1947]) denunciam a publicidade e o marketing como forças manipuladoras de promoção do consumo desnecessário, apontando a mercantilização da cultura pela força crescente da indústria no século XX e o consequente aumento da produção em massa. Argumentam que a ascensão da publicidade criou uma "cultura de consumo" que serviria aos interesses estreitos de fabricantes que buscam obter maiores lucros de cidadãos comuns e que consumidores seriam considerados os receptores passivos de estratagemas de marketing das empresas. Esses mesmos críticos também argumentam que as formas capitalistas de marketing são hegemônicas por natureza, fomentando a economia da hierarquia e da desigualdade entre as poucas elites, promovendo uma cultura de homogeneização entre as massas. Afirmam que métodos avançados de padronização na fabricação ajudaram a desenvolver uma cultura materialista nascente na qual mercadorias são cada vez mais produzidas em massa, carecem de autenticidade e apenas servem a "falsas necessidades". A publicidade, principal ferramenta de comunicação do marketing, seria a ferramenta hegemônica para comunicar e simbolizar falsas necessidades, fabricando assim um "desejo" por produtos que permitissem maior capacidade de controle ideológico. O objetivo da publicidade, que serve à indústria cultural e ao objetivo do marketing corporativo, seria "subjugar o cliente que se imagina como distraído ou relutante" (Horkheimer e Adorno, 1985 [1947]: 153).

Além disso, o avanço da publicidade e do marketing é criticamente avaliado por trazer vastas trocas de capital econômico e desigualdade para mercados no Ocidente, beneficiando a elite poderosa e criando desequilíbrios de riqueza pela busca de matérias-primas para a produção entre populações desprivilegiadas de partes mais pobres do mundo. Críticos culturais, como Naomi Klein (2000: 4), afirmam que esse tipo de manobra de marca representa uma mudança nas práticas da indústria moderna da fabricação sólida de mercadorias para o marketing "sem peso" delas. Alega-se que esse desequilíbrio promove problemas como etnocídio, desarticulação cultural, poluição e mudanças climáticas destrutivas. O materialismo descomedido no Ocidente intensifica uma síndrome cultural de "desejos" insaciáveis e socialização disfuncional e leva a uma espécie de servidão por contrato. Nesse modo de pensar, essas dimensões imorais do marketing desenfreado levaram a uma maior exploração dos consumidores e à alienação de formas mais saudáveis de atividades não materialistas.

O consumo é, assim, visto por alguns como expropriando o significado cultural e a riqueza material do consumidor, transformando-o a serviço da corporação. Isso é possível pelo extraordinário poder exercido pelas empresas, especialmente, através do poder econômico e jurídico, de povoar o espaço social com símbolos e encenações de consumo por meio do marketing em todas as suas formas. O consumidor é fetichizado e a relação empresa-consumidor, idealizada tal como concretizada no marketing. Essas formas têm significados que lhes são conferidos na medida em que adaptam e se apropriam do "valor" como material cultural para simbolizar e valorizar relações humanas.

Essas visões negativas sobre o marketing e a publicidade afirmam que a relação entre consumidores e marcas corporativas define um lócus de criação de valor em termos da teoria de valor e exploração do capital de Marx. Pode parecer que o marketing cria uma ideologia das relações humanas que se normaliza nas e através das práticas de consumo de criação de valor e, assim, legitima o poder e o alcance das empresas. Tais teóricos sociais denunciam a cultura do consumo, a produção em massa, a publicidade e o marketing, recusando-se a lhes dar o devido valor.

Investigações culturais sobre consumo, marketing e publicidade

No entanto, estudos etnográficos de antropólogos e outros cientistas sociais sobre o comportamento concreto de consumidores, na década de 1970, começaram a investigar cenários de consumo mais detalhados e contrastantes. Em vez de concordar com o poder do marketing, esses estudos revelaram as formas influentes pelas quais consumidores se apropriam de imagens publicitárias e mensagens de marketing para seus próprios propósitos. A partir dessa nova perspectiva, "consumidores são conceituados como agentes interpretativos e não como tolos passivos" e "procuram formar estilos de vida que desafiem as normas consumistas dominantes ou que desafiem diretamente o poder corporativo" (Arnould e Thompson, 2005: 875). Em particular, jovens em "subculturas" foram reconhecidos como poderosos agentes ativos na apropriação de objetos materiais para seu próprio benefício.

Acadêmicos observam que consumidores não são tolos passivos, mas estão no controle quando geram ativamente suas próprias ideias positivas sobre publicidades de marcas a partir da exposição a mensagens publicitárias metafóricas (McQuarrie e Phillips, 2005); consumidores também são adeptos à interpretação de anúncios, como selecionar ou rejeitar certas características de porta-vozes célebres, formando uma "bricolagem" de significados adequada às suas próprias situações de vida (Hirschman e Thompson, 1997: 58). A publicidade também pode ser apropriada pelos consumidores como um "recurso cultural" para encorajar a formação da identidade do grupo e ajudar a fomentar a afinidade social (Ritson e Elliot, 1999); também pode fornecer aos consumidores linguagem e discursos para a apropriação e a produção de uma gama de perspectivas sociais que atendem às suas próprias necessidades sociais (Thompson e Haytko, 1997; Thompson, 2004). A publicidade também pode ser usada para construir noções de identidade nacional (O'Donohoe, 1999). Assim como bens de consumo já foram considerados negativamente (Veblen, 2009), agora se mostram como um fator central ou contribuinte para promover interações sociais positivas e fortalecer vínculos (Malefyt, 2015), de modo que a publicidade pode oferecer aos consumidores os próprios meios para se envolverem positivamente com bens e outras pessoas e, portanto, uma forma de "apreender o mundo" (Sherry, 1987: 442).

Estudos antropológicos sobre comportamento do consumidor, consumo e marketing começaram a florescer no final dos anos 1970, 1980 e 1990 como uma nova e legítima forma de investigação cultural. Esses estudos exploram a relação de pessoas com bens e as maneiras pelas quais objetos materiais compõem diferentes relacionamentos com elas em termos de usos sociais diversos e fluxos globais de cultura. Daniel Miller exortou antropólogos a investigar o consumo em conjunção com a produção, o que lançou uma nova época na pesquisa do comportamento do consumidor. Marietta Baba (2006) afirma que o trabalho de Miller provocou uma "virada" em que o consumo em massa de bens passa a ser visto menos como uma perda de cultura e uma ameaça à antropologia e mais como uma perspectiva esclarecida que reconhece o consumo como o próprio meio pelo qual pessoas expressam criatividade e diversidade. Essa "incrível reviravolta", ela continua, "permitiu uma confluência de interesses entre a antropologia e o campo do marketing" (Baba, 2006: 43). Como resultado, o consumo passa a ser visto como uma força dinâmica na sociedade, que ajuda a construir relações humanas positivas e influencia tudo o que as pessoas fazem, constituindo uma medida de desenvolvimento e modo de expressão nos quais as considerações mais importantes das pessoas são discutidas, e também uma expressão de relacionamentos sociais e pessoais. Por exemplo, Miller (1998) mostra que comprar bens não é apenas um modo do capitalismo ou mesmo de exploração, mas expressa novas flexibilidades das relações sociais em que bens são usados para expressar valores pessoais de cuidado, preocupação com os outros, orgulho e amor altruísta.

    De fato, antropólogos veem o consumo no centro das atividades sociais modernas e da identidade cultural. Mary Douglas e Baron Isherwood publicaram *O mundo dos bens* no qual exploram as maneiras pelas quais mercadorias são usadas para criar e sustentar relações significativas entre pessoas, e afirmam no prefácio do livro: "Os bens são neutros, seus usos são sociais; podem ser usados como cercas ou como pontes" (2004 [1979]: 36). O livro de Pierre Bourdieu, *A distinção* (2011 [1979]), mostra como franceses diferiam em suas práticas de consumo pelo gosto, reproduzindo uma hierarquia de gostos que contribui para as desigualdades de poder da sociedade francesa. Everardo Rocha (2013) discute a construção da identidade feminina na publicidade brasileira na qual anúncios elaboram uma imagem cultural de beleza enquanto transformam o corpo da mulher retratada em silenciosos marcadores fragmentados de significado semiótico. Em *A vida social das coisas* (2021 [1986]), Arjun Appadurai mostra como coisas circulam na sociedade à medida que são vendidas e comercializadas em uma variedade de ambientes sociais e culturais. As pessoas encontram um novo valor nas coisas à medida que estas conferem valor às relações sociais, e as próprias coisas têm vida social dando valor à vida das pessoas.

Antropólogos continuam a explorar os tipos de interações entre anunciantes e seus públicos e os relacionamentos que se formam em suas trocas. Quando anunciantes representam com precisão os usuários-alvo ou uma situação relevante com a qual os consumidores podem se identificar, em conjunto com a comunicação de um benefício da marca, o significado da publicidade pode ser poderosamente persuasivo. No entanto, sem uma representação precisa do consumidor, a publicidade pode perder a oportunidade de construir relacionamentos com consumidores. No trabalho etnográfico que Malefyt e McCabe conduziram sobre a icônica marca de automóveis Cadillac nos Estados Unidos, a música de Led Zeppelin, juntamente com cenas dramáticas de direção e combinadas com o slogan *"Break Through"* ressoaram mais com os consumidores *baby-boomers* dos Estados Unidos do que um cenário calmo e tranquilo como pano de fundo para o novo automóvel de luxo Infiniti. Essa comparação é ilustrada em um artigo que compara a bem-sucedida campanha de publicidade de automóveis da Cadillac, no início dos anos 2000, com uma campanha de publicidade de automóveis fracassada da Infiniti na década de 1980 (McCabe e Malefyt, 2010).

Enquanto alguns teóricos, como vimos, colocam o marketing no epicentro da sociedade moderna, argumentando que, desde o início dos anos 2000, as forças do marketing e a orientação social se fundiram e se tornaram indistinguíveis, outros, igualmente, afirmam que consumidores resistem e estão fartos do consumo excessivo. Esses estudiosos apontam para novas formas emergentes de consumo consciente como uma forma alternativa de consumo pervasivo e até de resistência ao consumo. Teóricos podem então questionar: a investigação do consumo pode oferecer aos antropólogos e a outros cientistas sociais o meio mais direto de reexaminar os tipos de indivíduos e, por extensão, a sociedade que desejamos nos tornar? Movimentos de consumo emergentes oferecem uma série de sinais de formas alternativas de consumo para a sociedade e como os consumidores desejam viver.

A ascensão de movimentos anticonsumo na sociedade

Um movimento "emancipatório" no consumo reexamina a possibilidade de os consumidores escaparem do mercado ou renegociarem as bases da participação nele. Alguns consumidores, cansados da comercialização da sociedade, estão respondendo com novas práticas de consumo em uma ampla variedade de situações, incluindo frequentar shoppings festivos[1] reformados, lojas *flagship* de marcas, parques temáticos, salões de noivas, mercados de pulgas e festivais de marcas (Murphy e Sherry, 2014). Esses lugares são criados e negociados como significados utópicos para os consumidores, pois adotam um *ethos* mais estético que envolve obras de arte, atividades artesanais e produtos de design não disponíveis em ambientes comerciais utilitários de compras. Outros movimentos emancipatórios deram origem a ideias alternativas de consumo e marketing na tentativa de escapar completamente do mercado. Por exemplo, o *Burning Man Project*, o encontro *Mountain Men* e *Rainbow* (Kozinets, 2002), juntamente com o surgimento de novos mundos virtuais como *Second Life* (Boellstorf, 2015), revelam um nível de ativismo do consumidor que está gerando movimentos comunitários subversivos contra a orientação individualista do consumo na sociedade. Esses movimentos demonstram como locais particularizados ou eventos periféricos podem servir como fugas da comercialização crassa e atuar como cadinhos de resistência do consumidor.

Outros movimentos de resistência do consumidor, como rebeliões, boicotes e comportamentos de não consumo, também estão ganhando força como formas alternativas de consumir. O movimento *slow food* (Hamilton, 2009) e o retorno aos mercados locais são uma indicação de que consumidores estão cada vez mais conscientes dos perigos dos alimentos processados e comercializados em massa. Outras formas de resistência ao marketing de massa generalizado são as rebeliões contra a indústria de *fast fashion*. Entretanto, estudos também revelam paradoxos do consumo, por exemplo, na forma como os consumidores expressam ambivalência quando se entregam a padrões de consumo antitéticos às melhores práticas ecológicas, como comprar *fast fashion*, mesmo quando defendem a preocupação com questões ambientais que pesam contra a moda rápida e descartável (Murphy e Sherry, 2014). Esses movimentos revelam práticas e crenças conflitantes em consumidores que buscam autenticidade nas marcas e respeitam os artesãos e o meio ambiente, mas ainda desejam produtos de materiais modernos e baratos, fomentando assim valores mutuamente dissonantes de materialidade e sustentabilidade. Outras tendências anticonsumo do mercado de massa incluem o ecofeminismo, a simplicidade voluntária, o biorregionalismo e a ecoteologia, que indicam outras aplicações do capitalismo consciente e oferecem desafios esperançosos e alternativas ao marketing de massa (Sherry, 2008).

Tais movimentos revelam as tensões subjacentes, bem como o potencial libertador no consumo, em que consumidores podem tentar escapar do mercado completamente, adaptar seu uso ou renegociar as bases de sua participação nele. Tanto aqueles que renunciam quanto os que adotam práticas de consumo excessivas indicam uma onda de desencanto com o marketing de massa insensato e seu impacto potencialmente prejudicial à sociedade. Nesse sentido, minam a tradicional dicotomia consumidor-produtor com seu lócus implícito de poder de cima para baixo que determina relações desiguais. Em vez disso, esses movimentos revelam formas alternativas de como o consumo e o marketing são refeitos em processos negociados e em constante evolução. Em todos esses casos, porém, seja resistindo ao, ou propondo modelos alternativos de consumo, tais movimentos e formas de resistência ainda são medidos em relação aos padrões do marketing como sistema de criação e circulação de valor. A incapacidade da maioria dos consumidores de se desprender completamente do consumo e do sistema de marketing que o acompanha indica o grau em que bens e serviços, mesmo em resistência e conflito, são partes contínuas de nossas vidas. A relação do marketing com as ideias e práticas de produção e consumo se revela, assim, como um processo cultural interativo e em evolução contínua.

A vantagem de antropólogos no trabalho corporativo hoje

Como um antropólogo pode adaptar essas várias ideias de consumo, marketing e publicidade para trabalhar no ambiente de negócios e como essas ideias agregam valor particular ao que um antropólogo faz? Empresas produzem produtos ou serviços que esperam que consumidores desejem e queiram comprar. Muito do que os antropólogos fazem no trabalho relacionado à publicidade e marketing é desenvolver pesquisas que dão forma, voz e imagem à melhor maneira como consumidores usam as marcas em suas vidas. Antropólogos que realizam pesquisas etnográficas para empresas de marketing ou agências de publicidade são particularmente hábeis em entender as múltiplas formas pelas quais consumidores obtêm uma satisfação tácita pelas marcas e produtos que usam (Malefyt e Morais, 2012). A abordagem holística que empregam para entender a cultura é especialmente útil nesse sentido. Quando antropólogos corporativos têm uma visão mais ampla dos consumidores e aplicam isso à rede de sistemas e relações culturais na vida das pessoas, ajudam a integrar ações aparentemente díspares do consumidor em um todo maior. Por exemplo, em um estudo sobre preparo de refeições realizado para uma empresa de sopas, McCabe e Malefyt descobriram que consumidores, como mães de família, expressam sua criatividade ao tomar decisões diárias sobre o que fazer para o jantar de suas famílias, e notaram as interconexões nas maneiras pelas quais esses consumidores confiavam em seus telefones celulares, internet e dispositivos móveis para se manterem atualizados sobre os desejos da família, mudanças nos horários de indivíduos, ofertas de cupons e pesquisas de receitas de última hora. Cozinhar em casa era reconstruir a família na hora das refeições em formas significativas (McCabe e Malefyt, 2015). Embora as categorias de uma agência de publicidade ou de uma empresa de marketing possam distinguir entre aquelas que são da marca e aquelas do cliente – neste caso, uma empresa de alimentos e uma empresa de telecomunicações –, a integração dessas experiências em um todo perfeito é como os consumidores naturalmente vivem suas vidas. É por isso que uma perspectiva antropológica que atravesse categorias arbitrárias de marketing e revele a maneira holística como as pessoas normalmente se comportam é vantajosa para os negócios.

Além disso, por causa de uma perspectiva holística, antropólogos no mercado podem explicar significados por trás de comportamentos do consumidor que muitas vezes parecem conflitantes ou paradoxais. *Insights* sobre consumo nem sempre são fáceis de descobrir, pois consumidores não explicam abertamente o que querem e do que precisam. Mas, antropólogos treinados aprendem a observar e ouvir atentamente, em busca de padrões mais amplos de comportamento ou da lógica unificadora entre as aparentes contradições, o que pessoas dizem ou o que não é dito.

Por exemplo, a antropóloga Susan Squires liderou uma investigação sobre as motivações de mães ao comprar produtos para o café da manhã de seus filhos (Squires e Byrne, 2002). No estudo proposto de duas fases, primeiro um grupo focal foi realizado com a participação de uma seleção representativa de mães responsáveis pela alimentação da família. Durante o grupo focal, as mães foram questionadas sobre o que mais valorizavam no café da manhã de seus filhos. Todas as mães insistiram em que o mais importante era que fosse saudável: "Só alimento meus filhos com grãos integrais, alimentos nutritivos. Isso lhes dá um bom começo para o dia." No entanto, no posterior acompanhamento etnográfico, Squires e um membro da equipe visitaram as residências às 6:30 e encontraram uma realidade diferente. Squires percebeu que, apesar da insistência e do desejo das mães de dar um café da manhã saudável aos filhos, a realidade da rotina contrastava com suas boas intenções. Como mulheres trabalhadoras, muitas mães apressavam seus filhos para ida à escola. Apesar dos esforços incessantes de uma mãe, seus filhos saíram de casa sem comer nada. A pesquisadora decidiu acompanhar a rotina escolar da criança e descobriu que às dez horas da manhã a fome a fez abrir a lancheira e comer entre as refeições. A criança havia desenvolvido uma estratégia para tomar o café da manhã fora de casa. Yoplait entendeu a contradição entre o que as mães idealmente queriam e a realidade de suas vidas ocupadas e vislumbrou uma oportunidade de mercado: lanches portáteis Go-Gurt. Em seu primeiro ano de lançamento, a Go-Gurt obteve 37 milhões de dólares em vendas e ainda hoje é uma opção de café da manhã popular em países como Estados Unidos, Canadá, Grã-Bretanha, Austrália e Japão (Squires e Byrne, 2002).

 Como especialistas em cultura dentro de uma organização empresarial, antropólogos também congregam perspectivas culturais mais amplas em demandas etnográficas específicas de clientes. Há um grande valor em antropólogos realizando pesquisas que combinam tendências culturais atuais com objetivos específicos de clientes na etnografia. Isso leva ao que Grant McCracken (2011) propõe como maior integração da liderança cultural nas corporações. Essa é uma vantagem crucial em termos do que antropólogos corporativos podem oferecer às empresas de publicidade e marketing. Antropólogos podem ajudar a mediar tendências e perspectivas do consumidor para melhor informar as corporações, por exemplo, sobre atitudes e crenças de consumidores em relação à saúde ao bem-estar e como melhorar o marketing de um produto alimentício.

Por exemplo, o movimento *slow food* hoje é uma tendência que surgiu para combater a crescente propensão a comer *fast food* sem pensar. É também um movimento pela desaceleração em geral e pelo aumento da consciência social e do ativismo do consumidor em prol de manter formas alimentares tradicionais intactas, livres do controle do agronegócio multinacional (Hamilton, 2009). Saúde e bem-estar são uma tendência de consumo que converge com outros movimentos culturais, como a preocupação com o aquecimento global, a dieta e a obesidade, o comércio justo, o consumo de energia, práticas trabalhistas justas e assim por diante. Esses movimentos se espalham rapidamente pelas redes sociais na internet e politizam a demanda por melhores práticas alimentares de fabricantes. Antropólogos sintonizados com esses movimentos culturais podem orientar melhor planos corporativos e práticas negociais, aprimorando o marketing de alimentos para que se alinhe às tendências de consumo. Assim, ao conduzir pesquisas de consumo sobre hábitos alimentares, antropólogos podem incorporar como as escolhas alimentares em restaurantes e em casa são moldadas por tendências mais amplas, mesmo que os entrevistados não mencionem explicitamente essas tendências ou sequer estejam cientes das escolhas que fazem.

À medida que empresas buscam desenvolver relacionamentos interativos mais próximos com consumidores para melhorias de produtos, antropólogos em agências de publicidade e empresas de pesquisa de mercado têm maior influência para moldar discursos corporativos e práticas de marketing no sentido de representações de consumo mais cuidadosas. Assim, o valor de antropólogos corporativos na direção e na mediação de lugares de produção cultural através do trabalho de campo e tendências é um primeiro passo vital para melhorar a produção de práticas de conhecimento dentro de agências de publicidade e empresas, orientadas para o presente e para o futuro. Antropólogos têm maior impacto na formulação de planos de marketing quando trabalham *dentro* de agências de publicidade com clientes corporativos do que quando trabalham *externamente* como consultores ou fornecedores contratados. Nesse sentido, antropólogos têm considerável responsabilidade na elaboração de ideologias corporativas e de pautas de consumo direcionadas para objetivos mais benéficos.

Direções futuras

A promoção da antropologia como uma disciplina valorizada no mundo corporativo está, de fato, expandindo, e há uma demanda crescente por especialistas em cultura. Esta notícia é animadora e esperamos que inspire mais antropólogos a buscar emprego na indústria de marketing e publicidade. Ainda assim, existem problemas no trabalho no mundo corporativo devido a equívocos sobre o que a antropologia é como disciplina e o que pode oferecer às práticas de negócios. Por um lado, muitos profissionais de marketing continuam a confundir etnografia com antropologia. Presumem que ambas são intercambiáveis como métodos em vez de entenderem a antropologia de forma mais abrangente e analítica como um meio de reconhecer padrões mais amplos no comportamento humano.

Em segundo lugar, empresas muitas vezes percebem a etnografia como mais valiosa do que outros métodos de pesquisa que focam em desejos inarticulados de consumidores e assumem que o que é dito no contexto da casa, do trabalho e das compras é inquestionavelmente verdadeiro. No entanto, muito do pensamento analítico que acompanha o uso da etnografia pelos antropólogos ainda é subutilizado ou mal compreendido no marketing e na publicidade. Isso porque a antropologia faz uma série de perguntas diferentes daquelas específicas a uma marca ou estratégia de marketing (Sunderland e Denny, 2007). As perguntas que antropólogos costumam fazer trazem uma visão global para observar o padrão mais amplo que explica inconsistências no comportamento de consumo.

A antropologia no ambiente corporativo ainda precisa ir além do uso particular e limitado da etnografia como metodologia. Isso levará a contribuições mais ricas de antropólogos em corporações que são hábeis em compreender e integrar o impacto mais abrangente da cultura em uma série de práticas de negócios. McCracken (2011) defende fortemente que antropólogos assumam papéis mais importantes dentro de empresas como Chief Culture Officers (CCO). Embora esse ideal de executivos de alto nível seja admirável, mais empregos na indústria estão disponíveis para antropólogos profissionalmente treinados e outros com sensibilidade antropológica em níveis médios de gerenciamento. As responsabilidades podem envolver a obtenção de uma compreensão mais profunda sobre os consumidores-alvo de uma empresa, tendências culturais emergentes e seus impactos sobre marcas e públicos, bem como a conexão dessas tendências às crenças e aos valores sociais que afetam o consumo. Antropólogos dentro de empresas, como no trabalho de Elizabeth Briody para a GM, também podem contribuir para uma melhor compreensão de operações corporativas internas e das tensões entre grupos.

Como membros empregados pelas corporações, antropólogos estão mais preparados para entender os objetivos de negócios de uma organização de dentro e podem contribuir ativamente para a elaboração e o gerenciamento de estratégias de negócios. Nesse papel, integram-se ao tecido corporativo e, em última análise, têm uma responsabilidade gerencial mais direta em vez das funções de pesquisa e consultoria de apoio que antropólogos contratados como fornecedores externos costumam ter. No futuro, mais antropólogos percorrerão o que agora existe como uma divisão entre aqueles que praticam antropologia em pesquisa de publicidade e marketing (e outros negócios também) e acadêmicos que estudam consumidores e consumo (Malefyt e Morais, 2012). Agora é um momento para unir interesses e entendimentos mútuos sobre o mesmo assunto. Essa conversa será auxiliada por uma maior atenção à pesquisa do consumo e pelo incremento de teoria aos estudos de antropologia nos negócios, conforme defendido por Maryann McCabe e Rita Denny (2019).

Mesmo que a literatura acadêmica nos últimos anos tenha mudado para incluir discussões sobre a natureza do capitalismo, do consumo e das forças globalizantes – tópicos para antropólogos tanto corporativos quanto acadêmicos –, muitas vezes a antropologia acadêmica se afasta, deixando de reconhecer o trabalho e as ideias de antropólogos praticantes, e vice-versa. Mais antropólogos nos negócios, incluindo a publicidade e o marketing, são necessários em conferências para aumentar as discussões entre mercado e academia.

Visões antropológicas sobre o consumo também influenciaram a literatura de marketing e os departamentos de marketing de escolas de negócios. Antropólogos e teóricos sociais, como Eric Arnould, Russell Belk, Grant McCracken e John Sherry, abriram um caminho para estudos de marketing híbridos de pontos de vista culturais e humanísticos. Assim, vários novos campos nos departamentos de marketing e estudos do consumo surgiram na primeira década do século XXI para redirecionar o marketing como uma força positiva na sociedade e geraram novas conferências, revistas e áreas acadêmicas dedicadas a suas investigações.

Dois desses grupos evoluíram da Association of Consumer Research usando métodos mais humanísticos e culturais para avaliar o consumo: o *transformative consumer research* [pesquisa do consumo transformadora] representa um movimento dentro de organizações de marketing que buscam incentivar, apoiar e divulgar estudos que beneficiem o bem-estar do consumidor e melhorar a qualidade de vida de todas as pessoas afetadas pelo consumo ao redor do mundo; além disso, a *consumer culture theory* [teoria da cultura do consumo] investiga o comportamento do consumidor a partir de uma orientação decididamente social e cultural e inclui uma série de perspectivas teóricas que abordam as relações dinâmicas entre ações de consumidores, o mercado e os significados culturais (Arnould e Thompson, 2005). Essas abordagens integram entendimentos de outras disciplinas e exploram as relações de pessoas com a cultura material e entre si em termos de tornar o consumo mais eficaz.

Uma convergência também está ocorrendo na antropologia entre os campos de estudos culturais, marketing e pesquisa do consumidor, impulsionada por profissionais do mercado e acadêmicos em busca de novas estruturas explicativas e aplicações gerenciais. Sociedades acadêmicas, revistas acadêmicas, conferências e organizações profissionais dedicadas ao marketing contemporâneo e ao comportamento do consumidor estão crescendo. O crescimento da National Association for the Practice of Anthropology, nos Estados Unidos, reflete o número crescente de antropólogos no campo dos negócios e do marketing. O surgimento da antropologia dos negócios e dois novos periódicos acadêmicos (o *Journal of Business Anthropology* e o *International Journal of Business Anthropology*) juntamente com a EPIC (Ethnographic Praxis in Industry Conference), que se dedica ao avanço da prática da etnografia na indústria, confirma o aumento do interesse pela investigação de efeitos do consumo e do marketing no comportamento humano a partir de perspectivas antropológicas e outras perspectivas humanísticas.

O crescimento da EPIC, os esforços contínuos da SfAA (Society for Applied Anthropology), bem como duas novas revistas de antropologia dos negócios mostram maior receptividade à perspectiva antropológica em ambientes empresariais. Ainda há necessidade de um nível mais alto de inteligibilidade mútua e de maior comunicação e aceitação entre discussões acadêmicas e práticas sobre antropologia, consumo e pesquisas do consumo. Isso ampliará a troca de conhecimento entre vocações acadêmica e prática e levará ao avanço na carreira para novos mestres e doutores. Carreiras que polinizam tanto a academia quanto os negócios são desejáveis; não precisam ser profissões que se excluem mutuamente.

Finalmente, a antropologia como disciplina interdisciplinar provavelmente continuará a se adaptar a formatos de negócios e modelos econômicos para obter mais aceitação na publicidade e no marketing. Feinberg (2009) antecipa que o futuro da antropologia continuará sua "hibridização interdisciplinar", uma tendência que, como observa, já marca a história de alguns dos maiores contribuidores da antropologia. Franz Boas tinha formação em física e geografia; Bronislaw Malinowski estudou matemática e física; Firth fez um mestrado em economia; Margaret Mead se formou em inglês e psicologia; Clifford Geertz estudou filosofia (Feinberg, 2009: 4).

A antropologia se adapta como uma ciência social, uma disciplina do humanismo e uma forma de crítica social. Será igualmente importante que a antropologia se adapte à publicidade e ao marketing de forma que demonstre potencialmente sua maior utilidade como modelo de negócios global e como forma de mediar a cultura entre produtores e consumidores (Malefyt e Morais, 2012). Isso exigirá que aqueles que trabalham como antropólogos no marketing e na publicidade também se adaptem a novas situações, incorporem novos aprendizados e sejam mais flexíveis em suas perspectivas.

Considerações finais

Antropólogos que trabalham em agências de publicidade e empresas de pesquisa de marketing podem e devem influenciar ideologias corporativas e percepções de consumidores, incentivando o trabalho de campo etnográfico e outras pesquisas que impactam diretamente as práticas corporativas na fabricação de produtos e serviços. A experiência de trabalho de campo de antropólogos corporativos entre consumidores de uma marca ou serviço pode atrair clientes corporativos a participar do processo de observação e interação com os usuários de suas marcas. Quando antropólogos levam clientes corporativos a se tornarem observadores participantes na pesquisa, o conhecimento corporativo destes se torna subjetivamente esclarecido e pode produzir novos níveis de consciência sobre sua marca na vida de consumidores.

Essa forma de mediação com os clientes por meio da etnografia guiada pode informar melhores maneiras de fabricar e comercializar uma ampla gama de marcas e serviços. Nesse sentido, a tarefa e a responsabilidade dos antropólogos que trabalham em pesquisa de publicidade e marketing não são apenas reunir pesquisas mais convincentes sobre a vida de consumidores para as marcas de seus clientes, mas também promover e construir relações fortes entre clientes corporativos e seus consumidores. Clientes mais bem informados em empresas são, então, estimulados a fazer melhores produtos para seus consumidores. Mais interação, contestação e integração de ideias ampliam as formas de influenciar reciprocamente as perspectivas de cada parte, o que gera resultados mais positivos para todos.

Trabalhar como antropólogo em publicidade e marketing pode ser gratificante quando se vê como ideias se manifestam nos planos de marketing e nos esforços de comunicação. Isso pode melhorar ainda mais a forma como empresas e mensagens publicitárias representam, correta e verdadeiramente, as pessoas com quem conversam.

O desejo na publicidade e entre as empresas por novas ideias que ressoem com consumidores torna o trabalho mais interessante e valioso tanto para os profissionais de marketing quanto para os consumidores. E essa é a parte tão satisfatória de trabalhar como antropólogo na publicidade. Ajudar a criar anúncios e planos de marketing que tocam em alguma verdade do consumidor pode ser bastante inspirador. Fazer parte de algo que faz a diferença proporciona momentos de muita satisfação.

Referências

APPADURAI, Arjun (org.). *A vida social das coisas: As mercadorias sob uma perspectiva cultural*. Niterói: EdUFF, 2021 [1986].

ARNOULD, Eric; THOMPSON, Craig. Consumer Culture Theory (CCT): Twenty Years of Research. *Journal of Consumer Research*, 31, p. 868-882, 2005.

BABA, Marietta. Anthropology and Business. In: BIRX, H. James (org.). *The Encyclopedia of Anthropology*. Thousand Oaks, CA: Sage, 2006, p. 83-117.

BOELLSTORFF, Tom. *Coming of Age in Second Life: An Anthropologist Explores the Virtually Human*. 2. ed. Princeton: Princeton University Press, 2015.

BOURDIEU, Pierre. *A distinção: crítica social do julgamento*. Porto Alegre: Zouk, 2011 [1979].

DOUGLAS, Mary; ISHERWOOD, Baron. *O mundo dos bens: por uma antropologia do consumo*. Rio de Janeiro: UFRJ, 2004 [1979].

FEINBERG, R. Bridging Science and Humanism: Thoughts on the Future of Anthropology. *Anthropology News*, v. 50, n. 9, p. 4-8, 2009.

GRAEBER, David. Consumption. *Current Anthropology*, v. 52, n. 4, p. 489-511, 2011.

HAMILTON, J. What the Slow Food Movement Is Really About. *Examiner*, 2009.

HIRSCHMAN, E.; THOMPSON, C. J. Why Media Matter: Toward a Richer Understanding of Consumers' Relationship With Advertising and Mass Media. *Journal of Advertising*, 26 (Spring), p. 43-60, 1997.

HORKHEIMER, Max; ADORNO, Theodor W. *Dialética do esclarecimento*. Rio de Janeiro: Zahar, 1985 [1947].

KLEIN, Naomi. *No Logo: Taking Aim at the Brand Bullies*. Nova York: Picador, 2000.

KOCENA, Lonnie. What Percentage of New Products Fail and Why? *MarketSmart Newsletters*, 3 de maio, 2017. Disponível em: https://www.publicity.com/marketsmart-newsletters/percentage-new-products-fail/

KOTLER, Philip; ARMSTRONG, Gary. *Principles of Marketing*. 16. ed. Boston: Pearson, 2015.

KOZINETS, Robert. Can Consumers Escape the Market? Emancipatory Illuminations from Burning Man. *Journal of Consumer Research*, v. 29, n. 1, p. 20-38, 2002.

LEVE, Lauren. Identity. *Current Anthropology*, v. 52, n. 4, p. 513-535, 2011.

MALEFYT, Timothy de Waal. Writing Advertising: The Production of Relationships in Historical Review. *Journal of Business Anthropology*, v. 1, n. 2, p. 197-218, 2012.

_____. Relationship Advertising: How Advertising Can Enhance Social Bonds. *Journal of Business Research*, v. 68, n. 12, p. 2494-2502, 2015.

_____; MORAIS, Robert. *Advertising and Anthropology: Ethnographic Practice and Cultural Perspectives*. Oxford: Berg, 2012.

MCCABE, Maryann; DENNY, Rita. Anthropology in Consumer Research. *Oxford Research Encyclopedia of Anthropology*, 30 de outubro de 2019.

MCCABE, Maryann; MALEFYT, Timothy de Waal. Creativity and Cooking: Motherhood, Agency and Social Change in Everyday Life. *Journal of Consumer Culture*, v. 15, n. 1, p. 48-65, 2015.

_____; _____. Brands, Interactivity, and Contested Fields: Exploring Production and Consumption in Cadillac and Infiniti Automobile Advertising Campaigns. *Human Organization*, v. 69, n. 3, p. 252-262, 2010.

MCCRACKEN, Grant. *Chief Culture Officer*. São Paulo: Aleph, 2011.

MCQUARRIE, E. F.; PHILLIPS, B. Indirect Persuasion in Advertising: How Consumers Process Metaphors Presented in Pictures and Words. *Journal of Advertising*, 34 (Summer), p. 7-20, 2005.

MILLER, Daniel. *A Theory of Shopping*. Ithaca, NY: Cornell University Press, 1998.

MURPHY, Patrick; SHERRY JR, John (orgs.). *Marketing and the Common Good*. Londres: Routledge, 2014.

O'DONOHOE, S. Nationality and Negotiation of Advertising Meanings. In: ARNOULD, E. J.; SCOTT, L. M. (orgs.). *Advances in Consumer Research*. Provo, UT: Association for Consumer Research, 1999, p. 684-689.

RITSON, Mark; ELLIOTT, Richard. The Social Uses of Advertising: An Ethnographic Study of Adolescent Advertising Audiences. *Journal of Consumer Research*, 26 (December), p. 260-277, 1999.

ROCHA, Everardo. The Woman in Pieces: Advertising and the Construction of Feminine Identity. In: _____. *Advertising and Consumption: Anthropological Studies in Brazil*. Londres e Nova York: Routledge, 2022.

SHERRY JR, John F. Advertising as a Cultural System. In: UMIKER-SEBEOK, J. (ed.). *Marketing and Semiotics, New Directions in the Study of Signs for Sale*. Nova York: Mouton de Gruyter, 1987, p. 441-461.

_____. The Ethnographer's Apprentice: Trying Consumer Culture from the Outside. *Journal of Business Ethics*, 80, p. 85-95, 2008.

SQUIRES, Susan; BYRNE, B. *Creating Breakthrough Ideas: The Collaboration of Anthropologists and Designers in the Product Development Industry*. Westport, Connecticut; Londres: Bergin & Garvey, 2002.

SUNDERLAND, Patricia L., DENNY, Rita. *Doing Anthropology in Consumer Research*. Walnut Creek, CA: Left Coast Press, 2007.

THOMPSON, Craig. J. Marketplace Mythology and Discourses of Power. *Journal of Consumer Research*, 31 (June), p. 162-180, 2004.

_____; HAYTKO, D. Speaking of Fashion: Consumers' Uses of Fashion Discourses and the Appropriation of Countervailing Cultural Meanings. *Journal of Consumer Research*, 24 (June), p. 15-42, 1997.

VEBLEN, Thorstein. *The Theory of the Leisure Class*. Oxford: Oxford University Press, 2009 [1899].

Nota

1   N.T.: "*Festival malls*" são centros comerciais, característicos dos Estados Unidos dos anos 1970 e 1980, que combinam atividades de lazer e de consumo de bens e experiências em um ambiente ao estilo de um festival ou feira de diversões.

Sobre os organizadores

Everardo Rocha
Professor titular da PUC-Rio. Bolsista de Produtividade em Pesquisa do CNPQ. Bolsista do Programa Cientista do Nosso Estado da Faperj. Coordenador do Laboratório de Antropologia da Comunicação e do Consumo da PUC-Rio. Doutor em Antropologia Social pelo Museu Nacional da UFRJ. Autor dos livros *Magia e Capitalismo: um estudo antropológico da publicidade*, *A sociedade do sonho: Comunicação, cultura e consumo*, *Advertising and Consumption: Anthropological Studies in Brazil*, entre outros.

Marina Frid
Pesquisadora da University College Dublin (UCD). Vice-diretora do Digital Economy and Extreme Politics Lab (DeepLab) da UCD School of Geography. Cocoordenadora do projeto WorkPoliticsBIP financiado pelo European Research Council (ERC). Com bolsa da Faperj, foi pesquisadora de pós-doutorado em Comunicação e Cultura na UFRJ e no Laboratório de Estudos Urbanos e Socioambientais da PUC-Rio. Doutora em Comunicação pela PUC-Rio. Coautora de *O paraíso do consumo: Émile Zola, a magia e os grandes magazines*.

William Corbo
Professor adjunto do Departamento de Antropologia Cultural da UFRJ. Diretor do Centro de Pesquisas em Consumo e Sociedade – IFCS/UFRJ. Doutor em Comunicação pela PUC-Rio. Coautor de *O paraíso do consumo: Émile Zola, a magia e os grandes magazines*.

Bruna Aucar
Professora do Departamento de Comunicação e do Programa de Pós-Graduação em Comunicação da PUC-Rio. Bolsista do Programa Jovem Cientista do Nosso Estado da Faperj. Líder do grupo de pesquisa Laboratório de Audiovisual e Consumo da PUC-Rio. Doutora em Comunicação pela PUC-Rio.

Este livro foi composto em Adobe Garamond Pro 11/14 para texto,
9/11 para notas e Frankfurt Gothic Bold 18/18 para títulos.
Miolo impresso em papel Pólen Natural 80g/m2 e capa
em Cartão Supremo 250g/m2, em junho de 2023.